Andreas Striegel / Ulrich Voß (Hrsg.)

Besteuerung von natürlichen Personen und Personengesellschaften

Andreas Striegel / Ulrich Voß (Hrsg.)

Besteuerung von natürlichen Personen und Personengesellschaften

Fallsammlung von Studenten für Studenten

GABLER

Bibliografische Information der Deutschen Nationalbibliothek
Die Deutsche Nationalbibliothek verzeichnet diese Publikation in der
Deutschen Nationalbibliografie; detaillierte bibliografische Daten sind im Internet über
<http://dnb.d-nb.de> abrufbar.

1. Auflage 2011

Alle Rechte vorbehalten
© Gabler Verlag | Springer Fachmedien Wiesbaden GmbH 2011

Lektorat: Andreas Funk

Gabler Verlag ist eine Marke von Springer Fachmedien.
Springer Fachmedien ist Teil der Fachverlagsgruppe Springer Science+Business Media.
www.gabler.de

Umschlaggestaltung: KünkelLopka Medienentwicklung, Heidelberg
Gedruckt auf säurefreiem und chlorfrei gebleichtem Papier
Printed in Germany

ISBN 978-3-8349-2651-7

Vorwort

Dieses Buch ist in sehr enger Zusammenarbeit zwischen Studenten und Lehrkräften der Hochschule für angewandte Wissenschaften, Fachhochschule Würzburg-Schweinfurt, Fakultät Wirtschaftswissenschaften, entstanden. Alle in diesem Buch behandelten Fälle waren Grundlage einer Veranstaltung im SS 2010. Den Lösungen ist daher der im SS 2010 geltende Gesetzesstand zugrunde gelegt. Nach Semesterende haben die studentischen Autoren die einzelnen Fälle aufbereitet und eine Falllösung formuliert, die jeweils von einer Lehrkraft betreut wurde. Es sollte nicht Aufgabe dieser Betreuung sein, die von den Studenten erstellten Lösungen insbesondere stilistisch zu perfektionieren oder gar zu vereinheitlichen. Gerade der individuelle Stil der Autoren soll dem Leser eine abwechslungsreiche Lektüre bieten. Die Falllösungen haben nicht den Charakter von Hausarbeiten. Ein umfangreicherer Fußnotenapparat wäre ansonsten auch bei dem vorgesehenen Umfang nicht möglich gewesen. Die Vorgabe für die Studenten war die Erstellung einer Lösung, die sich an der derzeitigen steuerrechtlichen Praxis orientiert. Es ging nicht darum, die hiervon abweichenden Meinungen umfassend zu diskutieren.

Die Herausgeber bedanken sich bei allen Mitwirkenden, also den studentischen Autoren, den beteiligten Kollegen sowie Herrn Philipp Joha von der Hochschule für angewandte Wissenschaften, Fachhochschule Schweinfurt-Würzburg, Fakultät Wirtschaftswissenschaften, für dessen Mitwirkung bei der Durchsicht der Druckfahnen.

Abschließend möchten die Herausgeber neben deren Kreativität insbesondere die Disziplin der Studierenden hervorheben, die nahezu vollständig die von ihnen übernommenen Fallbearbeitungen fristgerecht fertiggestellt zu haben. Die Herausgeber wissen aus anderen Publikationen mit Berufsträgern, dass dies nicht immer selbstverständlich ist.

Würzburg im März 2011

Dr. Andreas Striegel

Prof. Dr. Ulrich Voß

Inhalt

Abkürzungsverzeichnis

a.A.	anderer Ansicht
a.E.	am Ende
a.F.	alte Fassung
aaO	am angegebenen Ort
Abl.EG	Amtsblatt der Europäischen Gemeinschaft
Abschn.	Abschnitt
AfA	Absetzung für Abnutzung
AG	Die AG (Zeitschrift)
AktG	Aktiengesetz
Allg.	Allgemein/e
Alt.	Alternativ/e
Anm.	Anmerkung
AO	Abgabenordnung
AP	Arbeitsrechtliche Praxis (Zeitschrift)
AStG	Gesetz über die Besteuerung bei Auslandsbeziehungen (Außensteuergesetz)
Aufl.	Auflage
BAG	Bundesarbeitsgericht
BayOLG	Bayerisches Oberlandesgericht
BB	Betriebsberater (Zeitschrift)
BetrVG	Betriebsverfassungsgesetz
BewG	Bewertungsgesetz
BFH	Bundesfinanzhof
BFHE	Sammlung der Entscheidungen des Bundesfinanzhofs
BFH/NV	Sammlung amtlich nicht veröffentlichter Entscheidungen des BFH
BGB	Bürgerliches Gesetzbuch
BGBL	Bundesgesetzblatt
BGH	Bundesgerichtshof
BGH DStr	Bundesgerichtshof Drucksache
BGHZ	Sammlung der Entscheidungen des Bundesgerichtshofs in Zivilsachen
BMF	BundesministerIUM der Finanzen
BR-Drs.	Bundesrats-Drucksache
BStBl	Bundessteuerblatt
BT-Drs.	Bundestags-Drucksache
BVerfG	Bundesverfassungsgericht
BVerfGE	Entscheidung des Bundesverfassungsgericht
DB	Der Betrieb (Zeitschrift)
DBA	Doppelbesteuerungsabkommen
DrittelBG	Gesetz über die Drittbeteiligung der Arbeitnehmer im Aufsichtsrat
DStR	Deutsches Steuerrecht (Zeitschrift)

EBITDA	Gewinn vor Zinsen, Steuern und Abschreibung
EBRG	Europäisches Betriebsrätegesetz
EFG	Entscheidungen der Finanzgerichte
EK	Eigenkapital
ErbStG	Erbschaftsteuer- und Schenkungssteuergesetz
Erg.-Lfg.	Ergänzungs-Lieferung
EStDV	Einkommensteuer-Durchführungsverordnung
EStG	Einkommensteuergesetz
EStR	Einkommensteuer-Richtlinien
EWG	Europäische Wirtschaftsgemeinschaft
FG	Finanzgericht
FGG	Freiwillige Gerichtsbarkeit
FinMin	Finanzministerium
Fn.	Fußnote
FR	Finanz-Rundschau für Einkommensteuer mit Körperschaftsteuer und Gewerbesteuer (Zeitschrift)
GbR	Gesellschaft bürgerlichen Rechts
GewSt	Gewerbesteuer
GewStG	Gewerbesteuergesetz
GewStR	Gewerbesteuer-Richtlinien
GG	Grundgesetz
GmbH	Gesellschaft mit beschränkter Haftung
GmbHG	Gesetz betreffend die Gesellschaften mit beschränkter Haftung
GmbHR	GmbH-Rundschau (Zeitschrift)
GoB	Grundsätze ordnungsmäßiger Buchführung
Großkomm. AktG	Großkommentar Aktiengesetz
HGB	Handelsgesetzbuch
Hüffer	Hüffer Aktiengesetz
IFRS	International Financial Reporting Standards
i.V.m.	in Verbindung mit
i.S.(d.)	im Sinne (des)
i.S.v.	im Sinne von
insbes.	Insbesondere
IStR	Internationales Steuerrecht
JStG	Jahressteuergesetz

KapErtSt	Kapitalertragssteuer
KfzSt	Kraftfahrzeugsteuer
KG	Kommanditgesellschaft
KGaA	Kommanditgesellschaft auf Aktien
KiSt	Kirchensteuer
KJ	Kalenderjahr
Kölner Komm	Kölner Kommentar
KSt	Körperschaftsteuer
KStG	Körperschaftsteuergesetz
KStR	Körperschaftsteuer-Richtlinien
LG	Landgericht
LAG	Landesarbeitsgericht
Lifo	Last-in-first-out (Bewertungsmethode)
LStR	Lohnsteuer-Richtlinien
Mio.	Millionen
MitbestG	Mitbestimmungsgesetz
Mrd.	Milliarde(n)
MüHdb	Münchener Handbuch
MüKo	Münchener Kommentar
mwN	mit weiteren Nachweisen
NRW	Nordrhein-Westfalen
NJW	Neue Juristische Wochenschrift (Zeitschrift)
NJW-RR	Neue Juristische Wochenschrift – Rechtsprechungsreport
NJOZ	Neue Juristische Online Zeitschrift
NZA	Neue Zeitschrift für Arbeitsrecht
NZG	Neue Zeitschrift für Gesellschaft
OECD-MA	OECD-Musterabkommen zur Vermeidung von Doppelbesteuerung
OFD	Oberfinanzdirektion
OFH	Oberster Finanzgerichtshof
OHG	Offene Handelsgesellschaft
RFH	Reichsfinanzhof
rkr.	Rechtskräftig
Rn.	Randnummer
RStBl	Reichssteuerblatt
S.	Siehe
Schr.v.	Schreiben vom
SEStEG	Gesetz über steuerliche Begleitmaßnahmen zur Einführung der Europäischen Gesellschaft und zur Änderung weiterer steuerlicher Vorschriften

SGB   Sozialgesetzbuch
sog.   So genannte
SolZ   Solidaritätszuschlag
SpruchG   Gesetz über das gesellschaftsrechtliche Spruchverfahren
StRK   Steuerrecht in Karteiform
StSenkG   Steuersenkungsgesetz
StuW   Steuer und Wirtschaft (Zeitschrift)

u.Ä.   und Ähnliches
UntStRefG2008   Unternehmenssteuerreformgesetz 2008
UmwStG   Umwandlungssteuergesetz
Urt.   Urteil
UStG   Umsatzsteuergesetz
UStR   Umsatzsteuer-Richtlinien

v.a.   vor allem
vEK   verwendbares Eigenkapital
vgl.   vergleiche
Vorbem.   Vorbemerkung
VZ   Veranlagungszeitraum

Wpg.   Die Wirtschaftsprüfung (Zeitschrift)
WpÜG   Wertpapiererwerbs- und Übernahmegesetz
WuW   Wirtschaft und Wettbewerb (Zeitschrift)

z.T.   zum Teil
ZIP   Zeitschrift für Wirtschaftsrecht
zzgl.   zuzüglich

1 Einkommensteuer pur

Grundlagen Einkommensteuer - insbesondere außergewöhnliche Belastungen und Kinder

Petra Schuster (Dr. A. Striegel)

1.1   Sachverhalt

Paul Heuss (geb. am 23.03.1958) lebt mit seiner Ehefrau Paula (geb. am 08.09.1960) in einem Einfamilienhaus in Stuttgart. Zusammen haben sie die zwei Kinder Peter und Lisa. Die Eheleute wählen keine getrennte Veranlagung und sind nicht Mitglieder einer Religionsgemeinschaft.

Paul Heuss:

1.1 Paul ist Schreiner und betreibt einen eigenen Schreinerbetrieb. Der erzielte Gewinn im Jahr 2010 beträgt 180.000 €. Der Gewerbesteuerhebesatz in Stuttgart für das Jahr 2010 beträgt 420 %.

1.2 Paul kaufte sich am 08.01.2010 einen neuen Kopierer für 405 € netto, dessen Abschreibung noch zu berücksichtigen ist. Zusätzlich sind Frachtkosten i.H.v. 15 € angefallen, die als Porto sofort als Aufwand gebucht worden sind. Die voraussichtliche Nutzungsdauer ist 7 Jahre. Der Kopierer soll linear abgeschrieben werden.

1.3 Auf dem Konto „Werbekosten" sollen noch 100 € netto für fünf Flaschen Wein als Betriebsausgabe gebucht werden, die die an einen Geschäftspartner verschenkt wurden.

2.   Zusätzlich erhält Paul ab Januar 2010 eine Berufsunfähigkeitsrente von der Berufsgenossenschaft i.H.v. 3.000 € im Jahr.

3. Paul erhält aus Aktien, die er in einem privaten Depot hält, eine Dividende von 441,75 € nach Abzug von 25 % ausbezahlt.

4. Auf dem gemeinsamen Sparbuch von Paul und Paula wurden Zinsen i.H.v. 2.700 € abzüglich 25 % Kapitalertragssteuer und Solidaritätszuschlag gutgeschrieben.

Paula Heuss:

5. Paula arbeitet im Schreinerbetrieb als Sekretärin und hat 2010 einen Bruttolohn von 4.988 € bezogen. Der Arbeitnehmerbeitrag zur Rentenversicherung hat 275 €, zur Krankenversicherung 229 € und zur Arbeitslosen- und Pflegeversicherung 75 €, der Arbeitgeberanteil zur Rentenversicherung 496 € betragen. Der Nettolohn nach Abzug der Arbeitnehmeranteile wurde ihr monatlich auf ihr Bankkonto überwiesen.

6. Paula hat sich durch einen Haushaltsunfall eine schwere Narbe im Gesicht zugezogen. Die Krankenversicherung trägt die Kosten der OP zur Entfernung i.H.v. 2.500 € nicht. Paula muss selbst für diese OP aufkommen.

Zusätzlich anfallende Kosten für Paul und Paula:

7. Für Pauls Versicherungen fallen folgende Kosten an: Paul zahlt für seine private Krankenversicherung, die den gleichen Umfang wie die gesetzliche Versicherung hat, monatlich 300 €, zusätzlich zahlt er für seine Kinder einen Beitrag in der privaten Krankenversicherung von 180 € monatlich.

   Die Hausratsversicherung beträgt im Jahr 120 € und die Haftpflicht 93 €.

8. Außerdem zahlen Paul und Paula einen Mitgliedsbeitrag an die Partei ihres Vertrauens i.H.v. 250 € und spenden 750 € an die Kinderkrebshilfe e.V. im Jahr 2010. Paul hat nur eine Spendenbescheinigung der Kinderkrebshilfe e.V., die er beim Finanzamt mit seiner Steuererklärung einreichen kann.

9. Lisa (geb. 1988) ist Studentin in München und erzielt Einkünfte aus Vermietung und Verpachtung i.H.v. 1.200 € jährlich aus einer Wohnung im Wert von 12.500 €.

   Die Miete von Lisa in München in Höhe von 250 € im Monat zahlt Paul. Außerdem zahlt Paul die Studiengebühren i.H.v. 950 € im Jahr. Es wurde Kindergeld beantragt und ausgezahlt.

10. Peter (geb. 1993) blind und ohne Einkommen. Auch für ihn wurde Kindergeld beantragt und ausgezahlt.

11. Paul zahlt seiner mittelosen Mutter monatlich 220 €, um sie zu unterstützen. Die Mutter bezieht eine Rente, aus der ihr jährlich Einkünfte von 2.400 € entstehen. Die Mutter hat keinerlei Vermögen.

Berechnen Sie für die Ehegatten das zu versteuernde Einkommen und die Einkommensteuer für den Veranlagungszeitraum 2010.

1.2 Lösung Einkommensteuer pur

1.2.1 Allgemeine Angaben

Gemäß § 1 Abs. 1 EStG sind natürliche Personen, die im Inland einen Wohnsitz haben unbeschränkt steuerpflichtig. Paul und Paula Heuss haben ihren Wohnsitz gemäß § 8 AO in Stuttgart, also im Inland. Für beide gilt in Deutschland somit die unbeschränkte Steuerpflicht. Die unbeschränkte Steuerpflicht bezieht sich auf sämtliche steuerbaren (Welt-) Einkünfte i.S.v. § 2 Abs. 1 EStG von Paul und Paula.

§ 26 Abs. 1 EStG beschreibt die Voraussetzungen für die Wahl zwischen einer getrennten Veranlagung und einer Zusammenveranlagung der Eheleute:

- Bestehen einer gültigen Ehe,

- unbeschränkte Steuerpflicht und

- kein dauerndes Getrenntleben

Diese müssen innerhalb des Veranlagungszeitraums alle einmal gleichzeitig vorgelegen haben.[1]

Für Paul und Paula treffen alle drei Voraussetzungen innerhalb des Veranlagungszeitraums zu. Sie können zwischen getrennter Veranlagung und Zusammenveranlagung wählen gem. §§ 26, 26a, 26b EStG.

Wenn sie keine Erklärung an das Finanzamt gem. § 26 Abs. 2 EStG abgeben, erfolgt automatisch die Zusammenveranlagung nach § 26 Abs. 3 EStG.[2] Da die Eheleute keine getrennte Veranlagung gewählt haben, werden sie gem. § 26b EStG i.V.m. § 32a Abs. 5 EStG zusammen veranlagt.

Somit werden erst die Einkünfte der Ehegatten getrennt ermittelt, dann zusammengerechnet und Freibeträge u.Ä. gem. § 2 Abs. 4 und 5 EStG abgezogen.

---

[1] Vgl. Schmidt, Ludwig: Einkommensteuergesetz Kommentar, 2009, Auflage 28, C.H. Beck München, S.1851, § 26 EStG, Rz 4.

[2] Meistens ist die Zusammenveranlagung für Eheleute günstiger und führt zu einer Steuerentlastung. Deshalb ist das automatische Eintreten der Zusammenveranlagung gem. § 26 Abs. 3 EStG vorteilhaft. Je größer der Unterschied zwischen den Einkünften der Ehegatten ist, desto größer ist die Steuerentlastung, da die erzielten Einkünfte der Ehepartner zusammengerechnet und nach dem niedrigeren Splittingtarif versteuert werden und nicht nach dem Grundtarif. Bei etwa gleichhohen Einkünften entsteht kein Vorteil gegenüber der getrennten Veranlagung. Manchmal jedoch kann die getrennte Veranlagung auch günstiger sein, z.B. wenn bei einem der Ehegatten ein Verlustvortrag nach § 10d EStG vorliegt.

Zur Ermittlung der tariflichen Einkommensteuer wird das Ehegattensplitting gem. § 32a Abs. 5 EStG angewendet.

1.2.2   Ermittlung der Einkommensteuer 2010

1.2.2.1   Einkünfte Paul Heuss

1. Einkünfte aus der Schreinerei

Für die Schreinerei sind insbesondere folgende Einkunftsarten zu prüfen:

- Einkünfte aus Gewerbebetrieb gem. § 15 EStG und

- Einkünfte aus selbständiger Arbeit gem. § 18 EStG.

Unter die Einkünfte aus Gewerbebetrieb fallen laut § 15 Abs. 1 Nr. 1 EStG Einkünfte als Einzelgewerbetreibender. Nach § 15 Abs. 2 EStG muss ein Gewerbebetrieb folgende Voraussetzungen erfüllen:

- Selbständigkeit,

- Nachhaltigkeit,

- Absicht Gewinn zu erzielen,

- Beteiligung am allgemeinen wirtschaftlichen Verkehr und

- es darf sich nicht um Einkünfte aus Land- und Forstwirtschaft oder einer freiberuflichen Tätigkeit handeln,

- es handelt sich nicht um bloße Vermögensverwaltung[3].

Die Selbständigkeit ist erfüllt, wenn ein Unternehmerrisiko und eine Unternehmerinitiative bestehen und der Gewerbebetrieb auf eigene Rechnung und Gefahr geführt wird.[4]

Nachhaltig ist eine Tätigkeit, wenn der Gewerbetreibende das Bestreben hat den Betrieb fortzuführen und seine Tätigkeit auf Wiederholung ausgelegt ist.

Die Absicht Gewinn zu erzielen ist erfüllt, wenn eine Betriebsvermögensmehrung angestrebt und diese über die gesamte Existenzdauer zu vermuten ist.[5]

Die Beteiligung am wirtschaftlichen Verkehr erfordert, dass der Gewerbetreibende am allgemeinen Markt gegenüber Dritten in Erscheinung tritt und seine Leistungen und Güter an diese gegen Entgelt zum Verkauf bereitstellt.

---

[3] BFH-Beschluss vom 03.07.1995, GrS 1/93 BStBl II 1995, 617.

[4] Vgl. Zenthöfer Schulze zur Wiesche, Einkommensteuer, 10. Auflage 2009, Schäffer-Poeschel, Stuttgart, S. 459.

[5] Vgl. Schmidt, Ludwig: Einkommensteuergesetz Kommentar, 2009, Auflage 28, C.H. Beck München, S.1073, § 15, Rz 24 ff.

Unter Land- und Forstwirtschaft wird die planmäßige Nutzung von Boden zur Erzeugung von Pflanzen und Tieren und die Verwertung selbstgewonnener Erzeugnisse verstanden.[6]

Es liegt eine bloße Vermögensverwaltung vor, wenn die Vermögensnutzung zu Erträgen aus Gebrauchs- und Nutzungsüberlassung führt. Soweit die Verwertung der Vermögenssubstanz in den Vordergrund tritt und die Gesamtheit der Aktivitäten auf Wiederholungen ausgerichtet ist, liegt ein Gewerbebetrieb vor.[7]

Es liegen keine Einkünfte aus selbständiger Tätigkeit vor, soweit § 18 EStG nicht erfüllt ist. Einkünfte aus selbständiger Arbeit sind gem. § 18 EStG Einkünfte aus freiberuflicher Tätigkeit, so zum Bespiel die in § 18 Abs. 1 Nr. 1 HS 1 EStG genannte selbständige künstlerische Tätigkeit. Merkmale einer künstlerischen Tätigkeit ist die eigenschöpferische Gestaltung aus eigenen Ideen, die eine Beherrschung eines Handwerks voraussetzt und eine künstlerische Gestaltungshöhe erreicht.[8]

Fraglich ist, ob ein Schreiner auch unter diese Einkünfte fällt. Paul ist gestalterisch tätig und beherrscht sein Handwerk, jedoch wird es ihm zu einer künstlerischen Tätigkeit an der künstlerischen Gestaltungshöhe fehlen. Ein Hinweis darauf wäre z.B., dass der Kunstwert den Gebrauchswert übersteigt. Ein Hinweis auf eine gewerbliche Tätigkeit ist die Herstellung von sich wiederholenden Produkten oder ein eigener Vertrieb.[9]

Da Paul Heuss die Voraussetzungen für eine gewerbliche Tätigkeit erfüllt und andere Einkunftsarten auszuschließen sind, bezieht er Einkünfte aus Gewerbebetrieb gem. § 15 Abs. 1 Nr. 1 EStG.

Gem. § 2 Abs. 2 Nr. 1 EStG sind die Einkünfte aus Gewerbebetrieb der Gewinn. Der Gewinn wird bei Steuerpflichtigen, die auf Grund gesetzlicher Vorschriften verpflichtet sind, Bücher zu führen und regelmäßige Abschlüsse zu machen, durch den Betriebsvermögensvergleich gem. § 4 Abs. 1 EStG i.V.m. § 140 AO ermittelt.[10]

Steuerpflichtige, die dazu nicht verpflichtet sind und auch freiwillig keine Bücher führen und Abschlüsse machen, können gem. § 4 Abs. 3 EStG als Gewinn auch den Überschuss der Betriebseinnahmen über die Betriebsausgaben ansetzen.

---

[6] Vgl. R 15.5 Abs. 1 EStR zur Abgrenzung des Gewerbebetriebs von Land- und Forstwirtschaft.

[7] Vgl. R 15.7 EStR zur Abgrenzung des Gewerbebetriebs von der Vermögensverwaltung.

[8] Vgl. Schmidt, Ludwig: Einkommensteuergesetz Kommentar, 2009, Auflage 28, C.H. Beck München, S.1496, § 18, Rz 67-70.

[9] Vgl. BFH-Urteil vom 30.11.1978, IV R 15/73, BStBl II 1979, 236.

[10] Gem. § 141 Abs. 1 Nr. 4 AO sind gewerbliche Unternehmer zur Buchführung auch verpflichtet, wenn sie einen Gewinn von mehr als 50.000 € im Wirtschaftsjahr durch ihren Gewerbebetrieb erzielen. Die Verpflichtung ist gem. § 140 Abs. 2 AO jedoch erst mit dem Beginn des Wirtschaftsjahres zu erfüllen, das auf die schriftliche Aufforderung der Finanzbehörde folgt.

1.1 Der bereits ermittelte Gewinn beträgt 180.000 €.

1.2 Der Kopierer ist ein selbständiges Wirtschaftsgut, das über einen begrenzten Nutzungszeitraum dauerhaft dem Betrieb dient. Selbständige Wirtschaftsgüter sind unabhängig von anderen Wirtschaftsgütern nutzbar und unterliegen daher der Einzelbewertung. Da der Kopierer der dauerhaften Nutzung dient, gehört er zum Anlagevermögen.

Gem. § 6 Abs. 1 Nr. 1 EStG ist der Kopierer mit den Anschaffungskosten, vermindert um die Absetzung für Abnutzung (AfA), zu bewerten und im Anlagevermögen zu führen.

Der AfA unterliegen gem. § 7 Abs. 1 EStG Wirtschaftsgüter, deren Nutzung zur Erzielung von Einkünften führen und die länger als ein Jahr nutzbar sind. Die AfA bemisst sich nach den Anschaffungskosten gem. § 255 HGB und der betriebsgewöhnlichen Nutzungsdauer des Wirtschaftsguts, § 7 Abs. 1 Satz 2 EStG.[11]

Da zu den Anschaffungskosten die Portokosten als Anschaffungsnebenkosten rechnen, betragen die gesamten Anschaffungskosten 420 €. Die Sofortabschreibung für Geringwertige Wirtschaftsgüter gem. § 6 Abs. 2 EStG kommt nur für selbständig nutzbare Wirtschaftsgüter in Betracht, deren Anschaffungskosten ohne die Umsatzsteuer 410 € nicht übersteigen.[12]

Der Kopierer wird gem. § 6 Abs. 1 Nr. 1 EStG i.V.m. § 7 Abs. 1 EStG linear abgeschrieben.[13]

Anschaffungskosten: 405 € + 15 € = 420 €

Nutzungsdauer: 7 Jahre[14]

AfA: 420 € : 7 = 60 €

Der Kopierer ist für sieben Jahre mit 60 € pro Jahr abzusetzen. Außerdem müssen die 15 € Porto wieder dem Gewinn hinzugerechnet werden, da sie fälschlicherweise als Aufwand verbucht wurden.

---

[11] Sinn und Zweck der AfA ist es, den Aufwand, der für ein Wirtschaftsgut von dem Steuerpflichtigen erbracht wurde, auf die tatsächliche Nutzung periodengerecht zu verteilen.

[12] Die GWG-Sofortabschreibung bei Wirtschaftsgütern bis 410 € wurde für die Jahre 2008 und 2009 abgeschafft und ist erst für Anschaffungen ab 2010 wieder anzuwenden (siehe § 52 Abs. 16 S. 14 EStG). Seitdem hat der Steuerpflichtige ein Wahlrecht zwischen der alten Regelung und der in der Zwischenzeit vorgeschrieben Regelung des Sammelpostens gem. § 6 Abs. 2a EStG. Nach dieser werden Wirtschaftsgüter zwischen 150 € und 1.000 € gleichmäßig über 5 Jahre abgeschrieben.

[13] Für Anschaffungen in 2009 und 2010 wurde wahlweise wieder die degressive Abschreibung in fallenden Jahresbeträgen gem. § 7 Abs. 2 EStG eingeführt.

[14] Laut AfA-Tabelle 2010, Fundstelle 6.14.10, Vervielfältigungsgeräte.

1.3 Bei dem Geschenk an einen Geschäftspartner handelt es sich um eine Betriebsausgabe gem. § 4 Abs. 4 EStG.

Mit dem Geschenk wird der Zweck verfolgt, die Geschäftsbeziehung zu sichern oder zu verbessern und es ist deswegen betrieblich veranlasst.

Jedoch erlaubt § 4 Abs. 5 Nr. 1 Satz 1 EStG den Abzug von Geschenken an Personen, die nicht Arbeitnehmer sind, grundsätzlich nicht. Satz 2 lässt jedoch den Abzug von betrieblich veranlassten Geschenken zu, soweit sie einen Betrag von 35 € pro Person im Wirtschaftsjahr nicht übersteigen.[15]

Dabei handelt es sich um einen Freigrenze und nicht um einen Freibetrag, d.h. dass in diesem Fall das Geschenk nicht als Betriebsausgabe abgezogen werden kann.

Zusätzlich müssen gem. § 4 Abs. 7 EStG Aufwendungen i.S.d. § 4 Abs. 5 Nr.1 EStG einzeln und getrennt von den sonstigen Betriebsausgaben festgehalten werden.

D.h., selbst wenn die Weinflaschen den Betrag von 35 € nicht übersteigen würden, wären sie bei der Gewinnermittlung nicht zu berücksichtigen gewesen, da sie gem. § 4 Abs. 7 EStG nicht besonders aufgezeichnet worden sind.

Vorläufiger Gewinn	180.000 €
./. Abschreibung des Kopierers gem. § 7 Abs. 1 EStG	- 60 €
+ Stornierung Portokosten da ANK § 255 HGB	+ 15 €
Einkünfte aus Gewerbebetrieb § 15 EStG:	**179.955 €**

2. Einkünfte aus der Berufsgenossenschaftsrente

Die Berufsunfähigkeitsrente von Paul könnte sonstige Einkünfte nach § 22 Nr. 1 S. 3 a) aa) EStG begründen.

Gem. § 22 Nr. 1 Satz 1 EStG soll es sich dabei um wiederkehrende Bezüge handeln, die nicht unter die Einkunftsarten des § 2 Abs. 1 Nr. 1-6 EStG fallen. Es handelt sich um wiederkehrende Bezüge, da die Berufsunfähigkeitsrenten regelmäßig und bis zum Eintritt des Rentenalters ausgezahlt werden.

Möglicherweise kann man die Berufsunfähigkeitsrente den Einkünften aus nichtselbständiger Arbeit gem. § 19 EStG zuordnen, da ihr ein früheres Arbeitsverhältnis zugrunde liegt. Laut § 2 Abs. 1 Nr. 2 Satz 2 LStDV gehören allerdings Bezüge nicht zum Arbeitslohn, die ganz oder teilweise auf früheren Beitragsleistungen des Bezugsberechtigten beruhen.

---

[15] Das Abzugsverbot greift nach R 4.10 Abs. 2 S. 4 EStR nicht, wenn die zugewendeten Wirtschaftsgüter beim Empfänger ausschließlich betrieblich genutzt werden können.

Gem. § 22 Nr. 1 Satz 3 a) aa) EStG gehören zu den Einkünften des Satzes 1, auch Leibrenten aus Rentenversicherungen i.S.d. § 10 Abs. 1 Nr. 2 b) EStG, soweit sie der Besteuerung unterliegen.

§ 10 Abs. 1 Nr. 2 b) EStG benennt Beiträge des Steuerpflichtigen zum Aufbau einer eigenen kapitalgedeckten Altersversorgung, wenn der Vertrag nur die ergänzende Absicherung des Eintritts der Berufsunfähigkeit vorsieht.

Es würde somit grundsätzlich die Besteuerung der Rente mit dem sogenannten Besteuerungsanteil gem. der aufgeführten Tabelle in § 22 Nr. 1 Satz 3 a) aa) S. 3 EStG, abhängig vom Bezugsbeginn der Rente, in Betracht kommen. Bei Leistungen der Berufsgenossenschaft handelt sich allerdings um die gesetzliche Unfallversicherung. Die Rente ist deswegen steuerfrei gem. § 3 Nr. 1 a) EStG und ist nicht bei der Einkommensteuer zu berücksichtigen.[16]

3. Einkommen aus den im privaten Depot gehaltenen Aktien

Paul könnte durch die Dividende Einkünfte aus Kapitalvermögen gem. § 20 Abs. 1 Nr. 1 EStG beziehen. Einkünfte aus Kapitalvermögen sind allerdings gem. § 20 Abs. 8 EStG anderen Einkunftsarten zuzurechnen, soweit sie zu diesen gehören.

Einkünfte aus Kapitalvermögen entstehen aus der Nutzung privaten Geldvermögens[17], so auch aus der Beteiligung an Kapitalgesellschaften. Aktiengesellschaften schütten einen Teil ihrer Gewinne (die sog. Dividenden) an ihre Aktionäre aus. Diese beziehen somit Einkünfte aus dem Anlegen ihres privaten Geldes in Aktien.

Da Paul seine Aktienanteile nicht als Betriebsvermögen in seinem Betrieb hält, können sie nicht zu Einkünften aus Gewerbebetrieb gehören. Auch die anderen vorrangigen Einkunftsarten Land- und Forstwirtschaft, selbständige Arbeit und Vermietung und Verpachtung sind auszuschließen.

Es liegen demnach Einkünfte aus Kapitalvermögen gem. § 20 Abs. 1 Nr. 1 EStG vor. Für diese Einkünfte gilt seit 2009 nach § 32d Abs. 1 EStG der besonderer Steuersatz, die Abgeltungssteuer von 25 %, welcher der Höhe der Kaitalertragssteuer entspricht.[18]

---

[16] Sie unterliegt anders als andere Lohnersatzleistungen wie z.B. Arbeitslosen- oder Mutterschaftsgeld nicht dem Progressionsvorbehalt des § 32b EStG.

[17] Siehe Schmidt, Ludwig: Einkommensteuergesetz Kommentar, 2009, Auflage 28, C.H. Beck München, S.1643, § 20, Rz 2.

[18] Das frühere Halbeinkünfteverfahren oder seit 2009 Teileinkünfteverfahren, wonach 40 % der Kapitalerträge i.S.d. § 20 Abs. 1 Nr. 1 EStG steuerfrei sind, ist gem. § 3 Nr. 40 S. 2 EStG hier nicht anzuwenden.

Die Einkommensteuer auf Kapitaleinkünfte ist bei Paul schon direkt mit dem Abzug der Kapitalertragsteuer bei der Bank abgegolten. D.h. er muss keine weitere Einkommensteuer auf seine Aktiengewinne bezahlen.[19]

4. Einkünfte aus dem gemeinsamen Sparbuch

Gem. § 20 Abs. 1 Nr. 7 EStG liegen bei den Zinsen, die auf das gemeinsame Konto anfallen, auch Einkünfte aus Kapitalvermögen vor. Dabei unterliegt auch der Wertzuwachs auf privater Vermögensebene der Kapitalertragssteuer.

Die Hälfte der Zinsen wird hierbei den Einkünften von Paul zugerechnet, die andere Hälfte seiner Frau.

§ 20 Abs. 9 Satz 1 EStG erlaubt den Abzug eines Sparer-Pauschbetrages i.H.v. 801 € von den Kapitaleinkünften, dafür ist der Abzug tatsächlicher Werbungskosten nicht mehr möglich.

2.700 €/2 =	1.350 €
1.350 € abzgl. 801 € =	549 €.

Einkünfte aus Kapitalvermögen § 20 EStG: **549 €**

Auch diese Einkünfte aus Kapitalvermögen unterliegen nach § 32d Abs. 1 EStG einem besonderen Einkommensteuersatz von 25 % (Abgeltungssteuer). Dieser ist bereits durch die von der Bank einbehalten Kapitalertragsteuer abgegolten. Eine Angabe der Kapitalerträge bei der Einkommensteuererklärung ist insoweit nicht mehr nötig.

Gem. § 32d Abs. 6 EStG kann der Steuerpflichtige im Rahmen seiner Einkommensteuererklärung beantragen zu überprüfen, ob evtl. die Anwendung des individuellen Steuersatzes gem. § 32a EStG zu einer günstigeren Besteuerung führt (sog. Günstigerprüfung).

1.2.2.2   Einkünfte Paula Heuss

5. Einkünfte als Sekretärin

Paula ist Arbeitnehmerin i.S.d. § 1 Abs. 1 LStDV, da sie im privaten Dienst angestellt ist und einen Arbeitslohn i.S. d. § 2 Abs. 1 LStDV bezieht.

Ein Dienstverhältnis liegt gem. § 1 Abs. 2 LStDV dann vor, wenn der Angestellte dem Arbeitgeber seine Arbeitskraft schuldet, unter der Leitung des Arbeitsgebers steht und den Weisungen des Arbeitsgebers zu folgen verpflichtet ist. Unter Arbeitslohn sind gem. § 2 Abs. 1 LStDV alle Einnahmen zu verstehen, die dem Arbeitnehmer aus dem Dienstverhältnis zufließen.

---

[19] Es ist gem. § 20 Abs. 9 EStG kein Abzug der tatsächlichen Werbungskosten mehr gestattet. Es darf nur noch ein Sparer-Pauschbetrag i.H.v. 801 € abgezogen werden. Da jedoch noch andere Einkünfte aus Kapitalvermögen folgen, findet der Sparer-Pauschbetrag hier noch keine Anwendung.

Daher erzielt Paula durch ihre Arbeit als Sekretärin im Büro ihres Mannes Einkünfte aus nicht selbständiger Arbeit gem. § 19 Abs. 1 Nr. 1 EStG.[20]

Für die Einkommensteuer ist der Bruttoarbeitslohn ausschlaggebend.

Die Sozialversicherungsbeiträge sind nicht abzugsfähige Werbungskosten gem. § 12 EStG.

Da die Einkünfte gem. § 2 Abs. 2 Nr. 2 EStG zu den Überschusseinkünften zählen, wird nur der Überschuss der Einnahmen gem. § 8 EStG über die Werbungskosten gem. §§ 9 und 9a EStG zur Besteuerung herangezogen. Werbungskosten sind gem. § 9 Abs. 1 EStG Aufwendungen zur Erwerbung, Sicherung und Erhaltung der Einnahmen.

Paula kann gem. § 9a EStG mindestens den Arbeitnehmer-Pauschbetrag i.H.v. 920 € geltend machen, soweit sie keine höheren Werbungskosten nachweisen kann.

6. OP – Kosten der Paula Heuss

Die Kosten die Paula bei der OP entstanden sind, können nicht direkt von ihren Einkünften abgezogen werden.

Paula darf nur Werbungskosten i.S.d. § 9 Abs. 1 EStG von ihren Einkünften aus nichtselbständiger Arbeit gem. § 19 EStG abziehen, die zur Erhaltung, Erwerbung und Sicherung der Einnahmen führen.

Die Kosten können evtl. später beim Abzug der außergewöhnlichen Belastungen berücksichtigt werden.

Bruttoarbeitslohn = Einnahme i.S.d. § 8 EStG	4.988 €
./. Arbeitnehmerpauschbetrag i.S.d. § 9a EStG	- 920 €
Einkünfte aus nichtselbständiger Arbeit § 19 EStG:	**4.068 €**

Einkünfte aus dem gemeinsamen Sparbuch

Paula hat außerdem Einkünfte aus Kapitalvermögen gem. § 20 Abs. 1 Nr. 7 EStG von dem gemeinsamen Sparbuch mit ihrem Ehegatten. Genauso wie Paul wird auch Paula die Hälfte der Zinsen zugerechnet. Auch Paula kann gem. § 20 Abs. 9 Satz 2 EStG einen Sparer-Pauschbetrag i.H.v. 801 € geltend machen.

---

[20] Besonderheit beim Ehegatten-Arbeitsverhältnis: Das Finanzamt und die Krankenkassen kontrollieren solche Arbeitsverhältnisse gerne auf Scheinarbeitsverhältnisse. Ein Arbeitsvertrag unter Eheleuten muss – wenn er anerkannt werden soll - deshalb schriftlich festgehalten werden. Er muss zivilrechtlich wirksam bestehen und auch eingehalten werden. Dabei muss der Vertrag, sowie das Entgelt und die Arbeitsverhältnisse einem Fremdvergleich entsprechen. Ein Scheinarbeitsverhältnis würde insoweit Vorteile bringen, dass der Ehegatte weitere Betriebsausgaben absetzen könnte und die Ehefrau kranken-, pflege-, renten- und arbeitslosenversichert wäre.

Paulas Einkünfte aus Kapitalvermögen betragen demnach auch 549 € **und die Steuer ist mit dem Abzug der 25 % Kapitalertragsteuer gem. § 32d EStG abgegolten.**

1.2.2.3   Ermittlung der Summe der Einkünfte gem. § 2 Abs. 1 EStG

Gem. § 26 b EStG werden die verschiedenen Einkünfte der Eheleute Heuss zur Summe der Einkünfte addiert und sodann werden die Ehegatten als ein Steuerpflichtiger behandelt.

Einkunftsart	Einkünfte
Einkünfte aus Gewerbebetrieb § 15 EStG	179.955 €
Nichtselbständige Arbeit § 19 EStG	4.068 €
Summe der Einkünfte	184.023 €

Auf Antrag des Steuerpflichtigen werden die Kapitaleinkünfte auf den günstigeren Steuersatz geprüft, d.h. entweder wird der besondere Steuersatz von 25 % gem. § 32d Abs. 1 EStG oder der persönliche Einkommensteuersatz gem. § 32a Abs. 1 und 5 EStG angewendet.

Wenn der persönliche Einkommensteuersatz unter 25 % liegt, können die Kapitaleinkünfte nach § 32d Abs. 6 EStG auf Antrag des Steuerpflichtigen mit dem günstigeren persönlichen Einkommensteuersatz besteuert werden.[21]

Da die Summe der Einkünfte hier jedoch bereits relativ hoch ist, kann bereits festgestellt werden, dass die Günstigerprüfung gem. § 32d Abs. 6 EStG keinen Erfolg bringen wird.

Gem. § 2 Abs. 5b EStG werden Kapitalerträge nach § 32d Abs. 1 EStG nicht einbezogen in die im § 2 Abs. 2–5 EStG definierten Begriffe: Einkünfte, Summe der Einkünfte, Gesamtbetrag der Einkünfte, Einkommen und zu versteuerndes Einkommen.

1.2.2.4   Ermittlung des zu versteuernden Einkommens

Summe der Einkünfte	**184.023 €**
Altersentlastungsbetrag gem. § 24 a EStG	- 0 €
Entlastungsbetrag für Alleinerziehende gem. § 24 b EStG	- 0 €
Abzug nach § 13 Abs. 3 EStG	- 0 €
Gesamtbetrag der Einkünfte gem. § 2 Abs. 3 EStG	**184.023 €**

---

[21] Diese Regelung wurde eingeführt, damit Geringverdienende keinen Nachteil durch die Besteuerung mit dem Abgeltungssteuersatz von 25 % haben.

Ermittlung der Sonderausgaben gem. §§ 10 EStG ff.

7. Vorsorgeaufwendungen

Die Versicherungen, sog. Vorsorgeaufwendungen, müssen aufgrund der Höchstbetragsberechnung in drei Gruppen eingeteilt werden.

Basisvorsorge

AN-Anteil zur gesetzl. RV §10 Abs. 1 Nr. 2 a) EStG	275 €
AG-Anteil zur gesetzl. RV §10 Abs. 1 Nr. 2 S. 2 EStG	+ 496 €
	771 €
Davon 70 % (§ 10 Abs. 3 Satz 4 ff. EStG)	540 €
-AG-Anteil zur gesetzl. RV	- 496 €
Abziehbarer Basisvorsorgebetrag	**44 €**

Krankenversicherung

Mit Einführung des Bürgerentlastungsgesetzes sind Krankenversicherungsbeiträge ab
2010 zu 100 % abzugsfähig. Darunter fällt der Arbeitnehmerbeitrag zur gesetzlichen
Krankenversicherung ebenso wie Beiträge zu privaten Krankenversicherungen soweit sie
dem Umfang der gesetzlichen Versicherung entsprechen.

Private Krankenversicherung für Paul 300 € x 12	3.600 €
Private Krankenversicherung für Kinder 180 € x 12	+ 2.160 €
ArbN-Anteil zur gesetzlichen Krankenversicherung Paula	+ 229 €
Summe	**5.989 €**

Weitere Vorsorgeaufwendungen

Gem. § 10 Abs. 4 EStG können weitere Vorsorgeaufwendungen wie Haftpflichtversicherung, Unfallversicherung usw. höchstens bis zu einem Betrag von 2.800 € bzw. bei Arbeitnehmern ein Betrag bis zu 1.900 € abgezogen werden. Bei zusammenveranlagten
Ehegatten ist die Summe der abzugsfähigen Beträge zu bilden. Hier ergibt sich ein
Höchstbetrag der übrigen Vorsorgeaufwendungen in Höhe von 2.800 € zzgl. 1.900 € =
4.700 €. Die Kosten für Sachversicherungen wie eine Hausratversicherung sind nicht als
Sonderausgaben abzugsfähig.

AN-Anteil zur gesetzl. Arbeitslosenversicherung	75 €
Haftpflicht	+ 93 €
Summe	**168 €**

Nach § 10 Abs. 4 Satz 4 EStG ist der Abzug ausgeschlossen, wenn der Höchstbetrag bereits durch die Vorsorgeaufwendungen nach § 10 Abs. 1 Nr. 3 EStG überschritten wird.

Abziehbare Vorsorgeaufwendungen gem. § 10 EStG gesamt	**6.033 €**

8. Spenden und Mitgliedsbeiträge

Unter die Sonderausgaben fallen auch Zuwendungen, wie Spenden und Mitgliedsbeiträge, gem. § 10b Abs. 1 EStG zur Förderung steuerbegünstigter Zwecke i.S.d. §§ 52-54 AO an eine inländische juristische Person des öffentlichen Rechts, an eine öffentliche Dienststelle oder an eine steuerbefreite Körperschaft i.S.d. § 5 Abs. 1 Nr. 9 KStG. Sie können bis zu 20 % des Gesamtbetrags der Einkünfte als Sonderausgaben abgezogen werden.

Maximal abziehbarer Betrag gem. § 10b Abs. 1 Nr. 1 EStG:

184.023 € x 20 % = 36.805 €

Die Kinderkrebshilfe e.V. ist eine Körperschaft gem. § 1 Abs. 1 Nr. 4 KStG und gem. § 5 Abs. 1 Nr. 9 KStG steuerbefreit, da sie der Satzung und der tatsächlichen Geschäftsführung nach ausschließlich und unmittelbar mildtätigen Zwecken dient. Ein mildtätiger Zweck liegt gem. § 53 Nr. 1 AO vor, wenn die Tätigkeiten einer Körperschaft darauf ausgerichtet sind, Personen selbstlos zu unterstützen, die infolge ihres körperlichen, geistigen oder seelischen Zustands auf die Hilfe anderer angewiesen sind.

Für Spenden an politische Parteien ist vorrangig vor dem Sonderausgabenabzug gem. § 10b Abs. 2 S. 2 EStG eine Steuerermäßigung nach § 34g EStG zu gewähren. Ein evtl. über die maximale Steuerermäßigung hinausgehender Spendenbetrag kann dann bei Zusammenveranlagung bis zu einer Höhe von insgesamt 3.300 € als Sonderausgaben abgezogen werden. Da die Parteispende unter dem maximal geförderten Betrag in Höhe von 3.300 € gem. § 34g EStG fällt, ist hier kein zusätzlicher Sonderausgabenabzug zu gewähren.

Gem. § 50 EStDV können Zuwendungen i.S.d. § 10b EStG nur dann als Sonderausgaben abgezogen werden, wenn sie durch eine Zuwendungsbestätigung nachgewiesen werden, die der Empfänger nach amtlich vorgeschriebenem Vordruck ausgestellt hat. Paul kann für die Spende an die Kinderkrebshilfe e.V. diese Zuwendungsbescheinigung vorlegen.

Es können somit die Spende i.H.v. 750 € als Sonderausgaben abgezogen werden.

Summe der abziehbaren Spenden nach § 10 b EStG. 750 €

Ermittlung der außergewöhnlichen Belastungen gem. §§ 33 und 33a EStG

Der Abzug außergewöhnlicher Belastungen stellt einen Ausgleich für Härtefälle dar, da grundsätzlich gem. § 12 EStG keine Kosten der Lebensführung geltend gemacht werden dürfen.

Es dürfen gem. § 33 Abs. 1 EStG nur Kosten geltend gemacht werden, die für den Steuerpflichtigen eigene Aufwendungen darstellen, und es sich der Höhe und dem Grunde nach um zwangsläufige Aufwendungen handelt.[22]

---

[22] Vgl. Zenthöfer Schulze zur Wiesche, Einkommensteuer, 10. Auflage 2009, Schäffer-Poeschel, Stuttgart, S.257 ff.

Außergewöhnlich sind Kosten, die nicht bei jedem im alltäglichen Leben anfallen, wie z.B. Ernährung, Kleidung. Sie liegen nicht nur ihrer Höhe, sondern auch ihrer Art nach außerhalb des Üblichen und entstehen insofern nur bei einer Minderheit.[23] Zwangsläufigkeit ist gegeben, wenn ein Ereignis den Steuerpflichtigen in seiner Lebenssphäre zu Ausgaben zwingt, die er selbst endgültig zu tragen hat. Die Zwangsläufigkeit wird dem Grunde nach auf Aufwendungen des Steuerpflichtigen für sich selbst oder für Angehörige i.S.d. § 15 AO beschränkt sein.[24]

Die Belastung tritt mit der Verausgabung ein.[25]

Außerdem ist laut der R 33.4 EStR ein Nachweis der Zwangsläufigkeit, Notwendigkeit und Angemessenheit von Aufwendungen im Krankheitsfall zu führen. Ein Nachweis kann, durch ein amtsärztliches Attest oder durch die Verordnung eines Arztes erbracht werden.

Außergewöhnliche Belastungen allgemeiner Art gem. § 33 EStG

Als außergewöhnliche Belastungen i.S.d. § 33 Abs. 1 und 2 EStG kommen z.B. Krankheitskosten in Betracht. Hierunter fallen die OP-Kosten von Paula i.H.v. 2.500 €.

Zumutbare Belastung gem. § 33 Abs. 3 EStG

Dem Steuerpflichtigen wird zugemutet, einen Teil seiner außergewöhnlichen Belastungen. i.S.d. § 33 EStG selbst zu tragen. Der zumutbare Teil berechnet sich gem. § 33 Abs. 3 EStG anhand des Gesamtbetrags der Einkünfte und nach der Anzahl von vorhandenen Kindern.

Mit zwei Kindern und einem Gesamtbetrag der Einkünfte über 51.130 € beträgt die zumutbare Belastung 4 % des Gesamtbetrags der Einkünfte.

Krankheitskosten	2.500 €
./. zumutbare Belastung 184.023 € x 4 % =	- 7.360 €
Abziehbarer Betrag	**0 €**

Außergewöhnliche Belastungen besonderer Art gem. §§ 33a und 33b EStG

9. Mittellose Mutter

Gem. § 33a Abs. 1 Satz 1 EStG darf ein Steuerpflichtiger Aufwendungen, die für den Unterhalt einer dem Steuerpflichtigen gegenüber gesetzlich unterhaltsberechtigten Person erwachsen, bis zu einem Betrag von 8.004 € vom Gesamtbetrag der Einkünfte abziehen. Voraussetzung dafür ist gem. § 33a Abs. 1 Satz 4 EStG, dass niemand einen Kinderfreibetrag gem. § 32 Abs. 6 EStG oder Kindergeld für die unterhaltsberechtigte Person erhält und die unterhaltende Person kein oder nur geringes Vermögen besitzt.

---

[23] H 33.1-33.4 „Außergewöhnlich" EStH 2009.

[24] R 33.1 EStR 2009.

[25] R 33.1 EStR 2009.

Laut R 33a.1 Abs. 1 EStR reicht es für den Abzug aus, dass die unterhaltsberechtigte Person dem Grunde nach unterhaltsberechtigt – d.h. verwandt in erster Linie – und bedürftig ist.

Gem. § 1589 BGB sind Personen, bei denen eine von der anderen abstammt, in gerader Linie verwandt. Da Pauls Mutter eine monatliche Rente unter dem Existenzminimum bekommt und mittellos ist, ist sie außerdem bedürftig. Nach § 33a Abs. 1 S. 4 EStG darf die Person kein oder nur geringes Vermögen besitzen. Die Finanzverwaltung geht dabei von einem Vermögen von maximal 15.500 € aus.[26]

Die Aufwendungen i.H.v. 2.640 € sind um die Einkünfte der unterhaltenen Person zu kürzen, soweit die Einkünfte den Betrag von 624 € übersteigen gem. § 33a Abs. 1 S. 5 EStG.

Unterhaltsaufwand	2.640 €
Eigene Einkünfte	2.400 €
./. Abzugbetrag	- 624 €
Kürzungsbetrag	- 1.776 €
Abziehbar nach § 33a EStG	**864 €**

Tochter Lisa

Studiengebühren werden nicht als außergewöhnliche Belastungen anerkannt.[27] Dafür steht dem Steuerpflichtigen jedoch ein Ausbildungsfreibetrag i.H.v. 924 € gem. § 33a Abs. 2 S. 1 EStG zu, soweit das Kind sich in einer Berufsausbildung befindet, auswärtig untergebracht und volljährig ist, sowie für es ein Anspruch auf einen Kinderfreibetrag gem. § 32 Abs. 6 EStG besteht. Der Ausbildungsfreibetrag ermäßigt sich jedoch gem. § 33a Abs. 2 Satz 2 EStG um die Einkünfte und Bezüge des Kindes i.S.d. § 32 Abs. 4 Satz 2 und 4 EStG, soweit diese den Betrag von 1.848 € im Kalenderjahr übersteigen.

Ein Kind befindet sich in einer Ausbildung, wenn es sich durch den Erwerb von Kenntnissen, Fähigkeiten und Erfahrungen ernsthaft bemüht einen angestrebten Beruf zu erlernen.[28]

Ein Kind ist auswärtig untergebracht, soweit es nicht im elterlichen Haushalt lebt und am hauswirtschaftlichen Leben der Eltern teilnimmt.[29]

Lisa ist 1988 geboren und somit volljährig. Außerdem besteht ein Anspruch auf den Kinderfreibetrag für Lisa (Begründung siehe später).

---

[26] R 33a.1 Abs. 2 EStR 2008; s. dazu auch BFH v. 14.8.1997, III R 68/96, BStBl II 1998, 241.

[27] BFH-Urteil vom 17.12.2009, Az. VI R 63/08, BStBl II 2010, 341.

[28] Siehe Schmidt, Ludwig: Einkommensteuergesetz Kommentar, 2009, Auflage 28, C.H. Beck München, S.1883, § 32, Rz 26.

[29] Siehe Schmidt, Ludwig: Einkommensteuergesetz Kommentar, 2009, Auflage 28, C.H. Beck München, S.1970, § 33a, Rz 57.

Lisa hat Mieteinnahmen i.H.v. 1.200 € im Jahr. Der Wert der Wohnung wird nicht berücksichtigt. Das heißt der Ausbildungsfreibetrag in Höhe von **924 €** steht Paul in voller Höhe zu.

Sohn Peter

Für Sohn Peter kann ein Pauschbetrag für Behinderte gem. § 33b EStG geltend gemacht werden, da Peters Grad der Behinderung auf mindestens 50 festgestellt werden kann, § 33b Abs. 2 Nr. 1 EStG. Gem. § 33b Abs. 5 EStG kann der Freibetrag für Kinder, für die der Kinderfreibetrag zum Tragen kommt, bei den Eltern abgezogen werden.

Die Höhe des Pauschbetrags ergibt sich aus § 33b Abs. 3 Satz 3 EStG. Da Peter blind ist, ergibt sich ein Betrag i.H.v. **3.700 €**, der als außergewöhnliche Belastung abgezogen werden kann.

Gesamtbetrag der Einkünfte gem. § 2 Abs. 3 EStG	184.023 €
- Sonderausgaben §§ 10 ff. EStG	- 6.783 €
- außergewöhnliche Belastungen §§ 33 ff. EStG	- 5.488 €
Einkommen gem. § 2 Abs. 4 EStG	171.752 €

<u>**Freibeträge nach § 32 Abs. 6 EStG – Kinder**</u>

10. Lisa

Lisa ist gem. § 32 Abs. 1 Nr. 1 EStG ein im ersten Grad mit dem Steuerpflichtgen verwandtes Kind (leibliches Kind) und zählt somit auch zu den Angehörigen des § 15 Nr. 3 AO.

Volljährige Kinder, die noch nicht das 25. Lebensjahr vollendet haben und für einen Beruf ausgebildet werden, können gem. § 32 Abs. 4 Nr. 2 a EStG berücksichtigt werden, soweit das Kind Einkünfte unter 8.004 € im Jahr hat.[30]

Es darf gem. § 32 Abs. 6 EStG ein Freibetrag von 2.184 € sowie 1.320 € abgezogen werden. Gem. § 32 Abs. 6 Satz 2 EStG verdoppeln sich die oben genannten Beträge bei Zusammenveranlagung gem. §§ 26, 26b EStG. Dieser Betrag wird jedoch nur berücksichtigt, soweit die Auswirkung in der Einkommensteuer größer als das im laufenden Jahr ausgezahlte Kindergeld ist.[31]

---

[30] Hat ein Kind das 25. Lebensjahr überschritten, kommt steuerlich nur noch eine Berücksichtigung nach § 32 Abs. 4 Nr. 3 EStG in Betracht, wenn es bereits vor 25 behindert war oder evtl. über den Unterhalt nach § 33a Abs. 1 EStG.

[31] Vgl. DATEV, Tabellen und Informationen für den steuerlichen Berater; 2010, DATEV eG Nürnberg, S. 291.

Gem. § 62 Abs. 1 EStG haben unbeschränkt steuerpflichtige Anspruch auf Kindergeld, soweit ein Kindschaftsverhältnis gem. § 63 Abs. 1 Nr. 1 EStG i.V.m. § 32 Abs. 1 EStG vorliegt. Im VZ 2010 erhält der Steuerpflichtige laut § 66 Abs. 1 EStG je 184 € pro Monat für das erste und zweite Kind.[32]

11. Peter

Kinder, die außerstande sind sich selbst zu unterhalten werden berücksichtigt, soweit die Behinderung vor Vollendung des 25. Lebensjahres eingetreten ist (§ 32 Abs. 4 Nr. 3 EStG).

Auch für Peter kann ein Kinderfreibetrag i.H.v. 7.008 € geltend gemacht werden, § 32 Abs. 6 S. 1 EStG.

Kinderfreibeträge für Lisa (2.184 € + 1.320 €) x 2 =	7.008 €
Kinderfreibeträge für Peter (2.184 € + 1.320 €) x 2 =	+ 7.008 €
Gesamt	**14.016 €**
Ausbezahltes Kindergeld für Lisa = 184 € x 12 Monate =	2.208 €
Ausbezahltes Kindergeld für Lisa = 184 € x 12 Monate =	2.208 €
Gesamt	**4.416 €**

Die Auswirkung auf die Einkommensteuer durch Berücksichtigung der Kinderfreibeträge ist hier günstiger[33], wodurch es zum Abzug der Freibeträge bei der Ermittlung des zu versteuernden Einkommens kommt.

Gem. § 2 Abs. 6 Satz 3 EStG muss das ausbezahlte Kindergeld auf die tarifliche Einkommensteuer hinzugerechnet werden, soweit das Einkommen in den Fällen des § 31 EStG um die Freibeträge nach § 32 Abs. 6 EStG gemindert ist.

Einkommen gem. § 2 Abs. 4 EStG	**171.752 €**
- Kinderfreibeträge gem. § 32 Abs. 6 EStG	- 14.016 €
Zu versteuerndes Einkommen gem. § 2 Abs. 5 EStG	**157.736 €**

1.2.2.5 Tarifliche Einkommensteuer

Paul und Paula werden zusammen veranlagt und die Steuer ermittelt sich anhand des Splitting-Verfahrens i.S.d. § 32a Abs. 5 EStG.

---

[32] Die tatsächliche Auszahlung des Kindergelds erfolgt erst, nachdem man einen Antrag auf Kindergeld bei der zuständigen Familienkasse schriftlich eingereicht hat.

[33] Zu versteuerndes Einkommen ohne Kinder-FB =	171.584 € =	55.720 € Einkommensteuer
Zu versteuerndes Einkommen abzüglich Kinder-FB =	157.568 € =	49.834 € Einkommensteuer
Steuerersparnis	5.886 €	

Zu versteuerndes Einkommen	157.736 €

davon die Hälfte   78.868 €

Tarifliche Einkommensteuer gem. § 32a Abs. 1 Nr. 4 EStG
(0,42 x 78.868 € - 8.172) x 2 =   **59.834,64 €**

./. Abzüglich Steuerermäßigungen gem. § 2 Abs. 6 EStG

Steuerermäßigung für politische Spenden gem. § 34g EStG

Gem. § 50 Abs. 3 EStDV ist als Nachweis für die Zahlung des Mitgliedsbeitrags an eine politische Partei gem. § 2 PartG auch ein Bareinzahlungsbeleg oder eine Buchungsbestätigung zur Vorlage beim Finanzamt gestattet. Es ist deshalb für die Steuerermäßigung unbeachtlich, dass Paul keine ordnungsgemäße Spendenquittung vorlegen kann.

250 € x 50 % (max. 1.650 €)   - 125 €
(gem. § 34g S. 2 EStG)

Steuerermäßigung für gewerbliche Einkünfte gem. § 35 EStG

Das 3,8-fache des GewSt-Messbetrages gem. 1.2.2.6
5.439 x 3,8 =   - 20.668 €
(max. die tatsächlich gezahlte Gewerbesteuer von 22.843 €)

Die tarifliche Einkommensteuer wird außerdem um das ausbezahlte Kindergeld erhöht, da es zum Abzug des Kinderfreibetrages gem. § 32 Abs. 6 EStG kam.   + 4.416 €

Festzusetzende und zu zahlende Einkommensteuer   **43.007,64 €**

Solidaritätszuschlag gem. §§ 3 und 4 SolZG   2.365,42 €[34]

1.2.2.6 Gewerbesteuerberechnung

Bei Einkünften aus gewerblichen Unternehmen dürfen Gewerbetreibende gem. § 35 Abs. 1 S. 1 Nr. 1 EStG das 3,8-fache des nach § 14 GewStG festgesetzten Gewerbesteuermessbetrags von der tariflichen Einkommensteuer abziehen.[35]

---

[34] Der Solidaritätszuschlag beträgt gem. § 4 SolZG 5,5 %. Bemessungsgrundlage ist gem. § 3 Abs. 1 Nr. 1 i.V.m. Abs. 2 SolZG die festzusetzende Einkommensteuer, die sich unter Berücksichtigung der Kinderfreibeträge gem. § 32 Abs. 6 EStG ergibt.

[35] Siehe auch § 52 Abs. 50a EStG zur Erstanwendung des § 35 EStG. § 35 ist erstmals im Veranlagungszeitraum 2008 anzuwenden gewesen. Zuvor konnte man die Gewerbesteuer als Betriebsausgabe geltend machen. Seit 2008 stellt die Gewerbesteuer gem. § 4 Abs. 5b EStG eine nichtabziehbare Betriebsausgabe dar.

Voraussetzungen für die Gewährung der Steuerermäßigung ist, dass die tarifliche Einkommensteuer anteilig auf im zu versteuernden Einkommen enthaltene gewerbliche Einkünfte i.S.d. § 15 Abs. 1 Satz 1 Nr. 1 EStG entfällt. Gem. § 35 Abs. 1 Satz 5 EStG ist der Abzug des Steuerermäßigungsbetrags auf die tatsächlich zu zahlende Gewerbesteuer beschränkt.

Die Gewerbesteuer ist nach § 7 ff GewStG zu ermitteln:

Grundlage ist der nach dem Einkommensteuergesetz ermittelte Gewinn	179.955 €
Hinzurechnungen i.S.d. § 8 GewStG und Kürzungen i.S.d. § 9 GewStG fallen hier nicht an.	
Gem. § 11 Abs. 1 Satz 3 GewStG ist der Gewerbeertrag auf volle Hundert abzurunden.	179.900 €
Für Einzelunternehmen ist ein Freibetrag abziehbar	- 24.500 €
Steuerpflichtiger Gewerbeertrag	155.400 €
Die Steuermesszahl beträgt gem. § 11 Abs. 2 GewStG 3,5 %	5.439 €
Die Gewerbesteuer ergibt sich durch Multiplikation des Steuermessbetrags mit dem Hebesatz der Gemeinde von 420 %	**22.843 €**

2 Einkommensteuer pur, die Zweite

Die grundlegende Systematik des Einkommensteuerrechts

Sebastian Leitsch (Prof. Dr. U. Voß)

2.1 Sachverhalt

Rudi Rohr (geb. 03.05.1963) lebt zusammen mit seiner Ehefrau Renate (geb. 06.07.1968) in München. Die Eheleute haben keine Kinder und sind beide nicht Mitglied einer Religionsgemeinschaft.

Rudi Rohr:

1. Rudi Rohr betreibt als Einzelunternehmer eine Fabrik die Kunststoffrohre herstellt. Das Unternehmen ist im Handelsregister eingetragen. Der vorläufige Gewinn des Jahres 2010 beträgt unstreitig 70.000 €. Folgende Geschäftsvorfälle wurden noch nicht berücksichtigt:

   1.1 Eine Spende an das Deutsche Rote Kreuz in Höhe von 1.000 € wurde im Dezember vom betrieblichen Bankkonto überwiesen. Damit will Rudi „gute Stimmung" machen, um einen Auftrag vom Roten Kreuz über die Lieferung von Rohren nach Afrika zu bekommen.

   1.2 Die Gewerbesteuervorauszahlung in Höhe von 10.000 € wurde in 2010 vom betrieblichen Bankkonto bezahlt. Eine evtl. Rückstellung wurde noch nicht berücksichtigt. Der Hebesatz der Stadt München beträgt 490 %.

   1.3 Einen bisher betrieblich genutzten Schreibtisch (ND 6 J.) hat Rudi am 03.05.2010 aus dem Betrieb entnommen. Die Anschaffungskosten beim Kauf von einer Privatperson zum 13.04.2007 betrugen 3.000 €. Der Schreibtisch wurde linear abgeschrieben. Der Teilwert des Schreibtisches beträgt zum Zeitpunkt der Entnahme 1.500 €.

   Abschreibung 2010 für den Schreibtisch wurde bisher noch nicht berücksichtigt.

1.4 Auf dem betrieblichen Bankkonto wurden Zinsen in Höhe von 736,25 € gutge-
     schrieben.

2. Rudi ist im stolzen Besitz eines Aktienpakets. In dem Depot befinden sich VW-Aktien
    sowie Aktien der Metallrohr AG, an der Rudi zu 5 % beteiligt ist. Sämtliche Aktien
    wurden im Jahr 2007 angeschafft. Insgesamt erhält Rudi in 2010 eine Dividende von
    2.000 € vor Abzug von Kapitalertragsteuer. Die Depotgebühren betrugen 150 €.

    Zur Finanzierung eines Mehrfamilienhauses hat Rudi das Aktienpaket veräußert. Die
    VW-Aktien hatten damals 2.000 € gekostet und werden jetzt für 3.000 € verkauft. Die
    4.000 € teuren Anteile an der Metallrohr AG hat Rudi für einen Preis von 7.000 € ver-
    kauft. Die Transaktionskosten für die gesamte Veräußerung betragen 1.000 €.

3. Rudi hat am 01.07.2010 ein Mehrfamilienhaus (Baujahr 1980) mit vier gleich großen
    Wohnungen gekauft. Vom Kaufpreis in Höhe von 250.000 € entfallen 20 % auf den
    Grund und Boden. Für den Kaufvertrag musste Rudi an den Notar 2.000 € zahlen.

    3.1 Von den Wohnungen werden ab Juli drei Wohnungen zu jeweils 400 € monatlich
         vermietet. Wobei die Miete jeweils am 28. Tag des Vormonats für den folgenden
         Monat überwiesen wird. Die vierte Wohnung nutzen die Eheleute selbst.

    3.2 Bei Auszahlung eines aufgenommenen Darlehens mit einer Laufzeit von
         10 Jahren wurde von der Bank ein Damnum in Höhe von 3.000 € einbehalten.
         Außerdem wurden in 2010 Zinsen in Höhe von 4.000 € zur Zahlung fällig. Die
         Tilgung des Darlehens betrug 6.000 €.

    3.3 Die Notariatskosten für die Bestellung einer Grundschuld beliefen sich auf 500 €.

    3.4 Grundsteuer wurde mit 400 € fällig.

    3.5 Rudi hat sich im Kaufvertrag zur Zahlung der Grunderwerbsteuer in Höhe von
         3,5 % verpflichtet.

    3.6 Die Reparaturen betrugen 4.000 €. Davon entfielen die Hälfte auf das gesamte
         Gebäude und die andere Hälfte direkt auf vermietete Wohnungen.

4. Ansonsten sind Rudi im Jahr 2010 folgende Kosten angefallen.

    4.1 Für seine private Kranken- und Pflegeversicherung hat Rudi in 2010 insgesamt
         5.000 € aufgewendet. Die Versicherung vermittelt einen der gesetzlichen Kran-
         kenversicherung entsprechenden Schutz.

    4.2 Außerdem hat er 3.000 € in eine private kapitalgedeckte Leibrentenversicherung
         i.S.d. § 10 Abs. 1 Nr. 2b EStG eingezahlt (sog. Rürup-Rente).

    4.3 Rudi hat Vorauszahlungen für seine Einkommensteuer 2010 in Höhe von
         10.000 € sowie 550 € für Solidaritätszuschlag geleistet.

Renate Rohr:

5. Renate ist Angestellte in einem Rechtsanwaltsbüro.

5.1 Im Jahr 2010 hat sie aus ihrem Dienstverhältnis einen Bruttoarbeitslohn in Höhe von 15.310 € bezogen.

Der Arbeitnehmer- und Arbeitgeberanteil zur Rentenversicherung betrugen je 1.523 €. Der Arbeitnehmeranteil der restlichen Zweige der Sozialversicherung betrug 1.611 €. Davon entfallen 1.397 € auf die Kranken- und Pflegeversicherung. Der Nettolohn nach Abzug der Arbeitnehmeranteile wurde ihr monatlich auf ihr Bankkonto überwiesen.

5.2 Frau Rohr fuhr 2010 an 180 Tagen mit ihrem privaten Pkw von der Wohnung zur 25 km entfernten Arbeitsstätte. Nach einem von ihr geführten Fahrtenbuch betragen die auf die Fahrten zwischen Wohnung und Arbeitsstätte entfallenden Kfz-Kosten einschließlich der Afa nachgewiesenermaßen 2.250 €. In diesen Kosten sind Kfz-Haftpflicht und Kfz-Kaskoversicherung mit je 250 € enthalten.

5.3 Für Fachliteratur hat Renate in 2010 insgesamt 220 € aufgewendet.

6. Die Ehegatten besitzen außerdem ein gemeinsames Sparkonto. Die Zinsen auf dieses Konto betrugen im Jahr 2010 vor Abzug der Kapitalertragsteuer insgesamt 2.000 €. Ihren Freistellungsauftrag haben die Eheleute voll für dieses gemeinsame Konto gestellt. Kontoführungsgebühren beliefen sich auf 100 €.

Berechnen Sie das zu versteuernde Einkommen, die tarifliche Einkommensteuer sowie eine sich ergebende Einkommensteuernachzahlung bzw. -erstattung für den Veranlagungszeitraum 2010.

2.2   Lösung Einkommensteuer pur

2.2.1   Allgemeine Angaben

Rudi Rohr und seine Ehefrau Renate sind beide unbeschränkt einkommensteuerpflichtig gem. § 1 Abs. 1 EStG, da beide ihren Wohnsitz gem. § 8 AO in München, also im Inland haben.

Da die Ehegatten nicht dauernd getrennt leben und beide unbeschränkt steuerpflichtig sind, kommt für sie gem. § 26 Abs. 1 EStG die Ehegattenveranlagung in Betracht. Die drei Voraussetzungen

■ verheiratet,

■ nicht dauernd getrennt lebend,

■ unbeschränkt steuerpflichtig

müssen nur für mindestens einen Tag im Kalenderjahr gleichzeitig erfüllt sein.

Da die Ehegatten lt. Sachverhalt keine Wahl der Veranlagungsform treffen, werden sie gem. § 26 Abs. 3 EStG zusammen zur Einkommensteuer veranlagt. Bei der Zusammenveranlagung gem. § 26a EStG werden die Einkünfte der Ehegatten getrennt ermittelt. Die Summe der Einkünfte wird dann zusammengerechnet und von da ab werden die Ehegatten wie ein Steuerpflichtiger behandelt. Höchstbeträge und Pauschbeträge werden bei Ehegatten i.d.R. verdoppelt.

Auf das gemeinsam ermittelte zu versteuernde Einkommen wird das sog. Ehegattensplitting lt. § 32a Abs. 5 EStG angewendet. Dazu wird das zu versteuernde Einkommen halbiert, und die Einkommensteuer, die sich auf diesen Betrag nach dem Grundtarif gem. § 32a Abs. 1 EStG ergibt, wieder verdoppelt. Hierdurch wird die Steuerprogression abgemildert und die Ehegatten so behandelt, als hätte jeder genau die Hälfte des Einkommens erzielt. Bei Ehegatten, die Einkünfte in nahezu gleicher Höhe erzielen, bringt eine Heirat und die damit verbundene Anwendung des Splittingverfahrens folglich kaum steuerliche Vorteile.

Die Einkommensteuer ist eine Jahressteuer. Nach § 2 Abs. 7 EStG sind die Grundlagen für ihre Festsetzung für das Kalenderjahr, in diesem Fall 2010, zu ermitteln.

2.2.2   Ermittlung der Einkommensteuer 2010

2.2.2.1   Einkünfte Ehemann

Einkünfte aus Gewerbebetrieb gem. § 15 EStG

Mit seiner Kunststoffrohrfabrik erzielt Rudi Einkünfte aus Gewerbebetrieb gem. § 2 Abs. 1 Nr. 2 i.V.m. § 15 Abs. 1 Nr. 1 EStG, da er eine gem. § 15 Abs. 2 EStG selbständige, nachhaltige Betätigung, die mit der Absicht Gewinn zu erzielen unternommen wird, sich als Beteiligung am allgemeinen wirtschaftlichen Verkehr darstellt, ausübt und die Betätigung weder als Ausübung von Land- und Forstwirtschaft, eines freien Berufs, einer anderen selbständigen Tätigkeit oder als Vermögensverwaltung anzusehen ist.

Einkünfte sind bei den Einkünften aus Gewerbebetrieb gem. § 2 Abs. 2 Nr. 1 EStG der Gewinn. Dieser ist nach den Vorschriften der §§ 4 bis 7k EStG zu ermitteln (sog. Gewinneinkunftsart). Da Rudi eingetragener Kaufmann gem. § 1 HGB ist (sog. Ist-Kaufmann), ist er gem. § 238 Abs. 1 HGB zur Buchführung und damit Aufstellung einer Bilanz verpflichtet. Gem. § 140 AO ist die handelsrechtliche Buchführungspflicht auch für die Besteuerung zu erfüllen (sog. abgeleitete Buchführungspflicht).

Der Gewinn ermittelt sich demnach gem. § 4 Abs. 1 EStG durch den sog. Betriebsvermögensvergleich. Da es sich bei Rudi um einen Kaufmann handelt, ist § 4 Abs. 1 i.V.m. § 5 EStG anzuwenden.

Da keine Aussagen über die Höhe des Betriebsvermögens getroffen wurden, ist Ausgangsgröße der durch die Gewinn- und Verlustrechnung ermittelte Gewinn.

1. Vorläufiger Gewinn lt. Betriebsvermögensvergleich =
   § 4 Abs. 1 EStG = Betriebsvermögensmehrung = GuV   70.000 €

   1.1 Bei der Spende handelt es sich um Kosten der privaten Lebensführung, die gem. § 12 Nr. 2 EStG nicht bei der Ermittlung der Einkünfte berücksichtigt werden dürfen.

      Eine Berücksichtigung erfolgt bei den Sonderausgaben gem. § 10b EStG.

   1.2 Die Gewerbesteuer stellt seit 2008 gem. § 4 Abs. 5b EStG eine nichtabziehbare Betriebsausgabe dar. Auch eine evtl. Gewerbesteuerrückstellung ist deshalb bei der Ermittlung der Einkünfte nicht zu berücksichtigen. Lediglich zur Anrechnung der Gewerbesteuer gem. § 35 EStG wird der Gewerbesteuermessbetrag sowie die tats. zu zahlende Gewerbesteuer benötigt (Steuerermäßigung).[36]

   1.3 Die Überführung des Schreibtisches aus dem Betriebsvermögen ins Privatvermögen stellt eine Entnahme gem. § 4 Abs. 1 S. 2 EStG dar. Da ein Wirtschaftsgut entnommen wird, erfolgt die Bewertung gem. § 6 Abs. 1 Nr. 4 EStG mit dem Teilwert (§ 6 Abs. 1 Nr. 1 S. 3 EStG) des Wirtschaftsguts im Zeitpunkt der Entnahme. Die Abschreibung für den Tisch ist bis zum Zeitpunkt der Entnahme gem. R 7.4 Abs. 8 EStR zeitanteilig vorzunehmen.

AK 04/2007	3.000 €	
./. Afa 2007 = 3.000 € : 6 J. x 9/12 =	- 375 €	
./. Afa 2008+2009 = 3.000 € : 6 J. x 2 =	-1.000 €	
./. Afa 2010 = 3.000 € : 6 J. x 5/12 =	- 208 €	-208 €
= RBW 03.05.2010	1.417 €	

      Da der Entnahmewert höher ist als der verbleibende Restbuchwert, entsteht ein steuerpflichtiger Entnahmegewinn.

TW zum 03.05.2010	1.500 €	
./. RBW 03.05.2010	- 1.417 €	
= Entnahmegewinn	83 €	+83 €

---

[36] Durch das Unternehmenssteuerreformgesetz 2008 gilt das Betriebsausgabenabzugsverbot für die GewSt und die darauf entfallenden Nebenleistungen erstmals, wenn diese für Erhebungszeiträume festgesetzt werden, die nach dem 31.12.2007 enden. Soweit GewSt für Erhebungszeiträume vor dem 01.01.2008 entsteht, bleibt es bei der bisherigen Rechtslage, nach der die Gewerbesteuer als Betriebsausgabe abzugsfähig ist, und somit ihre eigene Bemessungsgrundlage kürzt. Kommt es beispielsweise durch eine Betriebsprüfung zu einer GewSt-Nachforderung für die Erhebungszeiträume vor 2008, hat diese Zahlung Auswirkung auf den steuerlichen Gewinn.

1.4   Da es sich bei der Gutschrift um Zinsen auf das betriebliche
       Bankkonto handelt, stellen auch die Zinsen Einkünfte aus
       Gewerbebetrieb dar, weil die Forderung damit zumindest
       gewillkürtes Betriebsvermögen ist. Gem. § 20 Abs. 8 EStG sind
       Kapitaleinkünfte vorrangig den Einkünften aus Gewerbebe-
       trieb zuzurechnen, wenn sie zu ihnen gehören. Gem. § 43
       Abs. 1 S. 1 Nr. 7a EStG hat die Bank bei der Auszahlung der
       Zinsen ein Steuerabzug in Höhe von 25 % zzgl. 5,5 % Solidari-
       tätszuschlag zu erheben (sog. Kapitalertragsteuer).

       Diese Steuerbeträge stellen gem. § 12 Nr. 3 EStG Kosten der
       privaten Lebensführung dar, und sind nicht von den Einkünf-
       ten zu kürzen. Die Beträge entsprechen einer Einkommen-
       steuervorauszahlung die nach § 36 Abs. 2 EStG auf die tarifli-
       che Einkommensteuer anzurechnen ist.
       Als Betriebseinnahmen angesetzt werden somit die Bruttozin-
       sen vor Abzug der Kapitalertragsteuer. (25 % + 5,5 % =
       26,375 %)

       736,25 € : 73,625 x 100 =   +1.000 €
       (KESt = 250 €; SoliZ = 13,75 €)

       Gewinn   **70.875 €**
       = Einkünfte aus Gewerbebetrieb § 15 EStG

Einkünfte aus Gewerbebetrieb gem. § 17 Abs. 1 S. 1 EStG

Für die Veräußerung der Aktien ist zu prüfen, ob evtl. § 17 EStG einschlägig ist. Es kommen zwar auch Einkünfte aus Kapitalvermögen gem. § 20 Abs. 2 Nr. 1 EStG[37] sowie ein
privates Veräußerungsgeschäft nach § 23 Abs. 1 Nr. 2 EStG als Einkunftstatbestand in
Betracht, jedoch geht § 17 EStG diesen gem. § 20 Abs. 8 und § 23 Abs. 2 EStG vor.[38]

Demnach gehört der Gewinn aus der Veräußerung von Anteilen an Kapitalgesellschaften
zu den Einkünften aus Gewerbebetrieb, wenn es sich um eine wesentliche Beteiligung
handelt. Eine Beteiligung ist als wesentlich anzusehen, wenn der Steuerpflichtige zu
einem Zeitpunkt innerhalb der letzten 5 Jahre zu mind. 1 % an der Kapitalgesellschaft

---

[37] Lt. § 52a Abs. 10 EStG ist § 20 Abs. 2 EStG erstmals auf die Gewinne von Anteilen anzuwenden,
die nach dem 31.12.2008 erworben wurden. Für Gewinne aus der Veräußerung von Anteilen die vor
dem 01.01.2009 erworben wurden greift noch die alte Rechtslage, wonach die Gewinne nur durch
Verkauf einer wesentlichen Beteiligung gem. § 17 Abs. 1 EStG oder bei Verkauf innerhalb eines
Jahres als privates Veräußerungsgeschäft gem. § 23 Abs. 1 Nr. 2 EStG der Besteuerung unterliegen.

[38] Bis zum Veranlagungszeitraum 2008 war gem. § 23 Abs. 2 S. 2 EStG der § 17 EStG nicht anzuwenden, wenn die Voraussetzungen für ein privates Veräußerungsgeschäft vorlagen. Durch das Unternehmenssteuerreformgesetz 2008 wurde diese Vorschrift allerdings ab 2009 aufgehoben.

beteiligt war.[39] Diese Rechtsvorschrift ist damit gerechtfertigt, dass die Veräußerung von Anteilen an einer Kapitalgesellschaft der Veräußerung eines Mitunternehmeranteils gleichzustellen ist, wenn die Beteiligung eine bestimmte Quote erreicht hat.[40]

Da Rudi an der Metallrohr AG zu 5 % beteiligt ist, ist für den Verkauf dieser Anteile § 17 EStG anzuwenden. An der VW AG beträgt der Anteil von Rudi mit Sicherheit weniger als 1 %, dementsprechend liegen hier keine Einkünfte aus Gewerbebetrieb vor. Veräußerungsgewinn ist, wie in § 17 Abs. 2 EStG beschrieben, der Betrag, um den der Veräußerungspreis nach Abzug der Veräußerungskosten die Anschaffungskosten übersteigt. Gem. § 3 Nr. 40 Buchst. c EStG ist der Veräußerungspreis zu 40 % steuerfrei[41], im Gegenzug sind die Anschaffungskosten und Veräußerungskosten auch nur zu 60 % anzusetzen (§ 3c Abs. 2 EStG). Das Teileinkünfteverfahren ist auch nach 2009 weiterhin auf Einkünfte nach § 17 EStG anzuwenden, im Gegensatz zu den Einkünften aus Kapitalvermögen, deren Einkommensteuer durch die Abgeltungssteuer nach § 32d Abs. 1 EStG als abgegolten gelten.

Außerdem wird bei Ermittlung der Einkünfte auch noch ein Freibetrag abgezogen, der aber aufgrund des anteiligen Ansatzes nur in geringer Höhe zum Tragen kommt. Der Freibetrag in Höhe von 9.060 € wird nur mit dem Anteil angesetzt der dem veräußerten Anteil an der Kapitalgesellschaft entspricht und um den Betrag gekürzt, um den der Veräußerungsgewinn den Teil von 36.100 € übersteigt, der dem veräußerten Anteil der Kapitalgesellschaft entspricht (§ 17 Abs. 3 EStG).[42]

---

[39] Gem. R 17 Abs. 2 EStR liegt eine Beteiligung i.S.d. § 17 Abs. 1 S. 1 EStG vor, wenn der Steuerpflichtige nominell zu mindestens 1 % am Nennkapital der Kapitalgesellschaft beteiligt ist oder innerhalb der letzten fünf Jahre vor der Veräußerung beteiligt war. Der Gewinn aus der Veräußerung einer Beteiligung von weniger als 1 % ist auch dann zu erfassen, wenn der Gesellschafter die Beteiligung erst neu erworben hat, nachdem er zuvor innerhalb des Fünfjahreszeitraums eine Beteiligung von mindestens 1 % insgesamt veräußert hat und mithin überhaupt nicht an der Kapitalgesellschaft beteiligt war ("Fünfjahreszeitraum" H 17 Abs. 2 EStG, BFH v. 20.04.1999, BStBl II S. 650).

[40] Vgl. dazu schon Strutz, Handbuch des Reichssteuerrechts, 1927, 338: Beweggrund der Regelung seien "die zahlreichen Erwerbsgesellschaften, namentlich Gesellschaften m.b.H." gewesen, "deren gesamte Anteile oder ein ganz großer Teil hiervon sich in einer Hand oder in wenigen Händen befinden, und die dadurch wirtschaftlich Einzelbetrieben oder Personengesellschaften sehr nahe stehen".

[41] Das sog. Teileinkünfteverfahren (für VZ vor 2009 Halbeinkünfteverfahren) ist durch das StSenkG mit Wirkung ab 2001 bzw. (auf Gesellschafterebene für offene Gewinnausschüttungen und Anteilsveräußerungen) 2002 eingeführt worden und hat das seit 1977 geltende KSt-Anrechnungsverfahren abgelöst. Bei beiden Verfahren geht es um die Gesamtsteuerbelastung von Körperschaften und ihrer Anteilseigener auf an diese ausgeschüttete Gewinne. Durch die frühere Anrechnung der Körperschaftsteuer bzw. die teilweise Steuerfreistellung von Ausschüttungen soll eine Doppelbesteuerung abgemildert werden. Die bereits mit Körperschaftsteuer belasteten Gewinne der Kapitalgesellschaft werden auf Ebene der Gesellschafter erneut der Besteuerung unterworfen. Ab 2009 gilt die Steuerfreistellung in Höhe von 40 % (Teileinkünfteverfahren) nur noch für Ausschüttungen für die nicht die Abgeltungssteuer gem. § 32d EStG anzuwenden ist.

[42] Für die Berechnung des Freibetrags ist der nach § 3 Nr. 40 S. 1c i.V.m. § 3c Abs. 2 EStG steuerfrei bleibende Teil des Veräußerungsgewinns nicht zu berücksichtigen (R 17 Abs. 9 EStR).

Veräußerungspreis Metallrohr-Aktien – § 3 Nr. 40c EStG zu 40 %

steuerfrei = 7.000 € - 40 % steuerfrei 2.800 € = 4.200 €

./. Anschaffungskosten in 2007 - § 3c Abs. 2 EStG zu 60 %

    4.000 € x 60 % = - 2.400 €

./. Veräußerungskosten - § 3c Abs. 2 EStG zu 60 %

    Transaktionskosten werden anteilig anhand der Veräußerungserlöse

    angesetzt = 1.000 € : 10.000 € x 7.000 € = 700 € x 60 % = - 420 €

Steuerpflichtiger Veräußerungsgewinn 1.380 €

Freibetrag § 17 Abs. 4 EStG = 9.060 € x 5 % Beteiligung =	453 €	
./. Kürzungsbetrag		
Veräußerungsgewinn	1.380 €	
./. 36.100 € x 5 % Beteiligung =	- 1.805 €	
Übersteigender Betrag	0 €	- 0 €
Verbleibender Freibetrag		- 453 €

Einkünfte aus Gewerbebetrieb gem. § 17 EStG 927 €[43]

Einkünfte aus Kapitalvermögen gem. § 20 EStG

Bei den Dividendengutschriften des Aktienpakets handelt es sich um Einkünfte aus Kapitalvermögen i.S.d. § 2 Abs. 1 Nr. 5 i.V.m. § 20 Abs. 1 Nr. 1 EStG. Einkünfte sind hier gem. § 2 Abs. 2 Nr. 2 EStG der Überschuss der Einnahmen § 8 EStG über die Werbungskosten §§ 9 und 9a EStG (sog. Überschusseinkünfte).

§ 20 Abs. 9 EStG ist gem. § 2 Abs. 2 S. 2 EStG gegenüber den §§ 9 und 9a EStG vorrangig. Das heißt, ein Abzug der tatsächlichen Werbungskosten kommt ab 2009 nach Einführung der Abgeltungssteuer nicht mehr in Betracht. Die Streichung des Werbungskostenabzuges ist verfassungsrechtlich fragwürdig, da gegen das Prinzip der Besteuerung nach der Leistungsfähigkeit verstoßen wird.[44]

Es werden die Bruttobeträge als Einnahmen angesetzt, weil die abgezogene Kapitalertragsteuer nach § 12 Nr. 3 EStG nicht von den Einkünften zu kürzen ist.

---

[43] Im Gegensatz zur den Gewinnen aus der Veräußerung eines ganzen Gewerbebetriebs oder eines Teilbetriebs gem. § 16 EStG liegen bei der Veräußerung einer wesentlichen Beteiligung keine außerordentlichen Einkünfte gem. § 34 EStG vor, für die eine ermäßigte Besteuerung anzuwenden wäre.

[44] Kritisch zum Werbungskostenabzugsverbot z. B. Hey, BB 2007, 1303, 1307; Oho/Hagen/Lenz, DB 2007, 1322, 1323; Worgulla/Söffing, FR 2007, 1005, 1010; Behrens, BB 2007, 1025, 1028; Stuhrmann in Blümich, § 20 EStG Rz. 495 (Dezember 2007).

Das sog. Halbeinkünfteverfahren oder jetzt Teileinkünfteverfahren in § 3 Nr. 40 EStG, nachdem 40 % der Einkünfte aus Dividenden oder Ausschüttungen steuerfrei sind, kommt nach § 3 Nr. 40 Nr. 1 S. 1, 2. HS EStG seit 2009 nur noch in Betracht, wenn es sich um Kapitaleinkünfte im betrieblichen Bereich (Einkünfte aus Gewerbebetrieb) handelt, oder die Abgeltungssteuer nicht zur Anwendung kommt.[45]

Die Einkünfte aus der Veräußerung der Anteile an der Metallrohr AG sind wie oben beschrieben gem. § 17 EStG den Einkünften aus Gewerbebetrieb zuzurechnen.

Die Veräußerung der VW-Aktien fällt nicht unter § 17 EStG, da es sich nicht um eine wesentliche Beteiligung handelt. Es könnte zwar ein privates Veräußerungsgeschäft vorliegen, gem. § 23 Abs. 2 EStG sind jedoch vorrangig andere Einkunftsarten zu prüfen. Seit 2009 stellen Gewinne aus der Veräußerung von Anteilen an Körperschaften gem. § 20 Abs. 2 Nr. 1 EStG ebenfalls Einkünfte aus Kapitalvermögen dar. Allerdings ist diese Vorschrift lt. § 52a Abs. 10 EStG erstmals auf die Gewinne von Anteilen anzuwenden, die nach dem 31.12.2008 erworben wurden. Da Rudi die Aktien bereits im Jahr 2007 angeschafft hat, ist noch die alte Rechtslage anzuwenden, wonach Gewinne aus der Veräußerung von Wertpapieren die nicht unter § 17 EStG fallen lediglich besteuert werden, wenn es sich um ein privates Veräußerungsgeschäft handelt.

Lt. § 23 Abs. 1 Nr. 2 EStG ist die Voraussetzung für ein steuerpflichtiges privates Veräußerungsgeschäft, dass zwischen Anschaffung und Veräußerung nicht mehr als ein Jahr liegt. Hier liegt die Anschaffung allerdings länger als ein Jahr zurück.

Da hinsichtlich des Veräußerungsgewinns kein Einkunftstatbestand erfüllt ist, ist der Gewinn nicht einkommensteuerbar.

Gem. § 20 Abs. 1 Nr. 7 EStG stellen die Zinsen auf das gemeinsame Sparkonto ebenfalls Einkünfte aus Kapitalvermögen dar. Da das Sparkonto beiden Ehegatten gehört, entfallen lediglich 50 % der Einnahmen auf Rudi.

Dividendengutschrift § 20 Abs. 1 Nr. 1 EStG	2.000 €
50 % der Zinseinnahmen § 20 Abs. 1 Nr. 7 EStG	+ 1.000 €
Einnahmen aus Kapitalvermögen	3.000 €
Halber Sparer-Pauschbetrag für Rudi § 20 Abs. 9 EStG	- 801 €
(Ein Abzug der tatsächlichen Werbungskosten ist ausgeschlossen.)	
Einkünfte aus Kapitalvermögen § 20 EStG	**2.199 €**

---

[45] Fälle in denen die Abgeltungssteuer gem. § 32d Abs. 1 EStG nicht zur Anwendung kommen, werden im § 32d Abs. 2 EStG aufgeführt.

Abgeltungssteuer

Seit Einführung der Abgeltungssteuer nach § 32d Abs. 1 EStG ab dem Veranlagungszeitraum 2009 ist die Einkommensteuer für sämtliche Einkünfte aus Kapitalvermögen durch die Kapitalertragsteuer abgegolten.[46] Wenn kein Kapitalertragsteuerabzug stattgefunden hat, muss die Versteuerung in Höhe von 25 % bei der Einkommensteuerveranlagung nachgeholt werden.

Auf Antrag des Steuerpflichtigen werden anstelle der Anwendung der Abgeltungssteuer die nach § 20 EStG ermittelten Kapitaleinkünfte den Einkünften im Sinne des § 2 EStG hinzugerechnet und der tariflichen Einkommensteuer unterworfen, wenn dies zu einer niedrigeren Einkommensteuer führt (sog. Günstigerprüfung gem. § 32d Abs. 6 EStG).[47]

Die Günstigerprüfung kann erst durchgeführt werden, wenn das zu versteuernde Einkommen und die darauf entfallende tarifliche Einkommensteuer feststeht.

Einkünfte aus Vermietung und Verpachtung § 21 EStG

Bei den Mieteinnahmen aus dem Mehrfamilienhaus handelt es sich um Einkünfte aus Vermietung und Verpachtung von unbeweglichem Vermögen i.S.d. § 2 Abs. 1 Nr. 6 i.V.m. § 21 Abs. 1 Nr. 1 EStG. Einkünfte sind hier gem. § 2 Abs. 2 Nr. 2 EStG der Überschuss der Einnahmen § 8 Abs. 1 EStG über die Werbungskosten §§ 9 und 9a EStG (sog. Überschusseinkünfte).

Mieteinnahmen:

3.1 Es stellt sich die Frage, ob die Miete für Januar 2011, die bereits am 28.12.2010 überwiesen wird, bei den Einnahmen des Jahres 2010 oder 2011 anzusetzen ist.

Bei Überschusseinkünften ist das Zu- und Abflussprinzip § 11 Abs. 1 EStG anzuwenden. Demnach ist grundsätzlich der Zeitpunkt des Geldzu- bzw. Geldabflusses maßgeblich. Zu beachten ist allerdings die sog. 10-Tages-Regelung des § 11 Abs. 1 EStG. Diese besagt, dass regelmäßig wiederkehrende Einnahmen, die dem Steuerpflichtigen kurze Zeit vor Beginn oder kurze Zeit nach Beendigung des Kalenderjahres, zu dem sie wirtschaftlich gehören, zugeflossen sind, als in diesem Kalenderjahr bezogen gelten. Regelmäßig wiederkehrende Einnahmen bzw. Ausgaben sind solche, die sich mit einer gewissen Regelmäßigkeit, d.h. nach bestimmten Zeitabschnitten und in bestimmten Zeitabständen, wenn auch nicht immer in gleicher Höhe, wiederholen.[48] Als kurze Zeit in diesem Sinne ist in der Regel ein Zeitraum von 10 Tagen anzusehen.[49]

---

[46] Ausnahmen siehe § 32d Abs. 2 EStG.

[47] Auch falls die Günstigerprüfung zu dem Ergebnis kommt, dass die Versteuerung mit dem tatsächlichen Steuersatz günstiger ist, ist ein Abzug der tatsächlichen Werbungskosten ausgeschlossen.

[48] BFH v. 03.06.1975, VIII R 47/70, BStBl II 1975, 696.

[49] „Allgemeines" H 11 EStH; BFH v. 10.12.1985, VIII R 15/83, BStBl II 1986, 342.

Die Januarmiete ist unstrittig eine regelmäßige Einnahme, die dem Kalenderjahr 2011 wirtschaftlich zuzurechnen ist, aber bereits innerhalb der letzten 10 Tages des Jahres 2010 gezahlt wird. Sie ist nach der Ausnahmeregelung also trotz Zufluss in 2010 dem Kalenderjahr 2011 zuzurechnen.

3 Wohnungen x 400 € x 6 Monate   7.200 €

Werbungskosten

Werbungskosten sind Aufwendungen zur Erwerbung, Sicherung und Erhaltung der Einnahmen (§ 9 Abs. 1 EStG). Werbungskosten sind nach Rechtsprechung und herrschender Literaturmeinung überhaupt alle Aufwendungen, die durch die Berufsausübung veranlasst sind (sog. Veranlassungsprinzip) und deren Abzug nicht durch Gesetz verboten ist.[50] Das Verständnis des Werbungskostenbegriffs ist damit „deckungsgleich" mit dem Begriff der Betriebsausgaben nach § 4 Abs. 4 EStG.

In § 9 Abs. 1 S. 3 EStG werden bestimmte Arten von Werbungskosten näher erläutert. Die Formulierung „Werbungskosten sind auch..." macht deutlich, dass es sich hier nicht um eine abschließende Aufzählung handelt.

Da die Familie Rohr eine Wohnung selbst nutzt, werden die Aufwendungen insoweit nicht zur Erhaltung der Einnahmen getätigt und sind folglich nicht als Werbungskosten abziehbar.[51] Aufwendungen, die das gesamte Gebäude betreffen, können anteilig anhand der Fläche, also zu 25 %, nicht abgezogen werden.

3.2 Darlehen

Finanzierungskosten, die in wirtschaftlichem Zusammenhang mit der Erzielung von Einnahmen aus Vermietung und Verpachtung stehen, sind als Werbungskosten abziehbar (§ 9 Abs. 1 S. 3 Nr. 1 EStG).

Bei dem Damnum[52] handelt es sich um eine Ausgabe für eine Nutzungsüberlassung von mehr als 5 Jahren, die im Voraus gezahlt wird. Nach einer weiteren Ausnahme des Zu-/Abflussprinzips in § 11 Abs. 2 S. 3 EStG wäre diese Ausgabe auf den Zeitraum zu verteilen. Da die Ausnahmeregelung lt. § 11 Abs. 2 S. 4 EStG allerdings

---

[50] BFH v. 28.11.1980, VI R 193/77, BStBl II 1981, 368.

[51] Bei der zum 01.01.1987 abgeschafften Nutzungswertbesteuerung gem. § 21a EStG konnte der Steuerpflichtige für die eigengenutzte Wohnung den vollen Werbungskostenabzug in Ansatz bringen, musste allerdings einen fiktiven, nach dem Einheitswert ermittelten Nutzungswert als Einnahme ansetzen.

[52] Ein Damnum (Abgeld, Auszahlungsabschlag, Disagio) liegt vor, wenn der Rückzahlungsbetrag eines Darlehens höher ist als der Auszahlungsbetrag und der Unterschiedsbetrag bei der Auszahlung von der vereinbarten Darlehenssumme einbehalten wird (Auszahlungs-Disagio).

für ein marktübliches Damnum[53] nicht angewendet wird, ist das Damnum im Jahr des Abflusses voll als Werbungskosten anzusetzen.

Damnum 3.000 € x 75 % für vermietete Wohnungen =	- 2.250 €
Schuldzinsen 4.000 € x 75 % für vermietete Wohnungen =	- 3.000 €

Tilgungsbeträge sind nicht abziehbar, da es sich lediglich um eine Rückzahlung und nicht um Aufwendungen handelt. Die mit der Auszahlung finanzierten Anschaffungskosten werden über die Afa bereits steuermindernd berücksichtigt.

Schuldzinsen sind durch die Zahlung des Kaufpreises des Gebäudes veranlasst. Wird mit einem Darlehen ein gemischt genutztes Gebäude angeschafft, sind die mit dem Darlehen in Verbindung stehenden Schuldzinsen auch nur soweit abziehbar, wie sie auf den fremdvermieteten Anteil der Anschaffungskosten des Gebäudes entfallen. In mehreren Urteilen hat der BFH die Zuordnung von Darlehen und entsprechenden Schuldzinsen zu dem vermieteten Teil eines teilweise eigengenutzten und teilweise vermieteten Gebäudes zugelassen.[54] Dies setzt eine nach außen erkennbare Zuordnungsentscheidung des Stpfl. voraus. Dies ist zum Beispiel dann der Fall, wenn der Kaufpreis in einem notariellen Kaufvertrag klar und eindeutig auf die verschiedenen Wohnungen aufgeteilt wird und der Steuerpflichtige das Fremdkapital nur zur Zahlung des Kaufpreises für die vermieteten Wohnungen verwendet. Allerdings darf die Aufteilung nicht zu einer unangemessenen wertmäßigen Berücksichtigung der einzelnen Gebäudeteile führen. Nimmt ein Stpfl. Bankdarlehen erkennbar für den Kaufpreis der vermieteten Wohnung auf und ist dies auch in den Darlehensverträgen so festgehalten, dann können die Finanzierungskosten ausschließlich den fremdvermieteten Wohnungen zugeordnet werden. Dies gilt auch, wenn keine entsprechende Kaufpreisaufteilung im Kaufvertrag vorgenommen wurde.[55] Ein ähnliches Ergebnis kann der Steuerpflichtige auch erreichen, wenn er aufgeteilte Wohnungen in getrennten Kaufverträgen erwirbt.

Hätte Rudi Rohr je ein separates Darlehen für die privat genutzte und die vermieteten Wohnungen aufgenommen, so hätte er die Zinsen des Darlehens für die Vermietung voll abziehen können. Er hätte so durch anfangs reine Tilgung des privaten Darlehens einen höheren Schuldzinsenabzug über die Laufzeit erreicht.

---

[53] Bei einer Darlehenslaufzeit von fünf Jahren wird ein Damnum i.H.v. 10 % als üblich angesehen (BMF v. 19.04.2000, BStBl I, 484). Für Darlehensverträge, die nach dem 31.12.2003 abgeschlossen werden, kann von der Marktüblichkeit des Damnums nur ausgegangen werden, wenn für ein Darlehen mit einem Zinsfestschreibungszeitraum von mindestens fünf Jahren ein Damnum in Höhe von bis zu 5 % vereinbart worden ist (BMF v. 20.10.2003, BStBl I, 546).

[54] BFH IX R 40/01 v. 9.7.2002 NV, IX R 38/00 v. 25.3.2003, NV und IX B 5/08 v. 26.2.2008, NV.

[55] BFH IX R 40/01 v. 09.07.2002, NV.

3.3 Notariatskosten für Grundschuld

Bei den Notariatskosten für die Bestellung der Grundschuld handelt es sich um sog. Geldbeschaffungskosten.[56] Diese stellen als Finanzierungskosten, im Gegensatz zu den Notarkosten für den Kaufvertrag, sofort abzugsfähige Werbungskosten dar. (Zur Behandlung der Notarkosten für den Kaufvertrag siehe Ausführungen zur Abschreibung.)

500 € x 75 % für vermietete Wohnungen =   - 375 €

3.4 Grundsteuer

Steuern vom Grundbesitz stellen Werbungskosten dar, soweit solche Ausgaben sich auf Gebäude beziehen, die dem Steuerpflichtigen zur Einnahmeerzielung dienen (§ 9 Abs. 1 S. 3 Nr. 2 EStG).

400 € x 75 % für vermietete Wohnungen =   - 300 €

3.5 Abschreibung

Zu den Werbungskosten gehören auch Absetzungen für Abnutzung und Substanzverringerung und erhöhte Absetzungen (§ 9 Abs. 1 S. 3 Nr. 7 EStG). Bei den Überschusseinkünften werden die Vorschriften zur Abschreibung für die Gewinneinkünfte lt. §§ 7 EStG ff. angewendet.

Bemessungsgrundlage für die Afa sind die Anschaffungskosten (§ 7 Abs. 1 S. 1 EStG). Das sind die Aufwendungen, die geleistet werden, um einen Vermögensgegenstand zu erwerben und ihn in einen betriebsbereiten Zustand zu versetzen, soweit sie dem Vermögensgegenstand einzeln zugeordnet werden können (§ 255 Abs. 1 HGB).

Zu den Anschaffungskosten gehören auch die Nebenkosten sowie die nachträglichen Anschaffungskosten (§ 255 Abs. 1 HGB). Zu den Anschaffungskosten für Gebäude zählen neben dem Kaufpreis die Grunderwerbsteuer, Notarkosten für den Kaufvertrag, Gebühren des Grundbuchamtes, Maklerkosten, sonstige Gebühren und Beiträge und Ähnliches. Ferner gehören zu den Anschaffungsnebenkosten auch Anlieger- und Erschließungsbeiträge, sowie Abfindungen für die Auflösung von Mietverträgen oder Grunddienstbarkeiten bei erworbenen Grundstücken.

---

[56] BFH v. 24.04.1959, VI 19/57 U, BStBl III 1959, 236; v. 01.10.2002, IX R 72/99, BStBl 2003 II, 399.

Die anteiligen Kosten für den Grund und Boden sind zu kürzen, da dieser nicht abnutzbar ist und § 7 EStG abnutzbare Wirtschaftgüter voraussetzt.

Kaufpreis	250.000 €
+ Anschaffungsnebenkosten	
Grunderwerbsteuer 3,5 %	+ 8.750 €
Notargebühren für den Kaufvertrag	+ 2.000 €
= AK gesamt	260.750 €
davon entfallen 80 % auf das Gebäude	208.600 €
= Afa-Bemessungsgrundlage	

Die Abschreibung für Gebäude bemisst sich nach § 7 Abs. 4 und Abs. 5 EStG. Die degressive Gebäudeabschreibung nach Abs. 5 galt nur für Neubauten und war letztmals für Gebäude für die der Bauantrag vor 2006 geschlossen wurde anwendbar.

Für das Gebäude von Rudi Rohr kommt demnach nur die lineare Abschreibung nach Abs. 4 in Betracht.

Der in § 7 Abs. 4 Nr. 1 EStG genannte Satz von 3 % ist nur für Gebäude in einem Betriebsvermögen anwendbar. Für alle anderen sind für die vor 1925 fertiggestellten 2,5 % und ab 1925 hergestellten 2 % jährlich als Abschreibung absetzbar.

Nach R 7.4 Abs. 2 S. 1 EStR ist auch die lineare Afa bei Gebäuden im Jahr der Anschaffung zeitanteilig vorzunehmen.

208.600 € x 2 % x 6/12 x 75 % für vermietete Wohnungen =	- 1.565 €

3.6 Reparaturkosten

Bei den Reparaturkosten handelt es sich um sofort abziehbaren Erhaltungsaufwand. Bei größeren Reparatur- und Sanierungsmaßnahmen muss geprüft werden, ob es sich evtl. um nachträgliche Anschaffungskosten i.S.d. § 255 Abs. 1 HGB handelt.

Besonderheiten gelten für den Fall, dass kurze Zeit nach Erwerb eines Gebäudes im Vergleich zum Kaufpreis hohe Aufwendungen für die Instandsetzung, Modernisierung oder Reparatur entstehen (anschaffungsnahe Aufwendungen). Wenn die Aufwendungen für Instandsetzungs- und Modernisierungsmaßnahmen, die innerhalb von drei Jahren nach der Anschaffung des Gebäudes durchgeführt werden, ohne die Umsatzsteuer 15 % der Anschaffungskosten des Gebäudes übersteigen, liegen aktivierungspflichtige anschaffungsnahe Herstellungskosten vor (§ 6 Abs. 1 Nr. 1a EStG).

Größere Erhaltungsaufwendungen könnten außerdem gem. § 82b EStDV auf 2 bis 5 Jahre gleichmäßig verteilt werden. Der di-

rekt auf die vermieteten Wohnungen entfallene Anteil kann zu
100 % abgezogen werden.

2.000 € direkt für vermietete Wohnungen	- 2.000 €
2.000 € x 75 % für vermietete Wohnungen =	- 1.500 €
Summe der Werbungskosten	- 10.990 €
Einkünfte aus Vermietung und Verpachtung § 21 EStG	**- 3.790 €**

Wenn aus einer Einkunftsquelle dauerhaft negative Einkünfte erzielt werden, können die
Verluste evtl. nicht bei der Ermittlung der Einkünfte berücksichtigt werden. Nur Tätigkeiten mit Einkunftserzielungsabsicht sind Einkünfte i.S.d. § 2 EStG.[57] Die fehlende Gewinnerzielungsabsicht führt dann zur sog. Liebhaberei. Bei Vermietung von Gebäuden
sind allerdings Verluste in den ersten Jahren üblich. Falls die Verluste außergewöhnlich
hoch ausfallen, weitere Verluste in den Folgejahren anfallen oder z.B. bei Vermietung an
Angehörige[58] [59] kann das Finanzamt eine Einkunftsprognose, die in der Regel auf einen
Zeitraum von 30 Jahren erstellt wird, verlangen.

Der Steuerpflichtige muss hier nachweisen, dass auf einen Zeitraum von 30 Jahren insgesamt positive Einkünfte mit dem Objekt erzielt werden.

Da hier ein Verlust in für das Anschaffungsjahr üblicher Höhe angefallen ist, können die
negativen Einkünfte ohne weitere Nachweise mit anderen Einkünften im Kalenderjahr
verrechnet werden.

---

[57] „Liebhaberei" H 2 EStH

[58] Aufwendungen aufgrund von Verträgen zwischen nahen Angehörigen werden nur dann als
Werbungkosten oder Betriebsausgaben anerkannt, wenn die Beteiligten ihre Vereinbarungen eindeutig und im Voraus getroffen haben, wenn die Abmachungen zivilrechtlich wirksam sind und
wenn sie während der gesamten Vertragsdauer nach ihrem Inhalt und ihrer Durchführung dem
entsprechen, was zwischen Fremden üblich ist. Ist das nicht der Fall, werden sie als private Aufwendungen angesehen, die nicht steuermindernd berücksichtigt werden dürfen.
Vgl. BFH v. 18.1.2001, BStBl II, 393 ; BFH v. 9.10.2001, BFH/NV 2002, 334; BFH v. 25.6.2002, BFH/NV,
1303; vgl. auch Heinicke in Schmidt, § 4 EStG Rz. 450, Angehörige/Angehörigenverträge; Bartone in
Korn, § 4 EStG Rz. 771 ff.

[59] Insbesondere bei Vermietung an nahe Angehörige ist zu prüfen inwieweit die Miete der ortsüblichen Marktmiete entspricht. Beträgt die Miete nicht mind. 56 % der ortsüblichen Marktmiete so ist
gem. § 21 Abs. 2 EStG die Nutzungsüberlassung in einen entgeltlichen und einen unentgeltlichen
Teil aufzuteilen. Werbungskosten sind dann auch nur in Höhe des entgeltlichen Anteils der Vermietung abzugsfähig.

2.2.2.2   Einkünfte Ehefrau

Einkünfte aus nichtselbständiger Arbeit § 19 EStG

Bei dem Bruttolohn aus dem Dienstverhältnis handelt es sich um Einkünfte aus nichtselbständiger Arbeit i.S.d. § 2 Abs. 1 Nr. 4 i.V.m. § 19 Abs. 1 Nr. 1 EStG. Einkünfte sind
hier gem. § 2 Abs. 2 Nr. 2 EStG der Überschuss der Einnahmen § 8 EStG über die Werbungskosten §§ 9 und 9a EStG (sog. Überschusseinkünfte).

Da es sich bei den Sozialversicherungsbeiträgen um nichtabziehbare Aufwendungen der
privaten Lebensführung (§ 12 EStG) handelt, ist der Bruttoarbeitslohn als Einnahme anzusetzen.

Einnahmen

5.1 Bruttoarbeitslohn 2010   15.310 €

Werbungskosten

5.2 Fahrtkosten

Nach § 9 Abs. 2 EStG sind durch die sog. Entfernungspauschale
sämtliche Kosten für Fahrten zwischen Wohnung und Arbeitsstätte
des Steuerpflichtigen abgegolten. Ein Ansatz der tatsächlichen Kosten ist nicht möglich, selbst wenn diese durch ein Fahrtenbuch
nachgewiesen werden.

180 Tage x 25 km x 0,30 €   - 1.350 €

5.3 Fachliteratur

Kosten für beruflich veranlasste Fachliteratur sind als Werbungskosten abzugsfähig (§ 9 Abs. 1 EStG)   - 220 €

5.4 Kontoführung

Kontoführungsgebühren sind als Werbungskosten anzuerkennen,
soweit sie auf die Gutschrift von Einnahmen aus dem Dienstverhältnis und auf beruflich veranlasste Überweisungen entfallen. Ein
pauschaler Ansatz von 16 € der Kosten ist nicht zu beanstanden.[60]   - 16 €

Summe der Werbungskosten   - 1.586 €

Falls die Werbungskosten geringer ausfallen, kann anstelle der
tatsächlichen Kosten immer mindestens der sog. Arbeitnehmer-
pauschbetrag in Höhe von 920 € in Abzug gebracht werden
(§ 9a S. 1 Nr. 1a EStG).

Einkünfte aus nichtselbständiger Arbeit § 19 EStG   **13.724 €**

---

[60] ND OFD Hannover 2002-04-30 S 2354-20-StH 214

Einkünfte aus Kapitalvermögen § 20 EStG

Der hälftige Anteil der Zinsen auf das gemeinsame Sparkonto, der auf Frau Rohr entfällt, stellt Einkünfte aus Kapitalvermögen i.S.d. § 20 Abs. 1 Nr. 7 EStG dar.

50 % der Zinseinnahmen § 20 Abs. 1 Nr. 7 EStG	1.000 €
Halber Sparer-Pauschbetrag für Renate § 20 Abs. 9 EStG	- 801 €

Ein Abzug der tatsächlichen Werbungskosten ist ausgeschlossen.

Einkünfte aus Kapitalvermögen § 20 EStG	**199 €**

Zur Anwendung der Abgeltungssteuer wird auf die Ausführungen zu den Kapitaleinkünften des Ehemannes verwiesen.

2.2.2.3 Ermittlung der Summe der Einkünfte

Die jeweilige Summe der Einkünfte der Eheleute wird bei Zusammenveranlagung zusammengerechnet und bei der restlichen Berechnung werden die Ehegatten wie ein Steuerpflichtiger behandelt.

Einkünfte aus Gewerbebetrieb § 15 EStG – Ehemann	70.875 €
Einkünfte aus Gewerbebetrieb § 17 EStG – Ehemann	+ 927 €
Einkünfte aus Vermietung und Verpachtung § 21 EStG – Ehemann	- 3.790 €
Einkünfte aus nichtselbständiger Arbeit § 19 EStG – Ehefrau	+ 13.724 €

Gemeinsame Summe der Einkünfte	**81.736 €**

Die Einkünfte aus Kapitalvermögen werden zur Günstigerprüfung i.S.d. § 32d Abs. 6 EStG später benötigt.

Einkünfte aus Kapitalvermögen § 20 EStG – Ehemann	2.199 €
Einkünfte aus Kapitalvermögen § 20 EStG – Ehefrau	+ 199 €
Einkünfte aus Kapitalvermögen gesamt	2.398 €

2.2.2.4 Ermittlung des zu versteuernden Einkommens

Gemeinsame Summe der Einkünfte	**81.736 €**

Da die Anwendung des Freibetrags für Land- und Forstwirte, sowie ein Entlastungsbetrag für Alleinerziehende nicht in Betracht kommt, stellt die Summe der Einkünfte auch den Gesamtbetrag der Einkünfte dar (§ 2 Abs. 3 EStG).

Gesamtbetrag der Einkünfte	**81.736 €**

Gem. § 2 Abs. 4 EStG ergibt der Gesamtbetrag der Einkünfte vermindert um die Sonderausgaben §§ 10 ff EStG und außergewöhnliche Belastungen §§ 33 ff EStG das Einkommen.

Die Sonderausgaben teilen sich in die Gruppe der Vorsorgeaufwendungen und in die Gruppe der sonstigen Sonderausgaben auf.

Vorsorgeaufwendungen

Die Vorsorgeaufwendungen muss man aufgrund der Höchstbetragsberechnung in drei Gruppen einteilen, nämlich die sog. Basisvorsorge (§ 10 Abs. 1 Nr. 2 EStG), Beiträge zur Basiskranken- und Pflegeversicherung (§ 10 Abs. 1 Nr. 3 EStG) und den übrigen Vorsorgeaufwendungen (§ 10 Abs. 1 Nr. 3 a) EStG).

Basisvorsorge:

Beiträge Rürup-Rente § 10 Abs. 1 Nr. 2 b) EStG	3.000 €
AN-Anteil zur gesetzlichen RV § 10 Abs. 1 Nr. 2 a) EStG	+ 1.523 €
AG-Anteil zur gesetzlichen RV § 10 Abs. 1 Nr. 2 S. 2 EStG	+ 1.523 €
	6.046 €
(max. 40.000 € gem. § 10 Abs. 4 EStG)	
davon 70 % (in 2010)	4.245 €
./. AG-Anteil zur gesetzlichen RV	- 1.523 €
abziehbarer Betrag	- 2.722 €

Beiträge zur Basiskranken- und Pflegeversicherung

Durch das neue Bürgerentlastungsgesetz Krankenversicherung sind Beiträge zur Basiskranken- und Pflegeversicherung ab VZ 2010 erhöht abzugsfähig.[61] [62] Beiträge zur gesetzlichen Kranken- und Pflegeversicherung sowie vergleichbaren privaten Versicherungen sind ab 2010 unbeschränkt als Sonderausgaben abzugsfähig.

Die Beträge der privaten Krankenversicherung sind lediglich um einen pauschalen Abzug von 4 % für Beträge, die auf den Krankengeldanspruch entfallen, zu kürzen (§ 10 Abs. 5 EStG).

---

[61] Bürgerentlastungsgesetz Krankenversicherung v. 16.07.09, BGBl. I 2009, 1959; BStBl I 2009, 782.

[62] Die Neuregelung wurde eingeführt, da das Bundesverfassungsgericht mit Beschluss vom 13.02.2008, 2 BvL 1/06, HFR 2008, 500 entschieden hat, dass die bisherigen Regelungen zum Sonderausgabenabzug mit dem Grundgesetz unvereinbar sind, soweit der Sonderausgabenabzug die Beiträge zu einer privaten Krankheitskosten- und Pflegeversicherung nicht ausreichend erfasst, die dem Umfang nach erforderlich sind, um dem Stpfl. und seiner Familie eine sozialhilfegleiche Kranken- und Pflegeversorgung zu gewährleisten.

Private KV und PV	5.000 €	
KV-/PV-Anteil zur gesetzl. SV	+ 1.397 €	
Summe	6.397 €	
./. abzüglich 4 % für Krankentagegeld	- 256 €	
abziehbarer Betrag		- 6.141 €

Übrige Vorsorgeaufwendungen:

4 % Anteil gesetzl. KV/PV für Krankentagegeld	256 €	
AN-Anteil zur gesetzl. Arbeitslosenversicherung	+ 214 €	
Kfz-Haftpflichtversicherung	+ 250 €	
Der Kasko-Anteil ist als Sachversicherung nicht abziehbar.		
Summe	720 €	

Maximal abziehbar gem. § 10 Abs. 4 EStG ist pro Steuerpflichtiger 2.800 €. Für Renate vermindert sich der Betrag allerdings auf 1.900 €, da sie durch die steuerfreien Zuschüsse des Arbeitgebers zur Krankenversicherung Anspruch auf Erstattung von Krankheitskosten teilweisen ohne eigene Aufwendungen hat. Insgesamt beträgt der Höchstbetrag somit 4.700 €. Da unter den Höchstbetrag auch die KV und PV fallen, ist dieser bereits ausgeschöpft.

Summe der abziehbaren Vorsorgeaufwendungen	- 8.863 €

Übrige Sonderausgaben

Die Spende an das Deutsche Rote Kreuz in Höhe von 1.000 € (1.1) stellt eine Sonderausgabe nach § 10b Abs. 1 EStG dar, da es sich um eine Zuwendung zur Förderung steuerbegünstigter Zwecke i.S.d. §§ 52 bis 54 AO handelt. Der Spendenabzug ist auf einen Betrag in Höhe von 20 % des Gesamtbetrags der Einkünfte begrenzt. Voraussetzung für den Abzug ist, dass eine ordnungsgemäße Spendenquittung vorliegt.

Spende (maximal 20 % v. 81.712 € = 16.342 €)	- 1.000 €

Falls die übrigen Sonderausgaben geringer wären, würde der Sonderausgabenpauschbetrag lt. § 10c EStG in Höhe von 72 € für Ehegatten zum Tragen kommen.

= Einkommen	**71.873 €**

Da keine Kinderfreibeträge nach § 32 Abs. 6 EStG in Betracht kommen, stellt das Einkommen gleichzeitig das zu versteuernde Einkommen dar (§ 2 Abs. 5 EStG).

= zu versteuerndes Einkommen	**71.873 €**

2.2.2.5   Ermittlung der Einkommensteuer

Das zu versteuernde Einkommen bildet die Bemessungsgrundlage für die tarifliche Einkommensteuer (§ 32a Abs. 1 EStG). Da die Ehegatten Rohr zusammen zur Einkommensteuer veranlagt werden, kommt es zur Anwendung des Splittingtarifs nach § 32a Abs. 5 EStG.

Tarifliche Einkommensteuer   15.154 €

Dies entspricht einer Durchschnittsbelastung von 20,95 % und einer Grenzbelastung in Höhe von 34,08 %. Da die Grenzbelastung weit über 25 % liegt wird bereits deutlich, dass die Anwendung der Abgeltungssteuer in Höhe von 25 % günstiger ist als die individuelle Versteuerung.

Günstigerprüfung § 32d Abs. 6 EStG

Unter Berücksichtigung der Einkünfte aus Kapitalvermögen würde sich folgende tarifliche Steuer ergeben:

Zu versteuerndes Einkommen	71.873 €
zzgl. Einkünfte aus Kapitalvermögen	+ 2.398 €
Fiktives zu versteuerndes Einkommen	74.271 €

Fiktive tarifliche Einkommensteuer   15.982 €

Die Differenz in Höhe von 828 € (15.982 € - 15.154 €) bedeutet eine Belastung der Einkünfte aus Kapitalvermögen (2.398 €) mit 34,53 %. Die Günstigerprüfung kommt zu dem Ergebnis, dass die Anwendung der Abgeltungssteuer (§ 32d Abs. 1 EStG) mit 25 % günstiger ist, als die individuelle Versteuerung.

Festzusetzende Einkommensteuer und Einkommensteuerschuld

Lt. § 2 Abs. 6 EStG ist zur Ermittlung der festzusetzenden Einkommensteuer die tarifliche Einkommensteuer um bestimmte Beträge wie z.B. die anzurechnende ausländische Steuer und Steuerermäßigungen zu kürzen.

Hier kommt nur eine Steuerermäßigung für gewerbliche Einkünfte nach § 35 EStG in Betracht. Hierzu sind zunächst der Gewerbesteuermessbetrag sowie die zu zahlende Gewerbesteuer aus dem Gewinn der Kunststoffrohrfabrik zu berechnen. Die Einkommensteuer wird um das 3,8-fache des Gewerbesteuermessbetrages ermäßigt, maximal um die tatsächlich festgesetzte Gewerbesteuer. Dies bedeutet, dass bei einem Gewerbesteuererhebesatz der Gemeinden von bis zu 380 % die Gewerbesteuer zu 100 % bei der Einkommensteuer angerechnet wird, soweit sich nicht durch Verluste aus anderen Einkunftsarten eine niedrigere Einkommensteuer ergibt.

Gewerbesteuerberechnung

Grundlage zur Berechnung der Gewerbesteuer ist der Gewerbeertrag, der gem. § 7 Abs. 1 GewStG der nach den Vorschriften des Einkommensteuergesetzes ermittelte Gewinn ist.

Gewerbeertrag	70.875 €

Kürzungen § 9 GewStG

Gem. § 9 Nr. 5 GewStG wird der Gewerbeertrag um geleistete Spenden aus Mitteln des Gewebebetriebs gekürzt. Spendenbeträge könnten max. bis zur Höhe von 20 % des Gewerbeertrags abgezogen werden (14.175 €).

Spende an das Rote Kreuz	- 1.000 €
Maßgeblicher Gewerbeertrag	69.875 €
Auf volle Hundert abgerundet (§ 11 Abs. 1 S. 3 GewStG)	69.800 €
Abzüglich Freibetrag gem. § 11 Abs. 1 S. 3 Nr. 1 GewStG	- 24.500 €
(für natürliche Personen und Personengesellschaften)	
Grundlage zur Berechnung des Gewerbesteuermessbetrags	45.300 €

Multipliziert mit der Steuermesszahl 3,5 % (§ 11 Abs. 3 GewStG) ergibt das den Gewebesteuermessbetrag (§ 11 Abs. 1 S. 1 GewStG)

45.300 € x 3,5 % =	1.585,50 €

Gem. § 16 Abs. 1 GewStG wird die Gewerbesteuer durch Anwendung des Hebesatzes der Gemeinde auf den Steuermessbetrag ermittelt.

1.585,50 € x 490 % =	7.769 €
Tarifliche Einkommensteuer	15.154 €
./. Steuerermäßigung für gewerbliche Einkünfte § 35 EStG	
Messbetrag 1.585,50 € x 3,8	- 6.025 €
(max. tats. Gewerbesteuer in Höhe von 7.769 €)	
= festzusetzende Einkommensteuer	9.129 €
./. Einkommensteuervorauszahlungen § 36 Abs. 2 Nr. 1 EStG (4.3)	- 10.000 €

Einkommensteuererstattung   - 871 €

Solidaritätszuschlag

Der Solidaritätszuschlag ist eine eigenständige Steuer und stellt eine Ergänzungsabgabe auf die Einkommensteuer dar (§ 1 Abs. 1 SolZG). Er beträgt lt. § 4 SolZG 5,5 %. Bemessungsgrundlage ist die festzusetzende Einkommensteuer, die sich unter Berücksichtigung evtl. Kinderfreibeträge ergibt (§ 3 Abs. 1 Nr. 1 und Abs. 2 SolZG).

Festzusetzende Einkommensteuer 9.129 € x 5,5 % =   502 €

./. Vorauszahlungen auf den SoliZ § 1 Abs. 4 SolZG (4.3)   - 550 €

Solidaritätszuschlagserstattung   **- 48 €**

Daraus ergibt sich, unter Vorbehalt der Anerkennung durch das Finanzamt, für die Einkommensteuererklärung 2010 der Ehegatten Rohr ein insgesamter Erstattungsbetrag in Höhe von 919 €.

3   Besteuerung von Kapitaleinkünften

Die grundlegende Systematik der Abgeltungssteuer

Sebastian Hollich (Dr. M. Szczesny)

3.1   Sachverhalt

Philipp L. (L) lebt zusammen mit seiner Ehefrau Claudia (C) in München. Die Eheleute haben keine Kinder. L arbeitet bei der FCB AG. C ist Hausfrau und hat im Veranlagungszeitraum keine eigenen Einkünfte.

Da L seinen Beruf nur in jungen Jahren ausüben kann, möchte er für die Zukunft vorsorgen. Um eine geeignete Anlagestrategie für sich und seine Ehefrau zu finden, geht er zu seinem Chef Uli H. (H). Dieser kennt sich mit Kapitalanlagen gut aus und berät L daher gerne.

H schlägt L vor, sich an einer GmbH zu beteiligen und zusätzlich noch ein Aktien-Portfolio zu kaufen.

L zögert nicht lange und kauft daraufhin am 01.06.2010 bei der A-Bank ein Aktienportfolio in Höhe von 1.000.000 EUR und eine 30 %ige Beteiligung an der Solar-GmbH (S-GmbH) für 1.500.000 EUR.

Für den Kauf des Aktien-Portfolios fallen bei der A-Bank Kontoführungsgebühren in Höhe von 100 EUR, Depotgebühren i.H.v. 400 EUR und eine Provision von 7.000 EUR an. Es entstehen zusätzlich noch Beratungskosten von 15.000 EUR, die L an H bezahlt.

Für die Beteiligung an der S-GmbH fallen Finanzierungskosten in Höhe von 50.000 EUR und Beratungskosten an H in Höhe von 25.000 EUR an.

Ende 2010 bekommt L auf seinem Konto eine Dividende aus dem Aktienportfolio i.H.v. 73.625 EUR von der A-Bank für das Jahr 2010 gutgeschrieben. 25 % KapESt + 5,5 % SolZ wurden bereits an das zuständige Finanzamt abgeführt.

Die S-GmbH überweist L ebenfalls Ende 2010 einen Gewinnanteil an der GmbH für das Jahr 2010 von 110.437,50 EUR. Auch hier wurden die fällige KapESt, sowie SolZ an das zuständige Finanzamt entrichtet.

3.2   Fragen

1. Wie hoch ist die Einkommensteuerbelastung auf die Kapitalerträge für L und seine Ehefrau?

2. Wie wären die genannten Sachverhalte steuerlich zu bewerten, wenn L einen Gewerbebetrieb hätte und die Wertpapiere seinem steuerlichen Betriebsvermögen zuordnen würde?

3. Stellen Sie die Lösungen von Aufgabe 1 und Aufgabe 2 gegenüber und analysieren Sie das Ergebnis.

4. Welche steuerlichen Folgen ergeben sich, wenn er das Aktienportfolio bereits am 15.11.2010 für 1.500.000 EUR verkauft?

5. Was wäre, wenn er die GmbH-Beteiligung am 30.07.2011 für 1.000.000 EUR verkaufen würde? Es fallen Veräußerungskosten i.H.v. 20.000 EUR an.

6. Welche steuerlichen Auswirkungen hätte es, wenn L zu 1 % an der FCB AG beteiligt wäre und am Jahresende 500.000 EUR Dividende erhalten würde? Im Zusammenhang mit der 1 %igen Beteiligung hat L 100.000 EUR Aufwendungen.

7. Welches steuerliche Problem würde sich ergeben, wenn L bei seiner Ehefrau C einen verzinslichen Kredit über 1.000.000 EUR aufnehmen würde?

3.3   Lösung Besteuerung von Kapitaleinkünften

3.3.1   Allgemeine Angaben

Philipp L und seine Ehefrau Claudia sind beide unbeschränkt einkommensteuerpflichtig gem. § 1 Abs. 1 EStG, da beide ihren Wohnsitz gem. § 8 AO in München, also im Inland, haben.

Die drei Voraussetzungen Ehegatten, Zusammenleben und unbeschränkte Steuerpflicht waren bei L und C im Kalenderjahr 2010 erfüllt. Die Ehegattenveranlagung gem. § 26 Abs. 1 EStG kommt für sie deshalb in Betracht.

Da sie lt. Angabe keine Wahl der Veranlagungsform treffen, werden sie gem. § 26 Abs. 3 EStG zusammen zur Einkommensteuer veranlagt.

Auf das gemeinsam ermittelte zu versteuernde Einkommen wird das sog. Ehegattensplitting gemäß § 32a Abs. 5 EStG angewendet. Hierbei werden zunächst die Einkünfte der Ehegatten zusammengerechnet. Die Summe wird sodann halbiert und hiervon die Steuerschuld nach der Grundtabelle ermittelt. Die sich so ergebende Steuerschuld wird dann verdoppelt. Diese Berechnungsmethode ist in die Splittingtabelle eingeflossen. Dadurch wird die Steuerprogression abgemildert und die Ehegatten so behandelt, als hätte jeder genau die Hälfte des Einkommens erzielt. Die Vorteile der Zusammenveranlagung zeigen sich insbesondere dann, wenn ein Ehegatte keine Einkünfte erzielt. Sie nehmen ab, wenn beide Ehegatten Einkünfte zu versteuern haben und fallen schließlich ganz weg, wenn die Einkünfte der Ehegatten gleich groß sind.

Handelt es sich jedoch um Kapitaleinkünfte gem. § 20 EStG, so wird der gesonderte Steuertarif des § 32d EStG, die *Abgeltungssteuer*[63], angewendet. Hier wird im Gegensatz zur Steuerprogression ein fester, nicht progressiver Steuersatz von 25 % erhoben.

Bei den Kapitaleinkünften des § 20 EStG i.V.m. § 2 Abs. 1 S. 1 Nr. 5 EStG handelt es sich um Überschusseinkünfte. So sind die Einkünfte gem. § 2 Abs. 2 S. 1 Nr. 2 EStG der Überschuss der Einnahmen (§ 8 EStG) über die Werbungskosten (§§ 9, 9a EStG). Jedoch gilt für Kapitaleinkünfte seit 2009 die Regelung des § 2 Abs. 2 S. 2 EStG, wonach keine Werbungskosten, sondern lediglich der Sparer-Pauschbetrag des § 20 Abs. 9 EStG i.H.v. 801 EUR (bei Ehegatten 1.602 EUR) abgezogen werden darf.

3.3.2 Frage 1

Für L stellt sich nun am Jahresende die Frage, ob und wie er die Einnahmen aus der Dividendenausschüttung und den GmbH-Gewinnanteil versteuern muss. Er wirft einen Blick in das Einkommensteuergesetz und kommt zu dem Ergebnis, dass

a. Einkünfte aus Gewerbebetrieb nach § 15 Abs. 1 S. 1 Nr. 1 EStG i.V.m. § 20 Abs. 8 EStG vorliegen könnten, oder

b. Einkünfte aus Kapitalvermögen nach § 20 Abs. 1 Nr. 1 EStG.

Ob es sich um Einkünfte aus Gewerbetrieb oder Kapitalvermögen handelt, ist davon abhängig, ob L das Aktiendepot und den GmbH-Anteil im Privat- oder Betriebsvermö-

---

[63] Die Abgeltungssteuer wurde zum 1. Januar 2009 im Rahmen des Unternehmenssteuerreformgesetzes 2008 eingeführt. Sie findet Anwendung bei privaten Kapitaleinkünften. Die Abgeltungssteuer wird als Quellensteuer in Form der Kapitalertragssteuer (§ 43 EStG) erhoben. Der Steuersatz der Kapitalertragssteuer beträgt gem. § 43a Abs. 1 S. 1 Nr. 1 EStG 25 % des Kapitalertrags. Durch die Erhebung der Kapitalertragssteuer i.H.v. 25 % gilt die Einkommensteuer als abgegolten und die Kapitaleinkünfte finden bei der Ermittlung des Einkommensteuertarifes des § 32a EStG grds. keine Anwendung.

gen hält. Anders als bei den anderen Einkunftsarten, bei denen die Einordnung meist tätigkeitsbezogen vorzunehmen ist, lässt sich beim Kapitalvermögen die Einkunftsart häufig durch eine Zuordnung des Vermögens bestimmen.

Philipp L. hat im Veranlagungszeitraum 2010 Einkünfte aus Kapitalvermögen gem. § 20 Abs. 1 Nr. 1 EStG i.V.m. § 2 Abs. 1 S. 1 Nr. 5 EStG. Da er keinen Gewerbebetrieb betreibt und somit auch kein Betriebsvermögen hat, besteht keine Zuordnungsmöglichkeit, womit es sich bei den Wertpapieren um Privatvermögen handelt. Sowohl die Dividende als auch der Gewinnanteil an der GmbH fallen unter § 20 Abs. 1 Nr. 1 EStG.

Bei Dividenden[64] und Ausschüttungen handelt es sich im vorliegenden Fall um Kapitaleinkünfte und somit um Überschusseinkünfte, daher sind sie in dem Kalenderjahr zu versteuern, in dem sie zufließen (§ 11 Abs. 1 EStG). Demnach muss L die Dividendenausschüttung sowie den GmbH-Gewinnanteil in 2010 versteuern.

Da bisher der Sparer-Pauschbetrag gem. § 20 Abs. 9 EStG nicht berücksichtigt wurde, erfolgt dies gem. § 32d Abs. 4 EStG i.V.m. § 32d Abs. 3 EStG in der Einkommensteuererklärung. Die Einkommensteuer wird auf die Bruttodividende bzw. den zu versteuernden GmbH- Gewinnanteil abzüglich Sparer-PB mit einem pauschalen Steuersatz in Höhe von 25 % gem. § 32d Abs. 1 EStG erhoben.

Berechnung der zu versteuernden Bruttodividende:

Nettodividende aus Aktienportfolio	73.625,00 EUR
+ einbehaltene Kapitalertragssteuer i.h.v. 25 %	25.000,00 EUR
+ 5,5 % Solidaritätszuschlag von 25 % KapESt	1.375,00 EUR
= zu versteuernde Bruttodividende	100.000,00 EUR

Berechnung des zu versteuernden GmbH-Gewinnanteils:

Erhaltener GmbH-Gewinnanteil an S-GmbH	110.437,50 EUR
+ einbehaltene Kapitalertragssteuer i.h.v. 25 %	37.500,00 EUR
+ 5,5 % Solidaritätszuschlag von 25 % KapESt	2.062,50 EUR
= zu versteuernder GmbH-Gewinnanteil	150.000,00 EUR

Von der Bruttodividende bzw. dem GmbH-Gewinnanteil wird nun der in § 20 Abs. 9 EStG genannte Sparer-PB für Ehegatten in Höhe von 1.602 € abgezogen. Ein Abzug der tatsächlichen Werbungskosten ist seit Einführung der Abgeltungssteuer gem. § 20 Abs. 9 EStG nicht mehr möglich. Ebenso sind auch Kapitalerträge gem. § 20 Abs. 1

---

[64] Dividende ist der Teil des Gewinnes, den eine AG pro Aktie an ihre Aktionäre ausschüttet. Die Höhe der Dividende hängt vom verteilbaren Gewinn, sowie dem Beschluss der Hauptversammlung über die Gewinnverteilung und die Anzahl der zu bedienenden Aktien ab. Bei einer GmbH spricht man statt Dividende von einer Gewinnausschüttung an die GmbH-Gesellschafter.

Nr. 1 EStG zu 100 % zu versteuern, da das Halbeinkünfte- bzw. jetzt Teileinkünfte-verfahren gem. § 3 Nr. 40 S. 2 EStG nur in Verbindung mit § 20 Abs. 8 EStG anzuwenden ist, also wenn die Kapitalerträge unter eine andere Einkunftsart als § 20 EStG fallen. Der entstandene GmbH-Gewinnanteil und die Bruttodividende werden deswegen gem. § 32d Abs. 1 EStG der Abgeltungssteuer in Höhe von 25 % unterworfen.

Berechnung der Steuerbelastung:

Bruttodividende:	100.000,00 EUR
+ GmbH-Gewinnanteil	150.000,00 EUR
./. Sparer-PB	1.602,00 EUR
= Einkünfte aus Kapitalvermögen	248.398,00 EUR
x 25 % Abgeltungssteuer	62.099,50 EUR
+ 5,5 % SolZ auf 25 % Abgeltungssteuer	3.415,47 EUR
= *Gesamtsteuerbelastung*	*65.514,97 EUR*

Da es sich bei der GmbH-Beteiligung um eine 30 %ige unmittelbare Beteiligung handelt, ist § 32d Abs. 2 Nr. 3a EStG anzuwenden, da eine unmittelbare Beteiligung von mindestens 25 % vorliegt. Dies hat zur Folge, dass auf Antrag[65] die Abgeltungssteuer in Höhe von 25 % gem. § 32d Abs. 1 EStG keine Anwendung findet. Wird dieser Antrag gestellt, werden die Kapitalerträge mit dem regulären Einkommensteuertarif des § 32a EStG versteuert. Gem. § 32d Abs. 2 Nr. 3 S. 2 EStG findet § 20 Abs. 9 EStG dann keine Anwendung, wodurch tatsächliche Werbungskosten in Verbindung mit den nicht der Abgeltungssteuer unterliegenden Einkünften abziehbar sind. Außerdem ist § 3 Nr. 40 S. 2 EStG nicht anwendbar, wodurch es zur Anwendung des sogenannten Teileinkünfteverfahrens kommt. Gem. § 3 Nr. 40 d) EStG sind demnach 40 % der Kapitaleinkünfte steuerfrei. Im Gegenzug müssen die mit diesen Einkünften in Verbindung stehenden Werbungskosten um 40 % gekürzt werden nach § 3c Abs. 2 EStG.

---

[65] Die Ausübung des Wahlrechts kann – wie der vorliegende Fall zeigt – sinnvoll sein, wenn im Zusammenhang mit der Beteiligung Werbungskosten anfallen, beispielsweise bei einer Fremdfinanzierung. Nach § 32d Abs. 2 Nr. 3 S. 2 EStG finden weder das Werbungskostenabzugsverbot nach § 20 Abs. 9 EStG noch die Verlustausgleichsbeschränkung nach § 20 Abs. 6 EStG Anwendung, wenn die individuelle Besteuerung gewählt wird. Wegen § 3c Abs. 2 EStG sind die Aufwendungen aber auch dann nur zu 60 % abziehbar.

Berechnung der tariflichen Einkommensteuer[66] aus dem GmbH-Gewinnanteil:

GmbH-Gewinnanteil:		150.000 EUR	
60 % steuerpflichtig			90.000,00 EUR
./. Werbungskosten:	Refinanzierungskosten	50.000 EUR	
	Rechts-Beratungskosten	25.000 EUR	
60 % abzugsfähig			45.000,00 EUR
Einkünfte:			45.000,00 EUR
x Einkommensteuerbelastung 42 %			18.900,00 EUR
+ SolZ 5,5 % auf 42 % Einkommensteuer			1.039,50 EUR
= Steuerbelastung der GmbH-Ausschüttung			19.939,50 EUR

Die Dividendenerträge unterliegen weiterhin der Abgeltungssteuer nach § 32d EStG:

Bruttodividende:	100.000,00 EUR
./. Sparer-PB	1.602,00 EUR
= Einkünfte	98.398,00 EUR
x 25 % Abgeltungssteuer	24.599,50 EUR
+ 5,5 % SolZ auf 25 % Abgeltungssteuer	1.352,97 EUR
= Steuerbelastung der Dividende	25.952,47 EUR

Somit entsteht unter Berücksichtigung des § 32d Abs. 2 Nr. 3a EStG und bei Antrag auf Nichtanwendung der Abgeltungssteuer eine Gesamtsteuerbelastung aus der Bruttodividende und dem GmbH-Anteil von:

Steuerbelastung Ausschüttung:	19.939,50 EUR
Steuerbelastung Dividende:	25.952,47 EUR
Gesamtsteuerbelastung	**45.891,97 EUR**

Ohne Berücksichtigung des § 32d Abs. 2 Nr. 3a EStG für die Ausschüttung und ein Ansatz der Abgeltungssteuer gem. § 32d EStG auf sämtliche Erträge ergab sich eine Gesamtsteuerbelastung von:

Gesamtsteuerbelastung	**65.514,97 EUR**

Ein Verzicht auf die Abgeltungssteuer kann also sinnvoll sein, wenn Werbungskosten in Verbindung mit den Kapitaleinkünften anfallen.

---

[66] Annahme eines Einkommensteuersatzes von 42 %.

Auf Antrag werden sämtliche Kapitalerträge gem. § 32d Abs. 6 EStG mit dem individuellen Steuersatz besteuert (*Günstigerprüfung*[67]). Hierfür muss der Steuerpflichtige dies explizit auf der Anlage KAP in Zeile 4 in seiner Steuererklärung angeben. Dies macht Sinn, wenn der persönliche Steuersatz bei Steuerpflichtigen unter 25 % liegt. Ein Werbungskostenabzug und das Teileinkünfteverfahren kommen in diesem Fall allerdings trotzdem nicht zur Anwendung.

Abbildung 3.1: Zeilen 1-6, Anlage KAP

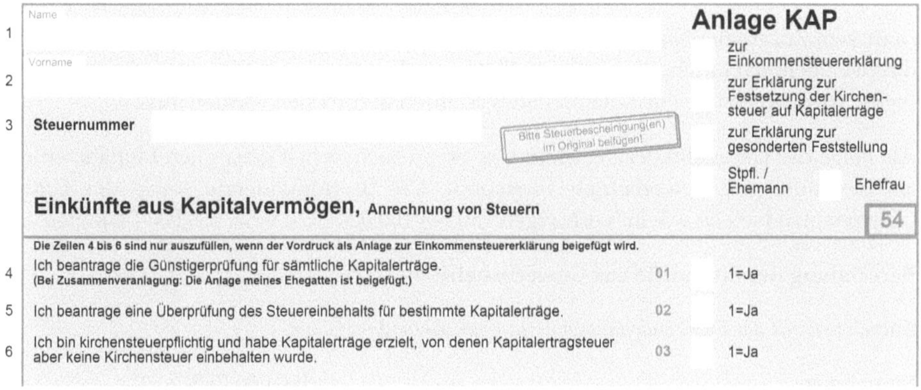
1 Name
2 Vorname
3 Steuernummer

Bitte Steuerbescheinigung(en) im Original beifügen!

Anlage KAP

zur Einkommensteuererklärung

zur Erklärung zur Festsetzung der Kirchensteuer auf Kapitalerträge

zur Erklärung zur gesonderten Feststellung

Stpfl. / Ehemann — Ehefrau

54

Einkünfte aus Kapitalvermögen, Anrechnung von Steuern

Die Zeilen 4 bis 6 sind nur auszufüllen, wenn der Vordruck als Anlage zur Einkommensteuererklärung beigefügt wird.

4 Ich beantrage die Günstigerprüfung für sämtliche Kapitalerträge. (Bei Zusammenveranlagung: Die Anlage meines Ehegatten ist beigefügt.) 01 1=Ja

5 Ich beantrage eine Überprüfung des Steuereinbehalts für bestimmte Kapitalerträge. 02 1=Ja

6 Ich bin kirchensteuerpflichtig und habe Kapitalerträge erzielt, von denen Kapitalertragsteuer aber keine Kirchensteuer einbehalten wurde. 03 1=Ja

3.3.3 Frage 2

Hier betreibt L einen Gewerbetrieb, indem er gem. § 15 Abs. 2 S. 1 EStG einer selbstständigen, nachhaltigen Tätigkeit, mit der Absicht Gewinn zu erzielen, nachgeht und sich am allgemeinen Wirtschaftsverkehr beteiligt. Den GmbH-Anteil sowie das Aktienportfolio hält er im Betriebsvermögen. Diese sollen zur Sicherung seiner gewerblichen Einnahmen dienen. Dadurch kommt es zu einer Umqualifizierung der Einkünfte gem. § 20 Abs. 8 EStG.

Die Umqualifizierung von Einkünften aus Kapitalvermögen nach § 20 Abs. 1 Nr. 1 EStG in Einkünfte aus Gewerbebetrieb erfolgt gem. § 15 Abs. 1 S. 1 Nr. 1 EStG. Der in § 20 Abs. 9 EStG genannte Sparer-PB kommt dabei nicht zum Tragen, da er nur bei der Ermittlung der Einkünfte aus Kapitalvermögen zur Anwendung kommt.

[67] Für L ist die Günstigerprüfung nicht von Relevanz, da ab einem zu versteuernden Einkommen von ca. 48.000 EUR (Grundtabelle) bzw. ca. 96.000 EUR (Splittingstabelle) der persönliche Steuersatz über 25 % liegt.

Da es sich bei Einkünften aus Gewerbebetrieb nach § 15 Abs. 1 S. 1 Nr. 1 EStG i.V.m. § 2 Abs. 1 S. 1 Nr. 2 EStG um eine Gewinneinkunftsart handelt, sind gem. § 2 Abs. 2 Nr. 1 EStG die Einkünfte der Gewinn, der nach den §§ 4 bis 7k EStG ermittelt wird. Daher können die tatsächlichen Kosten, die im Zusammenhang mit den Einnahmen stehen, als Betriebsausgaben geltend gemacht werden.

Weil die Einnahmen aus Kapitalvermögen nach Umqualifizierung in Einkünfte aus Gewerbebetrieb jedoch nicht in voller Höhe steuerpflichtig sind (§ 3 Nr. 40d EStG – 40 % der Betriebseinnahmen steuerfrei[68]), können nach § 3c Abs. 2 EStG auch nur 60 % der Betriebsausgaben geltend gemacht werden.[69]

In diesem Zusammenhang wird oft vom Teileinkünfteverfahren (TEV) gesprochen. Doch dies ist eigentlich falsch, da § 3 Nr. 40 EStG nur die teilweise Besteuerung der *Einnahmen* regelt, weshalb von einem Teileinnahmeverfahren gesprochen werden muss.

Als Folge der Umqualifizierung muss L seine im Sachverhalt genannten Einnahmen nun als Einkünfte aus Gewerbebetrieb versteuern. Die Bruttodividende sowie der GmbH-Gewinnanteil bleiben wie im vorherigen Fall bei 100.000 EUR bzw. 150.000 EUR gleich.

Berechnung der Einkünfte aus Gewerbebetrieb:

Einnahmen aus der Dividendenausschüttung des Aktienportfolios:

Einnahmen:		100.000 EUR	
60 % steuerpflichtig gem. § 3 Nr. 40d EStG			60.000 EUR
./. Ausgaben:	Kontoführungsgebühren:	100 EUR	
	Depotgebühren:	400 EUR	
	Provisionen an die A-Bank (Anschaffungs-nebenkosten)		
	Rechts- und Beratungskosten (Anschaffungsnebenkosten)		
	Summe:	500 EUR	
60 % abzugsfähig gem. § 3c Abs. 2 EStG			500 EUR
steuerpflichtige Einkünfte Dividendenausschüttung			**59.500 EUR**

---

[68] Es kommt zur Anwendung des Teileinkünfteverfahrens nach § 3 Nr. 40 S. 2 EStG, da es zur Umqualifizierung der Einkünfte nach § 20 Abs. 8 EStG kommt.

[69] Zur Information: von 1977 bis 2000 galt für Kapitaleinkünfte in Deutschland das Anrechnungsverfahren. Für die VZ's 2001 bis 2008 galt in Deutschland das Halb-Einkünfteverfahren (HEV), hier mussten die Steuerpflichtigen nur 50 % der Einkünfte versteuern, konnten aber auch nur 50 % der WK geltend machen.

Einnahmen aus dem GmbH-Gewinnanteil:

Einnahmen:	150.000 EUR	
60 % steuerpflichtig gem. § 3 Nr. 40d EStG		90.000 EUR
./. Ausgaben: Refinanzierungskosten	50.000 EUR	
Rechts- und Beratungskosten (Anschaffungsnebenkosten)		
60 % abzugsfähig		45.000 EUR
steuerpflichtige Einkünfte aus dem GmbH-Gewinnanteil		**45.000 EUR**

Somit erzielt L Einkünfte aus Gewerbebetrieb gem. § 15 Abs. 1 Nr. 1 EStG i.H.v. 91.500 EUR. Bei einer Einkommensteuerbelastung von 42 % entsteht für L und seine Ehefrau eine Steuerschuld von:

42 % Einkommensteuer von 91.500 EUR	38.430,00 EUR
+ 5,5 % Solidaritätszuschlag von 38.430 EUR	2.113,65 EUR
= Gesamtsteuerbelastung:	**40.543,65 EUR**

3.3.4 Frage 3

Stellt man die Ergebnisse von Frage 1 und 2 gegenüber, lassen sich einige grundlegende Unterschiede erkennen. Handelte es sich bei Frage 1 um Einkünfte aus Kapitalvermögen, also Überschusseinkünfte, so liegen bei Frage 2 Einkünfte aus Gewerbebetrieb und somit Gewinneinkünfte vor.

Weiter konnte festgestellt werden, dass Einkünften aus Kapitalvermögen i.d.R. gem. § 32d Abs. 1 EStG pauschal mit 25 % besteuert werden. Hingegen werden Einkünfte aus Gewerbebetrieb der tariflichen Einkommensteuer nach § 32a EStG unterworfen. Im Gegenzug stellt hier die Befreiungsvorschrift des § 3 Nr. 40 EStG 40 % der Einnahmen i.S.d. § 20 Abs. 1 Nr. 1 EStG frei. Dafür dürfen gem. § 3c Abs. 2 EStG nur 60 % der darauf entfallenden Betriebsausgaben abgezogen werden.

Vergleicht man nun die beiden Ergebnisse, wobei die Vorschrift des § 32d Abs. 2 Nr. 3a EStG außer Betracht bleiben soll, ergibt sich Folgendes:

Vergleich der Besteuerung zwischen Privat- und Betriebsvermögen:

(Bruttodividende des Aktienportfolios, sowie Gewinnanteil an der S-GmbH sind hier zusammengefasst)

	Privatvermögen	Betriebsvermögen
Einnahmen:	250.000,00 EUR	250.000,00 EUR
100 % bzw. 60 % steuerpflichtig	250.000,00 EUR	150.000,00 EUR
WK/BA	97.500,00 EUR	97.500,00 EUR
0 % bzw. 60 % abzugsfähig	--- EUR	58.500,00 EUR
Steuerpflichtiger Gewinn	250.000,00 EUR	91.500,00 EUR
./. Sparer-PB	1.602,00 EUR	--- EUR
BMG	248.398,00 EUR	91.500,00 EUR
Einkommensteuer 25 % bzw. 42 %	62.099,50 EUR	38.430,00 EUR
Solidaritätszuschlag 5,5 %	3.415,47 EUR	2.113,65 EUR
Gesamtbelastung	65.514,97 EUR	40.543,65 EUR
Differenz		*24.971,32 EUR*
Durchschnittliche Steuerbelastung:	**26,21 %**	**16,22 %**

Durch die Besteuerung der Kapitaleinkünfte im Rahmen der gewerblichen Einkünfte entsteht für L ein enormer Steuervorteil (trotz der Abgeltungssteuer von 25 %).

Dieser Vorteil ergibt sich dadurch, dass nur 60 % der Einnahmen besteuert werden und (immerhin) 60 % der Betriebsausgaben geltend gemacht werden können. Hier ist gut zu erkennen, dass die Abgeltungssteuer nicht immer eine Steuererleichterung darstellt.

Tabelle 3.1   Abgeltungswirkung

Abgeltungswirkung		
keine Abgeltungswirkung	keine Abgeltungswirkung	Abgeltungswirkung
Einkünfte i.S.d. § 20 Abs. 8 EStG	**Kapitalerträge i.S.d. § 32d Abs. 2 EStG**	**Sonstige Kapitalerträge**
– Land- und Forstwirtschaft – Gewerblicher Betrieb – Selbstständige Arbeit	– stille Beteiligung und partiarisches Darlehen – Bei Näheverhältnis zw. Gläubiger und Schuldner – wesentliche Beteiligung des Gläubigers an Schuldner-Kapital-Gesellschaft – Back to Back-Finanzierungen – Lebensversicherungen nach § 20 Abs. 1 Nr. 6 S. 2 EStG	
→ grundsätzlich Kapitalertragsteuerabzug	→ grundsätzlich Kapitalertragsteuerabzug	→ grundsätzlich Kapitalertragsteuerabzug

3.3.5   Frage 4

Bereits nach 5 ½ Monaten verkauft L das Aktienportfolio für 1.500.000 EUR wieder. Nach der bisherigen Rechtslage war der Vorgang als privates Veräußerungsgeschäft nach § 22 Nr. 2 EStG i.V.m. § 23 Abs. 1 Nr. 2 EStG zu versteuern, da zwischen Anschaffung und Veräußerung der Wertpapiere weniger als 1 Jahr liegt. § 23 EStG ging § 17 EStG vor, nachdem der Gewinn bei Veräußerung einer wesentlichen Beteiligung an einer Kapitalgesellschaft als gewerbliche Einkunft zu versteuern ist.

Im Zuge der Unternehmenssteuerreform 2008 wurde die Besteuerung der Gewinne aus Veräußerung von Kapitalvermögen im § 20 Abs. 2 EStG neu geregelt.[70] Die Berechnung

---

[70] Nach § 52a Abs. 10 EStG ist § 20 Abs. 2 EStG erstmals auf die Gewinne von Anteilen anzuwenden, die nach dem 31.12.2008 erworben wurden. Vor dem 01.01.2009 erworbene Anteile können nach Ablauf der einjährigen Frist auch heute noch steuerfrei veräußert werden, es sei denn, sie rechnen zum Betriebsvermögen, zu § 17 EStG oder § 21 UmwStG a.F.

des Gewinnes richtet sich nach § 20 Abs. 4 EStG. Diese Vorschrift lehnt sich an die vergleichbaren Regelungen zur Ermittlung der Bemessungsgrundlage der §§ 17 und 23 EStG an. Der Veräußerungsgewinn von Aktien, die nach dem 31.12.2008 angeschafft wurden, unterliegt seit 2009 stets der Besteuerung, die einjährige Spekulationsfrist findet nun keine Anwendung mehr.

Formal sind hiervon auch die GmbH-Anteile (und andere Kapitalgesellschaftsanteile) betroffen. Doch bei GmbH-Anteilen ist typischerweise die Beteiligung von mindestens 1 % ohnehin überschritten, so dass eine Besteuerung nach § 17 EStG erfolgt. Wenn die Voraussetzungen des § 17 EStG erfüllt sind, geht dieser gem. § 20 Abs. 8 EStG dem § 20 EStG vor.

Wenn die Voraussetzungen des § 17 EStG vorliegen würden, wird das Teileinkünfteverfahren gem. § 3 Nr. 40 EStG durchgeführt, worauf dann der Einkommensteuertarif nach § 32a EStG angewandt wird. Sind die Voraussetzungen einer wesentlichen Beteiligung des § 17 EStG wie hier nicht erfüllt, dann unterliegen die Kapitalerträge dem § 20 Abs. 2 EStG und es findet die Abgeltungssteuer des § 32d Abs. 1 EStG Anwendung.

Ermittlung des Veräußerungsgewinns:

> Veräußerungspreis
>
> ./. Anschaffungskosten
>
> = Gewinn

Der „Gewinn" nach der Formulierung des § 20 Abs. 4 EStG kann auch negativ sein[71].

Für den Verkauf des Aktienportfolios ergibt sich folgende Rechnung:

Veräußerungspreis	1.500.000 EUR
./. Anschaffungskosten (inkl. 22.000 € Anschaffungskosten)	1.022.000 EUR
= *Veräußerungsgewinn*	478.000 EUR
x 25 % Abgeltungssteuer	119.500 EUR
x 5,5 % SolZ von 25 % Abgeltungssteuer	6.572,50 EUR
= *Gesamtsteueraufwand*	126.072,50 EUR

Zu erwähnen ist, dass auch für den Veräußerungsgewinn gem. § 20 Abs. 2 EStG der Sparer-PB des § 20 Abs. 9 EStG angewendet werden kann, soweit er nicht bereits durch andere Kapitaleinkünfte verbraucht ist. Außerdem kann auch hier die sog. Günstigerprüfung gem. § 32d Abs. 6 EStG beantragt werden, was bei niedrigerem individuellen Steuersatz als 25 % zu einer Versteuerung des Gewinns nach § 32a EStG führt.

---

[71] Siehe hierzu: 1.3.6 Frage 5, Verlust aus Kapitalvermögen.

3.3.6   Frage 5

L ist zu 30 % an der S-GmbH beteiligt. Dies bedeutet im Falle eines Verkaufes des Anteils, dass er Einkünfte aus Gewerbebetrieb nach § 17 Abs. 1 EStG erzielt. Eigentlich sind die Wertpapiere dem Privatvermögen von L zuzurechnen und somit wäre § 20 Abs. 2 EStG einschlägig. Doch der Absatz 8 des § 20 EStG wandelt die Einkünfte aus § 20 Abs. 1 bis 3 EStG in Einkünfte aus L+F, Gewerbebetrieb bzw. selbständiger Arbeit um, sofern sie diesen Einkünften zuzuordnen sind (*Subsidiaritätsprinzip*). L war innerhalb der letzten fünf Jahre zu mehr als 1 % an der Kapitalgesellschaft unmittelbar beteiligt. Damit sind die Voraussetzungen des § 17 EStG erfüllt und L erzielt mit der Veräußerung der Anteile Einkünfte aus Gewerbebetrieb.

Auch auf die Veräußerung von Anteilen an einer Kapitalgesellschaft nach § 17 EStG findet das bereits erläuterte Teileinnahmeverfahren Anwendung, sodass lediglich 60 % der Betriebseinnahmen steuerpflichtig sind. Gem. § 3c EStG können aber im Gegenzug auch nur 60 % der Betriebsausgaben i.V.m. der Veräußerung in Abzug gebracht werden.

Berechnung des Veräußerungsgewinnes/-verlustes

Der Veräußerungsgewinn wird hier gem. § 17 Abs. 2 S. 1 EStG ermittelt. Er errechnet sich wie folgt:

Veräußerungspreis

./. Veräußerungskosten

./. Anschaffungskosten

= Veräußerungsgewinn/-verlust

Der Veräußerungsgewinn bzw. -verlust entsteht nicht mit dem Zufluss – also mit Bezahlung des Kaufpreises – sondern mit dem Zeitpunkt des Entstehungstatbestandes. Dieser ist im Zeitpunkt des Übergangs des wirtschaftlichen Eigentums erfüllt. Der Veräußerungsgewinn wird zur Einkommensteuer nur herangezogen, soweit er den Teil von 9.060 € übersteigt, der dem veräußerten Anteil an der Kapitalgesellschaft entspricht. Der Freibetrag ermäßigt sich um den Betrag, um den der Veräußerungsgewinn den Teil von 36.100 € übersteigt, der dem veräußerten Anteil an der Kapitalgesellschaft entspricht (§ 17 Abs. 3 EStG).

Somit ergibt sich für L folgende Berechnung:

Veräußerungspreis	1.000.000 EUR	x 60 % =	600.000 EUR
./. Veräußerungskosten	20.000 EUR	x 60 % =	- 12.000 EUR
./. Anschaffungskosten	1.525.000 EUR	x 60 % =	- 915.000 EUR
= Veräußerungsverlust			**- 327.000 EUR**[72]

---

[72] Gem. BFH-Urteil vom 25.06.2009, XI R 42/08, BStBl II 2010, 220 ist die Begrenzung des § 3c EStG auf Erwerbsaufwand (Betriebsvermögensminderungen, Anschaffungskosten oder Veräußerungskosten) nicht anzuwenden, wenn der Steuerpflichtige keinerlei durch seine Beteiligung vermittelte Einnahmen erzielt hat.

Dieser Veräußerungsverlust stellt für L negative Einkünfte aus Gewerbebetrieb dar. Diesen Verlust kann er im Rahmen der Veranlagung zur Einkommensteuer durch einen horizontalen Verlustausgleich, einen vertikalen Verlustausgleich oder einen Verlustabzug nach § 10d EStG berücksichtigen.[73]

Horizontaler Verlustausgleich:

Im Rahmen des horizontalen Verlustausgleiches können Verluste innerhalb derselben Einkunftsart berücksichtig werden. Verluste werden zuerst horizontal ausgeglichen.

Vertikaler Verlustausgleich:

Der vertikale Verlustausgleich ermöglicht einen Verlustausgleich zwischen verschiedenen Einkunftsarten. Verbleiben nach einem horizontalen Verlustausgleich negative Einkünfte, können diese in den meisten Fällen mit positiven Einkünften anderer Einkunftsarten verrechnet werden.

Verlustabzug nach § 10d EStG:

Nach § 10d Abs. 1 EStG können negative Einkünfte, welche bei der Ermittlung des GdE nicht ausgeglichen werden, bis zu einer Höhe von 511.500 EUR (1.023.000 EUR bei Ehegatten) vom Gesamtbetrag der Einkünfte des vorangegangenen Veranlagungszeitraums abgezogen werden. Hier ist vom Verlustrücktrag die Rede. Können nicht alle negativen Einkünfte durch den Verlustrücktrag 'aufgebraucht' werden, so können die restlichen negativen Einkünfte in den darauf folgenden Veranlagungszeitraum gem. § 10d Abs. 2 EStG vorgetragen werden. Dies ist uneingeschränkt bis zu einem GdE von 1 Mio EUR möglich. Darüber hinaus können bis zu 60 % des 1 Mio EUR übersteigenden GdE abgezogen werden.

Verluste aus Kapitalvermögen:

Würde es sich bei den Verluste aus der Veräußerung um negative Einkünfte aus Kapitalvermögen handeln – und nicht wie hier aus Gewerbebetrieb –, so könnte L gem. § 20 Abs. 6 EStG diese nur mit positiven Einkünften derselben Einkunftsart verrechnen. Eine Verrechnung mit positiven Einkünften aus anderen Einkunftsarten ist jedoch nach § 20 Abs. 6 S. 2 EStG genauso ausgeschlossen wie der Verlustrücktrag gem. § 10d Abs. 4 EStG (§ 20 Abs. 6 S. 3-5 EStG).

---

[73] Vgl. zu Einschränkungen der Verlustnutzung § 17 Abs. 2 S. 6 EStG.

3.3.7 Frage 6

Da Philipp L. für die FCB AG tätig ist sowie eine 1 %ige Beteiligung hält, kann er laut § 32d Abs. 2 Nr. 3b EStG auf Antrag auf die Anwendung der Abgeltungssteuer verzichten.

Stellt L keinen Antrag, so wird die Dividende mit 25 % Abgeltungssteuer besteuert. Dies hat zur Folge, dass er lediglich den (wenn noch nicht anderweitig verbrauchten) Sparer-Pauschbetrag in Anspruch nehmen kann. Es kommt dann auch nicht zur Anwendung des Teileinkünfteverfahrens gem. § 3 Nr. 40 S. 2 EStG.

Verzichtet er auf die Anwendung der Abgeltungssteuer kommt der individuelle Steuersatz zum Ansatz. Außerdem wird dann das Teileinkünfteverfahren angewandt und die Werbungskosten sind abziehbar, da § 20 Abs. 9 EStG gem. § 32d Abs. 2 Nr. 3 S. 2 EStG keine Anwendung findet.

Stellt L keinen Antrag auf Verzicht der Abgeltungssteuer ergibt sich folgende Rechnung:

Dividende:	500.000,00 EUR
./. Sparer-FB	1.602,00 EUR
= Einkünfte	498.398,00 EUR
x 25 % Abgeltungssteuer	124.599,50 EUR
x 5,5 % SolZ	6.852,97 EUR
= Gesamtsteuerbelastung:	131.452,47 EUR

Stellt L gem. § 32d Abs. 2 Nr. 3 EStG einen Antrag und wird dann mit seinem individuellen Steuersatz (42 %) besteuert ergibt sich Folgendes:

Dividende	500.000 EUR	x 60 %	300.000,00 EUR
./. Werbungskosten	100.000 EUR	x 60 %	60.000,00 EUR
= Einkünfte			240.000,00 EUR
x 42 % individueller Steuersatz			100.800,00 EUR
x 5,5 % SolZ			5.544,00 EUR
= Gesamtsteuerbelastung			106.344,00 EUR

Durch das Wahlrecht, welches L aus § 32d Abs. 2 Nr. 3b EStG erhält, hat er die Möglichkeit auf die Abgeltungssteuer zu verzichten und dafür die Werbungskosten in Abzug zu bringen. Im Beispielfall ergibt sich daraus ein Steuervorteil in Höhe von 131.452,47 EUR – 106.344,00 EUR = 25.108,47 EUR.

3.3.8 Frage 7

Durch die Zinszahlungen ihres Ehemanns für den gewährten Kredit entstehen C Einkünfte aus Kapitalvermögen (§ 20 Abs. 1 Nr. 7 EStG). Diese werden grundsätzlich der

Abgeltungssteuer nach § 32d Abs. 1 EStG unterworfen. Doch der Absatz 2 Nr. 1a des § 32d EStG besagt, falls Gläubiger und Schuldner einander nahe stehende Personen sind, dass es beim persönlichen Steuersatz bleibt, die Einkünfte also nach dem Tarif des § 32a EStG zu versteuern sind. Diese Reglung soll den Gestaltungsmissbrauch der Abgeltungs-steuer als Steuervorteil bei höheren individuellen Steuersätzen verhindern.

Ob C nun die Zinseinnahmen mit ihrem individuellen Steuersatz versteuern muss oder die Abgeltungssteuer von 25 % zur Anwendung kommt, hängt von der Frage ab, wie der Begriff der nahe stehenden Person zu verstehen ist. Das BMF definiert den Anwen-dungsbereich des Rechtsbegriffs „nahestehende Person" wie folgt[74]:

„Das Verhältnis von nahe stehenden Personen liegt vor, wenn die Person auf den Steuerpflichti-gen einen beherrschenden Einfluss ausüben kann oder umgekehrt der Steuerpflichtige auf diese Person einen beherrschenden Einfluss ausüben kann oder eine dritte Person auf beide einen be-herrschenden Einfluss ausüben kann oder die Person oder der Steuerpflichtige im Stande ist, bei der Vereinbarung der Bedingungen einer Geschäftsbeziehung begründeten Einfluss auszuüben oder wenn einer von ihnen ein eigenes wirtschaftliches Interesse an der Erzielung der Einkünfte des anderen hat. Sind Gläubiger und Schuldner der Kapitalerträge Angehörige i.S.d. § 15 AO oder ist an einem Personenunternehmen der Steuerpflichtige und/oder ein Angehöriger beteiligt, liegt ein derartiges Verhältnis vor. Liegt kein Angehörigenverhältnis i.S.d. Vorschrift vor, ist von einem nahe stehenden Verhältnis auszugehen, wenn die Vertragsbeziehungen einem Fremdver-gleich entsprechend der Grundsätze der Rz. 4 bis 6 des BMF-Schreibens vom 1.12.1992 (BStBl. I S. 729) nicht entsprechen."

Dieses Verständnis ist allerdings nicht zwingend. § 15 AO stellt beispielsweise beim Angehörigenbegriff vor allem auf das Verwandtschaftsverhältnis ab.

Im § 1 Abs. 2 AStG, an den sich das BMF anlehnt, ist ebenfalls von nahe stehenden Per-sonen die Rede, doch diese Vorschrift enthält keinen direkten Bezug zu § 32d Abs. 2 Nr. 1a EStG.

Im Regierungsentwurf zur Abgeltungssteuer wird aber auf die weite Definition des § 1 Abs. 2 AStG abgestellt.

Voraussetzung ist danach, dass

- ◼ die Person auf den Steuerpflichtigen einen beherrschenden Einfluss ausübt,

- ◼ umgekehrt der Steuerpflichtige auf diese Person einen beherrschenden Einfluss aus-üben kann,

- ◼ die Person oder der Steuerpflichtige im Stande ist, bei der Vereinbarung der Bedin-gungen einer Geschäftsbeziehung auf den Steuerpflichtigen oder die nahe stehende Person einen außerhalb dieser Geschäftsbeziehung begründeten Einfluss auszuüben,

---

[74] BMF v. 22.12.2008 – IV C 1 - S 2252/08/10004, BStBl I 2010, 94; Rz. 136.

oder

■ wenn einer von ihnen ein eigenes wirtschaftliches Interesse an der Erzielung der Einkünfte des anderen hat.

Ob über die Anforderungen des § 1 Abs. 2 AStG hinaus noch eine gezielte Einkünfteverlagerung erforderlich ist, um in die Besteuerung nach dem progressiven Tarif zu gelangen, ist streitig.[75] Der Zweck des § 32d Abs. 2 Nr. 1a EStG spricht dafür, die Abgeltungssteuer dann nicht anzuwenden, wenn eine missbräuchliche Anwendung der Vorschrift des § 32d EStG vorliegt.

Folgt man dieser Auffassung, müsste C die Zinseinkünfte der Abgeltungssteuer unterwerfen, falls sie die Darlehensgewährung an ihren Mann nicht missbräuchlich vorgenommen hat.

Die Auffassung des BMF – mit der Anlehnung der Begriffsdefinition an das Außensteuergesetz und Ausdehnung auf den Angehörigen des § 15 AO – ist umstritten, sodass es in Zukunft wohl zu Klagen kommen wird. Empfehlenswert wäre eine eigenständige Definition der „nahe stehenden Person" im Einkommensteuergesetz durch den Gesetzgeber.

---

[75] Vgl. Worgulla, ErbStB 2010, 151.

4 Gewinnermittlung nach § 4 Abs. 3 EStG

Übersicht über die Einnahmen-Überschuss-Rechnung

Katharina Scheiner (Prof. T. Reich)

4.1   Sachverhalt

Willi Mörtel wurde am 31.12.1945 geboren und wohnt in Würzburg. Dort betreibt er einen Baustoffhandel in der Form eines Einzelunternehmens. Willi Mörtel hat Betriebseinnahmen in Höhe von 145.529 € und Betriebsausgaben in Höhe von 99.960 € ermittelt. Er hat sein Unternehmen nicht ins Handelsregister eingetragen und beschäftigt auch keine Mitarbeiter. Er führt zurecht keine Bücher. In 2010 sind folgende Sachverhalte angefallen:

1. W. Mörtel nahm am 01.04.2009 ein Darlehen in Höhe von 20.000 € auf. Die Laufzeit des Darlehens beträgt 5 Jahre bei einem Zinssatz in Höhe von 10 %. Am 01.04.10 zahlt W. Mörtel der Bank eine Summe in Höhe von 6.000 €. Diese Summe enthält die erste Tilgungsrate von 4.000 €, und die Zinszahlung von 2.000 €. Bislang wurden 6.000 € als Betriebsausgabe erfasst.

2. Am 27.05.2010 kauft W. Mörtel einen Gabelstapler für 32.000 € + 6.080 € USt. Die Zahlung erfolgt 10 Tage später, also im Juni, unter Abzug von 3 % Skonto. Die Nutzungsdauer beträgt 12 Jahre. Bislang wurde der Vorgang nicht erfasst.

3. Der betriebliche PKW wird für Privatfahrten genutzt. Nachweislich beträgt die betriebliche Nutzung aber über 50 %. Bisher wurden die Ausgaben in Verbindung mit dem PKW voll als Betriebsausgaben erfasst. Der Listenpreis beträgt 50.000 € (inkl. Umsatzsteuer).

4. Der PKW wird auch für Fahrten zwischen Wohnung und Betrieb eingesetzt. Es wurden monatlich 15 Fahrten durchgeführt. Die einfache Entfernung zwischen der Wohnung und dem Betrieb beträgt 20 km.

5. W. Mörtel verkauft am 01.07.2010 ein betriebliches Grundstück für 50.000 €. Das Grundstück hatte er im Juli 2005 für 45.000 € gekauft, um darauf Baustoffe zu lagern. Bislang wurde nichts erfasst.

6. Am 27.10.2010 kauft W. Mörtel ein gebrauchtes Kopiergerät von einem privaten Veräußerer. Das Gerät wurde sofort übergeben. Der Kaufpreis von 406 € wurde vereinbarungsgemäß erst am 03.01.2011 bezahlt. Das Gerät hat eine Restnutzungsdauer von 5 Jahren.

7. Am 04.11.2010 wurden Waren im Wert von 500 € + 95 € USt angeschafft. Die Summe von 595 € ist noch nicht in den Betriebsausgaben enthalten. Die Waren werden in 2011 für 1.000 € veräußert.

8. Am 30.12.2010 leistet W. Mörtel eine Anzahlung für Waren in Höhe von 3.000 €. Die Restzahlung erfolgt mit Lieferung am 10.01.2011. Bislang wurde nichts erfasst.

9. Ein Geschäftsfreund schenkte Mörtel am 01.03.2010 einen gebrauchten LKW mit einem gemeinen Wert von 6.500 € bei einer Restnutzungsdauer von 3 Jahren, den Mörtel betrieblich nutzt. Erfasst wurden bislang nur die laufenden Ausgaben.

10. Am 31.12.2010 wird die Januarmiete in Höhe von 1.500 € überwiesen. Der Betrag wurde in 2010 als Betriebsausgabe erfasst.

11. Die Gewerbesteuernachzahlung 2008 in Höhe von 2.435 € wurde am 09.01.2010 bezahlt. Die Zahlung ist in den Betriebsausgaben enthalten.

12. Am 15.12.2010 kommt es aufgrund der Umsatzsteuervoranmeldung für Oktober 2010 zu einer Erstattung vom Finanzamt in Höhe von 6.175 €. Da Herr Mörtel annimmt, es handelt sich bei der Umsatzsteuer um einen durchlaufenden Posten, hat er den Vorgang bei seiner Gewinnermittlung nicht berücksichtigt.

Berechnen Sie die festzusetzende Einkommensteuer für Herrn Mörtel für das Jahr 2010. Falls nötig ist dabei auch auf die gewerbesteuerlichen und umsatzsteuerlichen Gegebenheiten hinzuweisen (Gewerbesteuerhebesatz = 420 %).

4.2 Lösung

4.2.1 Grundlagen der Einnahmen-Überschuss-Rechnung

Bei Einkünften aus Land- und Forstwirtschaft, Gewerbebetrieb und selbstständiger Arbeit handelt es sich um Gewinneinkünfte gem. § 2 Abs. 2 Nr.1 EStG. Der Gewinn ermittelt sich nach den §§ 4 bis 7k EStG. Die Gewinnermittlung kann durch Betriebsvermögensvergleich gem. § 4 Abs. 1 EStG oder durch Einnahmen-Überschuss-Rechnung gem. § 4 Abs. 3 EStG erfolgen.

Die Einnahmen-Überschuss-Rechnung nach § 4 Abs. 3 EStG ist eine reine Geldrechnung. Der Gewinn wird ermittelt, indem die Ausgaben von den Einnahmen abgezogen werden.

Voraussetzung für die Gewinnermittlung gem. § 4 Abs. 3 EStG ist, dass der Steuerpflichtige weder zur Buchführung verpflichtet ist noch freiwillig Bücher führt. Die handelsrechtliche Buchführungspflicht ergibt sich nach § 238 HGB, wonach jeder Kaufmann verpflichtet ist, Bücher zu führen. Kaufmann ist jeder Gewerbetreibende, der einen in kaufmännischer Weise eingerichteten Geschäftbetrieb gem. § 1 Abs. 2 HGB benötigt. Ist kein in kaufmännischer Weise eingerichteter Geschäftbetrieb nötig, kann der Steuerpflichtige sich freiwillig ins Handelsregister eintragen lassen und ist somit als Kannkaufmann § 2 HGB ebenso zur Buchführung nach § 238 HGB verpflichtet.

Die Buchführungspflicht nach Handelsrecht gilt gem. § 140 AO auch für das Steuerrecht. Besteht nach Handelsrecht keine Verpflichtung zur Buchführung, kann eine steuerlich begründete Buchführungspflicht gem. § 141 AO vorliegen. Hiernach ist der Steuerpflichtige, der Einkünfte aus Land- und Forstwirtschaft gem. § 13 EStG oder aus Gewerbebetrieb gem. § 15 EStG erzielt, verpflichtet Bücher zu führen, wenn folgende Grenzen überschritten wurden:

Umsatzerlöse > 500.000 € p.a.

oder Gewinn > 50.000 € p.a.

Die Buchführungspflicht beginnt in diesem Fall allerdings erst mit dem Wirtschaftsjahr, das auf die Bekanntgabe der Mitteilung der Buchführungspflicht durch das Finanzamt folgt.

Freiberufler oder andere selbständig Tätige gem. § 18 EStG unterliegen nie der Buchführungspflicht. Sie sind weder Kaufleute i.S.d. HGB, noch sind sie im § 141 AO aufgeführt.

Liegt eine Buchführungspflicht gem. § 140 oder § 141 AO vor, muss der Gewinn durch Betriebsvermögensvergleich gem. § 4 Abs. 1 EStG ermittelt werden.

Der wesentliche Unterschied des Betriebsvermögensvergleichs und der Einnahmen-Überschuss-Rechnung ergibt sich aus der unterschiedlichen Erfassung von Einnahmen und Ausgaben. So werden bei der Einnahmen-Überschuss-Rechnung keine Leistungen in der Bilanz aktiviert, sondern grundsätzlich nur Zahlungsströme erfasst. Es gilt das Zufluss-Abfluss-Prinzip gem. § 11 EStG. Die Gewinnermittlung nach § 4 Abs. 3 EStG lässt Wertschwankungen des Betriebsvermögens unberücksichtigt. So gibt es keine Rechnungsabgrenzungsposten, Teilwertabschreibungen und Rückstellungen. Bewertungen nach § 6 EStG werden grundsätzlich nicht vorgenommen. Ausnahmen sind die Bewertung von:

■ geringwertigen Wirtschaftsgütern gem. § 6 Abs. 2 EStG

■ Sammelposten gem. § 6 Abs. 2a EStG

■ Entnahmen gem. § 6 Abs. 1 Nr. 4 EStG

■ Einlagen § 6 Abs. 1 Nr. 5 EStG

■ Abschreibungen gem. § 7 EStG.

Es kommt bei der unterschiedlichen Gewinnermittlung allerdings nur zu einer Gewinnverschiebung. D.h., dass sich im Veranlagungszeitraum der ermittelte Gewinn bei Bilanzierung oder Einnahmenüberschussrechnung unterscheidet, er über den Zeitablauf hinweg jedoch identisch ist.

4.2.2   Ermittlung der Einkommensteuer 2010

4.2.2.1   Steuerpflicht

Willi Mörtel ist nach § 1 Abs. 1 EStG unbeschränkt einkommensteuerpflichtig, da er seinen Wohnsitz gem. § 8 AO im Inland hat. Bei unbeschränkter Einkommensteuerpflicht unterliegen alle Einkünfte von Willi Mörtel der deutschen Einkommensteuer (Welteinkommensprinzip).

4.2.2.2   Einkunftsart

Der Baustoffhandel von Willi Mörtel ist ein Gewerbebetrieb gem. § 15 Abs. 2 EStG. Die Voraussetzungen für einen Gewerbebetrieb gem. § 15 Abs. 2 EStG sind:

■ Selbstständigkeit

■ Nachhaltigkeit

■ Gewinnerzielungsabsicht

■ Beteiligung am allgemeinen wirtschaftlichen Verkehr

■ keine Land- und Forstwirtschaft i.S.d. § 13 EStG

■ keine selbstständige Arbeit i.S.d. § 18 EStG

■ keine Vermögensverwaltung i.S.d. § 14 Abs. 1 Satz 3 AO.

Da diese Voraussetzungen erfüllt sind, ist der Baustoffhandel ein gewerbliches Unternehmen. Willi Mörtel erzielt Einkünfte aus einem gewerblichen Unternehmen gem. § 15 Abs. 1 Nr. 1 EStG.

4.2.2.3   Ermittlung der Einkünfte

Einkünfte aus Gewerbebetrieb unterliegen gem. § 2 Abs. 1 Nr. 2 EStG der Einkommensteuer. Nach § 2 Abs. 2 Nr. 1 EStG sind die Einkünfte aus Gewerbebetrieb der Gewinn. Der Gewinn ermittelt sich durch Betriebsvermögensvergleich gem. § 4 Abs. 1 EStG oder durch Einnahmen-Überschuss-Rechnung gem. § 4 Abs. 3 EStG.

Zunächst ist zu prüfen, ob Mörtel ein Kaufmann i.S.d. HGB ist. Gem. § 1 HGB ist Kaufmann, wer ein Handelsgewerbe betreibt. Handelsgewerbe ist jeder Gewerbebetrieb der einen in kaufmännischer Weise eingerichteten Geschäftsbetrieb erfordert. Welche Voraussetzungen erfüllt sein müssen, um einen in kaufmännischer Weise eingerichteten Geschäftsbetrieb erforderlich zu machen, ist im Gesetz nicht weiter festgelegt.

Unter einem "in kaufmännischer Weise eingerichteten Geschäftsbetrieb" sind die Einrichtungen zu verstehen, die zu einer ordnungsgemäßen und übersichtlichen Geschäftsführung gehören. Hierzu zählen vor allem eine kaufmännische Buchführung und Bilanzierung, Aufbewahrung der Geschäftskorrespondenz, kaufmännische Regelung der Vertretung, die Beschäftigung kaufmännisch vorgebildeter Personen und eine Lohnbuchhaltung.[76]

Dabei ist eine Würdigung des Gesamtbildes erforderlich. Kriterien sind z.B. Art des Geschäftsbetriebs (Vielfalt der gewöhnlich vorkommenden Geschäfte und Geschäftsbeziehungen, Inanspruchnahme und Gewährung von Krediten, räumliche Ausdehnung der Tätigkeit – lokal, international –, größere Lagerhaltung), sowie der Umfang des Geschäftsbetriebs (Höhe des Umsatzes und des Gewerbeertrags, Höhe des Anlage- und Betriebskapitals, Zahl und Organisation der Betriebsstätten, Zahl der Beschäftigten, etc.).

Da Mörtel nicht ins Handelsregister eingetragen ist, und da aufgrund der Sachverhaltsangaben auch nicht davon auszugehen ist, dass er einen in kaufmännischer Weise eingerichteten Geschäftsbetrieb benötigt, ist er kein Kaufmann i.S.d. §§ 1 ff. HGB. Er ist deshalb nicht nach § 238 HGB handelsrechtlich zur Buchführung verpflichtet.

Da die Kaufmannseigenschaften des HGB mit sehr viel Unsicherheit behaftet sind, wurde durch den § 141 AO eine relativ einfach überprüfbare Vorschrift geschaffen (sog. originäre steuerliche Buchführungspflicht). Da Mörtel zurecht keine Bücher führt, ist davon auszugehen, dass er in vergangenen Jahren die Grenzen des § 141 AO nicht überschritten hat, und auch deshalb nicht gem. § 141 AO buchführungspflichtig ist.

---

[76] Vgl. Baumbach/Hopt, § 1 HGB Rz. 23; Kindler, § 2 Rz. 53; Jung, § 5 Rz. 15.

Er kann seinen Gewinn deshalb gem. § 4 Abs. 3 EStG durch Gegenüberstellung der Betriebseinnahmen und -ausgaben, sog. Einnahmenüberschuss- bzw. 4-3-Rechnung, ermitteln.

In 2010 erzielte der Baustoffhandel vor Berücksichtigung der Sachverhalte, Einnahmen in Höhe von 145.529 € und Ausgaben in Höhe von 99.960 €.

Betriebseinnahmen	145.529,00 €
Betriebsausgaben	- 99.960,00 €
vorläufiger Gewinn	**45.569,00 €**

1. Sachverhalt

Die Aufnahme und Rückzahlung eines Darlehens wird bei der Gewinnermittlung nach § 4 Abs. 3 EStG nicht berücksichtigt. Ein Darlehen stellt keine Vermögensmehrung, sondern eine Vermögensumschichtung dar. Somit sind Geldbeträge, die dem Unternehmen durch die Aufnahme eines Darlehens zufliesen, keine Betriebseinnahmen. Geldbeträge, die zur Tilgung des Darlehens geleistet werden, sind keine Betriebsausgaben.[77] Die Zinszahlungen dagegen sind als Betriebsausgabe zu erfassen, da sie das Vermögen des Betriebs mindern.

Bislang wurden 6.000 € als Betriebsausgabe erfasst. Dieser Betrag muss korrigiert werden, da diese Summe die Tilgungsrate von 4.000 € enthält. Als Betriebsausgabe ist lediglich die Zinszahlung in Höhe von 2.000 € abziehbar.

Korrektur der Tilgung, da keine Betriebsausgabe	+ 4.000,00 €

2. Sachverhalt

Bei einem Gabelstapler handelt es sich um ein bewegliches Wirtschaftsgut, das der technischen Abnutzung unterliegt. Nach R 7.1 Abs. 1 Nr. 1 EStR ist unter diesen Voraussetzungen die Afa vorzunehmen, d.h. es wird gem. § 7 EStG jedes Jahr ein Teil der Anschaffungskosten abgesetzt. Die Vorschriften für die Absetzung für Abnutzung sind gem. § 4 Abs. 3 S. 3 EStG auch bei der Einnahmenüberschussrechnung anzuwenden.

Durch die Abschreibung werden die Anschaffungskosten auf die betriebsgewöhnliche Nutzungsdauer des Wirtschaftsgut planmäßig verteilt. Im Jahr der Anschaffung wird gem. § 7 Abs. 1 Satz 4 EStG erst ab dem Monat der Anschaffung abgeschrieben. In 2010 darf der Gabelstapler daher nur für 8 Monate abgeschrieben werden.

---

[77] „Darlehen" H 4.5 (2) EStH; BFH v. 08.10.1969, BStBl II 1970, 44

Nach § 255 HGB sind Anschaffungskosten definiert als Aufwendungen, die geleistet werden, um einen Vermögensgegenstand zu erwerben und ihn in einen betriebsbereiten Zustand zu versetzten. Anschaffungspreisminderungen sind gem. § 255 Abs. 1 S. 3 HGB abzusetzen. Der gewährte Skonto von 3 % ist eine Anschaffungspreisminderung. Die Umsatzsteuer in Höhe von 6.980 € gehört nach § 9b Abs. 1 EStG nicht zu den Anschaffungskosten, wenn sie als Vorsteuer gem. § 15 EStG abgezogen werden kann.

Die Abschreibung erfolgt grundsätzlich gem. § 7 Abs. 1 EStG durch eine gleichmäßige Verteilung der Anschaffungskosten auf die Nutzungsdauer (sog. lineare Afa). Wahlweise kann für bewegliche Wirtschaftsgüter bei Anschaffung in den Jahren 2009 und 2010 allerdings auch die degressive Abschreibung, d.h. die Abschreibung in fallenden Jahresbeträgen ermittelt werden. Die degressive Abschreibung beträgt das 2,5-fache der linearen Abschreibung jedoch maximal 25 %. Da die degressive Abschreibung zu einem geringeren Gewinn in 2010 führt, wird hier degressiv abgeschrieben.

Netto Einkaufspreis	32.000,00 €
./. Anschaffungspreisminderung	- 960,00 €
Anschaffungskosten	31.040,00 €
Lineare Afa = 100/ND 12 Jahre	8,33 %
Degressive Afa = 8,33 % x 2,5 (max. 25 %)	20,83 %
Abschreibung für volles Jahr 31.040 € x 20,83 % =	6.466,67 €
Anteilig im Jahr der Anschaffung = Afa x 8/12	4.311,11 €

Die Umsatzsteuer von 6.080 € wird als Betriebsausgabe erfasst. Bei der Gewinnermittlung nach § 4 Abs. 3 EStG gilt für den Ansatz der Umsatzsteuer folgendes:

- vereinnahmte Umsatzsteuer = Betriebseinnahme

- gezahlte Umsatzsteuer (Vorsteuer) = Betriebsausgabe

- an das Finanzamt gezahlte Umsatzsteuer = Betriebsausgabe

- vom Finanzamt erstattete Vorsteuer = Betriebseinnahme

Abschreibung Gabelstapler 2010	- 4.311,00 €
Gezahlte Umsatzsteuer	- 6.080,00 €

3. Sachverhalt

Wird ein betrieblicher PKW für Privatfahrten genutzt, werden trotzdem die gesamte Abschreibung sowie sämtliche Aufwendungen in Zusammenhang mit dem PKW zu 100 % als Betriebsausgabe erfasst. Im Gegenzug muss die Privatnutzung in der Gewinnermittlung berücksichtigt werden. Die private Nutzung des betrieblichen Kraftfahrzeugs ist als Entnahme zu bewerten und erhöht den Gewinn.

Nach § 6 Abs. 1 Nr. 4 Satz 2 EStG kann die private Nutzung von Firmenwagen pauschal durch die sog. 1 %-Regelung ermittelt werden.[78] Der Bruttolistenpreis BLP umfasst alle Kosten für Sonderausstattungen einschließlich der Umsatzsteuer. Er ist auf volle 100-€ abzurunden.

BLP 50.000 € x 1 % x 12 Monate =   6.000 €

Nach § 1 UStG unterliegen Lieferungen und sonstige Leistungen i.S.d. § 3 UStG, die ein Unternehmer im Inland gegen Entgelt im Rahmen seines Unternehmens ausführt der Umsatzsteuer.

Willi Mörtel betreibt seinen Baustoffhandel im Inland. Der PKW gehört als notwendiges Betriebsvermögen zu seinem Unternehmen. Nach § 3 Abs. 9a Nr. 1 UStG ist die Verwendung eines Gegenstandes durch den Unternehmer für Zwecke außerhalb des Unternehmens oder den privaten Bedarf seines Personals einer sonstige Leistung gegen Entgelt gleichgestellt. Die private Nutzung des Kraftfahrzeugs ist demnach umsatzsteuerpflichtig gem. § 1 UStG.

Die Bemessungsgrundlage für Umsätze durch die private Nutzung des PKWs sind gem. § 10 Abs. 4 Satz 1 Nr. 2 UStG die Kosten, die zum Vorsteuerabzug berechtigt haben. Wird der Umfang der privaten Nutzung nicht durch ein ordnungsgemäßes Fahrtenbuch belegt, kann zur pauschalen Ermittlung der vorsteuerbehafteten Kosten die einkommensteuerliche 1 %-Regelung angesetzt werden.

Dabei sind gem. R 24c Abs. 3 Nr. 2.1 UStR Kosten, die **nicht** zum Vorsteuerabzug berechtigen, mit einem pauschalen Abschlag von 20 % der 1 %-Regelung anzusetzen.[79] Die Bemessungsgrundlage für die Umsatzsteuer beträgt demnach 80 % von 1 % des Listenpreises.

BLP 50.000 € x 1 % x 12 Monate x 80 % =   4.800 €

darauf 19 % USt   912 €

Private Nutzung PKW (1 %-Regel)	+ 6.000,00 €
Umsatzsteuer darauf	+ 912,00 €

---

[78] Nach § 6 Abs. 1 Nr. 4 Satz 3 EStG kann der Steuerpflichtige ein Fahrtenbuch führen und somit die tatsächlich entfallenen Aufwendungen für Privatfahrten ansetzten. Die 1 %-Regelung ist ab 2006 (§ 52 Abs. 16 S. 15 EStG) nur noch anwendbar, wenn das Fahrzeug zu mehr als 50 % betrieblich genutzt wird. Dieser Umfang ist dem Finanzamt z.B. durch formlose Aufzeichnungen über einen repräsentativen Zeitraum nachzuweisen. Ansonsten ist die Privatnutzung zu schätzen.

[79] BFH XI R 32/08 v. 19.05.2010.

4. Sachverhalt

Nach § 4 Abs. 5 Satz 1 Nr. 6 EStG sind für die Kosten der Wege des Steuerpflichtigen zwischen Wohnung und Betrieb die Grundsätze der Entfernungspauschale der Arbeitnehmer gem. § 9 Abs. 1 Satz 3 Nr. 4 EStG anzusetzen. Dabei dürfen maximal 0,30 € für jeden Entfernungskilometer den Gewinn mindern.

Da hier kein Fahrtenbuch geführt wurde, müssen die bisher in den Betriebsausgaben enthaltenen Kosten für die Fahrten zwischen Wohnung und Betriebsstätte pauschal ermittelt werden. Gem. § 4 Abs. 5 Nr. 6 Satz 3 EStG werden diese mit 0,03 % des Listenpreises pro Monat für jeden Entfernungskilometer angesetzt. Ein evtl. entstehender positiver Unterschiedsbetrag zwischen diesem Betrag und der Entfernungspauschale nach § 9 Abs. 1 Satz 3 Nr. 4 EStG darf den Gewinn nicht mindern.

50.000 € x 0,03 % x 20 km x 12 Monate	3.600,00 €
./. 15 Fahrten x 12 Monate x 20 km x 0,30 €	- 1.080,00 €
Nichtabziehbarer Betrag nach § 4 Abs. 5 Nr. 6 EStG	2.520,00 €

Nichtabziehbarer Anteil für Fahrten Wohnung – Betrieb	+ 2.520,00 €

5. Sachverhalt

Bei dem Grundstück zur Lagerung von Baustoffen handelt es sich um ein nicht abnutzbares Wirtschaftsgut des Anlagevermögens. Nach § 4 Abs. 3 Satz 4 EStG werden bei diesen Wirtschaftsgütern die Anschaffungskosten erst zum Zeitpunkt des Zuflusses des Veräußerungserlöses gewinnmindernd berücksichtigt.

Die Anschaffungskosten des Grundstückes von 45.000 € wurden bei der Gewinnermittlung 2005 nicht erfasst. Jedoch müssen gem. § 4 Abs. 3 Satz 5 EStG nicht abnutzbare Wirtschaftsgüter in einem laufend zu führenden Verzeichnis, dem sogenannten Anlageverzeichnis, aufgenommen werden.

Somit wirkt sich, wie bei der Bilanzierung, im Jahr der Veräußerung von nichtabnutzbarem Anlagevermögen nur der Unterschiedsbetrag zwischen Anschaffungskosten und Veräußerungserlös auf den Gewinn aus.

Veräußerungserlös Grundstück	+ 50.000 €
Anschaffungskosten Grundstück	- 45.000 €

6. Sachverhalt

Bei dem Kopiergerät handelt es sich um ein geringwertiges Wirtschaftsgut. Nach § 4 Abs. 3 Satz 3 EStG sind die Vorschriften zur Bewertung von geringwertigen Wirtschaftsgütern nach § 6 Abs. 2 EStG und von Sammelposten gem. § 6 Abs. 2a EStG zu befolgen. Ein Wirtschaftsgut ist gem. § 6 Abs. 2 EStG ein geringwertiges Wirtschaftsgut, wenn es abnutzbar, beweglich und selbstständig nutzbar ist. Außerdem darf es einen Wert von 410 € nicht übersteigen.[80] Das Kopiergerät hat hier einen Wert von 406 €.

Die Vorschrift zur Sofortabschreibung gem. § 6 Abs. 2 EStG wurde für die Jahre 2008 und 2009 vom Gesetzgeber gestrichen. Sie ist gem. § 52 Abs. 16 S. 14 EStG erst ab Anschaffungen die ab dem 01.01.2010 erfolgen wieder anwendbar.

Für 2008 und 2009 wurde die sog. Sammelpostenregelung des § 6 Abs. 2a EStG eingeführt, die auch ab 2010 neben der Sofortabschreibung wahlweise besteht. Danach werden selbständig nutzbare Wirtschaftsgüter, deren Anschaffungskosten zwischen 150 € und 1.000 € liegen, in einen Sammelposten eingestellt und über einen Zeitraum von 5 Jahren gleichmäßig abgeschrieben.

Da in diesem Fall die Sofortabschreibung ebenfalls möglich ist, wird sie vorrangig angewendet, um den Gewinn im Jahr 2010 möglichst gering anzusetzen.

Der Zeitpunkt der Zahlung ist nicht relevant, da ein geringwertiges Wirtschaftsgut lt. § 6 Abs. 2 EStG im Wirtschaftsjahr der Anschaffung abgeschrieben wird. Die Bewertung des geringwertigen Wirtschaftsgutes gem. § 6 Abs. 2 EStG geht den Regelungen der Vereinnahmung und Verausgabung gem. § 11 EStG vor.

Sofortabschreibung geringwertiges Wirtschaftsgut § 6 Abs. 2 EStG	- 406,00 €

7. Sachverhalt

Die Anschaffung von Umlaufvermögen wird anders als beim Betriebsvermögensvergleich sofort als Betriebsausgabe erfasst und mindert den Gewinn. Bei der Einnahmenüberschussrechnung erfolgt nämlich kein Ansatz eines Warenbestands. Bei der Gewinnermittlung nach § 4 Abs. 1 EStG liegt beim Kauf von Umlaufvermögen ein Aktivtausch vor und er wirkt sich erst bei Verkauf auf den Gewinn aus.

Die gezahlte Umsatzsteuer ist am 04.11.2010 eine Betriebsausgabe. Die Rückerstattung der gezahlten Vorsteuer durch das Finanzamt wird erst zum Zeitpunkt der Erstattung als Betriebseinnahme erfasst.

Anschaffung von Umlaufvermögen	- 500,00 €
Gezahlte Umsatzsteuer	- 95,00 €

---

[80] Nach R 9b EStR ist bei der Frage, ob ein geringwertiges Wirtschaftsgut vorliegt, vom Nettowert auszugehen. Dabei ist es unerheblich ob der Vorsteuerbetrag umsatzsteuerrechtlich abziehbar ist.

8. Sachverhalt

Da die Einnahmen-Überschuss-Rechnung eine reine Geldrechnung ist, wird die Anzahlung in Höhe von 3.000 € sofort als Betriebsausgabe erfasst. Die Anzahlung wird als einmalige und abgeschlossene Zahlung angesehen. Die Lieferung in 2011 ist für die Gewinnermittlung 2010 nicht relevant.

Anzahlung	- 3.000,00 €

9. Sachverhalt

Nach R 4.7 EStR sind Betriebseinnahmen in Anlehnung an § 8 Abs. 1 und § 4 Abs. 4 EStG alle Zugänge in Geld oder Geldeswert, die durch den Betrieb veranlasst sind. Ein Wertzuwachs ist betrieblich veranlasst, wenn ein äußerlicher, sachlicher und wirtschaftlicher Zusammenhang gegeben ist. Der LKW dient dem Transport von Baustoffen, daher kann von einem äußerlichen, sachlichen und wirtschaftlichen Zusammenhang ausgegangen werden. Da die Schenkung des LKWs von einem Geschäftsfreund erfolgt, und somit nicht privat veranlasst ist, ist sie demnach als Betriebseinnahme zu berücksichtigen. Nach § 6 EStG wird der LKW in Höhe des gemeinen Wertes gem. § 9 BewG bewertet.

Der LKW ist ein abnutzbares Wirtschaftsgut des Anlagevermögens und unterliegt der Abschreibung gem. § 7 EStG. Die Schenkung erzeugt somit Abschreibungsvolumen. Die gewinnerhöhende Einnahme wird somit über die Laufzeit in Form von Abschreibung wieder als Betriebsausgabe abgezogen.

Die Abschreibung ist bei gebrauchten Wirtschaftsgütern anhand der Restnutzungsdauer zu berechnen. Bei einer Nutzungsdauern von lediglich 3 Jahren ergibt sich bei Anwendung der linearen Abschreibung gem. § 7 Abs. 1 EStG ein höherer Betriebsausgabenabzug, da die degressive Abschreibung nach Absatz 2 auf 25 % beschränkt ist.

Einnahmewert (gemeiner Wert)	6.500,00 €
Abschreibung für volles Jahr 6.500 €/3 Jahre=	2.166,67 €
Anteilig im Jahr der Anschaffung = Afa x 10/12	1.805,56 €

Schenkung LKW	+ 6.500,00 €
Abschreibung LKW	- 1.806,00 €

10. Sachverhalt

Bei der Gewinnermittlung nach § 4 Abs. 3 EStG werden alle Zahlungsströme innerhalb des Kalenderjahres erfasst. Dies gilt gem. § 11 Abs. 1 Satz 2 EStG nicht für regelmäßig wiederkehrenden Einnahmen, die kurz vor oder nach Ende des Kalenderjahres zugeflossen sind. Als kurze Zeit ist ein Zeitraum von max. 10 Tagen anzusehen. Diese Einnahmen werden in dem Kalenderjahr, zu dem sie wirtschaftlich gehören, berücksichtigt. Gleiches gilt nach § 11 Abs. 2 Satz 2 EStG für Ausgaben.

Die Miete ist eine regelmäßig wiederkehrende Zahlung. Die Zahlung erfolgt am 31.12.2010 und somit kurz vor Beginn des Kalenderjahres 2011 zu dem sie wirtschaftlich gehört. Da die Voraussetzungen für § 11 Abs. 2 Satz 2 EStG vorliegen, wird die Zahlung erst in 2011 berücksichtigt. Die Betriebsausgabe in 2010 muss korrigiert werden.

Korrektur der Mietzahlung, da Betriebsausgabe erst in 2011	+ 1.500,00 €

11. Sachverhalt

Die Gewerbesteuer ist eine Betriebsausgabe, da sie gem. § 4 Abs. 4 EStG betrieblich veranlasst ist. In § 4 Abs. 5b EStG wird jedoch der Abzug der Gewerbesteuer als Betriebsausgabe ausgeschlossen.[81] Die Erfassung der Gewerbesteuernachzahlung 2008 als Betriebsausgabe ist demnach falsch.

Korrektur, da Gewerbesteuer nichtabziehbare BA	+ 2.435,00 €

12. Sachverhalt

Die vom Finanzamt erstattete Umsatzsteuer wird beim Einnahmeüberschussrechner als Betriebseinnahme verrechnet. Da sich im Zeitpunkt der Zahlung der Vorsteuer eine Betriebsausgabe ergab, handelt es sich insoweit nur um eine zeitliche Verschiebung.

Erstattete Umsatzsteuer	+ 6.175,00 €

Endgültiger Gewinn

Um den Gewinn zu ermitteln, werden nun gem. § 4 Abs. 3 EStG die Betriebsausgaben von den Betriebseinnahmen abgezogen.

---

[81] Nach § 52 Abs. 12 Satz 7 EStG gilt § 4 Abs. 5b EStG erstmals für Erhebungszeiträume, die nach dem 31. Dezember 2007 enden. Dabei kommt es nicht auf den Zeitpunkt der Zahlung der GewSt an. Soweit die GewSt für Erhebungszeiträume vor dem 1.1.2008 entsteht, ist sie unabhängig vom Zeitpunkt der Zahlung weiterhin als Betriebsausgabe abziehbar.

Betriebseinnahmen	145.529,00 €
Betriebsausgaben	- 99.960,00 €
1. Korrektur der Tilgung, da keine Betriebsausgabe	+ 4.000,00 €
2. Abschreibung Gabelstapler 2010	- 4.311,00 €
2. Gezahlte Umsatzsteuer	- 6.080,00 €
3. Private Nutzung PKW (1 %-Regel)	+ 6.000,00 €
3. Umsatzsteuer darauf	+ 912,00 €
4. Nichtabziehbarer Anteil für Fahrten Wohnung – Betrieb	+ 2.520,00 €
5. Veräußerungserlös Grundstück	+ 50.000,00 €
5. Anschaffungskosten Grundstück	- 45.000,00 €
6. GWG-Sofortabschreibung § 6 Abs. 2 EStG	- 406,00 €
7. Anschaffung von Umlaufvermögen	- 500,00 €
7. Gezahlte Umsatzsteuer	- 95,00 €
8. Anzahlung	- 3.000,00 €
9. Schenkung LKW	+ 6.500,00 €
10. Abschreibung LKW	+ 1.806,00 €
11. Korrektur der Mietzahlung	+ 1.500,00 €
12. Korrektur Gewerbesteuer	+ 2.435,00 €
13. Erstattete Umsatzsteuer	+ 6.175,00 €
Endgültiger Gewinn = Einkünfte § 15 EStG	**64.413,00 €**

Nach § 141 Abs. 1 Nr. 4 AO ist ein gewerblicher Betrieb verpflichtet Bücher zu führen, wenn der Gewinn in einem Wirtschaftsjahr mehr als 50.000 € beträgt. In 2010 erzielte der Baustoffhandel von Willi Mörtel einen Gewinn von 64.413 €.

Eine Buchführungspflicht besteht jedoch erst, nachdem die Finanzbehörde darauf hingewiesen hat. So beginnt gem. § 141 Abs. 2 AO die Verpflichtung Bücher zu führen mit Beginn des Wirtschaftsjahres, das auf die Bekanntgabe der Finanzbehörde folgt. In unserem Fall könnte der Hinweis zur Buchführungspflicht frühestens in 2011 erfolgen, was zu einer Buchführungspflicht ab dem Wirtschaftsjahr 2012 führen würde.

4.2.2.4   Summe der Einkünfte

Um die Summe der Einkünfte zu erhalten, werden alle Einkünfte des Steuerpflichtigen addiert. Da Willi Mörtel in 2010 nur Einkünfte aus Gewerbebetrieb erzielte, ist der Gewinn gleich der Summe der Einkünfte.

4.2.2.5   Gesamtbetrag der Einkünfte

Nach § 2 Abs. 3 EStG ergibt sich der Gesamtbetrag der Einkünfte, indem von der Summe der Einkünfte der Altersentlastungsbetrag gem. § 24a EStG und der Entlastungsbetrag für Alleinerziehende gem. § 24b EStG abgezogen wird.

Nach § 24a Satz 3 EStG kommt der Altersentlastungsbetrag für Steuerpflichtige in Betracht, die vor Beginn des Kalenderjahres ihr 64. Lebensjahr vollendet hatten. Eine weitere Voraussetzung für den Alterentlastungsbetrag gem. § 24a EStG ist, dass die Einkünfte des Steuerpflichtigen nicht aus nichtselbstständiger Arbeit stammen.

Am 31.12.2009 wurde Willi Mörtel 64 Jahre alt, somit hat er sein 64. Lebensjahr vor Beginn des Kalenderjahres 2010 vollendet. In 2010 besteht erstmals Anspruch auf den Altersentlastungsbetrag. Die Voraussetzung, dass Willi Mörtel keine Einkünfte aus nichtselbstständiger Arbeit bezieht, ist ebenfalls gegeben, denn er hat ausschließlich Einkünfte aus Gewerbebetrieb gem. § 15 Abs. 1 EStG.

Nach § 24a EStG errechnet sich der Altersentlastungsbetrag durch einen Prozentsatz auf die Summe der Einkünfte. Der Altersentlastungsbetrag darf jedoch einen festgelegten Höchstbetrag nicht überschreiten. Die Prozentsätze für die einzelnen Kalenderjahre und die jeweiligen Höchstbeträge sind der Tabelle in § 24a Satz 4 EStG zu entnehmen.[82] Der Prozentsatz nach Vollendung des 64. Lebensjahres wird eingefroren und gilt fortan für die Folgejahre.

---

[82] Aufgrund des Alterseinkünftegesetzes 2005 werden Bezüge von Rentnern nach und nach steuerpflichtig. Renten und Versorgungsbezüge werden in 2040 zu 100 % besteuert. Dadurch verliert der Altersentlastungsbetrag seine Rechtfertigung und wird bis 2040 bis auf den Betrag von Null abgeschmolzen.

Der Altersentlastungsbetrag von Willi Mörtel beträgt gem. § 24a EStG 32 % der Einkünfte aus Gewerbebetrieb. Dieser wird von der Summe der Einkünfte abgezogen, um den Gesamtbetrag der Einkünfte zu erhalten.

Altersentlastungsbetrag = 32 % von 64.413 € = 20.613 € jedoch maximal   - 1.520,00 €

Gesamtbetrag der Einkünfte   **62.893,00 €**

4.2.2.6   Einkommen

Nach § 2 Abs. 4 EStG ist das Einkommen, der Gesamtbetrag der Einkünfte vermindert um die Sonderausgaben und die außergewöhnlichen Belastungen. Sonderausgaben sind in den §§ 10 ff. EStG und außergewöhnliche Belastungen in den §§ 33 ff. EStG geregelt. Da keine Sonderausgaben und außergewöhnliche Belastungen bekannt sind, entspricht der Gesamtbetrag der Einkünfte dem Einkommen.[83]

4.2.2.7   Zu versteuerndes Einkommen

Um das zu versteuernde Einkommen zu erhalten, vermindert man gem. § 2 Abs. 5 EStG das Einkommen um die Kinderfreibeträge nach § 32 Abs. 6 EStG und sonstige vom Einkommen abzuziehende Beträge. Hier ist das zu versteuernde Einkommen gleich dem Einkommen.

4.2.2.8   Tarifliche Einkommensteuer

Nach § 32a EStG bemisst sich die tarifliche Einkommensteuer nach dem zu versteuernden Einkommen. Bei einem zu versteuernden Einkommen über 62.893 € errechnet sich die tarifliche Einkommensteuer gem. § 32a Abs. 1 Nr. 4 EStG. Demnach wird das zu versteuernde Einkommen mit einem Prozentsatz von 42 % multipliziert und ein Betrag von 8.172 € subtrahiert.

0,42 x zu versteuerndes Einkommen – 8.172 € = tarifliche Einkommensteuer

Das zu versteuernde Einkommen wird gem. § 32 a Abs. 1 Satz 5 EStG auf einen vollen Euro-Betrag abgerundet. Der sich ergebende Steuerbetrag wird gem. § 32a Abs. 1 S. 6 EStG ebenfalls auf den nächsten vollen Euro-Betrag abgerundet.

Tarifliche Einkommensteuer (0,42 x 62.893 € - 8.172 €)   **18.243 €**

4.2.2.9   Festzusetzende Einkommensteuer

Um die festzusetzenden Einkommensteuer zu errechnen, muss gem. § 2 Abs. 6 EStG die tarifliche Einkommensteuer um Steuerermäßigungen vermindert werden.

---

[83] Auf einen Abzug des Sonderausgabenpauschbetrags nach § 10c EStG wird aus Geringfügigkeit verzichtet.

Bei Einkünften aus Gewerbebetrieb kommt die Steuerermäßigung gem. § 35 Abs. 1 Nr. 1 EStG in Betracht. Die Ermäßigung beträgt das 3,8-fache des Gewerbesteuermessbetrags. Der Steuermessbetrag ist in § 11 GewStG definiert und wird durch Anwendung der Steuermesszahl auf den Gewerbeertrag ermittelt. Die Steuermesszahl beträgt gem. § 11 Abs. 2 GewStG 3,5 %. Nach § 7 GewStG ist der Gewerbeertrag der nach dem EStG ermittelte Gewinn des Gewerbebetriebs, vermehrt und vermindert um die in §§ 8 und 9 GewStG bezeichneten Beträge. Der Gewerbeertrag wird gem. § 11 Abs. 1 S. 3 GewStG auf volle 100 € abgerundet und um einen Freibetrag in Höhe von 24.500 € gekürzt.

Gewinn nach EStG	64.413 €
Hinzurechnung § 8 GewStG	+ 0 €
Kürzung § 9 GewStG	- 0 €
Gewerbeertrag (auf volle 100 € abgerundet)	64.400 €
./. Freibetrag § 11 Abs. 1 Nr. 1 GewStG	- 24.500 €
= steuerpflichtiger Gewerbeertrag	39.900 €
x Steuermesszahl § 11 Abs. 2 GewStG	x 3,5 %
= Steuermessbetrag	1.396,50 €
x Hebesatz der Gemeinden § 16 Abs. 1 GewStG	x 420 %
Gewerbesteuer	**5.865 €**
Tarifliche Einkommensteuer	18.243 €
./. Steuerermäßigung § 35 EStG	
1.396,50 € x 3,8 (max. tats. GewSt 5.865 €)	- 5.307 €
festzusetzende Einkommensteuer	**12.936 €**

5 Betriebsaufgabe und Betriebsübergabe

Verhältnis von § 16 Abs. 3 EStG und § 6 Abs. 3 EStG

Sven Büchler (Prof. Dr. U. Voß)

5.1 Sachverhalt

Heinz Meier (geb. 25.10.1950), wohnhaft in München, betreibt als Einzelunternehmer eine Autovermietung in München. Das Betriebsvermögen setzt sich zusammen aus zehn zu vermietenden Fahrzeugen und einem Grundstück inklusive dem darauf stehenden Gebäude. Das Grundstück liegt direkt neben dem Hauptbahnhof in München. Die stillen Reserven am 31.12.2010 verteilen sich wie folgt:

	Buchwert	Teilwert	stille Reserven
Fuhrpark	50.000 €	75.000 €	25.000 €
Grund & Boden	150.000 €	200.000 €	50.000 €
Gebäude	40.000 €	90.000 €	50.000 €
			125.000 €

Der Firmenwert zum 31.12.2010 wird zutreffend mit 80.000 € angenommen.

Heinz Meier möchte sich zur Ruhe setzen und das Unternehmen zum 31.12.2010 seiner Tochter, Julia Meier (geb. 12.04.1976), wohnhaft in München, schenken.

Dabei entnimmt sich Heinz Meier

a. den Grund & Boden und das Gebäude, die in Zukunft an Tochter Julia vermietet werden sollen bzw.

b. lediglich eines der zu vermietenden Fahrzeuge.

Im Jahr 2010 betrugen die laufenden Einkünfte aus der Autovermietung 35.000 €.

Wie sind die Vorgänge a. und b. einkommensteuerrechtlich zu beurteilen? Wie hoch ist die tarifliche Einkommensteuer des Heinz Meier?

Auf die Gewerbesteuer soll aus Vereinfachung nicht eingegangen werden.

5.2   Lösung des Sachverhalts

5.2.1   Steuerpflicht

Heinz Müller ist mit seinem Welteinkommen unbeschränkt einkommensteuerpflichtig nach § 1 Abs. 1 EStG, da er seinen Wohnsitz gem. § 8 AO im Inland (München) hat.

5.2.2   Ermittlung der Einkünfte

Mit seiner Autovermietung erzielt Heinz Müller Einkünfte aus Gewerbebetrieb gem. § 15 Abs. 1 Nr. 1 EStG. Die Voraussetzungen nach § 15 Abs. 2 Satz 1 EStG der

■ selbständigen, nachhaltigen Betätigung,

■ Absicht Gewinn zu erzielen und

■ Beteiligung am allgemeinen wirtschaftlichen Verkehr

sind allesamt gegeben. Darüber hinaus ist die Betätigung weder als Ausübung einer Land- und Forstwirtschaft noch als Ausübung eines freien Berufs noch als eine andere selbständige Arbeit anzusehen. Es handelt sich auch nicht um eine reine Vermögensverwaltung.

Einkünfte aus Gewerbebetrieb gem. § 15 Abs. 1 Nr. 1 EStG =   **35.000 €**

Es stellt sich nun die Frage, ob die Betriebsübergabe einen Einkunfttatbestand erfüllt. Zunächst wird die Variante a) beurteilt. Der Vater behält Grund & Boden und Gebäude und schenkt lediglich die Fahrzeuge seiner Tochter.

Gewinnrealisierungstatbestand

Die Grundlage der Besteuerung von Wirtschaftsgütern stellt eine Vermögensänderung dar. Änderungen im Privatvermögen sind nur in Ausnahmefällen relevant. Beispiele hierfür wären die Veräußerung von wesentlichen Anteilen an Kapitalgesellschaften i.S.d. § 17 Abs. 1 EStG oder private Veräußerungsgeschäfte innerhalb der Spekulationsfrist nach § 23 EStG.

Im Fall von Heinz Müller liegt kein Privatvermögen vor. Alle Vermögensgegenstände sind Teil des Betriebsvermögens.

Ergeben sich Änderungen im Betriebsvermögen, so sind diese steuerlich relevant. Sobald Wirtschaftsgüter ihre Eigenschaft als Betriebsvermögen, in dem Betrieb des Steuerpflichtigen, dem sie zugeordnet waren, verlieren, tritt grundsätzlich ein Gewinnrealisierungstatbestand ein. Die stillen Reserven des Wirtschaftsgutes werden in der Regel aufgedeckt, d.h. sie sind zu versteuern. Stille Reserven sind Differenzen zwischen dem Teilwert[84], also dem Zeitwert, des Wirtschaftsguts und dem aktuellen Buchwert.

Heinz Meier behält Grund & Boden inklusive Gebäude und verschenkt die zehn Fahrzeuge an seine Tochter. Dadurch gehen Grund & Boden und Gebäude vom Betriebsvermögen in sein Privatvermögen über. Diese Entnahme[85] ist nach § 6 Abs. 1 Nr. 4 S. 1 EStG mit dem Teilwert zu bewerten und stellt einen Gewinnrealisierungstatbestand dar.

Grundsätzlich ist auch die Übertragung der zehn Fahrzeuge ein steuerpflichtiger Vorgang, da auch hier ein Gewinnrealisierungstatbestand vorliegt. Die Fahrzeuge verlassen das Betriebsvermögen des Steuerpflichtigen. Jedoch gibt es eine Ausnahmeregelung gem. § 6 Abs. 3 EStG.

Darin heißt es, dass bei einer unentgeltlichen Betriebsübertragung die Wirtschaftsgüter mit den Werten anzusetzen sind, die sich nach den Vorschriften über die Gewinnermittlung ergeben, d.h. mit den Buchwerten.

Die Wirtschaftsgüter könnten somit zu Buchwerten bei Tochter Julia fortgeführt werden. Der Gewinnrealisierungstatbestand wäre demnach nicht erfüllt und Heinz Meier müsste die stillen Reserven in diesen Wirtschaftsgütern nicht versteuern.

Jedoch greift § 6 Abs. 3 EStG nur, wenn alle **wesentlichen Betriebsgrundlagen** unentgeltlich an den Erwerber übergehen. Was als wesentliche Betriebsgrundlage anzusehen ist kann nicht pauschal beurteilt werden.

5.2.3 Wesentliche Betriebsgrundlage

Nach Rechtssprechung des Bundesfinanzhofs sind insbesondere Wirtschaftsgüter des Anlagevermögens als wesentliche Betriebsgrundlage anzusehen, sofern sie für den Be-

---

[84] Teilwert bezeichnet den Betrag, der für ein einzelnes Wirtschaftsgut im Rahmen eines Unternehmenskaufs gezahlt werden würde (siehe § 10 S. 2 BewG).

[85] Entnahmen sind alle Wirtschaftsgüter, die im Laufe des Jahres aus dem Betriebsvermögen entnommen und für betriebsfremde Zwecke eingesetzt wurden (siehe § 4 Abs. 1 S. 2 EStG).

triebsablauf unerlässlich sind. Unerlässlich sind sie, wenn ein Pächter des Betriebs sie benötigt, um den Betrieb in seiner bisherigen Form fortführen zu können.[86]

Grundsätzlich können wesentliche Betriebsgrundlagen aus drei unterschiedlichen Betrachtungsweisen angesehen werden. Die funktionale, die qualitative und die funktional-qualitative Unterscheidung. Je nach steuerlichem Tatbestand werden die unterschiedlichen Betrachtungsweisen von wesentlichen Betriebsgrundlagen herangezogen. Daran kann man erkennen, wie schwer es teilweise sein kann, eine ordnungsgemäße Abgrenzung vorzunehmen.

5.2.3.1   Funktionale Betrachtung

Wie bereits erläutert, handelt es sich bei Wirtschaftsgütern des Anlagevermögens in der Regel um funktional wesentliche Betriebsgrundlagen, wenn sie für die Betriebsführung von wesentlicher Bedeutung sind. Besonders verdeutlichen lässt sich diese Einschätzung anhand eines Beispiels eines Industriebetriebs. Für die Herstellung seiner Waren benötigt der Betrieb diverse Maschinen. Ohne diese wäre eine Produktion der Erzeugnisse unmöglich. Daher könnte bei einem Wegfall der Wirtschaftsgüter der Betrieb nicht in seiner bisherigen Form weitergeführt werden.

Speziell bei der Betriebsverpachtung wird auf den funktionalen Aspekt verwiesen, wie der Bundesfinanzhof bei einem speziellen Fall eines Autohauses verdeutlicht:

„Für die Anerkennung einer gewerblichen Betriebsverpachtung reicht es aus, wenn die wesentlichen, dem Betrieb das Gepräge gebenden Betriebsgegenstände verpachtet werden. Welche Betriebsgegenstände in diesem Sinne die wesentlichen Betriebsgrundlagen darstellen, bestimmt sich nach den tatsächlichen Umständen des Einzelfalles unter Berücksichtigung der spezifischen Verhältnisse des betreffenden Betriebs. Dabei ist maßgeblich auf die sachlichen Erfordernisse des Betriebs abzustellen (sog. funktionale Betrachtungsweise).

In diesem Zusammenhang bilden bei einem ‚Autohaus' (Handel mit Neufahrzeugen und Gebrauchtfahrzeugen eines bestimmten Automobilfabrikanten einschließlich angeschlossenem Werkstattservice) das speziell für dessen Betrieb hergerichtete Betriebsgrundstück samt Gebäuden und Aufbauten sowie die fest mit dem Grund und Boden verbundenen Betriebsvorrichtungen im Regelfall die alleinigen wesentlichen Betriebsgrundlagen. Demgegenüber gehören die beweglichen Anlagegüter, insbesondere die Werkzeuge und Geräte, regelmäßig auch dann nicht zu den wesentlichen Betriebsgrundlagen, wenn diese im Hinblick auf die Größe des ‚Autohauses' ein nicht unbeträchtliches Ausmaß einnehmen."[87]

---

[86] BFH-Beschluss vom 18.05.2004, X B 167/03, BFH/NV 2004, 1262.

[87] BFH-Urteil vom 11.10.2007, X R 39/04, BFH/NV 2008, 439.

5.2.3.2   Quantitative Betrachtung

Speziell bei einer Betriebsveräußerung bzw. einer Betriebsaufgabe gelten auch funktional unwesentliche Wirtschaftsgüter, die aber erhebliche stille Reserven enthalten, als wesentliche Betriebsgrundlagen. Laut einem BFH-Urteil vom 01.02.2006 gelten z.B. stille Reserven in Höhe von 93.000 € als wesentlich. Jedoch wurde ausdrücklich keine genaue Grenze festgelegt, ab welcher Höhe die stillen Reserven eines Wirtschaftsgutes als wesentlich anzusehen sind.[88]

Eine Kombination aus qualitativer und funktionaler Betrachtungsweise ist insbesondere auf den Tatbestand des § 16 EStG, der Veräußerung des Betriebs, anzuwenden.

5.2.4   Betriebsaufgabe

Im vorliegenden Fall ist das Grundstück inkl. Gebäude als wesentliche Betriebsgrundlage zu bewerten. Das Grundstück ist nicht zuletzt aufgrund seiner guten Lage als für den Betrieb notwendig einzustufen. Zusätzlich sind auch die hohen stillen Reserven in Höhe von 50.000 € ein Indiz für das Vorliegen einer wesentlichen Betriebsgrundlage.

Eine unentgeltliche Betriebsübertragung mit Buchwertfortführung gem. § 6 Abs. 3 EStG liegt somit nicht vor. Demzufolge handelt es sich hierbei um eine Betriebsaufgabe gem. § 16 Abs. 3 EStG. Diese ist einkommensteuerrechtlich gleichzusetzen mit der Veräußerung des Betriebs.

Von einer Betriebsaufgabe ist auszugehen, wenn innerhalb eines kurzen Zeitraums alle wesentlichen Betriebsgrundlagen vom Betriebs- in ein Privatvermögen überführt werden bzw. auf einen bzw. mehrere Erwerber übergehen.

Der Veräußerungsgewinn berechnet sich dabei durch die Differenz zwischen dem Veräußerungspreis abzüglich Veräußerungskosten und dem Wert des Betriebsvermögens (siehe § 16 Abs. 2 EStG). Da bei einer Betriebsaufgabe kein Veräußerungspreis entsteht tritt an seine Stelle der Teilwert der einzelnen Wirtschaftsgüter.

Im Falle von Heinz Meier sieht die Berechnung wie folgt aus:

<u>Teilwert des Unternehmens</u>

Grund und Boden	200.000 €
+ Gebäude	+ 90.000 €
+ Fuhrpark	+ 75.000 €
+ Firmenwert	+ 80.000 €
Teilwert gesamt	**445.000 €**

---

[88] BFH-Urteil vom 4.07.2007, X R 49/06, LEXinform 5005176.

Buchwerte der Wirtschaftsgüter:

Grund und Boden	150.000 €
+ Gebäude	+ 40.000 €
+ Fuhrpark	+ 50.000 €
Buchwerte gesamt	**240.000 €**
Teilwert	445.000 €
./. Buchwerte	- 240.000 €
Aufgabegewinn	**205.000 €**

Nach § 16 Abs. 4 EStG ist dem Steuerpflichtigen einmalig ein Freibetrag zu gewähren, wenn er das 55. Lebensjahr vollendet hat oder im sozialversicherungsrechtlichen Sinne dauernd berufsunfähig ist. Der Veräußerungsgewinn ist nur steuerpflichtig, wenn er 45.000 € übersteigt. Dieser Betrag vermindert sich jedoch insoweit der Gewinn 136.000 € übersteigt. D.h. ein Veräußerungsgewinn unter 45.000 € ist steuerfrei und ein Veräußerungsgewinn über 181.000 € ist voll zu versteuern.

Zum besseren Verständnis hierzu ein kleines Beispiel:

Der Veräußerungsgewinn beträgt

a.   *80.000 €*

b.   *150.000 €*

c.   *200.000 €.*

Lösung a. 80.000 € - 45.000 € =   *zu versteuernde Einkünfte 35.000 €*

Lösung b. 150.000 € - 31.000 € =   *zu versteuernde Einkünfte 119.000 €*

Lösung c. kein Freibetrag =   *zu versteuernde Einkünfte 200.000 €.*

Aufgabegewinn		205.000 €
./. Freibetrag	45.000 €	
Aufgabegewinn	205.000 €	
./. Abzug	- 136.000 €	
Kürzungsbetrag	69.000 €	
Verbleibender Freibetrag		- 0 €
Steuerpflichtiger Aufgabegewinn		**205.000 €**

Heinz Meier erzielt also Einkünfte aus Gewerbebetrieb nach § 15 i.V.m. § 16 Abs. 3 EStG i.H.v. 205.000 €. Diese unterliegen der Besteuerung.

Bei solch einem Fall liegt jedoch ein steuerliche „Härte" vor. Heinz Meier gibt seinen Betrieb auf und muss dadurch 205.000 € versteuern, obwohl ihm keine flüssigen Mittel zufließen. Zur Abmilderung der steuerlichen Belastung fällt der Aufgabegewinn von 205.000 € unter die außerordentlichen Einkünfte gem. § 34 Abs. 2 Nr. 1 EStG. Die Berechnung der Einkommensteuer ergibt sich demnach nach § 34 Abs. 1 Satz 2-4 EStG.[89]

Berechnungsschema nach § 34 Abs. 1 Satz 2-4 EStG:

Einkommensteuer für (reguläre Einkünfte + 1/5 der außerordentlichen Einkünfte)

- Einkommensteuer für „reguläre" Einkünfte

* 5

= Einkommensteuer für außerordentliche Einkünfte

+ Einkommensteuer für „reguläre" Einkünfte

= gesamte Steuerbelastung

Durch die „Fünftelregelung" wird eine Abmilderung der Steuerprogression erreicht.

Für Heinz Meier ergibt sich folgende Berechnung:

Laufende Einkünfte	35.000 €
+ 1/5 des Aufgabegewinns	+ 41.000 €
	76.000 €
ESt auf 76.000 €	23.748 €
./. ESt auf laufende Einkünfte 35.000 €	- 7.259 €
= ESt auf 1/5 des Veräußerungsgewinns	16.489 €
x 5 =	82.445 €
+ ESt auf laufende Einkünfte	+ 7.259 €
= tarifliche Einkommensteuer	**89.704 €**

Die tarifliche Einkommensteuer ohne Ermäßigung würde nach § 32a Abs.1 i.V.m. § 52 Abs. 41 EStG 92.628 € betragen.[90] Durch die Fünftelregelung entsteht somit eine Ersparnis von 2.924 €.

---

[89] „Die für außerordentliche Einkünfte anzusetzende Einkommensteuer beträgt das Fünffache des Unterschiedsbetrags zwischen der Einkommensteuer für das um diese Einkünfte verminderte zu versteuernde Einkommen (verbleibendes zu versteuerndes Einkommen) und der Einkommensteuer für das verbleibende zu versteuernde Einkommen zuzüglich eines Fünftels dieser Einkünfte." = sog. „Fünftelungsregelung".

[90] Berechnung: 240.000 € x 0,42 - 8.172 € = 92.628 €.

Auf Antrag hat Heinz Meier aber auch die Möglichkeit auf die Einkommensteuerberechnung nach § 34 Abs. 3 EStG. Voraussetzungen hierfür sind das Vorliegen von außerordentlichen Einkünften i.S.d. § 34 Abs. 2 Nr. 1 EStG und die Vollendung des 55. Lebensjahrs des Steuerpflichtigen bzw. die dauernde Berufsunfähigkeit im sozialversicherungsrechtlichen Sinne.

Da die Prämissen in diesem Fall erfüllt sind, könnte der Steuerpflichtige die tarifliche Einkommensteuer auch wie folgt berechnen:

Berechnungsschema nach § 34 Abs. 3 Satz 2 EStG:

Durchschn. Steuersatz für zu versteuernde Einkommen

* 56 %

= ermäßigter Steuersatz nach § 34 Abs. 3 Satz 2 ESt

(mindestens 15 %)

Der ermäßigte Steuersatz ist jedoch nicht auf das gesamte zu versteuernde Einkommen anzuwenden, sondern nur auf den Teil der Einkünfte (Veräußerungsgewinn), für den die Regelung nach § 34 Abs. 3 EStG auch zulässig ist.

Es ergibt sich also folgende Berechnung für Heinz Meier:

Tariflich ESt auf sämtliche Einkünfte =	92.628 €
→ durchschnittlicher Steuersatz =	38,595 %
x 56 % = ermäßigter Steuersatz (mind. 15 %) =	21,6132 %
Tarifliche ESt auf laufende Einkünfte 35.000 €	7.259 €
+ ESt auf Veräußerungsgewinn 205.000 € x 21,6132 % =	+ 44.307 €
= tarifliche Einkommensteuer	**51.566 €**

Heinz Meier kann demnach bei Anwendung des § 34 Abs. 3 Satz 2 EStG nochmals 38.138 € im Gegensatz zur Ermäßigung nach § 34 Abs. 1 EStG sparen.

Der Antrag zu dieser Begünstigung bedarf allerdings reichlicher Überlegung, da sie nur einmal im Leben genutzt werden darf.[91] Darüber hinaus darf diese Vorschrift nur auf den Teil der außerordentlichen Einkünfte angewandt werden, der 5 Millionen Euro nicht übersteigt.[92] Außerdem ist die Anwendung, sollte der Steuerpflichtige mehrere Veräußerungs- oder Aufgabegewinne i.S.d. § 34 Abs. 2 Nr. 1 EStG im Jahr erzielen, beschränkt auf einen dieser Gewinne.[93]

---

[91] Vgl. § 34 Abs. 3 Satz 3 EStG.

[92] Vgl. § 34 Abs. 3 Satz 1 EStG.

[93] Vgl. § 34 Abs. 3 Satz 5 EStG.

Fazit:

Im Falle der Variante a., also wenn Heinz Meier das Grundstück inklusive Betriebsgebäude entnimmt und Tochter Julia lediglich den Fuhrpark überträgt, handelt es sich um eine Betriebsaufgabe. Der Grund & Boden und das Betriebsgebäude stellen eine wesentliche Betriebsgrundlage des Unternehmens dar. Dadurch, dass diese nicht wie der Fuhrpark auf die Tochter übergeht, wird der Betrieb aus der Sicht des Einkommensteuergesetzes eingestellt.

Die Gewinnrealisierung aus einer Betriebsaufgabe wird nach § 16 Abs. 3 EStG der Besteuerung von Veräußerungsgewinnen gleichgesetzt. Daraus folgt, Heinz Meier erzielt einen Aufgabegewinn i.H.v. 205.000 € zzgl. 35.000 € laufende Einkünften aus Gewerbebetrieb. Geht man davon aus, dass er von der Anwendung des § 34 Abs. 3 S. 2 EStG Gebrauch macht, so beträgt seine tarifliche Einkommensteuerbelastung 51.566 €.

Tochter Julia muss die übertragenen Fahrzeuge jeweils zu den Teilwerten in ihrer Eröffnungsbilanz ansetzen. Die Versteuerung der stillen Reserven schafft somit gewinnminderndes Abschreibungsvolumen im neuen Betrieb der Tochter.

5.2.5 Unentgeltliche Betriebsveräußerung/-übergabe

Entnimmt Heinz Meier, wie eingangs beschrieben (Variante b, nur eines seiner zehn Fahrzeuge und überträgt Tochter Julia die restlichen neun Fahrzeuge inklusive dem Grundstück und Betriebsgebäude, so ergibt sich einkommensteuerrechtlich eine neue Situation.

Die wesentliche Betriebsgrundlage des Einzelunternehmens wird auf die Tochter übertragen. Ein einziges Fahrzeug welches der Vater entnimmt hat keine Betriebsaufgabe zur Folge. Hierbei handelt es sich lediglich um eine Entnahme, die nach § 6 Abs. 1 Nr. 4 S. 1 EStG mit dem Teilwert anzusetzen ist. Vereinfachend wird hier davon ausgegangen, dass alle Fahrzeuge den gleichen Restbuchwert besitzen.

Somit ergibt sich ein Buchwert des entnommenen Fahrzeugs von 5.000 €. Der Teilwert des Fahrzeugs beträgt 7.500 €. Die hierbei aufgedeckten stillen Reserven von 2.500 € sind zu versteuern.

Wären dies die einzigen Einkünfte des Heinz Meier, so würde er nicht zur Besteuerung herangezogen werden, da der Grundfreibetrag von 8.004 € nicht überschritten wäre. Da er aber aus seiner vorherigen Tätigkeit bereits 35.000 € Einkünfte aus Gewerbebetrieb erzielt hat, fällt für den Entnahmegewinn auch Einkommensteuer an.

Daher beträgt das zu versteuernde Einkommen 37.500 €. Die tarifliche Einkommensteuer beträgt in diesem Fall 8.119 € (nach § 32a Abs. 1 Satz 1 Nr. 3 EStG).

Tochter Julia muss die übertragenen Wirtschaftsgüter nach § 6 Abs. 3 Satz 1 EStG zu Buchwerten fortführen. Dadurch kommt es zu keiner Aufdeckung der stillen Reserven.

Einkommensteuerrechtlich erfolgt keine weitere Besteuerung. Da es sich hier aber um eine Schenkung handelt, ist evtl. Schenkungsteuer zu entrichten, worauf hier aber nicht weiter eingegangen werden soll.

Fazit:

Durch die Übertragung der wesentlichen Betriebsgrundlagen kommt es zu keiner Aufdeckung der stillen Reserven, da § 6 Abs. 3 EStG eine Buchwertfortführung ermöglicht. Heinz Meier erzielt keinen Aufgabegewinn und versteuert lediglich die zuvor erzielten Einkünfte aus Gewerbebetrieb und die Gewinnrealisation durch die Entnahme des Fahrzeugs (Aufdeckung von 2.500 € stillen Reserven).

Desweiteren hat er keine Möglichkeit zur Anwendung einer Ermäßigung des Einkommensteuersatzes nach § 34 EStG, da nun keine außerordentlichen Einkünfte nach § 34 Abs. 2 Nr. 1-4 EStG vorliegen.

<u>Einkommensteuerbelastung von Heinz Meier beider Varianten</u>

a. tarifliche Einkommensteuer: 51.566 €

b. tarifliche Einkommensteuer: 8.119 €

Abbildung 5.1:   Schaubild Betriebsübergabe

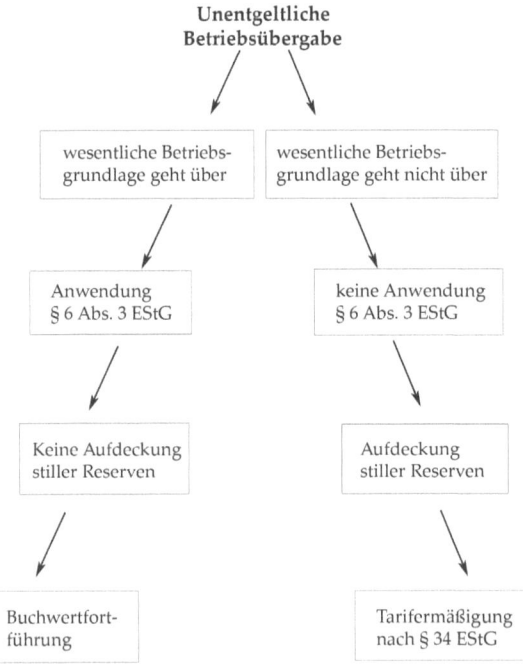

6 Personengesellschaften im Einkommensteuerrecht

Vergütungen, Gewinnverteilung und Gesellschafterwechsel bei Personengesellschaften

Dominik Kampf (Prof. Dr. R. Buchholz)

6.1 Vergütungen und Gewinnverteilung bei Personengesellschaften

6.1.1 Sachverhalt

Das Bauunternehmen Mucke OHG wird von den drei ledigen Gesellschaftern Alfons, Tim und Eckart mit identischer Beteiligungshöhe betrieben. Die Gesellschaft hat ihren Sitz in Würzburg (Gewerbesteuerhebesatz = 420 %). Alle drei Gesellschafter leben ebenfalls in Würzburg und sind nicht verheiratet.

Für das Jahr 2010 weist die OHG einen „vorläufigen Gesamthandsgewinn" von 120.000 € aus. Die folgenden Ereignisse fanden während des Geschäftsjahres statt und sind noch zu berücksichtigen:

Alfons

Alfons hat ein Bürogebäude, das sich in seinem Eigentum befindet, an die OHG mit rechtsgültigem Mietvertrag vermietet (Einheitswert zum 01.01.64 = 300.000 €). Für die Überlassung des bebauten Grundstücks erhält er 2.000 € monatlich. Die laufenden Kosten

2010 für das Gebäude betragen 11.000 € und werden von der OHG getragen. Die steuerliche Abschreibung für 2010 beträgt 4.500 €. Da Alfons das Gebäude selbst über einen Bankkredit finanziert hat, muss er in 2010 Zinsen in Höhe von 3.500 € (5 % von 70.000 €) an die Bank zahlen.

Tim

Tim ist Architekt. Er wurde im Jahr 2010 von der OHG bei diversen Bauaufträgen mit Planungsarbeiten beauftragt. Die Vergütungen in Höhe von 40.000 € wurden bei der OHG noch nicht verbucht. In Verbindung mit den Vergütungen sind Tim Aufwendungen in Höhe von 10.000 € entstanden, die er selbst gezahlt hat.

Eckart

Für die Geschäftsführung der OHG erhält Eckart eine jährliche Vergütung in Höhe von 36.000 €, die bei der OHG noch nicht verbucht wurde. Eckart fuhr an 230 Tagen mit seinem privaten PKW in den Betrieb, die Entfernung beträgt 15 km.

Aufgabe

Nehmen Sie Stellung zur Einkommensteuerpflicht sowie der Art und der Höhe der Einkünfte aller im Sachverhalt beschriebenen Rechtssubjekte.

Auf die Gewerbesteuer sowie auf evtl. Einkommensteuerermäßigungen ist ebenfalls einzugehen. Andere Steuerarten sind zu vernachlässigen.

6.1.2   Lösung

6.1.2.1   Allgemeine Angaben

Die Gesellschafter sind natürliche Personen mit Wohnsitz gem. § 8 AO im Inland und somit unbeschränkt einkommensteuerpflichtig nach § 1 Abs. 1 EStG. Da sie nicht verheiratet sind, werden sie einzeln zur Einkommensteuer veranlagt (§ 25 EStG). Auf ihr zu versteuerndes Einkommen findet der Grundtarif des § 32a EStG Anwendung.

Die Mucke OHG ist eine Personengesellschaft (§§ 705 BGB, 105 HGB). Zivilrechtlich handelt es sich dabei um einen Zusammenschluss von Personen, welcher von mehr als einer Person zur Erreichung eines bestimmten gemeinsamen Zwecks, durch eine rechtsgeschäftliche Vereinbarung begründet wurde (§ 705 BGB). Daraus ergibt sich, dass es zur Gründung einer Personengesellschaft keiner Formalien, wie etwa des Besuchs beim Notar oder der Niederlegung einer Satzung etc., bedarf. Im Vergleich zu den Kapitalgesellschaften bzw. den Körperschaften bedarf es keines „feierlichen Akts" der Gründung.

Da es sich bei der OHG weder um eine natürliche noch um eine juristische Person handelt, ist die OHG selbst weder gem. § 1 Abs. 1 EStG einkommensteuerpflichtig noch gem. § 1 Abs. 1 KStG körperschaftsteuerpflichtig. Das Einkommen wird dennoch auf Ebene der Gesellschaft ermittelt, aber dann bei den einzelnen Gesellschaftern der Besteuerung unterworfen. Man spricht von der „Transparenz" der Gesellschaft. Die Gewinnermittlung und die Zuweisung der jeweiligen Gewinnanteile der einzelnen Gesellschafter erfolgt gem. §§ 179 und 180 AO durch die einheitliche und gesonderte Feststellung der Einkünfte.

6.1.2.2   Einkünfte

Durch den Betrieb eines Bauunternehmens erzielt die OHG gewerbliche Einkünfte gem. § 15 Abs. 2 EStG, da sie selbständig, nachhaltig und mit Gewinnerzielungsabsicht tätig wird. Außerdem beteiligt sie sich am allgemeinen wirtschaftlichen Verkehr, da sie ihre Leistungen einem breiten Kundenkreis zur Verfügung stellt. Die Tätigkeit der Gesellschaft stellt auch keine Land- und Forstwirtschaft oder selbständige Tätigkeit dar. Außerdem liegt keine „reine Vermögensverwaltung" vor, da die Unternehmenssubstanz ständig umgeschichtet wird.

Bei den Einkünften aus Gewerbebetrieb handelt es sich nach § 2 Abs. 2 Nr. 1 EStG um eine Gewinneinkunftsart. Die steuerliche Gewinnermittlung wird in den §§ 4-7k EStG geregelt.

Die OHG ist als Kaufmann gem. §§ 105, 1 ff. HGB nach Handelsrecht zur Buchführung verpflichtet (§ 238 HGB). Gem. § 140 AO überträgt sich die handelsrechtliche Buchführungspflicht auf das Steuerrecht. Die OHG ist deshalb nicht berechtigt, ihren Gewinn durch eine vereinfachte Einnahmen-Überschuss-Rechnung gem. § 4 Abs. 3 EStG zu ermitteln. Stattdessen muss sie einen Betriebsvermögensvergleich gem. § 4 Abs. 1 i.V.m. § 5 Abs. 1 EStG durchführen.

Der Gewinn der Gesellschaft wird als Gesamthandsgewinn bezeichnet. Gesamthand bedeutet, dass zivilrechtlich mehrere Personen gemeinschaftlich am Vermögen der Gesellschaft beteiligt sind. Es umfasst sämtliche Wirtschaftsgüter, welche der Gesellschaft zuzuordnen sind bzw. in ihrem Eigentum stehen (Gesamthandseigentum).

Gem. § 15 Abs. 1 Nr. 2 EStG erzielen die Gesellschafter mit ihren Gewinnanteilen Einkünfte aus Gewerbebetrieb, weil sie als Mitunternehmer der OHG anzusehen sind. Da sie durch ihre unbeschränkte Haftung ein Mitunternehmerrisiko tragen und durch ihre Mitbestimmungsrechte auch eine Mitunternehmerinitiative entfalten, erfüllen sie die Voraussetzungen eines Mitunternehmers.

Nach § 15 Abs. 1 Nr. 2 EStG sind sämtliche Einkünfte, die den Gesellschaftern von der Gesellschaft zufließen, als Einkünfte aus Gewerbebetrieb zu qualifizieren. Dabei ist es gleichgültig, ob es sich um Tätigkeitsvergütungen, Darlehenszinsen, Mieteinnahmen oder um eine Vergütung für sonstige selbständige Dienstleistungen handelt. Diese Aufwendungen werden in der handelsrechtlichen GuV der Gesellschaft erfolgswirksam verbucht, da sie zur Erfüllung rechtsgültiger Verträge anfielen.

Bei der steuerlichen Gewinnermittlung sind sie dem Gewinn jedoch wieder zuzurechnen. Man nennt diese Sondervergütungen deshalb auch Sonderbetriebseinnahmen. Abweichend vom Gewinnverteilungsschlüssel sind sie den jeweiligen Gesellschaftern vorab zuzuweisen. Im Gegenzug dürfen Aufwendungen, die dem Gesellschafter in Verbindung mit seinen Sonderbetriebseinnahmen entstehen, als Sonderbetriebsausgaben vom Gewinn abgezogen werden.

Überlässt ein Gesellschafter Wirtschaftsgüter, die sich in seinem Eigentum befinden, der Gesellschaft zur Nutzung, sind sie steuerlich in einer speziellen Sonderbilanz zu erfassen. Somit gilt: In der Handelsbilanz der OHG wird das Gesamthandsvermögen der Gesellschaft bilanziert, das den Gesellschaftern anteilig zusteht. In Sonderbilanzen werden dagegen Wirtschaftsgüter bilanziert, die den einzelnen Gesellschafter gehören, aber von der Gesellschaft genutzt werden. Für jeden Gesellschafter wird eine individuelle Sonderbilanz geführt.

Beim Sonderbetriebsvermögen wird zwischen dem Sonderbetriebsvermögen I und II unterschieden. Das Erstere umfasst die Wirtschaftsgüter, die der Gesellschafter der Mitunternehmerschaft überlässt und die somit dem Betrieb der Gesellschaft dienen.

Zum Sonderbetriebsvermögen II gehören sämtliche Wirtschaftsgüter, welche zur Begründung oder Stärkung der Beteiligung des Gesellschafters an der Gesellschaft eingesetzt wurden. Ein typisches Beispiel sind Verbindlichkeiten eines Gesellschafters, die bei der Finanzierung seiner Beteiligung anfallen.

Da es sich beim Sonderbetriebsvermögen steuerlich gesehen um Betriebsvermögen der OHG handelt, stellen sämtliche Einnahmen und Ausgaben, die dem Gesellschafter in Verbindung mit seinem Sonderbetriebsvermögen entstehen, Sonderbetriebseinnahmen bzw. Sonderbetriebsausgaben dar. Sie sind bei der steuerlichen Gewinnermittlung zu berücksichtigen.

Beim Gebäude und dem damit verbundenen Darlehen handelt es sich um Sonderbetriebsvermögen I von Alfons. Die Gesellschafter Tim und Eckart stellen der OHG keine Wirtschaftsgüter zur Verfügung. Insoweit ist für 2010 nur eine Sonderbilanz für Alfons zu erstellen, wobei im Folgenden von einem Buchwert des bebauten Grundstücks in Höhe von 520.000 € zum 31.12.2010 ausgegangen wird. Hiervon entfallen 120.000 € auf den Grund und Boden. Das zur Finanzierung des Grundstücks aufgenommene Darlehen steht mit 70.000 € zu Buche.

Aktiva	Sonderbilanz 2010 Alfons		Passiva
Gebäude	400.000 €	Mehrkapital Alfons	450.000 €
Grund und Boden	120.000 €	Darlehen	70.000 €
	520.000 €		**520.000 €**

Steuerliche Gewinnermittlung	
Vorläufiger Gewinn der OHG	120.000 €
./. Pachtaufwand an Alfons	- 24.000 €
./. Laufende Gebäudekosten	- 11.000 €
./. Architektenvergütung für Tim	- 40.000 €
./. Geschäftsführungsvergütung für Eckart	- 36.000 €
= Gesamthandsgewinn der OHG	**9.000 €**
+ Pachteinnahmen (= Sonderbetriebseinnahmen Alfons)	+ 24.000 €
./. Gebäude-Afa (= Sonderbetriebsausgaben Alfons)	- 4.500 €
./. Zinsaufwand (= Sonderbetriebsausgaben Alfons)	- 3.500 €
+ Architektenvergütung (= Sonderbetriebseinnahmen Tim)	+ 40.000 €
./. Architektenaufwand (= Sonderbetriebsausgaben Tim)	- 10.000 €
+ Tätigkeitsvergütung (= Sonderbetriebseinnahmen Eckart)	+ 36.000 €
./. Fahrtkosten = Sonderbetriebsausgaben Eckart, § 4 Abs. 5 Nr. 6 EStG (230 Tage x 15 km x 0,30 € =	- 1.035 €
Einkünfte aus Gewerbebetrieb § 15 Abs. 1 Nr. 2 EStG gesamt	**89.965 €**

Gewinnverteilung	Alfons	Tim	Eckart	Gesamt
OHG-Gesamthandsgewinn	3.000 €	3.000 €	3.000 €	9.000 €
+ Pachteinnahmen (Alfons)	+ 24.000 €			+ 24.000 €
./. Gebäude-Afa (Alfons)	- 4.500 €			- 4.500 €
./. Zinsaufwand (Alfons)	- 3.500 €			- 3.500 €
+ Architektenvergütung (Tim)		+ 40.000 €		+ 40.000 €
./. Architektenaufwand (Tim)		- 10.000 €		- 10.000 €
+ Tätigkeitsvergütung (Eckart)			+ 36.000 €	+ 36.000 €
./. Fahrtkosten (Eckart)			- 1.035 €	- 1.035 €
Eink. § 15 Abs. 1 Nr. 2 EStG	19.000 €	33.000 €	37.965 €	89.965 €

6.1.2.3   Gewerbesteuer

Der Gewerbesteuer unterliegt gem. § 2 Abs. 1 S. 1 GewStG jeder Gewerbebetrieb, der im Inland betrieben wird. Nach Satz 2 dieser Vorschrift ist unter Gewerbebetrieb ein gewerbliches Unternehmen im Sinne des Einkommensteuergesetzes zu verstehen. Da die OHG die Voraussetzungen des § 15 Abs. 2 EStG erfüllt, gilt sie demnach als Gewerbebetrieb. Anders als bei der Einkommensteuer ist bei der Gewerbesteuer gem. § 5 Abs. 1 S. 3 GewStG die Personengesellschaft selbst das Steuersubjekt.

Die Gewerbesteuer wird also für die Gesellschaft ermittelt und von ihr geschuldet und nicht wie bei der Einkommensteuer, bei der die Gewinnermittlung auf Gesellschaftsebene erfolgt, während die Gesellschafter die Einkommensteuer schulden. Eine gesonderte und einheitliche Feststellung der Einkünfte ist bei der Gewerbesteuer insoweit nicht erforderlich.

Eine Besonderheit ergibt sich durch Inanspruchnahme der Steuerermäßigung für gewerbliche Einkünfte i.S.d. § 35 EStG für eine OHG. Dann ist das 3,8-fache des Gewerbesteuer-Messbetrags der Personengesellschaft anteilig von der tariflichen Einkommensteuer der einzelnen Gesellschafter abzuziehen. Verfahrensrechtlich sind der anteilige Gewerbesteuermessbetrag und die anteilige Gewerbesteuer (als Obergrenze der Steuerermäßigung) als sonstige Besteuerungsgrundlage gem. § 35 Abs. 2 EStG, § 180 Abs. 1 Nr. 2 Buchst. a) AO gesondert und einheitlich festzustellen.

Bemessungsgrundlage für die Gewerbesteuer ist der Gewerbeertrag (§ 6 GewStG). Er wird aus dem Gewinn abgeleitet, der nach den Vorschriften des Einkommensteuergesetzes ermittelt wird. Gewerbesteuerrechtlich sind Hinzurechnungen nach § 8 GewStG und Kürzungen nach § 9 GewStG (§ 7 S. 1 GewStG) zu berücksichtigen.

Da die Sonderbetriebseinnahmen den steuerlichen Gewinn erhöht haben, unterliegen auch sie der Gewerbesteuer und erhöhen somit die Ertragsteuerbelastung. Die Sonderbetriebsausgaben führen dagegen zu einer Verminderung der. Insgesamt schuldet die Personengesellschaft also auch die Gewerbesteuer, die auf die Saldo aus Sonderbetriebseinnahmen und Sonderbetriebsausgaben der Gesellschafter entfällt. Ein entsprechender Ausgleich unter den Gesellschaftern müsste vertraglich geregelt werden.

Dagegen wird die Gewerbesteuerermäßigung des § 35 GewStG anhand der Beteiligungsquote verrechnet. Die Sonderbetriebseinnahmen werden dabei nicht speziell berücksichtigt.

Ermittlung der Gewerbesteuer	
Einkünfte aus Gewerbebetrieb § 15 Abs. 1 Nr. 2 EStG gesamt	**89.965 €**
+ Hinzurechnungen § 8 GewStG Eine Hinzurechnung von Schuldzinsen gem. § 8 Nr. 1 GewStG entfällt, da die Zinsen nicht den Freibetrag von 100.000 € übersteigen. Andere Hinzurechnungen sind in diesem Fall nicht relevant.	
./. Kürzungen § 9 GewStG Es kommt zur Kürzung für Grundbesitz nach § 9 Nr. 1 GewStG. Maßgebend ist nach § 20 Abs. 1 GewStDV ist das steuerliche Betriebsvermögen. Hierzu gehört auch das Sonderbetriebsvermögen, also in diesem Fall das Grundstück von Alfons. Maßgeblich ist nach § 121a BewG 140 % des auf den 01.01.1964 für das Grundstück festgesetzten Einheitswertes. 300.000 € x 140 % x 1,2 % = Andere Kürzungen kommen in diesem Fall nicht in Betracht.	- 5.040 €
Maßgebender Gewerbeertrag	84.925 €
Gem. § 11 Abs. 1 S. 3 GewStG auf volle Hundert abgerundet	84.900 €

Ermittlung der Gewerbesteuer	
./. Freibetrag für Personengesellschaften gem. § 11 Abs. 1 S. 3 Nr. 1 GewStG	- 24.500 €
Steuerpflichtiger Gewerbeertrag	**60.400 €**
x Steuermesszahl 3,5 % (§ 11 Abs. 2 GewStG) = Steuermessbetrag	2.114 €
x Hebesatz 420 % = Gewerbesteuer (§ 16 Abs. 1 GewStG)	**8.878 €**

Die Steuerermäßigung für gewerbliche Einkünfte nach § 35 EStG beträgt das 3,8-fache des Gewerbesteuermessbetrags. Er wird im Rahmen der gesonderten und einheitlichen Feststellung den einzelnen Gesellschaftern anteilig zuzugeordnet. Da die tatsächliche Gewerbesteuer die Obergrenze der Steuerermäßigung darstellt, ist diese ebenfalls gesondert und einheitlich festzustellen. Im obigen Fall findet bei jedem Gesellschafter nur eine Gewerbesteuerentlastung in Höhe von jeweils 2.960 € statt.

	Gesamt	Alfons	Tim	Eckart
Steuermessbetrag	2.114 €	705 €	705 €	705 €
Steuerermäßigung § 35 EStG (Steuermessbetrag x 3,8)		2.679 €	2.679 €	2.679 €
Maximale Ermäßigung = anteilige gezahlte GewSt	*8.878 €*	*2.960 €*	*2.960 €*	*2.960 €*

6.2 Personengesellschaften und Gesellschafterwechsel

6.2.1 Sachverhalt

An der Bier und Würstchen OHG sind Kid und Ben zu jeweils 50% beteiligt. Die OHG hat ihren Sitz in Würzburg. Zum 30.06.2010 veräußert Ben seinen 50 %-igen OHG-Anteil für 300.000 € an den in Würzburg lebenden Jeremias. Die Gesellschafter haben zum 30.06.2010 bereits folgende Zwischenbilanz erstellt. Bei den Beträgen in Klammern handelt es sich um die aktuellen Teilwerte der Wirtschaftsgüter zum 30.06.2010.

Aktiva	Zwischenbilanz zum 30.06.2010	Passiva	
Grund + Boden 1	50 T€ (80 T€)	Kapital Ben	175 T€
Grund + Boden 2	100 T€ (150 T€)	Kapital Kid	175 T€
Gebäude	200 T€ (300 T€)		
	350 T€ (530 T€)		**350 T€**

Vom 01.01. bis 30.06.2010 hat die OHG einen Gewinn in Höhe von 50.000 € erzielt. Aufgrund der neuen Ideen von Jeremias konnte der Umsatz im zweiten Halbjahr enorm gesteigert werden. Die OHG erzielte vom 01.07. bis 31.12.2010 einen Gewinn in Höhe von 200.000 €. Das Gebäude hat zum 01.07.2010 noch eine steuerliche sowie tatsächliche Restnutzungsdauer von 25 Jahren.

Aufgaben:

Erstellen Sie die nötigen Bilanzen nach dem Eintritt des neuen Gesellschafters zum 01.07.2010. Ermitteln Sie die einkommensteuerlichen Einkünfte des Jahres 2010, die die beteiligten Personen erzielen. Auf andere Steuerarten, insbesondere Gewerbesteuer und Umsatzsteuer, ist nicht einzugehen.

6.2.2   Lösung

6.2.2.1   Bilanzen zum 01.07.2010

Bei der Bier und Würstchen OHG handelt es sich um eine Personengesellschaft. Die Ausführungen unter Ziffer 6.2.1., die sich auf die laufende handels- und steuerrechtliche Gewinnermittlung beziehen, gelten für die OHG entsprechend.

Durch den Gesellschafterwechsel wird die Gesamthandsbilanz der OHG zum 01.07.2010 nur insoweit berührt, dass sich der Name eines Gesellschafters verändert. Die bisherigen Buchwerte der Gesellschaft sind auch nach dem Gesellschafterwechsel weiterzuführen.

Jeremias hat insgesamt für den 50 %-igen OHG-Anteil 300.000 € aufgewendet. In der Gesamthandsbilanz der Gesellschaft übernimmt er allerdings nur den Buchwert des Kapitalkontos von Ben in Höhe von 175.000 €. Die über die 175.000 € hinausgehenden Anschaffungskosten von Jeremias werden in der Gesamthandsbilanz der Gesellschaft nicht bilanziert.

Die mit den „Mehranschaffungskosten" erworbenen „anteiligen" Wirtschaftsgüter der OHG müssen steuerlich in voller Höhe bilanziert werden. Da die Gesellschaft als solche keine Anschaffungskosten hatte, kann das nicht in der Gesellschaftsbilanz geschehen. Deshalb ist für Jeremias eine Ergänzungsbilanz zu erstellen.[94]

In dieser Bilanz wird auf der Aktivseite der „Mehrwert" an den Wirtschaftsgütern ausgewiesen. Er entspricht dem Anteil an den stillen Reserven, die Jeremias von Ben übernommen hat. Der darüber hinausgehende Betrag stellt den Firmenwert der OHG dar, den Jeremias anteilig erwirbt. Da er entgeltlich erworben wurde, ist er zu bilanzieren (§ 5 Abs. 2 EStG). Auf der Passivseite der Ergänzungsbilanz ist das Mehrkapital des neuen Gesellschafters auszuweisen. Da stille Reserven und ein Firmenwert vorhanden sind, liegt eine positive Ergänzungsbilanz bei Jeremias vor.

Die stillen Reserven eines Wirtschaftsguts ergeben sich aus der Differenz zwischen seinem Teilwert und Buchwert. Sie wurden beim Verkauf der OHG-Beteiligung durch Ben aufgedeckt und müssen bei ihm als Veräußerungsgewinn versteuert werden. Für diesen einmaligen Gewinn gelten bestimmte steuerliche Vergünstigungen (z.B. Freibetrag nach § 16 Abs. 4 EStG, Tarifvergünstigung nach § 34 EStG).

Der Erwerber, der neue Gesellschafter Jeremias, aktiviert in seiner Ergänzungsbilanz die anteiligen aufgedeckten stillen Reserven und den Firmenwert. Im Fall der Abnutzbarkeit werden die Mehrwerte in den Folgejahren planmäßig abgeschrieben. Sie stellen ein gewinnminderndes Abschreibungsvolumen dar, das den Gewinn von Jeremias reduzieren wird.

Kaufpreis Jeremias	300.000 €
./. Kapital Gesamthandsbilanz	- 175.000 €
Mehrkapital Jeremias	125.000 €
./. 50 % Stille Reserve Grund und Boden 1 (G+B 1)	- 15.000 €
./. 50 % Stille Reserve Grund und Boden 2 (G+B 2)	- 25.000 €
./. 50 % Stille Reserve Gebäude	- 50.000 €
= Firmenwert	35.000 €

Aktiva	Gesamthandsbilanz zum 01.07.2010		Passiva
Grund + Boden 1	50 T€	Kapital Jeremias	175 T€
Grund + Boden 2	100 T€	Kapital Kid	175 T€
Gebäude	200 T€		
	350 T€		**350 T€**

---

[94] Vgl. BFH v. 6.7.1995, DStR 1995, 1705; BFH v. 7.11.2000, BFH/NV 2001, 262.

Aktiva	Ergänzungsbilanz Jeremias zum 01.07.2010		Passiva
Mehrwert G+B 1	15 T€	Mehrkapital Jeremias	125 T€
Mehrwert G+B 2	25 T€		
Mehrwert Gebäude	50 T€		
Firmenwert	35 T€		
	125 T€		**125 T€**

6.2.2.2   Einkünfte

Gem. § 15 Abs. 1 Nr. 2 EStG erzielen die Gesellschafter mit ihren Gewinnanteilen wiederum Einkünfte aus Gewerbebetrieb, da sie als Mitunternehmer der OHG anzusehen sind. Es gelten die Ausführungen zu Ziffer 1.2.2 entsprechend.

Veräußerungserlös Ben

Die Veräußerung des Mitunternehmeranteils ist gem. § 16 Abs. 1 Nr. 2 EStG steuerlich einer Betriebsveräußerung im Ganzen oder eines Teilbetriebs gleichgestellt. Deshalb berechnet sich der Veräußerungsgewinn nach § 16 Abs. 2 EStG.

Bei der Veräußerung handelt es sich um einen sogenannten Share-Deal. Es werden durch den Verkauf der OHG-Beteiligung wirtschaftlich 50 % an sämtlichen Wirtschaftsgütern der OHG veräußert. Durch die Veräußerung werden die „stillen Reserven" durch Ben aufgedeckt, da ein Realisierungstatbestand (wie z.B. Verkauf oder Entnahme) vorliegt. Somit findet eine Versteuerung statt.

Veräußerungsgewinn ist gem. § 16 Abs. 2 EStG der Betrag, um den der Veräußerungspreis den Wert des Anteils am Betriebsvermögen übersteigt.

Veräußerungsgewinn § 16 Abs. 2 EStG	
Veräußerungspreis	300 T€
Buchwert = Kapital von Ben	- 175 T€
Veräußerungsgewinn	**125 T€**

Wenn Ben im Verkaufszeitpunkt das 55. Lebensjahr vollendet hätte oder im sozialversicherungsrechtlichen Sinne dauernd berufsunfähig wäre, was im Sachverhalt nicht gege-

ben ist, könnte er einen Freibetrag nach § 16 Abs. 4 EStG in Höhe von maximal 45.000 €
von seinem Veräußerungsgewinn in Abzug bringen.

Da der Veräußerungsgewinn gem. § 34 Abs. 2 Nr. 1 EStG zu den außerordentlichen Einkünften zählt, könnte er in diesem Fall außerdem einen Antrag auf ermäßigte Besteuerung nach § 34 Abs. 3 EStG stellen. Dann wird der Veräußerungsgewinn mit einem ermäßigten Steuersatz versteuert. Wenn die Voraussetzungen des § 34 Abs. 3 EStG nicht
vorliegen, wird die Einkommensteuerbelastung des Veräußerungsgewinns von Ben nach
der sogenannten „Fünftelregelung" in § 34 Abs. 1 EStG abgemildert.

Ergänzungsbilanz Jeremias

Die Posten in der Ergänzungsbilanz werden durch AfA auf die abnutzbaren Wirtschaftsgüter, ggf. durch Sonderabschreibungen und durch Teilwertabschreibungen, sowie
durch die Veräußerung oder die Entnahme der betreffenden Wirtschaftsgüter aus dem
Gesamthandsvermögen der Personengesellschaft gewinnmindernd aufgelöst.[95]

Zweifel bestehen hinsichtlich der Frage, ob für die Bemessung der AfA in einer positiven
Ergänzungsbilanz die Restnutzungsdauer der betreffenden Wirtschaftsgüter aus der
Sicht des Erwerbszeitpunkts - mit der möglichen Folge unterschiedlicher Abschreibungs-
zeiträume für ein und dasselbe Wirtschaftsgut - neu geschätzt werden muss (so die herrschende Auffassung)[96] oder ob die in der Ergänzungsbilanz ausgewiesenen (Mehr-
)Anschaffungskosten auf die für die Gesamthandsbilanz maßgebende Restnutzungsdauer zu verteilen sind.

Die Frage ist im vorliegenden Fall irrelevant, da die steuerliche Restnutzungsdauer des
Gebäudes in der Gesamthandsbilanz der OHG der tatsächlichen Restnutzungsdauer
(25 Jahre) entspricht. Beim Grund und Boden handelt es sich ohnehin um nichtabnutzba-
re Anlagegüter, für die eine AfA nicht infrage kommt. Der Firmenwert ist steuerlich auf
einen Zeitraum von 15 Jahren gleichmäßig zu verteilen (§ 7 Abs. 1 S. 3 EStG). Im Jahr der
Anschaffung sind die Beträge gem. § 7 Abs. 1 S. 4 EStG anteilig anzusetzen.

Abschreibungen in der Ergänzungsbilanz	
AfA Mehrwert Gebäude = 50.000 € : 25 Jahre x 6/12	- 1.000 €
AfA Firmenwert = 35.000 € : 15 Jahre x 6/12	- 1.166,66 €
Verlust Ergänzungsbilanz Jeremias	**- 2.166,66 €**

---

[95] Vgl. BFH v. 28.9.1995, BStBl II 1996, 68 ; BFH v. 12.12.1996, BStBl II 1998, 180 ; BFH v. 6.7.1999,
BFH/NV 2000, 34; Schmidt in Schmidt, § 15 EStG Rz. 464 f. m. w. N.

[96] Vgl. nur Schmidt in Schmidt, § 15 EStG Rz. 465 m.w.N.

Die Einkünfte aus Gewerbebetrieb setzen sich aus zwei Teilen zusammen: Zum einen sind die laufenden Einkünfte nach § 15 Abs. 1 Nr. 2 EStG zu erfassen, die durch den Gesellschafterwechsel halbjahresbezogen ermittelt werden. Zum anderen ist der Veräußerungsgewinn des ausscheidenden Gesellschafters zu berücksichtigen, der ebenfalls zu den gewerblichen Einkünften gehört. Hierzu ergeben sich gewerbesteuerliche Konsequenzen, die in der vorliegenden Aufgabe aber nicht zu untersuchen waren.

Ermittlung der Einkünfte	OHG	Ben	Kid	Jeremias
Lfd. Gewinn 1. HJ 2010	50.000 €	25.000 €	25.000 €	
+ Lfd. Gewinn 2. HJ 2010	+ 200.000 €		+ 100.000 €	+ 100.000 €
./. Verlust Ergänzungsbilanz	- 2.166,66 €			- 2.166,66 €
Eink. § 15 Abs. 1 Nr. 2 EStG	**247.833,34 €**	**25.000 €**	**125.000 €**	**97.833,34 €**
Veräußerungsgewinn § 16 EStG		125.000 €		
Gesamte Einkünfte aus Gewerbebetrieb		**150.000 €**	**125.000 €**	**97.833,34 €**

.

7   Verluste von Kommanditisten

Beschränkung der Verlustverrechnung bei beschränkt haftenden Personengesellschaftern

Philipp Bedenk (Prof. Dr. U. Voß)

7.1   Fall A

7.1.1   Sachverhalt

7.1.1.1   Ausgangsfall

Der sehr umtriebige Herr Tausendsassa (T) hat sich einen Lebenstraum erfüllt und sich zum Beginn des Jahres 01 als Kommanditist an der neu gegründeten Vielseitig KG beteiligt. Gemäß Gesellschaftsvertrag hält er 25 % der Anteile und hat eine Einlage von 20.000 € zu leisten, die er sofort voll erbringt.

Der Gesellschaftsvertrag enthält für die Rechte und Pflichten des Kommanditisten außer der Gewinnverteilung keine Abweichungen vom HGB. Die Gewinnverteilung erfolgt gemäß dem Anteilsverhältnis. Die erforderlichen Eintragungen ins Handelsregister sind erfolgt.

Im ersten Geschäftsjahr erwirtschaftet die KG, deren Tätigkeit unter Anderem die Herstellung und der Verkauf von Kleidungsstücken umfasst, aufgrund von Anlaufschwierigkeiten und der schlechten wirtschaftlichen Lage einen Verlust von 120.000 €.

Bedingt durch die gute konjunkturelle Entwicklung verzeichnet die KG schon im darauffolgenden Jahr 02 ein großes Auftragsplus und erzielt einen Gewinn von 168.000 €.

Bestimmen Sie die Einkünfte des T in den Jahren 01 und 02.

7.1.1.2   Abwandlung zum Ausgangsfall

1. Welche Auswirkungen hat es, wenn T in 01 entgegen dem Gesellschaftsvertrag nur 6.000 € auf sein Kapitalkonto einzahlt?

2. In 02 leistet T die restlichen 14.000 €. Zudem ist ihm in diesem Jahr statt des Gewinnes ein Verlust von 34.000 € zuzurechnen. Welche Folgen ergeben sich?

7.1.1.3   Weiterentwicklung des Ausgangsfalls

1. Welche steuerlichen Auswirkungen hat es, wenn der KG im darauffolgenden Jahr 03 erhöhte Ausgaben entstehen und sie das Jahr mit einem Verlust von 88.000 € abschließt? Gleichzeitig zahlt T aus seinem Privatvermögen 40.000 € in die KG sein.

2. Zusätzlich hat T ein Grundstück im Sonderbetriebsvermögen bilanziert. Dessen Buchwert beträgt 300.000 €. Durch hohe Kosten für Instandhaltungen ist ein Verlust entstanden. Ändert dies etwas an der Möglichkeit des Verlustausgleichs?

3. In Abwandlung zu 2. erzielt T einen Gewinn i.H.v. 36.000 € aus der Vermietung des Grundstücks an die KG. Folgen?

7.1.2   Lösung

7.1.2.1   Ausgangsfall

1. Ausgangsfall: Einkünfte des T in den Jahren 01 und 02.

Der neue Kommanditist Tausendsassa ist eine natürliche Person, die im Inland ihren Wohnsitz nach § 8 AO hat. Somit ist er unbeschränkt einkommensteuerpflichtig gemäß § 1 Abs. 1 EStG. Die Vielseitig KG ist weder eine natürliche noch eine juristische Person und somit nicht steuerpflichtig im Sinne des Einkommen- oder Körperschaftsteuergesetzes.

Die KG gilt nach § 15 Abs. 3 Nr. 1 EStG als Gewerbebetrieb, wenn die in § 15 Abs. 2 S. 1 EStG genannten Voraussetzungen erfüllt sind. Danach ist ein Gewerbebetrieb „eine selbständige, nachhaltige Betätigung, die mit der Absicht Gewinn zu erzielen unternommen wird und sich als Beteiligung am allgemeinen wirtschaftlichen Verkehr darstellt." Weiter heißt es, dass „die Betätigung weder als Ausübung von Land- und Forstwirtschaft noch als Ausübung eines freien Berufs noch als eine andere selbständige Arbeit anzusehen ist." Darüber hinaus ist in den Richtlinien zum Einkommensteuergesetz festgelegt, dass auch eine bloße Vermögensverwaltung nicht als gewerbliche Tätigkeit anzusehen ist.[97]

---

[97] Vgl. R 15.7 Abs. 1 S.1 EStR.

Mit dem Herstellen und Verkaufen von Kleidungsstücken erfüllt die KG diese Voraussetzungen.[98] Aufgrund des § 15 Abs. 3 Nr. 1 EStG gilt somit die gesamte Tätigkeit der KG als Gewerbebetrieb.

Die dem Kommanditisten Tausendsassa zufließenden Gewinnanteile können damit nach § 15 Abs. 1 S. 1 Nr. 2 EStG Einkünfte aus Gewerbebetrieb darstellen. Dies setzt eine Mitunternehmerschaft von T voraus. Nach der Rechtsprechung des Bundesfinanzhofes[99] ist „Mitunternehmer i.S.d. § 15 Abs. 1 S. 1 Nr. 2 EStG, wer zivilrechtlich Gesellschafter einer Personengesellschaft ist und eine gewisse unternehmerische Initiative entfalten kann, sowie unternehmerisches Risiko trägt. Beide Merkmale können im Einzelfall mehr oder weniger ausgeprägt sein."[100]

Tausendsassa ist Gesellschafter der KG. Er ist nicht persönlich für die KG tätig, sondern beschränkt sich nur auf seine Rolle als Anteilseigner. Dennoch kann er Mitunternehmerinitiative entfalten, da allein die Möglichkeit der Ausübung von Gesellschafterrechten, wie sie ihm nach HGB[101] zustehen, genügt.[102] Dies bedeutet, dass er auch dann Mitunternehmerinitiative entfaltet, wenn er sich nicht an operativen Entscheidungen der KG beteiligt oder im Rahmen dieser für sie tätig wird, sondern sich auf die Ausübung der im Gesetz genannten Stimm- und Kontrollrechte beschränkt. Auch kann er trotz seiner als Kommanditist eingeschränkten Haftung Mitunternehmerrisiko tragen. Es wird unter anderem auf seine Beteiligung an Gewinn und Verlust abgestellt, unabhängig davon, dass er nicht persönlich und in vollem Umfang haftet.[103] Nur in Ausnahmefällen wurde vom BFH die Mitunternehmereigenschaft eines Kommanditisten bei unüblichen Vertragsgestaltungen verneint, z.B. wenn der Kommanditist nicht frei über seinen Gewinnanteil verfügen kann.[104] In diesen Fällen erzielt der Kommanditist ähnlich wie ein Kapitalgeber[105] oder typisch stiller Beteiligter[106] Einkünfte aus Kapitalvermögen gem. § 20 Abs. 1 Nr. 4 EStG.

Die Gewinnermittlung der Vielseitig KG erfolgt durch Betriebsvermögensvergleich gem. § 4 Abs. 1 EStG i.V.m. § 5 EStG, da sie aufgrund gesetzlicher Vorschriften (§ 6 i.V.m. § 238 HGB) verpflichtet ist Bücher zu führen (§ 140 AO). Der Gewinn ist hiernach der Unterschiedsbetrag zwischen dem Betriebsvermögen am Ende des Wirtschaftsjahres und

---

[98] Erläuterungen und Abgrenzungen der Merkmale eines Gewerbebetriebes finden sich in R 15.1 – 15.7 EStR.

[99] Vgl. BFH vom 25.06.1984 – BStBl II 1984, S. 751 und vom 15.07.1986 – BStBl II 1986, S. 896.

[100] Vgl. H 15.8 Abs. 1 (Mitunternehmerschaft) EStH 2005.

[101] Vgl. § 166 HGB.

[102] Vgl. BFH vom 25.06.1984 – BStBl II S. 751, S. 769.

[103] Vgl. Ebenda, S. 751.

[104] Vgl. BFH vom 05.06.1986, IV R 53/82, BStBl II 1986, S. 802.

[105] Vgl. BFH vom 29.04.1981, IV R 131/78, BStBl II 1981, S. 663.

[106] Vgl. BFH vom 06.07.1995, IV R 79/94, BStBl II 1996, S. 269.

dem Betriebsvermögen am Ende des vorangegangenen Wirtschaftsjahres vermehrt um Entnahmen und vermindert um Einlagen.

Der Verlust der Vielseitig KG im Geschäftsjahr 01 beträgt 120.000 €. Gemäß der im Gesellschaftsvertrag getroffenen Vereinbarung fallen 30.000 €, entsprechend dem Beteiligungsverhältnis, Tausendsassa als Verlustanteil zu. Der ihm zuzurechnende negative Betrag von 30.000 € übersteigt somit um 10.000 € die von T zu erbringende und erbrachte Einlage.

Für diesen Fall, dem Verlust des beschränkt haftenden Kommanditisten, gibt es eine Sondervorschrift zur ansonsten grundsätzlich möglichen Verlustverrechnung. Nach § 15a Abs. 1 S. 1 EStG darf der einem Kommanditisten zuzurechnende Anteil am Verlust der KG nur mit anderen Einkünften aus Gewerbebetrieb (oder mit Einkünften aus anderen Einkunftsarten) ausgeglichen werden, soweit kein negatives Kapitalkonto entsteht oder sich erhöht. Auch ein Verlustabzug nach § 10d EStG ist in diesem Fall nicht möglich.

Hier entsteht ein negatives Kapitalkonto von 10.000 € bei T. In dieser Höhe kann also der Verlust nicht ausgeglichen werden. Nur 20.000 € sind mit anderen Einkünften ausgleichsfähig, entsprechend dem horizontalen oder vertikalen Verlustausgleich. Dadurch soll sich der Verlustanteil des Kommanditisten steuerlich nur bis zum Betrag der Einlage auswirken. Der Teil des Verlustes, der nicht ausgeglichen werden kann (hier: 10.000 €) mindert nach § 15a Abs. 2 EStG nur die Gewinne, die dem Kommanditisten in späteren Wirtschaftsjahren aus seiner Beteiligung an der KG zuzurechnen sind.

In 02 nun erzielt die Vielseitig KG einen Gewinn von 168.000 €. Tausendsassas Gewinnanteil beträgt 25 % nämlich 42.000 €. Der verrechenbare Verlust des Vorjahres, also der Teil des Verlustanteiles der den Betrag des Kapitalkontos überstieg, wird nun von dem Gewinn abgezogen. Es bleiben 32.000 € die als Einkünfte aus Gewerbebetrieb von T in 02 versteuert werden müssen.

Zusammenfassung des Ausgangsfalls:

Jahr 01:	Die eingetragene Einlage des Kommanditisten beträgt	20.000 €
	Tatsächlich geleistete Einlage (= Kapitalkonto am 01.01.01)	20.000 €
	Verlustanteil des Kommanditisten T. in 01	- 30.000 €
	Kapitalkonto am 31.12.01	- 10.000 €
	Lösung:	
	Ausgleichfähig nach § 15a Abs. 1 S. 1 EStG	20.000 €
	In Folgejahren verrechenbar nach § 15a Abs. 2 EStG	10.000 €
Jahr 02:	Gewinnanteil des Kommanditisten T in 02	42.000 €
	./. Verrechenbarer Verlust des Vorjahres	- 10.000 €
	= Einkünfte aus Gewerbebetrieb	32.000 €

7.1.2.2 Abwandlung

1. Welche Auswirkungen hat es, wenn Tausendsassa anstatt der im Gesellschaftsvertrag festgelegten 20.000 € nur 6.000 € eingezahlt hat?

Dieser in der Praxis häufig anzutreffende Fall ist in § 15a Abs. 1 S. 2 EStG ausdrücklich geregelt. Danach kann der Kommanditist auch dann Verluste ausgleichen, soweit die im Handelsregister eingetragene Einlage seine tatsächlich geleistete Einlage übersteigt. Vorausgesetzt wird aber, dass der Kommanditist den Gläubigern der Gesellschaft nach § 171 Abs. 1 HGB gegenüber haftet, das heißt unmittelbar bis zur Höhe seiner Einlage. Dies wird als Außenhaftung oder Haftung im Außenverhältnis bezeichnet.

Kommanditist Tausendsassa kann sich jedoch nur darauf berufen, wenn er – wie es § 15a Abs. 1 S. 3 EStG fordert – im Handelsregister eingetragen ist, das Bestehen der Haftung nachgewiesen ist und eine Vermögensminderung auf Grund der Haftung nicht durch Vertrag ausgeschlossen oder nach Art und Weise des Geschäftsbetriebs unwahrscheinlich ist. Diese in den Sätzen 2 und 3 kodifizierte Möglichkeit wird als „erweiterter Verlustausgleich"[107] bezeichnet.

Mangels entgegenstehender Angaben im Sachverhalt ist davon auszugehen, dass die genannten Voraussetzungen erfüllt sind. Damit befindet sich das Kapitalkonto von T nach dem Geschäftsjahr 01 mit 24.000 € (Verlust 30.000 € ./. Einlage 6.000 €) im Minus. Ausgleichsfähig sind zunächst nur die bereits eingezahlten 6.000 €. Aufgrund der Regelung in § 15a Abs. 1 S. 2 und 3 EStG, sind aber auch die nicht eingezahlten 14.000 € im Rahmen des Verlustausgleichs mit anderen Einkünften zu berücksichtigen. Somit bleibt wie im obigen Fall ein Rest 10.000 €, der im Folgejahr nach § 15a Abs. 2 EStG verrechenbar ist.

2. In 02 leistet T die restlichen 14.000 €. Zudem ist ihm in diesem Jahr statt des Gewinnes ein Verlust von 34.000 € zuzurechnen. Welche Folgen ergeben sich?

Die Zahlung der noch ausstehenden 14.000 € durch den Kommanditisten Tausendsassa wird als „haftungsbeendende Einlageleistung"[108] bezeichnet. Dadurch entsteht jedoch kein zusätzliches Verlustausgleichpotential.

Mit der Einzahlung der 14.000 € ist die Haftung von T auf die geleistete Einlage i.H.v. 20.000 € beschränkt. Der Teil des Verlustes aus dem Vorjahr, der nur aufgrund der Außenhaftung ausgleichsfähig war, wird nun gedanklich umgewandelt. Der Verlust des aktuellen Geschäftsjahres i.H.v. 34.000 € kann jedoch trotz der Einlage nicht ausgeglichen werden. Dieser ist in voller Höhe nur nach § 15a Abs. 2 EStG in Folgejahren mit Gewinnanteilen aus der Kommanditbeteiligung verrechenbar.

---

[107] Vgl. R 15a Abs. 3 S. 1 EStR.

[108] Vgl. R 15a Abs. 3 S. 8 EStR.

Zusammenfassung der Abwandlung[109]:

Jahr 01: Die eingetragene Einlage des Kommanditisten beträgt   20.000 €

          Tatsächlich geleistete Einlage (= Kapitalkonto am 01.01.01)   6.000 €

          Verlustanteil des Kommanditisten T in 01   - 30.000 €

          Kapitalkonto am 31.12.01   - 24.000 €

          Lösung:

          Ausgleichfähig nach § 15a Abs. 1 S. 1 EStG   6.000 €

          Ausgleichsfähig nach § 15a Abs. 1 S. 2 u. 3 EStG   + 14.000 €

          Negative Einkünfte § 15 Abs. 1 S. 1 Nr. 2 EStG   20.000 €

          In Folgejahren verrechenbar nach § 15a Abs. 2 EStG   10.000 €

Jahr 02: Einzahlung des noch ausstehenden Teiles der Einlage   14.000 €

          Verlustanteil des Kommanditisten T. in 02   34.000 €

          Lösung:

          Ausgleichfähig (R 15a Abs. 3 S. 8 EStR 2005)   0 €

          In Folgejahren verrechenbar nach § 15a Abs. 2 EStG   34.000 €

7.1.2.3   Weiterentwicklung des Ausgangsfalls

1. **Welche steuerlichen Auswirkungen hat es, wenn der KG im darauffolgenden Jahr 03 erhöhte Ausgaben entstehen und sie das Jahr mit einem Verlust von 88.000 € abschließt? Gleichzeitig zahlt T aus seinem Privatvermögen 40.000 € in die KG sein.**

Das Kapitalkonto von Tausendsassa hat sich wie folgt entwickelt:

31.12.01:	-10.000 €
Gewinn 02	+ 42.000 €
31.12.02:	**32.000 €**
Einlage 03	+ 40.000 €
Verlust 03	- 22.000 €
31.12.2003	**50.000 €**

---

[109] Vgl. auch die Beispielfälle in H 15 a EStH.

Nach § 15a Abs. 1 S. 1 EStG ist der dem Kommanditisten zuzurechnende Anteil am Verlust der KG nur dann ausgleichsfähig, soweit kein negatives Kapitalkonto entsteht oder sich erhöht. Da weder ein negatives Kapitalkonto entstanden ist noch sich erhöht hat, kann der Verlustanteil i.H.v. 22.000 € in 03 voll mit anderen Einkünften aus Gewerbebetrieb oder anderen Einkunftsarten ausgeglichen werden.

2. Zusätzlich hat T ein Grundstück im Sonderbetriebsvermögen bilanziert. Dessen Buchwert beträgt 300.000 €. Durch hohe Kosten für Instandhaltungen ist ein Verlust entstanden. Ändert dies etwas an der Möglichkeit des Verlustausgleichs?

Das Sonderbetriebsvermögen des Kommanditisten bleibt bei der Ermittlung der Höhe des Kapitalkontos i.S.d. § 15a EStG außer Ansatz.[110] Das Gesellschaftsvermögen ist also für die Anwendung des § 15a EStG vom Sonderbetriebsvermögen zu trennen.

Das Grundstück kann somit das Kapitalkonto von Tausendsassa nicht um den Buchwert von 300.000 € erhöhen. Der Verlust aus dem Sonderbetriebsvermögen fällt auch nicht unter die Verlustausgleichsbeschränkung des § 15a EStG, sondern kann in voller Höhe steuerlich abgezogen werden.

3. In Abwandlung zu 2. erzielt T einen Gewinn i.H.v. 36.000 € aus der Vermietung des Grundstücks an die KG. Folgen?

Positive Ergebnisse aus Sonderbilanzen, insbesondere aus der Veräußerung von Sonderbetriebsvermögen, dürfen ebenso wenig wie Tätigkeitsvergütungen, Leistungs- oder Nutzungsentgelte (die das Ergebnis der Handelsbilanz und damit auch der steuerlichen Hauptbilanz der Gesellschaft vermindern) im Verlustverrechnungsjahr mit nur verrechenbaren Verlusten aus Vorjahren verrechnet werden.[111] Diese Ergebnisse gehören somit zu den „anderen Einkünften" i. S. d. § 15a Abs. 1 Satz 1 EStG. Für spätere Wirtschaftsjahre gilt damit dieselbe Rechtsfolge wie für das Verlustentstehungsjahr (§ 15a Abs. 1 Satz 1 EStG) in Gestalt des Saldierungsverbots.

T kann somit in 03 die ausgleichsfähigen Verluste mit sämtlichen anderen Einkünften, folglich auch mit seinen Einkünften aus der Sonderbilanz verrechnen.

Falls noch verrechenbare Verluste aus dem Vorjahr bestehen würden, könnten diese nicht mit den Einkünften aus der Sonderbilanz verrechnet werden und müssten weiter vorgetragen werden.

---

[110] Vgl. BFH vom 14.05.1991 – BStBl II S. 167.

[111] BFH v. 13.10.1998, VIII R 78/97, BStBl II 1999, 163 und v. 23.2.1999, VIII R 29/98, BStBl II 1999, 592.

7.2   Fall B

7.2.1   Sachverhalt

Die Kommanditisten A und B sind zu jeweils 25 % an der Nostalgie GmbH & Co. KG mit Sitz in Würzburg beteiligt, die sich auf den Handel mit alten und seltenen Comic-Heften spezialisiert hat. Komplementärin ist die C-GmbH. Sie hält 50 % der Anteile und fungiert als Geschäftsführerin, wofür sie eine jährliche Vergütung von 25.000 € erhält. Die Gewinnverteilung erfolgt nach Anteilen.

Die Einlage der Komplementärin beträgt 100.000 €, die der beiden Kommanditisten jeweils 50.000 €, wobei bisher nur jeweils 25.000 € eingezahlt wurden.

A vermietet ein Grundstück an die KG und erhält hierfür eine Pacht i.H.v. 8.000 €. Das Grundstück hat er durch ein Bankdarlehen finanziert, für das er 5.000 € Zinsen zahlen muss.

B gibt ein Darlehen i.H.v. 75.000 € aus seinem Privatvermögen an die KG (Laufzeit 10 Jahre). Hierfür zahlt ihm die KG, neben der vereinbarten jährlichen Tilgungsrate, 6.500 € Zinsen. Dies entspricht einem marktüblichen Zins.

Aufgrund der derzeit sehr angespannten Lage auf dem Comicmarkt weist die Nostalgie GmbH & Co. KG in 01 einen Verlust von 330.000 € aus. Im darauf folgenden Jahr 02 bleibt die Lage angespannt und nur durch massive Einsparungen gelingt es der KG den Verlust auf 160.000 € zu mindern.

Frage: Wie sieht die Gewinnverteilung aus und welche weiteren Folgen ergeben sich?

7.2.2   Lösung

Allgemeine Angaben

Bezüglich der allgemeinen Angaben wird auf Fall A verwiesen. Die dort genannten Punkte sind analog auch für Fall B gültig. Eine Ergänzung zu obigen Ausführungen gibt es in Bezug die C-GmbH:

Die GmbH ist eine Kapitalgesellschaft und damit Körperschaft i.S.d. § 1 Abs. 1 Nr. 1 KStG. Sie hat ihren Sitz gem. 11 AO im Inland und ist damit nach § 1 Abs. 1 KStG unbeschränkt körperschaftsteuerpflichtig. Unabhängig davon, wie ihre Einkünfte nach den Regelungen des EStG zu klassifizieren wären, bezieht sie immer Einkünfte aus Gewerbebetrieb gem. § 8 Abs. 2 KStG. Die Höhe ihrer Einkünfte ist nach § 2 Abs. 2 S. 1 Nr. 1 EStG der Gewinn. Für buchführungspflichtige Steuersubjekte ist der Gewinn nach § 4 Abs. 1 EStG durch Betriebsvermögensvergleich zu ermitteln. Da die GmbH als Formkaufmann nach §§ 6, 238 HGB i.V.m. § 140 AO verpflichtet ist sowohl für handels- wie steuerrechtliche Zwecke Bücher zu führen, ist sie auch nach § 5 Abs. 1 S. 1 EStG verpflichtet den Gewinn gem. Bilanzierung zu ermitteln.

Da Personengesellschaften keine natürlichen oder juristischen Personen sind, unterliegen sie nicht der Einkommen- oder Körperschaftsteuer, jedoch die an ihr beteiligten Gesellschafter (Mitunternehmer). Daher werden die Gewinne der Personengesellschaft auf Ebene der Gesellschaft zunächst festgestellt, um dann auf die Gesellschafter verteilt zu werden. Besondere Leistungen wie etwa Pacht- oder Zinszahlungen von der Gesellschaft an die Gesellschafter sind als Vorabgewinne zu behandeln und werden bei der Gewinnverteilung dem Gesamthandsgewinn der Gesellschaft wieder hinzugerechnet. Dieses Verfahren, der einheitlichen und gesonderten Gewinnfeststellung, ist in §§ 179 f. AO geregelt und wird im Folgenden exemplarisch dargestellt:

Komplementärin C-GmbH:

Einlage 100.000 €

Gesamthandsverlust (50 %)	./. 165.000 €	
Geschäftsführervergütung	25.000 €	§ 15 Abs. 1 Nr. 2 EStG
Einkünfte aus Gewerbebetrieb	./. 140.000 €	

Kommanditist A:

Einlage 50.000 € (nur 25.000 € eingezahlt)

Gesamthandsverlust	./. 82.500 €	
Pacht	8.000 €	§ 15 Abs. 1 Nr. 2 EStG
Darlehenszinsen	./. 5.000 €	Sonderbetriebsausgaben, da sie mit den Mieteinnahmen zusammenhängen
Einkünfte aus Gewerbebetrieb	./. 79.500 €	

Kommanditist B:

Einlage 50.000 € (nur 25.000 € eingezahlt)

Gesamthandsverlust	./. 82.500 €	
Darlehenszinsen	6.500 €	§ 15 Abs. 1 Nr. 2 EStG
Einkünfte aus Gewerbebetrieb	./. 76.000 €	

Gesamtübersicht Nostalgie GmbH & Co. KG:

		A	B	C-GmbH
KG-Ergebnis	./. 330.000 €	./. 82.500 €	./. 82.500 €	./. 165.000 €
Gezahlte Sondervergütungen auf Gesellschafterebene	34.500 €	3.000 €	6.500 €	25.000 €
Einkünfte aus Gewerbebetrieb	./. 295.500 €	./. 79.500 €	./. 76.000 €	./. 140.000 €

→ Die Verlustanteile der Kommanditisten sind jeweils höher als deren Einlage.

Es ergibt sich folgendes Bild hinsichtlich der Ausgleichs- und Verrechnungsfähigkeit der Kommanditisten:

Kommanditist A:

Die eingetragenen Einlage des Kommanditisten beträgt 50.000 €.

Tatsächlich geleistete Einlage	25.000 €
Verlust aus Gesamthandsbilanz in 01	- 82.500 €
Für § 15a EStG maßgebliches Kapitalkonto Ende 01	- 57.500 €

Gewinn aus der Sonderbilanz	3.000 €

Somit sind

Ausgleichsfähig nach § 15a Abs. 1 S. 1 EStG	- 25.000 €
Ausgleichsfähig nach § 15a Abs. 1 S. 2 EStG	- 25.000 €
Gewinn aus der Sonderbilanz	+ 3.000 €
Negative Einkünfte aus Gewerbebetrieb 01	- 47.000 €

In Folgejahren verrechenbar nach § 15a Abs. 2 EStG	7.500 €

(Der übersteigende Verlust ist nicht mit den Einkünften aus der Sonderbilanz verrechenbar, da diese i.S.d. § 15a Abs. 1 S. 1 EStG als sonstige Einkünfte aus Gewerbebetrieb gelten.)

Kommanditist B:

Die eingetragenen Einlage des Kommanditisten beträgt 50.000 €.

Tatsächlich geleistete Einlage	25.000 €
Verlust aus Gesamthandsbilanz in 01	- 82.500 €
Für § 15a EStG maßgebliches Kapitalkonto Ende 01	- 57.500 €
Gewinn aus der Sonderbilanz	6.500 €

Somit sind

Ausgleichsfähig nach § 15a Abs. 1 S. 1 EStG	- 25.000 €
Ausgleichsfähig nach § 15a Abs. 1 S. 2 EStG	- 25.000 €
Gewinn aus der Sonderbilanz	+ 6.500 €
Negative Einkünfte aus Gewerbebetrieb 01	- 43.500 €
In Folgejahren verrechenbar nach § 15a Abs. 2 EStG	7.500 €

Im Jahr 02 erzielt die KG wieder einen Verlust. Die Kapitalkonten beider Kommanditisten sind bereits negativ, so dass sie sich durch einen weiteren Verlustanteil noch erhöhen. Insofern kann kein Ausgleich nach § 15a Abs. 1 S. 1 oder S. 2 EStG stattfinden. Wieder gibt es einen verrechenbaren Verlust nach Absatz 2.

Zusammenfassung

Der Verlustanteil eines Kommanditisten ist

ausgleichsfähig	bis zum Betrag seines Kapitalkontos
	bis zum Betrag der im Handelsregister eingetragenen Haftsumme
verrechenbar	soweit ein negatives Kapitalkonto entsteht
	soweit sich ein negatives Kapitalkonto erhöht[112]

Einschub: **Allgemeines zur Gewinnverteilung**

Die Gewinnverteilung bei Personengesellschaften kann entweder den gesetzlichen Regelungen aus BGB und HGB entsprechen oder, z.B. durch den Gesellschaftsvertrag, frei vereinbart werden. Besondere Leistungen wie etwa Pacht- oder Zinszahlungen von der Gesellschaft an den Gesellschafter sind als Vorabgewinne zu behandeln.

---

[112] In Anlehnung an: Heinen, F. (Personengesellschaften), S. 68.

Für die Festlegung der Gewinnverteilung haben die Gesellschafter einer Personengesell-schaft grundsätzlich zwei Möglichkeiten:

a. Die Verteilung des Gewinns kann den gesetzlichen Regelungen entsprechen. Diese regeln, abhängig von der Rechtsform, folgendes:[113]

Rechtsform	GbR	OHG	KG	Stille Gesellschaft
Gesetzliche Grundlage	§ 722 BGB	§ 121 HGB	§ 168 HGB	§ 231 HGB
Verteilungs-regelung	Verteilung nach Köpfen	Kapitalverzin-sung 4 %, Restgewinn/ -verlust nach Köpfen	Kapitalverzin-sung 4 %, Restgewinn/ -verlust nach Köpfen	Gewinn/ Verlust angemessen

b. Davon abweichend, kann die Verteilung des Gewinns jedoch auch individuell, z.B. im Gesellschaftsvertrag, geregelt werden. Mögliche und in der Praxis häufig anzutref-fende Verteilungskriterien sind:

■ Köpfe

■ Kapitalanteile

■ Arbeitseinsatz

■ Haftung

---

[113] In Anlehnung an: Heinen, F. (Personengesellschaften), S. 62.

8 Ermäßigte Besteuerung von Personengesellschaftern

Begünstigung nicht entnommener Gewinne nach § 34a EStG

Kerstin Rasthofer (Dr. M. Szczesny)

8.1 Sachverhalt

Max Albrecht (geboren am 20.08.1960) lebt zusammen mit seiner Ehefrau Anna (geboren am 14.09.1967), Hausfrau, in Würzburg.

Bernd Hofer (geboren am 06.04.1962) ist nicht verheiratet und lebt in einer vor Jahren geerbten Villa in Rosenheim. Sein Lebensunterhalt bestreitet er mit dem Vermögen, das er zusammen mit der Villa geerbt hat und geht deshalb außer der folgenden Kommanditistentätigkeit keiner weiteren Beschäftigung nach.

Max Albrecht und Bernd Hofer sind beide an der M&B GmbH & Co. KG mit Sitz in Würzburg beteiligt, die mit EDV-Artikeln handelt.

Beide sind Kommanditisten, als Komplementär fungiert die MB-GmbH, die nicht am Vermögen der KG beteiligt ist.

Die Beteiligung von Max und Bernd an der KG ist wie folgt:

Max hält 45 Prozent der KG Anteile und Bernd 55 Prozent.

Die Gewinnverteilung erfolgt laut Gesellschaftsvertrag entsprechend den KG Anteilen.

Die Einnahmen, welche die KG in 2010 erzielte, beliefen sich auf 210.000 €. Diesen Einnahmen stehen Ausgaben, die ausschließlich die M & B KG betreffen, von 120.000 € gegenüber.

Max Albrecht erhält als Geschäftsführer eine Vergütung von 20.000 € pro Jahr, diese ist bereits in den Ausgaben der KG enthalten. Weitere Entnahmen oder Einlagen haben die Gesellschafter in 2010 nicht getätigt.

Die Stadt Würzburg hat einen Gewerbesteuersatz von 420 Prozent.

Aufgaben:

1. Ermitteln Sie die das zu versteuernde Einkommen 2010 für das Ehepaar Albrecht und für Bernd, ohne Berücksichtigung des § 34a EStG.

   Berechnen Sie außerdem die Höhe der Steuerermäßigung nach § 35 EStG.

2. Max möchte seine Steuerbelastung mindern und fragt nach Möglichkeiten.

8.2 Lösung Aufgabe 1

8.2.1 Ehepaar Albrecht

8.2.1.1 Steuerpflicht/Veranlagung

Max und Anna Albrecht sind beide unbeschränkt einkommensteuerpflichtig. In § 1 Abs. 1 EStG heißt es, natürliche Personen, die im Inland einen Wohnsitz oder ihren gewöhnlichen Aufenthalt haben, sind unbeschränkt einkommensteuerpflichtig. Da die beiden ihren Wohnsitz (§ 8 AO) in Würzburg haben, trifft der Paragraf auf beide zu.

Weil die Eheleute nicht dauernd getrennt leben und beide unbeschränkt einkommensteuerpflichtig sind, können sie zwischen getrennter Veranlagung (§ 26a EStG) und Zusammenveranlagung (§ 26b EStG) wählen. Laut Sachverhalt liegt keine Wahl zur getrennten Veranlagung vor, deshalb wird gem. § 26 Abs. 3 EStG die Zusammenveranlagung angewandt. Werden die erforderlichen Erklärungen zur getrennten Veranlagung nicht abgegeben, wird unterstellt, dass die Eheleute die Zusammenveranlagung wählen.

8.2.1.2   Einkunftsart

Durch den Handel betreibt die KG selbst einen Gewerbebetrieb i.S.d. § 15 Abs. 2 EStG, weil sie einer selbständigen nachhaltigen Betätigung nachgeht, die mit der Absicht, Gewinne zu erzielen, unternommen wird und sie sich am allgemeinen wirtschaftlichen Verkehr beteiligt. Die Betätigung stellt weiter keine Ausübung von Land- und Forstwirtschaft § 13 EStG, Ausübung eines freien Berufes noch eine andere selbständige Arbeit § 18 EStG dar. Es handelt sich auch nicht um eine reine Vermögensverwaltung.

Max Albrecht erzielt durch seine Gewinnanteile der GmbH & Co. KG Einkünfte aus Gewerbebetrieb gem. § 2 Abs. 1 Nr. 2 EStG i. V. m. § 15 Abs. 1 Nr. 2 EStG. Ein Kommanditist ist typischerweise als Mitunternehmer anzusehen, da er durch anteilige Verlustbeteiligung ein Mitunternehmerrisiko trägt und durch seine Stimmrechte auch Mitunternehmerinitiative entfaltet.

Die KG ist zwar selbst nicht einkommensteuerpflichtig, da es sich nicht um eine natürliche Person handelt, es wird allerdings trotzdem der Gewinn zuerst auf der Ebene der Personengesellschaft ermittelt und dann der Gewinnanteil, der auf die einzelnen Mitunternehmer entfällt gem. §§ 179 f. AO gesondert und einheitlich festgestellt. Der Gewinnanteil wird dann erst auf Ebene der Gesellschafter der Einkommensteuer unterworfen.

Einkünfte aus Gewerbebetrieb sind gem. § 2 Abs. 2 Nr. 1 EStG der Gewinn, der nach den Vorschriften der §§ 4 bis 7k EStG ermittelt wird.

Da die KG als Handelsgesellschaft Formkaufmann gem. § 6 HGB ist, ist sie gem. § 238 HGB i.V.m. § 140 AO zur Buchführung verpflichtet. Der Gewinn ist deshalb durch Betriebsvermögensvergleich nach § 4 Abs. 1 i.V.m. § 5 EStG zu ermitteln. Eine Einnahmenüberschussrechnung gem. § 4 Abs. 3 EStG kommt aufgrund der Buchführungspflicht nicht in Betracht.

Anna Albrecht ist Hausfrau und geht daher keiner beruflichen Tätigkeit nach und hat laut Sachverhalt auch keine anderen Einnahmen, die einer Einkunftsart zugeordnet werden könnten.

8.2.1.3   Ermittlung der Einkünfte

Die Einkünfte der KG ermitteln sich wie folgt:

KG	
Einnahmen	210.000 €
Ausgaben	./. 120.000 €
Gewinn	= 90.000 €
Vorab-Vergütung	+ 20.000 € *
Einkünfte aus Gewerbebetrieb	**= 110.000 €**

*Gem. § 15 Abs. 1 Nr. 2 EStG stellen sämtliche Vergütungen, die ein Gesellschafter von der Gesellschaft erhält, Einkünfte aus Gewerbebetrieb dar. Die Tätigkeitsvergütung ist bei der Ermittlung des steuerlichen Gesamtgewinns deshalb zu addieren.

Gemäß Sachverhalt soll die Gewinnverteilung den Gesellschafteranteilen entsprechen. Das heißt Max steht ein Anteil von 45 Prozent zu. Die Tätigkeitsvergütung ist allerdings bei der prozentualen Gewinnverteilung nicht zu berücksichtigen, da diese Max zu 100 % außerhalb der anteiligen Gewinnverteilung zusteht.

Max Albrecht	
Gewinnanteil 90.000 € x 45 %	40.500 €
Vorab Vergütung	+ 20.000 €
Einkünfte aus Gewerbebetrieb	**= 60.500 €**

8.2.1.4   Summe der Einkünfte

Hat man alle Einkünfte gemäß § 2 Abs. 1 EStG ermittelt, werden diese zusammen addiert. Ausgenommen sind Kapitaleinkünfte, für die die Abgeltungssteuer gilt; diese werden nicht mit in die Summe der Einkünfte aufgenommen lt. § 2 Abs. 5b EStG.

Bei jeder Einkunftsart sind daher sowohl positive als auch negative Ergebnisse möglich.

In diesem Fall hat Max Albrecht nur Einkünfte aus Gewerbebetrieb und keine weiteren Einkünfte. Deshalb ergibt sich eine gemeinsame Summe der Einkünfte beider Ehegatten in Höhe von **60.500 €**.

8.2.1.5 Gesamtbetrag der Einkünfte

Der Gesamtbetrag der Einkünfte (§ 2 Abs. 3 EStG) ist die Summe der Einkünfte vermindert um

- den Altersentlastungsbetrag gem. § 24a EStG
- den Entlastungsbetrag für Alleinerziehende gem. § 24b EStG
- den Freibetrag für Land- und Forstwirte gem. § 13 Abs. 3 EStG.

Diese Kürzungen kommen laut Sachverhalt in diesem Fall nicht in Betracht, deshalb entspricht die Summe der Einkünfte dem Gesamtbetrag der Einkünfte.

8.2.1.6 Einkommen

Um das Einkommen i. S. d. § 2 Abs. 4 EStG zu berechnen, wird der Gesamtbetrag der Einkünfte um die Sonderausgaben gem. §§ 10 ff EStG z.B. Vorsorgeaufwendungen, Unterhaltsleistungen, gezahlte Kirchensteuer usw. vermindert. Außerdem werden die außergewöhnlichen Belastungen nach den §§ 33 ff. EStG wie etwa Aufwendungen wegen Krankheit oder Behinderung usw. abgezogen.

Beides kommt in diesem Fall laut Sachverhalt nicht zum Tragen. Der Abzug der pauschalen Sonderausgaben nach § 10c EStG soll aus Geringfügigkeit außer Ansatz bleiben.

8.2.1.7 Zu versteuerndes Einkommen

Das Einkommen vermindert um Kinderfreibeträge nach § 32 Abs. 6 EStG und um sonstige Abzugsbeträge stellt laut § 2 Abs. 5 EStG das zu versteuernde Einkommen dar. Dieses bildet die Bemessungsgrundlage für die tarifliche Einkommensteuer gem. § 32a Abs. 1 EStG.

Die Ermittlung des zu versteuernden Einkommens lässt sich wie folgt darstellen. (§ 2 Abs. 5 EStG, R 2 Abs. 1 EStR)

Summe der Einkünfte aus den Einkunftsarten	60.500 €
= Summe der Einkünfte	60.500 €
- Altersentlastungsbetrag § 24a EStG	0 €
- Entlastungsbetrag für Alleinerziehende § 24b EStG	0 €
- Freibetrag für Land- und Forstwirte § 13 Abs. 3 EStG	0 €
+ Hinzurechnungsbetrag § 52 Abs. 3 Satz 3 EStG sowie § 8 Abs. 5 Satz 2 AIG	0 €
= Gesamtbetrag der Einkünfte § 2 Abs. 3 EStG	60.500 €
- Verlustabzug § 10d EStG	0 €
- Sonderausgaben §§ 10 – 10c EStG	0 €
(der Sonderausgabenpauschbetrag wird aus Vereinfachungsgründen außen vor gelassen)	

- Außergewöhnliche Belastungen §§ 33 bis 33b EStG	0 €
- Steuerbegünstigung §§ 10e – 10i EStG	0 €
+ Zuzurechnendes Einkommen § 15 Abs. 1 AStG	0 €
= Einkommen § 2 Abs. 4 EStG	60.500 €
- Freibeträge für Kinder §§ 31, 32 Abs. 6 EStG	0 €
- Härteausgleich § 46 Abs. 3 EStG	0 €
= **zu versteuerndes Einkommen**	**60.500 €**

Weil Max Einkünfte aus Gewerbebetrieb erzielt, greift bei ihm der § 35 Abs. 1 EStG. Seine tarifliche Einkommensteuer ermäßigt sich um das 3,8-fache des Gewerbesteuer-Messbetrags. Hierfür ist der Gewerbesteuermessbetrag, sowie die tatsächliche Gewerbesteuer zu berechnen.

8.2.1.8   Gewerbesteuer

Die Gewerbesteuer wird von den Gemeinden erhoben, § 1 GewStG. Jeder Gewerbebetrieb unterliegt der Gewerbesteuer, soweit er im Inland betrieben wird § 2 Abs. 1 GewStG. Ein Gewerbebetrieb ist ein gewerbliches Unternehmen im Sinne des § 15 Abs. 2 EStG. Steuerschuldner ist bei der Gewerbesteuer, anders als bei der Einkommensteuer, gem. § 5 GewStG die Personengesellschaft selbst. Der Gewerbesteuermessbetrag kann trotzdem bei jedem Gesellschafter anteilig auf dessen Einkommensteuerschuld angerechnet werden.

Der Gewerbeertrag § 7 GewStG ist der Gewinn des Gewerbebetriebs nach EStG. Damit unterliegt auch die Tätigkeitsvergütung von Max der Gewerbesteuer. Somit ist auch Bernd durch die Gewerbesteuerpflicht anteilig mit der Gewerbesteuer auf die Tätigkeitsvergütung belastet. Dafür wird allerdings auch der anzurechnende Gewerbesteuermessbetrag unabhängig von Sondervergütungen anhand der Anteile aufgeteilt.

Gewerbeertrag	110.000 €
+ Hinzurechnungen § 8 GewStG	0 €
- Kürzungen § 9 GewStG	0 €
= vorläufiger Gewerbeertrag	110.000 €
- Freibetrag 24.500 € lt. § 11 Abs. 1 Nr. 1 GewStG	- 24.500 €
= endgültiger Gewerbeertrag	85.500 €
x Steuermesszahl § 11 Abs. 2 GewStG	3,5 %
= Steuermessbetrag	2.992,50 €
x Hebesatz der Gemeinde § 16 Abs. 4 GewStG	420 %
= Gewerbesteuer	12.568 €

Auf Max entfällt ein anteiliger Gewerbesteuermessbetrag in Höhe von 2.992,50 € x 45 % = 1.347 €.

Die Steuerermäßigung nach § 35 Abs. 1 Nr. 2 EStG beträgt das 3,8-fache des Gewerbesteuermessbetrags und beträgt damit 1.347 € x 3,8 = 5.118,60 €.

Zu beachten ist dabei, dass die Anrechnung auf die anteilige tatsächliche Gewerbesteuer des Gesellschafters begrenzt ist. Sie beträgt also maximal 12.568 € x 45 % = 5.655,60 €.

8.2.2 Bernd Hofer

8.2.2.1 Steuerpflicht

Bernd hat seinen Wohnsitz gem. § 8 AO in Rosenheim, also im Inland. Daher ist er gem. § 1 Abs. 1 EStG unbeschränkt einkommensteuerpflichtig.

Da er nicht verheiratet ist, ist er alleine zur Steuer zu veranlagen. Zur Berechnung seiner Einkommensteuer findet der Grundtarif gem. § 32a EStG Anwendung.

8.2.2.2 Einkunftsart

Bernd Hofer erzielt ebenso wie Max, mit der GmbH & Co. KG Einkünfte aus Gewerbebetrieb gem. § 2 Abs. 1 Nr. 2 EStG i. V. m. § 15 Abs. 1 Nr. 2 EStG, weil er als Kommanditist als Mitunternehmer anzusehen ist.

8.2.2.3 Ermittlung der Einkünfte

Bezüglich der Ermittlung der Einkünfte der KG wird auf oben stehende Ausführungen verwiesen. Von dem Gewinn der KG in Höhe von 90.000 € bekommt Bernd seinen Gesellschaftsanteilen entsprechend 55 % zugerechnet.

Bernd Hofer	
Gewinnanteil 90.000 € x 55 %	49.500 €
Einkünfte aus Gewerbebetrieb	**= 49.500 €**

Wie schon bei Max Albrecht kann jetzt das zu versteuernde Einkommen ermittelt werden.

Summe der Einkünfte aus den Einkunftsarten	49.500 €
= Summe der Einkünfte	49.500 €
- Altersentlastungsbetrag § 24a EStG	0 €
- Entlastungsbetrag für Alleinerziehende § 24b EStG	0 €
- Freibetrag für Land- und Forstwirte § 13 Abs. 3 EStG	0 €
+ Hinzurechnungsbetrag § 52 Abs. 3 Satz 3 EStG sowie § 8 Abs. 5 Satz 2 AIG	0 €
= Gesamtbetrag der Einkünfte § 2 Abs. 3 EStG	49.500 €
- Verlustabzug § 10d EStG	0 €
- Sonderausgaben §§ 10 – 10c EStG (aus Vereinfachungsgründen ohne SA-Pauschbetrag)	0 €
- Außergewöhnliche Belastungen §§ 33 bis 33b EStG	0 €
- Steuerbegünstigung §§ 10e – 10i EStG	0 €
+ Zuzurechnendes Einkommen § 15 Abs. 1 AStG	0 €
= Einkommen § 2 Abs. 4 EStG	49.500 €
- Freibeträge für Kinder §§ 31, 32 Abs. 6 EStG	0 €
- Härteausgleich § 46 Abs. 3 EStG	0 €
= **zu versteuerndes Einkommen**	**49.500 €**

Weil Bernd ebenfalls Einkünfte aus Gewerbebetrieb erzielt, greift bei ihm auch die Steuerermäßigung für gewerbliche Einkünfte gem. § 35 Abs. 1 EStG. Seine tarifliche Einkommensteuer vermindert sich um das 3,8-fache des anteiligen Gewerbesteuer-Messbetrags der Gesellschaft.

Auf Bernd entfällt ein anteiliger Gewerbesteuermessbetrag in Höhe von 2.992,50 € x 55 % = 1.646 €.

Die Steuerermäßigung nach § 35 Abs. 1 Nr. 2 EStG beträgt das 3,8-fache des Gewerbesteuermessbetrags und beträgt damit 1.646 € x 3,8 = 6.254,80 €.

Die Anrechnung ist auch hier auf die anteilige tatsächliche Gewerbesteuer des Gesellschafters begrenzt, beträgt hier also maximal 12.568 € x 55 % = 6.912,40 €.

8.3   Lösung Aufgabe 2

Ein Problem bei Personengesellschaften stellt die Steuerbelastung der Gesellschafter auch bei direkter betrieblicher Investition des Gewinns dar. Max und Bernd müssen ihre Gewinnanteile grundsätzlich versteuern, auch wenn die Gewinne z.B. für Investitionen vollständig auf dem Geschäftskonto der KG verbleiben, also nicht an die Gesellschafter ausbezahlt wird. Sie müssen somit die Einkommensteuerzahlungen somit von ihrem Privatvermögen zahlen.

Die Gesellschafter haben durch die Gewinnthesaurierung[114] die Möglichkeit die Steuerlast zu senken.

Die Einkommensteuerbelastung kann Max somit durch die Thesaurierungsbegünstigung nach § 34a EStG verringern.

In § 34a EStG heißt es, die Einkommensteuer für nicht entnommene Gewinne aus Land- und Forstwirtschaft, Gewerbebetrieb oder selbständiger Arbeit (§ 2 Abs. 1 S. 1 Nr. 1 bis 3 EStG) ist auf Antrag des Steuerpflichtigen ganz oder teilweise mit einem Steuersatz von 28,25 Prozent zu berechnen. Dies gilt nicht, soweit für die Gewinne der Freibetrag im Rahmen einer Betriebsaufgabe nach § 16 Abs. 4 EStG oder die Steuerermäßigung für außerordentliche Einkünfte nach § 34 Abs. 3 EStG in Anspruch genommen wurde oder wenn es sich um Gewinne im Sinne des § 18 Abs. 1 Nr. 4 EStG handelt.

Der Antrag nach Satz 1 ist für jeden Betrieb oder Mitunternehmeranteil für jeden Veranlagungszeitraum gesondert bei dem für die Einkommensbesteuerung zuständigen Finanzamt zu stellen. Bei Mitunternehmeranteilen kann der Steuerpflichtige den Antrag nur stellen, wenn sein Anteil am Gewinn mehr als 10 % beträgt oder 10.000 € übersteigt. Der Antrag kann bis zur Unanfechtbarkeit des Einkommensteuerbescheids für den nächsten Veranlagungszeitraum vom Steuerpflichtigen ganz oder teilweise zurückgenommen werden.

8.3.1 Begünstigungsfähiger Gewinn, Begünstigungsbetrag und nachzuversteuernder Betrag[115]

Die Thesaurierungsbegünstigung betrifft nur den nicht entnommen Gewinn. Dieser ist gem. § 34a Abs. 2 EStG der Gewinn nach § 4 Abs. 1 und § 5 EStG, welcher um den positiven Saldo der Entnahmen und Einlagen des Wirtschaftsjahres vermindert wird. Die Tätigkeitsvergütung von Max ist demnach außen vor zu lassen, da diese auf sein Privatkonto überwiesen und insoweit entnommen wurde.

---

[114] Im Koalitionsvertrag von CDU/CSU und SPD vom 11.11.2005 wurde eine Reform zur Unternehmensbesteuerung beschlossen. Daher wurde 2008 eine neue Vorschrift (§ 34a EStG), die eine Begünstigung nicht entnommener Gewinne von Personengesellschaften beinhaltet, eingeführt. Damit wollte der Gesetzgeber erreichen, dass Unternehmen mehr Eigenkapital zur Verfügung haben. Außerdem sollte eine vergleichbare Besteuerung von Personengesellschaften und Kapitalgesellschaften sichergestellt werden. Die Gewinnthesaurierung soll in einem Zweistufen-System durchgeführt werden. Als erstes fällt ein ermäßigter Steuersatz für nicht entnommene Gewinne an, und im zweiten Schritt soll bei späterer Entnahme dieser Gewinne eine Nachversteuerung stattfinden.

[115] Vgl. Grobshäuser/Maier/Kies Besteuerung der Gesellschaften 2. Auflage.

Anteiliger Gewinn gem. Steuerbilanz (§ 4 Abs. 1 oder § 5 EStG)

./. positiver Saldo der Entnahmen und Einlagen des Wirtschaftsjahres

= nicht entnommener Gewinn gem. § 34 a Abs. 2 EStG
  (entspricht dem maximal begünstigungsfähigen Gewinn)

./. normal versteuerter nicht entnommener Gewinn
  (für den soweit kein Antrag vorliegt)

= Begünstigungsbetrag (wenn Antrag gem. § 34a EStG gestellt wurde)

Der **Begünstigungsbetrag** ist der Teil des nicht entnommenen Gewinns, für den der Unternehmer bzw. der Mitunternehmer den Antrag nach § 34a Abs. 1 EStG gestellt hat. Der Begünstigungsbetrag stellt die Grundlage des Sondertarifes gem. § 34a Abs. 1 EStG (28, 25 Prozent) dar.

Zu den 28,25 % kommt noch der Solidaritätszuschlag hinzu.

Der **nachzuversteuernde Betrag** für den laufenden Veranlagungszeitraum errechnet sich aus dem Begünstigungsbetrag durch Abzug der darauf entfallenden Steuerbelastung.

Für den Fall bedeutet das, wenn Max für einen Teil seines Gewinns (49.500 €) einen Antrag nach § 34a Abs. 1 EStG stellt, wird dieser Teil begünstigt. Angenommen er stellt für 30.000 € einen Antrag nach § 34a Abs. 1 EStG ergibt sich folgende Berechnung:

19.500 € versteuert Max normal und 30.000 € begünstigt.

30.000 € x 28,25 % = 8.475 € Einkommensteuer

8.475 € x 5,5 % = 466,25 € Solidaritätszuschlag

Gem. § 34a Abs. 4 EStG muss der Gewinn nachversteuert werden, soweit er in späteren Jahren entnommen wird. D.h. übersteigt der positive Saldo von Entnahmen und Einlagen des Gesellschafters dessen anteiligen Gewinn, erfolgt automatisch eine Nachversteuerung in Höhe von 25 %.

Der nachzuversteuernde Betrag ist gem. § 34a Abs. 3 EStG der Begünstigungsbetrag abzüglich der darauf entfallenden Steuerbelastung.

Begünstigungsbetrag	30.000,00 €
./. ESt und SolZ	8.941,25 €
= **nachzuversteuernder Betrag**	**21.058,75 €**

Aufgrund der 25 %-igen Nachversteuerung bei späterer Entnahme der thesaurierten Gewinne ergibt sich eine Gesamteinkommensteuerbelastung in Höhe von über 45 %. Diese liegt damit über dem Spitzensteuersatz von 42 %. Eine begünstigte Besteuerung von thesaurierten Gewinnen sollte deshalb wohl überlegt werden. Sie kommt eigentlich nur in Betracht, wenn die Gewinne tatsächlich in der Personengesellschaft investiert werden und somit über viele Jahre hinweg in der Gesellschaft verbleiben. Bei unüberlegtem Antrag auf ermäßigte Besteuerung kann es insbesondere in Verlustjahren zu einer unfreiwilligen Nachversteuerung kommen.

9   Schuldzinsabzug bei Überentnahmen

Besonderheiten bei Mitunternehmerschaften

Anne Weihprecht (Prof. Dr. U. Voß)

9.1   Sachverhalt

A, B und C leben in Würzburg. Zusammen betreiben sie am ortsansässigen Bahnhofsvorplatz einen Kiosk in der Rechtsform einer OHG. A und B sind zu jeweils 40 % und C zu 20 % am Vermögen sowie am Gewinn und Verlust der X-OHG beteiligt.

Im Jahr 2010 sind folgende Vorgänge zu berücksichtigen:

Das Betriebsvermögen am 31.12.2009 betrug 100.000 €, am 31.12.2010 95.000 €. In den Betriebsausgaben des Jahres 2010 sind Ausgaben für Zinsen für Finanzierungsaufwendungen des Kioskgebäudes i.H.v. 3.000 € sowie 7.000 € für sonstige Zinsaufwendungen enthalten.

Für die Vermietung seines Lieferwagens an die X-OHG erhielt B 6.000 €. Der Lieferwagen wird ausschließlich für Zwecke der OHG genutzt.

C erhielt für seine Geschäftsführertätigkeit aufgrund schuldrechtlicher separater Vereinbarung eine Vergütung von 24.000 €. Die Gesellschafter haben vereinbart, dass die Tätigkeitsvergütung als Aufwand behandelt werden soll und auch dann gezahlt werden soll, wenn ein Verlust erwirtschaftet wird.

A entnahm 130.000 €, B entnahm 100.000 € und C entnahm 10.000 € aus dem Gesamthandvermögen der X-OHG.

Die Einlagen der Gesellschafter belaufen sich jeweils auf 15.000 €.

Aus dem Vorjahr liegt auf Gesamthandsebene eine Unterentnahme von 40.000 € vor, von der auf jeden Gesellschafter ein Anteil entsprechend seiner Gewinnquote entfällt.

Ermitteln Sie die Ertragsteuern des Jahres 2010.

Auf die Umsatzsteuer ist nicht einzugehen.

9.2   Ermittlung der Einkommensteuer 2010

9.2.1   Prüfung der Steuerpflicht

Die X-OHG ist eine Personengesellschaft. Diese ist weder eine juristische noch eine natürliche Person. Da die X-OHG keine natürliche Person ist, ist sie gem. § 1 Abs. 1 S. 1 EStG nicht einkommensteuerpflichtig.

A, B und C sind unbeschränkt einkommensteuerpflichtig gem. § 1 Abs. 1 S. 1 EStG, da sie natürliche Personen sind und ihren Wohnsitz gem. § 8 AO im Inland haben. Für unbeschränkt Steuerpflichtige gilt das Welteinkommensprinzip. A, B und C müssen, soweit sie ausländische Einkünfte haben, diese auch im Inland versteuern. Ausnahmen ergeben sich, falls ein Abkommen zur Vermeidung von Doppelbesteuerung besteht.

Da die X-OHG aus mehreren Personen besteht, wird die Besteuerungsgrundlage für die Gemeinschaft gesondert und für jeden Gesellschafter einheitlich festgestellt gem. §§ 179 f AO. Hiermit wird die Gleichbehandlung der Gesellschafter sichergestellt.

9.2.2   Ermittlung der Einkünfte

Mit dem Kiosk erzielt die X-OHG Einkünfte aus Gewerbebetrieb gem. § 2 Abs. 1 Nr. 2 EStG i.V.m. § 15 Abs. 3 Nr. 1 EStG. Die X-OHG erfüllt die Voraussetzungen für einen Gewerbebetrieb i. S. d. § 15 Abs. 2 EStG, da sie eine selbständige nachhaltige Betätigung, mit der Absicht Gewinn zu erzielen und der Beteiligung am allgemeinen wirtschaftlichen Verkehr ausführt und die Betätigung weder als Ausübung von Land- und Forstwirtschaft, eines freien Berufs, einer anderen selbständigen Tätigkeit oder einer reinen Vermögensverwaltung anzusehen ist.

Sofern A, B und C Mitunternehmer sind, gehören sämtliche Vergütungen, die sie von der OHG erhalten, gem. § 15 Abs. 1 Nr. 2 EStG zu den Einkünften aus Gewerbebetrieb. Die Mitunternehmerschaft setzt voraus, dass es sich um Gesellschafter einer Personengesellschaft handelt, die eine gewisse unternehmerische Initiative entfalten können sowie das unternehmerische Risiko tragen.[116] Die Mitunternehmerinitiative umfasst die unternehmerische Entscheidungsbefugnis. Hierfür sollten mindestens Stimm-, Kontroll- und Widerspruchsrechte eines Kommanditisten ausgeübt werden.[117] Besagt der Gesellschaftervertrag beispielsweise, dass der Kommanditist kein Stimmrecht ausüben darf, scheitert die Mitunternehmerschaft mangels Mitunternehmerinitiative.[118] Ein Gesellschafter trägt das Mitunternehmerrisiko, wenn er am Gewinn wie auch am Verlust beteiligt ist.[119] A, B und C sind folglich Mitunternehmer i. S. d. § 15 Abs. 1 Nr. 2 EStG.

Die Einkünfte der Gesellschafter sind in zwei Stufen zu ermitteln. In der ersten Stufe ist der Gesamthandsgewinn der OHG zu berechnen und die Gewinnanteile den einzelnen Gesellschaftern anhand ihrer Gewinnquote zuzurechnen. In der zweiten Stufe werden die Sondervergütungen der Gesellschafter berücksichtigt.

Die Gesamtbilanz der Mitunternehmerschaft bildet sich aus der Bilanz der Gesellschaft und der Summe ihrer Korrekturen.[120] Die Einkünfte aus Gewerbebetrieb gehören zu den drei Gewinneinkunftsarten. Gem. § 2 Abs. 2 Nr. 1 EStG sind die Einkünfte aus Gewerbebetrieb der Gewinn. Die Ermittlung des Gewinns ergibt sich aus den Vorschriften der §§ 4 bis 7k EStG.

Gem. § 140 AO besteht auch eine steuerliche Buchführungspflicht, wenn dies in anderen Gesetzen als dem Steuergesetz Pflicht ist. Die X-OHG ist Kaufmann i. S. d. § 6 HGB (Formkaufmann, da die OHG gem. § 105 Abs. 1 HGB eine Gesellschaft ist, deren Zweck auf den Betrieb eines Handelsgewerbes unter gemeinschaftlicher Firma gerichtet ist). Somit ist die X-OHG gem. § 238 HGB buchführungspflichtig. Der Gewinn muss gem. § 4 Abs. 1 EStG i. V. m. § 5 EStG durch Betriebsvermögensvergleich ermittelt werden.

Gem. § 4 Abs. 1 S. 1 EStG ist der Gewinn der Unterschiedsbetrag zwischen dem Betriebsvermögen am Schluss des Wirtschaftsjahres und dem Betriebsvermögen am Schluss des vorangegangen Wirtschaftsjahres, vermehrt um den Wert der Entnahmen und vermindert um den Wert der Einlagen. Entnahmen und Einlagen können abnutzbare und nicht abnutzbare, materielle oder immaterielle Wirtschaftsgüter aller Art sein.[121] Sie umfassen

---

[116] Vgl. BFH v. 25.06.1984, BStBl II S. 751 und v. 15.07.1986, BStBl. II S. 896.

[117] Vgl. BFH v. 25.06.1984, BStBl II S. 751, v. 15.10.1998, IV R 18/98, BStBl II 1999, 286; v. 28.10.1999, VIII R 66–70/97, BStBl II 2000, 183; v. 29.3.2000, X R 99/95, BStBl II 2000, 352; H 15.8 (1) EStH 2005.

[118] Vgl. BFH v. 11.10.1988, BStBl II S. 752.

[119] Vgl. BFH v. 25.06.1984, BStBl II S. 751.

[120] BFH v. 14.5.1991, VIII R 31/88, BStBl II 1992, 167; v. 2.12.1997, VIII R 15/96, BFHE 184, 571.

[121] Vgl. R 4.3 EStR.

Überführungen von Wirtschaftsgütern vom Privatvermögen in das Betriebsvermögen und umgekehrt.[122]

Erträge und Aufwendungen des Gesellschafters einer in § 15 Abs. 1 Satz 1 Nr. 2 EStG genannten Personengesellschaft, die durch seine Beteiligung an der Gesellschaft veranlasst sind, sind bei ihm als Sonderbetriebseinnahmen oder -ausgaben zu erfassen und müssen auch Eingang in die einheitliche Gewinnfeststellung finden.[123]

Der Lieferwagen des B darf nicht in der Gesamthandsbilanz der OHG bilanziert werden, da er sich im Alleineigentum des B befindet.[124] Steuerlich handelt es sich allerdings um notwendiges Betriebsvermögen, da er ausschließlich dem Betrieb der OHG dient. Es liegt sogenanntes Sonderbetriebsvermögen I des B vor, da das Wirtschaftsgut sich im Eigentum des B befindet, aber unmittelbar dem Zweck der Gesellschaft dient.[125] Die Mieterträge des B stellen somit Sonderbetriebseinnahmen des B dar, die bei den Einkünften aus Gewerbebetrieb des B zu erfassen sind.

Die Tätigkeitsvergütung des C ist ebenfalls als Sonderbetriebseinnahme zu deklarieren, da die Vergütung kein Gewinnvorab, sondern eine Sondervergütung i.S.d. § 15 Abs. 1 S. 1 Nr. 2 EStG ist.[126]

Im Jahr 2010 ermittelt sich der Gewinn der X-OHG wie folgt:

	X-OHG	A	B	C
Betriebsvermögen am 31.12.2010	95.000			
- Betriebsvermögen am 31.12.2009	-100.000			
+ Entnahmen	+240.000			
- Einlagen	-45.000			
Gesamthandsgewinn OHG – nach Quote	190.000	76.000	76.000	38.000
+ Sonderbetriebseinnahmen	+30.000	0	+6.000	+24.000
= Einkünfte i.S.d. § 15 Abs. 1 Nr. 2 EStG	220.000	76.000	82.000	62.000

---

[122] Vgl. BMF-Schreiben v. 17.11.2005, IV B 2 - S 2144/50/05.

[123] H 4.7 „Sonderbetriebseinnahmen und -ausgaben" EStH.

[124] BFH v. 23.10.1990, VIII R 142/85, BStBl II 1991, 401.

[125] BFH v. 24.2.2005, IV R 12/03, BStBl II 2006, 361; R 4.2 Abs. 2 Satz 2 EStR 2005.

[126] H 15.8 Abs.3 „Tätigkeitsvergütung" EStH.

9.2.3   Schuldzinsabzug bei Überentnahmen

9.2.3.1   Schuldzinsen

§ 4 Abs. 4a EStG schränkt den betrieblichen Schuldzinsenabzug seit 1999 ein, wenn der Steuerpflichtige Entnahmen vornimmt, die höher sind als der erzielte Gewinn und die geleisteten Einlagen. Die Vorschrift gilt gem. § 52 Abs. 11 S. 1 EStG für Wirtschaftsjahre, die nach dem 31.12.1998 enden. Der Gesetzgeber hat mit der Einführung des § 4 Abs. 4a EStG eine Regelung geschaffen, zur Behandlung des Schuldzinsabzuges bei Überentnahmen. Zweifellos ist § 4 Abs. 4a EStG auch auf Mitunternehmerschaften anzuwenden. Da bei der X-OHG im Wirtschaftsjahr Entnahmen und Schuldzinsen angefallen sind, muss diese Vorschrift bei der Gewinnermittlung geprüft werden.

Lediglich betrieblich veranlasste Schuldzinsen sind gem. § 4 Abs. 4 EStG als Betriebsausgaben abziehbar. Diese müssen klar von privat veranlassten Schuldzinsen abgegrenzt werden. Damit soll vor allem verhindert werden, dass betriebliche Darlehen zur Finanzierung von Entnahmen der Gesellschafter aufgenommen werden. Ein solches Darlehen, sowie die darauf entfallenden Zinsen sind privat veranlasst und die Zinsen dürfen nicht als Betriebsausgabe angesetzt werden.[127]

9.2.3.2   Über- und Unterentnahmen

Überentnahmen liegen gem. § 4 Abs. 4a S. 2 EStG vor, wenn die Entnahmen im Wirtschaftsjahr höher sind als die Summe aus Gewinn und Einlagen. Zu berücksichtigen sind außerdem Überentnahmen aus vorangegangenen Wirtschaftsjahren.[128] Liegen diese vor, können auch sie zu Überentnahmen im aktuellen Wirtschaftsjahr führen (hier nicht der Fall). Da § 4 Abs. 4a EStG keine abweichenden Reglungen von § 4 Abs. 1 EStG nennt, sind Gewinn, Entnahmen und Einlagen zum Buchwert anzusetzen.[129]

Gem. § 4 Abs. 4a S. 3 EStG fallen Unterentnahmen an, wenn die Entnahmen im Wirtschaftsjahr niedriger sind als die Summe aus Gewinn und Einlagen. Im Sachverhalt liegt eine Unterentnahme aus den Vorjahren vor.

---

[127] Vgl. BFH v. 29.03.2007, IV R 72/02, BStBl 2008 II.

[128] Nach § 52 Abs. 11 EStG i. d. F. des StÄndG 2001 ist § 4 Abs. 4a EStG erstmals für das Wj. anzuwenden, das nach dem 31.12.1998 endet. Über- und Unterentnahmen vorangegangener Jahre (also in vor dem 1.1.1999 endenden Wj.) sollen bei der Ermittlung der Überentnahmen unberücksichtigt bleiben. Danach beginnt die Überentnahmeberechnung am 1.1.1999 folglich stets mit 0 €.

[129] Vgl. BMF, Schreiben v. 17.11.2005, IV B 2 - S 2144/50/05.

Strittig ist, ob die Überentnahme gesellschafts- oder gesellschafterbezogen zu ermitteln ist.[130] Hier wird dem BFH-Urteil vom 29.03.2007 gefolgt und sowohl die Überentnahmen als auch die Schuldzinsenhinzurechnung gesellschafterbezogen ermittelt.[131]

Gewinn, Verlust, Entnahmen und Einlagen sind demnach gesellschafterbezogen auszuweisen. Durch die gesellschafterbezogene Betrachtungsweise lässt sich auch der (gesellschaftsrechtliche) Konflikt vermeiden, wer die Gewinnhinzurechnung nach § 4 Abs. 4a EStG zu versteuern hat, wenn ein Teil der Mitunternehmer Überentnahmen und ein anderer Unterentnahmen getätigt hat.[132] Der Gewinn beinhaltet wie in Punkt 9.2.2 erläutert den Anteil des Mitunternehmers am Gesamthandsgewinn sowie der Ergänzungsbilanzen zuzüglich/abzüglich seines Sonderbetriebsergebnisses. Zur Berechnung der Überentnahme werden die Entnahmen der jeweiligen Gesellschafter deren Einlagen bzw. Gewinnanteile gegenübergestellt. Daraus ergibt sich, dass auch Über- und Unterentnahmen sowie Gewinnhinzurechnungen/-abzug gesellschafterbezogen zu ermitteln sind.[133]

Die Ergänzungsbilanz ist ein Korrekturposten, der das Mehr- bzw. Minderkapital der einzelnen Gesellschafter erfasst. Eine Ergänzungsbilanz ist in der Regel beim Kauf bzw. Verkauf von Anteilen an Personengesellschaften zu erstellen. Da der Käufer meist einen höheren Preis für einen Gesellschaftsanteil als den Buchwert zahlt, dies auf der Gesamthandebene allerdings nicht auszuweisen ist.

---

[130] Für gesellschaftsbezogene Gesamtbetrachtung BMF v. 17.11.2005, IV B 2 – S 2144 – 50/05, BStBl I 2005, 1019, Rdnr. 30; FG Münster v. 6.8.2005, 11 K 3338/03, EFG 2005, 179 (Rev. BFH IV R 50/04); Korn/Strahl, KÖSDI 2000, 12281, 12283; Wieczorek, Stbg 2000, 301; Hegemann/Querbach, DStR 2000, 408; für gesellschafterbezogene Beurteilung Wacker in Blümich, § 4 EStG Rz. 168d (Februar 2000); Ley, NWB Fach 3, 11167 (Heft 27/2000); Ley, DStR 2001, 1005, 1008; Meyer/Ball, INF 2000, 76.
Der BFH ging im Aussetzungsbeschl. v. 6.2.2002, VIII B 82/01, BFH/NV 2002, 647, von einer h. M. für die gesellschafterbezogene Beurteilung aus, ohne dass dies für den Beschlussfall entscheidungserheblich war. Mit Beschl. v. 23.12.2005, VIII R 96/03, BFH/NV 2006, 789, und v. 23.12.2005, VIII R 10/04, BFH/NV 2006, 790, hat der BFH in Revisionsverfahren von Mitunternehmerschaften wegen § 4 Abs. 4a EStG die Mitunternehmer beigeladen, weil zz. ungeklärt sei, ob die Vorschrift gesellschafts- oder gesellschafterbezogen angewandt wird. BFH v. 29.03.2007, IV R 72/02, BStBl 2008 II.

[131] Vgl. BFH v. 29.03.2007, IV R 72/02, BStBl. 2008 II S. 420.

[132] Bei gesellschaftsbezogenem Verständnis werden im Rahmen der Gesamtbetrachtung etwaige Über- und Unterentnahmen der einzelnen Mitunternehmer saldiert, und § 4 Abs. 4a EStG ist nur anzuwenden, wenn sich sodann aus dem gesamten steuerlichen Betriebsvermögen unter Einschluss der Ergänzungs- und Sonderbilanzen noch eine Überentnahme ergibt. Es ist erwägenswert, bei Mitunternehmerschaften mit wirtschaftlich divergierenden Gesellschafterinteressen eine „Überentnahmeklausel" in den Gesellschaftsvertrag einzufügen, die überentnahmebedingte Gewinnzurechnungen zuordnet.

[133] Vgl. BFH v. 29.03.2007, IV R 72/02, BStBl. 2008 II S. 420.

Das Sonderbetriebsvermögen ist in die Sonderbilanzen I und II aufgeteilt. In die Sonderbilanz I werden Wirtschaftsgüter aufgenommen, die im Eigentum des Gesellschafters stehen und die er der Gesellschaft zur Verfügung stellt. Der vermietete Lieferwagen von B i. H. v. 6.000 € ist in dessen Sonderbilanz I zu finden. Die Sonderbilanz II erfasst alle Vorgänge, die der Beteiligung des Gesellschafters an der Gesellschaft dienen.

Da davon auszugehen ist, dass die Miete und die Tätigkeitsvergütung auf private Konten der Gesellschafter gezahlt wurden, entsteht insoweit eine Entnahme von B bzw. C.

	X-OHG	A	B	C
Entnahmen 2010	240.000	130.000	100.000	10.000
- Sonderbetriebseinnahmen	+30.000		+6.000	+24.000
- Einlagen 2010	-45.000	-15.000	-15.000	-15.000
- steuerlicher Gewinn	-220.000	-76.000	-82.000	-62.000
= Überentnahme 2010 gem. § 4 Abs. 4a S. 2 u. S. 3 EStG (- = Unterentnahme)	5.000	39.000	9.000	-43.000

Die Entnahmen von A führen zu Überentnahmen im Jahr 2010 von 39.000 €, die von B zu 9.000 €, da ihre Entnahmen um diesen Betrag ihre Gewinnanteile zzgl. Einlagen übersteigen. Die Entnahmen von C hingegen führen nicht zu einer Überentnahme. Bei der gesellschafterbezogenen Betrachtungsweise ist es nicht möglich, Überentnahmen des einen Gesellschafters mit Unterentnahmen eines anderen Gesellschafters auszugleichen.[134]

9.2.3.3   Typisierung der Überentnahmen gem. § 4 Abs. 4a S. 3 EStG

§ 4 Abs. 4a S. 3 EStG bestimmt, welcher Teil der Schuldzinsen dem Gewinn aufgrund der Überentnahmen wieder hinzugerechnet werden muss. Die Überentnahme wird zuzüglich Überentnahmen vorangegangener Wirtschaftsjahre und abzüglich Unterentnahmen vorangegangener Wirtschaftsjahre mit 6 % normiert.[135]

---

[134] Vgl. BFH v. 29.03.2007, IV R 72/02, BStBl 2008 II S. 420; bei der gesellschaftsbezogenen Betrachtung wäre es nicht zu einer Hinzurechnung von Schuldzinsen gekommen, da insgesamt Unterentnahmen in Höhe von 35.000 € entstanden sind. Bei höheren Entnahmen in späteren Jahren wären aber B und C über einen geringeren Unterentnahmenvortrag durch die Entnahmen des A benachteiligt worden.

[135] BMF-Schreiben v. 17.11.2005, IV B 2 - S 2144/50/05.

	X-OHG	A	B	C
Überentnahme/Unterentnahme gem. § 4 Abs. 4a S. 2 u. S. 3 EStG	5.000	39.000	9.000	-43.000
- Unterentnahme Vorjahr nach Gewinn-verteilungsschlüssel	-40.000	-16.000	-16.000	-8.000
= Überentnahme § 4 Abs. 4a S. 2 EStG (- = Unterentnahme)	-35.000	23.000	-7.000	-51.000
6 % der Überentnahme gem. § 4 Abs. 4a S. 3 EStG		1.380	0	0

Der mit 6 % der Überentnahme pauschalierte Betrag unterliegt dem Abzugsverbot bis zu dem Höchstbetrag, der sich gem. § 4 Abs. 4a S. 4 EStG ergibt.

9.2.3.4   Ausnahmen

Ausgenommen von der Regelung sind gem. § 4 Abs. 4a S. 5 EStG der Abzug von Schuldzinsen für Darlehen zur Finanzierung von Anschaffungs- oder Herstellungskosten von Wirtschaftsgütern des Anlagevermögens (sog. Investitionsdarlehen).

Die X-OHG hat Zinsenaufwendungen für die Finanzierung des Gebäudes i. H. v. 3.000 €. Diese sind trotz Überentnahme als Betriebsausgabe abzugsfähig.

9.2.3.5   Sockelbetrag gem. § 4 Abs. 4a S. 4 EStG

Gem. § 4 Abs. 4a S. 4 EStG werden Schuldzinsen in Höhe von 2.050 € von der Hinzurechnung ausgenommen. Der Sockelbetrag von 2.050 € ist gesellschaftsbezogen. Er vervielfältigt sich nicht mit der Anzahl der Gesellschafter, sondern ist falls nichts anderes im Gesellschaftsvertrag vereinbart anhand der Schuldzinsquote auf die Gesellschafter zu verteilen. Ist ein Gesellschafter an mehreren Personengesellschaften beteiligt oder betreibt er auch noch ein Einzelunternehmen stehen ihm die 2.050 € für jede Gesellschaft zu.[136]

---

[136] Vgl. BFH v. 29.03.2007, IV R 72/02, BStBl 2008 II.

	X-OHG	A	B	C
gesamte Schuldzinsen	10.000	4.000	4.000	2.000
- abzugsfähige Schuldzinsen gem. § 4 Abs. 4a S. 5 EStG für das Kioskgebäude	3.000	1.200	1.200	600
= nichtabzugsfähige Schuldzinsen	7.000	2.800	2.800	1.400
- Mindestabzug gem. § 4 Abs. 4a S. 4 EStG	2.050	820	820	410
= Höchstbetrag nicht abziehbarer Schuld-zinsen	4.950	1.980	1.980	990

Es ergeben sich somit Schuldzinsen die dem Abzugsverbot unterliegen in Höhe von insgesamt 4.950 €. Der Gewinn der X-OHG muss allerdings maximal um die 6 % der Überentnahmen, also um 1.380 € für Gesellschafter A erhöht werden.

9.2.3.6   Hinzurechnung und endgültiger steuerlicher Gewinn

Durch die Hinzurechnung gem. § 4 Abs. 4a S. 3 und S. 4 EStG ergeben sich die endgülti-gen Einkünfte gem. § 15 EStG. Da die Typisierung der Überentnahmen mit 6 % den Höchstbetrag nicht übersteigt, sind sie den vorläufigen Einkünften in voller Höhe hinzu-zurechnen.

	OHG	A	B	C
vorläufige Einkünfte § 15 Abs. 1 Nr. 2 EStG	220.000	76.000	82.000	62.000
+ Hinzurechnungsbetrag § 4 Abs. 4a S. 3 u. S. 4 EStG	1.380	1.380	0	0
= endgültige Einkünfte § 15 EStG	221.380	77.380	82.000	62.000

9.2.4   Ermittlung des zu versteuernden Einkommens

Das zu versteuernde Einkommen wird gem. § 2 Abs. 3 bis Abs. 5 EStG ermittelt. Da keine anderen Angaben gemacht wurden, ist davon auszugehen, dass bei A, B und C keine Zusammenveranlagung mit Ehegatten nach § 26b EStG in Betracht kommt.

Da für A, B und C kein Altersentlastungsbetrag gem. § 24a EStG, kein Entlastungsbetrag für Alleinerziehende gem. § 24b EStG sowie kein Freibetrag für die Einkünfte aus Land-

und Forstwirtschaft gem. § 13 Abs. 3 EStG anfallen, entspricht die Summe der Einkünfte dem Gesamtbetrag der Einkünfte gem. § 2 Abs. 3 EStG.

Da nichts Weiteres vermerkt, bleiben der Abzug der Sonderausgaben gem. § 10 EStG und die außergewöhnlichen Belastungen gem. §§ 33 bis 33b EStG aus Vereinfachung unberücksichtigt.[137] Somit ergibt sich aus dem Gesamtbetrag der Einkünfte das Einkommen gem. § 2 Abs. 4 EStG. Das Einkommen vermindert um den Kinderfreibetrag gem. § 32 Abs. 6 EStG und der sonstigen vom Einkommen abzuziehende Beträge ergibt das zu versteuernde Einkommen gem. § 2 Abs. 5 EStG.

	OHG	A	B	C
Summe der Einkünfte		77.380	82.000	62.000
Gesamtbetrag der Einkünfte		77.380	82.000	62.000
Einkommen		77.380	82.000	62.000
zu versteuerndes Einkommen		77.380	82.000	62.000

9.2.5   Ermittlung der Einkommensteuer

Das zu versteuernde Einkommen bildet die Bemessungsgrundlage für die tarifliche Einkommensteuer gem. § 32a EStG.

	OHG	A	B	C
zu versteuerndes Einkommen		77.380	82.000	62.000
tarifliche Einkommensteuer § 32a Abs. 1 Nr. 4 EStG		24.328	26.268	17.868

Da A, B und C Einkünfte aus Gewerbebetrieb beziehen, führt dies bei den Gesellschaftern zu einer Einkommensteuerermäßigung gem. § 35 Abs. 1 Nr. 1 EStG. Die Steuerermäßigung beträgt das 3,8-fache des Steuermessbetrags, max. die tatsächlich gezahlte Gewerbesteuer, wobei die Verteilung des Steuermessbetrags auf die Mitunternehmer erfolgt (Höhe des Steuermessbetrags siehe Punkt 9.3.1). Gem. §§ 179, 180 AO wird der anteilige GewSt-Messbetrag sowie die tatsächlich gezahlte GewSt gesondert und einheitlich, unabhängig von Sonderbetriebseinnahmen und -ausgaben nach Gewinnanteilen, festgestellt.

---

[137] Ebenfalls unberücksichtigt bleibt der Sonderausgaben-Pauschbetrag gem. § 10c EStG.

	OHG	A	B	C
Steuermessbetrag aus Punkt 1.3.1	6.888	2.755	2.755	1.378
x Steuerermäßigung 3,8 gem. § 35 Abs. 1 Nr. 1 EStG				
= Steuerermäßigung	26.174	10.469	10.469	5.236

Die tarifliche Einkommensteuer ist für A, B und C um die Steuerermäßigung herabzusetzen.

	A	B	C
tarifliche Einkommensteuer	24.328	26.268	17.868
- Steuerermäßigung	-10.469	-10.469	-5.236
= Einkommensteuer	13.859	15.799	12.632

9.3   Andere Ertragsteuern

9.3.1   Gewerbesteuer

Die X-OHG ist kraft gewerblicher Tätigkeit gem. § 2 Abs. 1 GewStG gewerbesteuerpflichtig. In der Gewerbesteuer kann eine Personengesellschaft gem. § 5 Abs. 1 S. 3 GewStG selbst Steuersubjekt sein, wenn sie wie hier ein Gewerbe betreibt.

Für die Ermittlung der Gewerbesteuer muss gem. § 7 GewStG der Gewerbeertrag ermittelt werden. Dieser ist der nach den Vorschriften des EStG zu ermittelnde Gewinn aus Gewerbebetrieb. Durch die Überentnahmen von A und der Hinzurechnung erhöht sich folglich auch die Gewerbesteuer.

Modifiziert wird der Gewerbeertrag um Hinzurechnungen gem. § 8 GewStG. Da die Schuldzinsen den Betrag von 100.000 € gem. § 8 Nr. 1 GewStG nicht übersteigen, erfolgt eine Zurechnung von 0 €.[138] Auf die Kürzung des Einheitswertes des Kioskgebäudes gem. § 9 Nr. 1 GewStG wird mangels Angabe verzichtet.

---

[138] Bei der Hinzurechnungsberechnung des § 8 Nr. 1 GewStG sind die Schuldzinsen, die bereits nach § 4 Abs. 4a EStG hinzugerechnet worden sind, außer Acht zu lassen, da sie sich nicht auf die Höhe des Gewinns ausgewirkt haben.

Da die X-OHG eine Personengesellschaft ist, wird gem. § 11 Abs. 1 Nr. 1 GewStG der Gewerbeertrag um 24.500 € gekürzt. Dieser Betrag wird mit der Steuermesszahl von 3,5 % gem. § 11 Abs. 2 GewStG multipliziert und ergibt den Steuermessbetrag. Der gem. § 16 GewStG mit dem Hebesatz multipliziert wird und die Gewerbesteuer ergibt.

	OHG
Gewerbeertrag gem. § 7 GewStG	221.380
Abgerundet auf volle Hundert § 11 Abs. 1 S. 3 GewStG	221.300
+ Hinzurechnungen gem. § 8 GewStG	0
- Kürzungen gem. § 9 GewStG	0
- Freibetrag gem. § 11 Abs. 1 Nr. 1 GewStG	-24.500
= steuerpflichtiger Gewerbeertrag	196.800
x Steuermesszahl 3,5 % gem. § 11 Abs. 2 GewStG	
= Steuermessbetrag	6.888
x Hebesatz Würzburg 420 % gem. § 16 GewStG	
= Gewerbesteuer	28.930

Bei einer Rückstellungspflicht für die anfallende GewSt ergibt sich gem. § 4 Abs. 5b EStG keine Änderung des steuerlichen Gewinns, da die Gewerbesteuer seit 2008 eine nichtabziehbare Betriebsausgabe darstellt.

9.3.2   Körperschaftsteuer

Da die X-OHG eine Personengesellschaft ist, ist sie gem. § 1 Abs. 1 KStG nicht körperschaftsteuerpflichtig.

10 Personengesellschaft und Finanzierung

Zinsschranke gem. § 4h EStG

Monika Schmalz (Dr. A. Striegel)

10.1 Sachverhalt

1. Anton und Bert betreiben zusammen einen Versandhandel an der Ostsee in der Form einer GmbH & Co. KG. Beide haben ihren ständigen Wohnsitz in Kiel und sind nicht verheiratet.

    Komplementär ist die Celsius-GmbH. Gesellschafter der Komplementärin sind Anton und Bert.

Bei der KG wurden keine von den gesetzlichen Regelungen abweichenden Vereinbarungen getroffen.

Anton ist mit 20 % und Bert mit 80 % am Gewinn der KG beteiligt.

Das Gesamthands-Betriebsvermögen der KG ist am Ende des Jahres 2010 um 100 Mio. € höher als es zu Beginn des Jahres 2010 war.

In den Ausgaben ist bereits eine Geschäftsführungsvergütung an die Celsius-GmbH in Höhe von 100.000 € enthalten, sowie 60 Mio. € Zinsen an die Bank und 10 Mio. € Zinsen an Anton.

Zinserträge erwirtschaftete die KG 2010 in Höhe von 5 Mio. €.

2. Anton hat im Sommer 2010 an einem 4-wöchigen Englischsprachkurs in Großbritannien (ausgenommen London und Edinburgh) teilgenommen. Der Sprachkurs dient insbesondere der Vorbereitung einer Tätigkeit als angestellter Übersetzer und Dolmetscher, die Anton in 2011 beginnen will.

Der Kurs kostete 750 €, hinzu kamen Flugkosten von 100 €, Unterkunftskosten von 400 € und Verpflegung von 350 €.

Der Sprachkurs fand an 6 Tagen die Woche für je 7 Stunden statt. Zusätzlich mussten nach dem Unterricht und am Sonntag noch Nacharbeiten erledigt werden, sodass die ganze Woche mit Unterricht ausgefüllt war. Anreise war an einem Montagvormittag und Abreise an einem Sonntagabend.

3. Bert ist nebenbei seit 2009 als Ingenieur selbständig tätig.

Dazu richtete er sich Anfang 2010 ein Arbeitszimmer im Keller seiner 3-Zimmer Wohnung ein. Der Keller dient zusätzlich zur Aufbewahrung von Haushaltsgegenständen und es gibt einen Zugang zur Wohnung.

In diesem Zimmer konstruiert Bert komplizierte technische Lösungen für die Wartung der Anlagen von Kunden, ist für seine Kunden dort telefonisch zu erreichen und bewahrt alle Konstruktionsunterlagen in diesem Zimmer auf. Weiterhin besucht er die Kunden vor Ort.

Die KG stellt ihm für seine Tätigkeit vor Ort ein separates Büro zu Verfügung.

Seine Einnahmen belaufen sich auf 3.000 € in 2010.

Ausgaben entstanden ihm aus dem Kauf von Einrichtungsgegenständen für das Arbeitszimmer, die er in 2010 angeschafft hat (Schreibtisch 100 €, Teppich 100 €, Bürostuhl 80 €). Außerdem hat er am 12.03.2010 einen PC angeschafft, der ausschließlich für die Ingenieurtätigkeit genutzt wird.

Weiterhin bezahlt er Miete für seine Wohnung mit Keller in Höhe von 400 € pro Monat.

Die Wohnung misst 80 qm, davon das Büro im Keller 20 qm.

Aufgabe:

Berechnen Sie die festzusetzende Einkommensteuer von Anton und Bert sowie die Gewerbesteuer.

Auf die steuerlichen Auswirkungen bei der Celsius-GmbH ist nicht einzugehen. Ebenso ist die Umsatzsteuer außer Acht zu lassen.

10.2 Ermittlung der festzusetzenden Einkommensteuer von Anton und Bert für 2010

10.2.1 Steuerpflicht

Die KG ist weder eine natürliche noch eine juristische Person und somit weder einkommensteuerpflichtig im Sinne des § 1 Abs. 1 EStG noch körperschaftssteuerpflichtig nach § 1 Abs. 1 KStG.

Anton und Bert sind natürliche Personen und somit unbeschränkt einkommensteuerpflichtig im Sinne des § 1 Abs. 1 EStG, weil sie ihren Wohnsitz nach § 8 AO im Inland haben.

10.2.2 Einkunftsart

10.2.2.1 KG

Die KG könnte mit ihrem Versandhandel Einkünfte aus Gewerbebetrieb im Sinne des § 2 Abs. 1 Nr. 2 EStG und § 15 Abs. 3 Nr. 1 EStG erzielen, wenn sie die Voraussetzungen des § 15 Abs. 2 EStG erfüllt (selbstständige, nachhaltige Betätigung, Gewinnerzielungsabsicht, Beteiligung am allgemeinen wirtschaftlichen Verkehr).

Allerdings erzielt die KG – unabhängig von ihrer Tätigkeit – allein schon wegen ihrer gewerblichen Prägung nach § 15 Abs. 3 Nr. 2 EStG Einkünfte aus Gewerbebetrieb: die GmbH ist als Komplementär nach den §§ 164, 163 HGB alleine zur Geschäftsführung befugt, wenn der Gesellschaftsvertrag – wie hier – nichts anderes vorsieht.

10.2.2.2 Anton und Bert

Anton und Bert erzielen mit ihren Gewinnanteilen aus der KG Einkünfte aus Gewerbetrieb nach § 15 Abs. 1 Nr. 2 EStG, wenn Anton und Bert als Mitunternehmer anzusehen sind.

Das bedeutet, dass sie Mitunternemerinitiative (Mitbestimmung) und Mitunternehmerrisiko (Beteiligung am Gewinn und Verlust) besitzen müssen. Dies ist bei der KG typischerweise der Fall. „Geht es um die Mitunternehmereigenschaft eines Kommanditisten, dann muss der Gesellschafter nach dem Gesellschaftsvertrag und der tatsächlichen Durchführung zumindest eine Stellung haben, die nicht wesentlich hinter derjenigen zurückbleibt, die handelsrechtlich das Bild eines Kommanditisten bestimmt."[139]

Bert erzielt als Ingenieur außerdem noch Einkünfte aus selbständiger Arbeit nach § 2 Abs. 1 Nr. 3 und § 18 Abs. 1 EStG. Eine selbständige Tätigkeit nach § 18 Abs. 1 EStG liegt vor, wenn es sich um einen im Gesetz aufgeführten freien Beruf handelt, wie dies bei Anton der Fall ist (sog. Katalogberufe). Sie setzt voraus, dass der ESt-Pflichtige „...auf Grund eigener Fachkenntnisse leitend und eigenverantwortlich tätig wird." Da Bert keine Angestellten hat, ist hiervon im vorliegenden Fall auszugehen.

10.2.3 Gewinnermittlung

Nach § 2 Abs. 2 Nr. 1 EStG sind die Einkünfte aus Gewerbebetrieb und selbstständiger Arbeit in Form des Gewinnes nach Maßgabe der §§ 4-7 ff. EStG zu ermitteln.

10.2.3.1 KG

Zunächst wird der Gewinn der KG ermittelt. Im Anschluss wird der auf jeden Gesellschafter entfallende Gewinnanteil gesondert und einheitlich festgestellt (§§ 179, 180 AO). Der Gewinn der KG ist nach § 140 AO und § 4 Abs. 1 i.V.m. § 5 EStG durch Bestands- bzw. Betriebsvermögensvergleich zu ermitteln, weil eine Handelsgesellschaft unabhängig von einem in kaufmännischer Weise eingerichteten Geschäftsbetrieb stets Formkaufmann (§ 6 HGB) ist. Damit besteht Verpflichtung zur Buchführung gem. § 238 HGB.

Vorläufiger Gewinn ohne Beachtung der Zinsschranke § 4h EStG

Der Gewinn 2010 beträgt:

Betriebsvermögen am Ende des Jahres 2010

– Betriebsvermögen am Anfang des Jahres 2010 =	100,0 Mio. €
+ Geschäftsführungsvergütung Celsius-GmbH[140][141]	+ 0,1 Mio. €
+ Zinsenzahlungen an Anton	+ 10,0 Mio. €
	= 110,1 Mio. €

---

[139] BFH –Urteil vom 25. Juni 1984, GrS 4/82, BFHE 141, 405, 440, BStBl. II 1984, 751.

[140] § 15 Abs. 1 Nr. 2 EStG: sämtliche Vergütungen der Gesellschaft an die Gesellschafter stellen Einkünfte aus Gewerbebetrieb dar.

[141] Erträge und Aufwendungen des Gesellschafters einer in § 15 Abs. 1 Satz 1 Nr. 2 EStG genannten Personengesellschaft, die durch seine Beteiligung an der Gesellschaft veranlasst sind, sind bei ihm als Sonderbetriebseinnahmen oder -ausgaben zu erfassen und müssen auch Eingang in die einheitliche Gewinnfeststellung finden. H 4.7 „Sonderbetriebseinnahmen und -ausgaben" EStH 2008.

Gewinn unter Beachtung der Zinsschranke § 4h EStG[142]

Nach § 4h Abs. 1 S. 1 EStG sind Zinsaufwendungen abziehbar in Höhe der Zinserträge (hier: 5 Mio. €) und darüber hinaus bis zur Höhe des verrechenbaren **EBITDA**.

Das **EBITDA** ermittelt sich nach § 4h Abs. 1 S. 2 EStG wie folgt:

= maßgeblicher Gewinn	110,1 Mio. €
+ Zinsaufwendungen an die Bank	+ 60,0 Mio. €
(10 Mio. € Zinsen an Anton sind schon im maßgebl. Gewinn enthalten)	
+ *abgezogene geringwertige Wirtschaftsgüter § 6 Abs. 2 EStG*	
+ *abgezogene Abschreibung auf den Sammelposten § 6 Abs. 2a EStG*	
+ *Abschreibungen nach § 7 EStG*	
− Zinserträge	- 5,0 Mio. €
EBITDA	**= 165,1 Mio. €**
* 0,3	= 49,53 Mio. €

Der **nicht abziehbare Betrag** ermittelt sich wie folgt:

Abziehbar in Höhe der Zinserträge	5,00 Mio. €
darüber hinaus bis zum verrechenbaren EBITDA	+ 49,53 Mio. €
somit sind die Zinsen insgesamt bis zu	54,53 Mio. €
abzugsfähig	
Der bisherige abgezogene Betrag in Höhe von	60,00 Mio. €
übersteigt den nach § 4h Abs. 1 EStG erlaubten Betrag von	- 54,53 Mio. €
daher um	5,47 Mio. €

Der nach § 4h Abs. 1 EStG nicht abzugsfähige Betrag ist in die folgenden 5 Wirtschaftsjahren vorzutragen, § 4h Abs. 1 Satz 3 EStG (EBITDA- Vortrag).

§ 4h Abs. 1 Satz 1 EStG ist nach Abs. 2 Satz 1 nicht anzuwenden, wenn

a. der Betrag der Zinsaufwendungen, soweit er den Betrag der Zinserträge übersteigt, weniger als eine Millionen[143] Euro beträgt, oder

b. der Betrieb nicht oder nur anteilmäßig zu einem Konzern gehört, oder

---

[142] siehe ausführlich auch BMF-Schreiben vom 4. Juli 2008, IV C 7, S 2742-a/07/10001.

[143] Zur Entlastung mittelständischer Unternehmen in der Konjunkturkrise erhöhte sich die Freigrenze für Wirtschaftsjahre, die nach dem 25.5.2007 begonnen und in den Kalenderjahren 2008 oder 2009 geendet haben, auf weniger als 3 Mio. €.

c. der Betrieb zu einem Konzern gehört und seine Eigenkapitalquote am Schluss des vorangegangenen Abschlussstichtages gleich hoch oder höher ist als die des Konzerns (Eigenkapitalvergleich). Ein Unterschreiten der Eigenkapitalquote des Konzerns bis zu einem Prozentpunkt ist dabei unschädlich.

Die Freigrenze von 1 Mio. € ist überschritten, so dass die Ausnahme nach § 4h Abs. 2 Satz 1 Nr. 1 EStG nicht greift.

Die KG könnte jedoch konzernfrei sein, so dass die Ausnahme von der Zinsschranke nach § 4h Abs. 2 Nr. 2 EStG greift.

Ein Betrieb gehört nach § 4h Abs. 3 EStG zu einem Konzern, wenn er nach dem für die Anwendung des Absatzes 2 Satz 1 Buchstabe c zu Grunde gelegten Rechnungslegungsstandard mit einem oder mehreren anderen Betrieben konsolidiert wird oder werden könnte. Ein Betrieb gehört auch dann für Zwecke des Absatzes 2 zu einem Konzern, wenn seine Finanz- und Geschäftspolitik mit einem oder mehreren anderen Betrieben einheitlich bestimmt werden kann.

Nach § 4h Abs. 2 EStG sind für den Eigenkapitalvergleich Abschlüsse einheitlich nach den International Financial Reporting Standards (IFRS) zu erstellen. Hiervon abweichend können Abschlüsse nach dem Handelsrecht eines Mitgliedstaats der Europäischen Union verwendet werden, wenn kein Konzernabschluss nach den IFRS zu erstellen und offen zu legen ist.

Nach den Generally Accepted Accounting Principles der Vereinigten Staaten von Amerika (US-GAAP) aufzustellende und offen zu legende Abschlüsse sind zu verwenden, wenn kein Konzernabschluss nach den IFRS oder dem Handelsrecht eines Mitgliedstaats der Europäischen Union zu erstellen und offen zu legen ist.[144]

Allen Rechnungslegungsstandards ist gemein, dass eine Konsolidierung dann erfolgt, wenn ein Unternehmen unter der Kontrolle und/oder Leitung eines anderen Unternehmens steht. § 290 HGB verfolgt das Konzept der einheitlichen Leitung, was sich durch einen Einfluss auf die wesentlichen Funktionen ausdrückt. Die IFRS sehen eine Konsolidierung vor, wenn die Kontrolle von einem Unternehmen über ein anderes Unternehmen ausgeübt wird.[145]

Vorliegend wird die KG von keinem anderen Unternehmen kontrolliert. Eine Konsolidierungspflicht besteht nach keinem der Rechnungslegungsstandards.

Aus diesem Grunde greift die Rückausnahme des § 4h Abs. 2 Satz 1b EStG ein. Danach sind die Beschränkungen der Zinsschranke nach § 4h Abs. 1 EStG nicht anwendbar. Die Zinsaufwendungen sind unbeschränkt abzugsfähig.

---

[144] § 4h Abs. 2c S.9 EStG.

[145] IAS 27, 10 und 13.

Die vorliegend einschlägige Rückausnahme des § 4h Abs. 2 Satz 1 Buchstabe b EStG ist nach § 8a Abs. 2 KStG nur anzuwenden, wenn die Vergütungen für Fremdkapital an einen zu mehr als einem Viertel unmittelbar oder mittelbar am Grund- oder Stammkapital beteiligten Anteilseigner, eine diesem nahe stehende Person oder einen Dritten, der auf den zu mehr als einem Viertel am Grund- oder Stammkapital beteiligten Anteilseigner oder eine diesem nahe stehende Person zurückgreifen kann, nicht mehr als 10 Prozent der die Zinserträge übersteigenden Zinsaufwendungen der Körperschaft im Sinne des § 4h Abs. 3 EStG betragen.

Vorliegend werden 10 Mio. € Zinsaufwendungen an den Gesellschafter geleistet, so dass die 10 %-Grenze erfüllt sein könnte.

§ 8a KStG gilt jedoch nur für Körperschaften. Die KG ist keine juristische Person und daher nicht von den Beschränkungen des § 8a KStG betroffen.

Nach § 4 Abs. 4a EStG gibt es eine weitere Möglichkeit des nicht vollständig möglichen Zinsausgabenabzugs. Demnach sind Schuldzinsen nicht abziehbar, wenn Überentnahmen getätigt worden sind. Eine Überentnahme ist der Betrag, um den die Entnahmen die Summe des Gewinns und der Einlagen des Wirtschaftsjahres übersteigen. Da hier keine Angaben zu Entnahmen der Gesellschafter vorliegen, ist davon auszugehen, dass keine Überentnahmen vorliegen und es deshalb nicht zu einer Beschränkung des Schuldzinsenabzugs nach § 4 Abs. 4a EStG kommt.

10.2.3.2   Sprachkurs

Einkünfte aus einer Anstellung als Dolmetscher stellen Einkünfte aus nichtselbständiger Tätigkeit gem. § 19 EStG dar. Die Einkünfte sind hier gem. § 2 Abs. 2 Nr. 2 EStG der Überschuss der Einnahmen (§ 8 EStG) über die Werbungskosten (§§ 9 und 9a EStG).

Nach § 9 Abs. 1 S. 1 EStG sind Werbungskosten Aufwendungen zur Erwerbung, Sicherung und Erhaltung der Einnahmen.

Werbungskosten sind bei der Einkunftsart abzuziehen, bei der sie erwachsen und durch die sie veranlasst sind.

Die Rechtsprechung des Bundesfinanzhofs hat den Werbungskostenbegriff dem Begriff der Betriebsausgaben nach § 4 Abs. 4 EStG angeglichen, wonach Werbungskosten vorliegen „soweit sie durch den Beruf bzw. durch die Erzielung steuerpflichtiger Einnahmen veranlasst sind."[146]

Eine berufliche Veranlassung ist gegeben, wenn die Aufwendungen objektiv mit dem Beruf zusammenhängen und subjektiv zu dessen Förderung getätigt werden.[147]

---

146 BFH-Urteil vom 04.03.1986 - VIII R 188/84, BFHE 146, 151, BStBl. II 1986, 373.

[147] BFH-Urteil vom 01.02.2007 – VI R 25/03, BStBl. II 2007, 459.

Der Sprachkurs von Anton dient der Aufnahme einer beabsichtigen Angestelltentätigkeit. Daher liegen vorweggenommene Werbungskosten vor.[148]

Allerdings unterliegen die Werbungskosten dem Aufteilungs– und Abzugsverbot nach § 12 EStG. „Die Abzugsfähigkeit derartiger Aufwendungen ist daher nur dann anzuerkennen, wenn die berufliche Veranlassung bei Weitem überwiegt, das Hineinspielen der Lebensführung nicht ins Gewicht fällt und von ganz untergeordneter Bedeutung ist."[149]

Im Fall von Anton ist nun die Frage zu stellen, inwieweit der Sprachkurs beruflich veranlasst war und ob er zur Sicherung und Erhaltung zukünftiger Einnahmen vonnöten war.

Da dies nicht so eindeutig vom Gesetzeswortlaut ableitbar ist, gibt es hierzu zahlreiche BFH Urteile.

- ■ Mit Urteil vom 18.05.2005 (Az. VIII R 43/03 NV, BFH/NV 2005, S. 2174) hat der BFH entschieden, dass der Betriebsausgaben- bzw. Werbungskostenabzug grundsätzlich möglich ist:

  - – Reisen, denen ein unmittelbarer einkünftebezogener Anlass zugrunde liegt, sind in der Regel steuerlich abzugsfähig. Dies gilt auch dann, wenn sie in „mehr oder weniger großem Umfang" zu privaten Unternehmungen genutzt werden.
  - – Nur wenn die Verfolgung privater Reiseinteressen den Schwerpunkt der Reise bildet, sind die allgemeinen Reisekosten nicht abzugsfähig.
  - – In der Praxis sind diese Vorgaben anhand vorliegender Indizien (Geschäftstermine, Besuche der Familie usw.) im Einzelfall zu beurteilen.
  - – Diese Grundsätze sind auf solche Reisen, denen sich ein Urlaub unmittelbar anschließt, jedoch nur eingeschränkt anzuwenden. In diesen Fällen sind die An- und Rückreisekosten privat veranlasst (Kosten der Lebensführung) und insgesamt nicht abziehbar.

- ■ „Der Sprachkurs sollte auf die beruflichen Belange zugeschnitten sein. Wenn für den Job nur grundlegende Sprachkenntnisse erforderlich sind, reicht auch ein Allgemeiner Sprachkurs."[150]

- ■ Er sollte straff durchorganisiert sein. Im BFH-Urteil vom 31.7.1980, IV R 153/79, BStBl. II 1980, 746 kann man nachlesen, inwieweit das angebotene Programm des Sprachkurses den von der Rechtsprechung entwickelten Kriterien für eine steuerliche Anerkennung beruflich veranlasster Sprachkurse entspricht.

  „Für den Abzug der Kosten einer Reise ins Ausland als Betriebsausgaben oder Werbungskosten ist nach der BFH-Rechtsprechung demgemäß maßgebend, ob die Auf-

---

[148] BFH-Urteil vom 27.5.2003 - VI R 33/01, BStBl. II 2004, 884.

[149] BFH-Urteil vom 15.03.2007 – VI R14/04, BStBl. II 2007, 814, BFH-Urteil vom 18.05.2005 – VIII R 43/03, BFH/NV 2005, 2174.

[150] BFH-Urteil vom 10.4.2002, VI R 46/01, BStBl. 2002 II S. 579.

wendungen objektiv durch besondere berufliche Gegebenheiten veranlasst sind und ob nach Anlass der Reise, dem vorgesehenen Programm und der tatsächlichen Durchführung die Befriedigung privater Interessen nahezu ausgeschlossen ist (vgl. BFHE 127, 533, BStBl. II 1979, 513, mit weiteren Nachweisen)."

■ Dass der Kurs im Ausland stattfindet darf kein Hindernis für die Anerkennung sein. Dies würde schon alleine gegen das EU-Recht verstoßen. „Die steuerliche Berücksichtigung von Aufwendungen für einen Sprachkurs kann nicht mit der Begründung versagt werden, er habe in einem anderen Mitgliedstaat der EU stattgefunden."[151]

Im vorliegenden Fall sind alle Voraussetzungen für die Abzugsfähigkeit erfüllt.

Die Sprachkenntnisse sind für die künftige Angestelltentätigkeit notwendig und daher beruflich veranlasst.

Der Umfang des Sprachkurses lässt wenig Freizeit übrig, so dass die berufliche Veranlassung deutlich dominiert.

Damit kann man den Sprachkurs als Werbungskosten geltend machen:

■ Kursgebühr: 750 €

■ Kosten für Mehraufwendungen für Verpflegung:

 – Nach § 4 Abs. 5 Nr. 5 i.V.m. § 9 Abs. 5 EStG sind Mehraufwendungen für die Verpflegung nur eingeschränkt als Werbungskosten abziehbar.
 – Wird der Steuerpflichtige vorübergehend von seiner Wohnung und dem Mittelpunkt seiner dauerhaft angelegten betrieblichen Tätigkeit entfernt betrieblich tätig, ist für jeden Kalendertag, an dem der Steuerpflichtige wegen dieser vorübergehenden Tätigkeit von seiner Wohnung und seinem Tätigkeitsmittelpunkt

  - 24 Stunden abwesend ist, ein Pauschbetrag von 24 Euro,
  - weniger als 24 Stunden, aber mindestens 14 Stunden abwesend ist, ein Pauschbetrag von 12 Euro,
  - weniger als 14 Stunden, aber mindestens 8 Stunden abwesend ist, ein Pauschbetrag von 6 Euro
  - abzuziehen.

 – Bei einer Tätigkeit im Ausland treten nach Satz 4 an die Stelle der Pauschbeträge nach Satz 2 länderweise unterschiedliche Pauschbeträge, die für die Fälle der Buchstaben a, b und c mit 120, 80 und 40 Prozent der höchsten Auslandstagegelder nach dem Bundesreisekostengesetz vom Bundesministerium der Finanzen im Einvernehmen mit den obersten Finanzbehörden der Länder aufgerundet auf volle Euro festgesetzt werden;

---

[151] BFH Urteile vom 13.6.2002, VI R 168/00, BStBl. II 2003, 765 und vom 19.12.2005, VI R 89/02, BFH/NV 2006, 934; H 34 [Fremdsprachenunterricht] LstH.

– Bei einer längerfristigen vorübergehenden Tätigkeit an derselben Tätigkeitsstätte beschränkt sich der pauschale Abzug nach Satz 2 auf die ersten drei Monate.

– Anton kann für jeden Kalendertag seiner Reise einen Pauschbetrag von 42 € als Werbungskosten ansetzen.[152] Da er 4 Wochen auf Reisen war, ergibt das 28 Tage für die Berechnung des Verpflegungskosten. Allerdings werden in der Regel am ersten und am letzten Tag keine 24 Stunden erreicht. Für diese Tage sind nach den Pauschbeträgen des BMF nur 28 € abziehbar. Somit kann Anton folgenden Betrag als Werbungskosten absetzen:

42 € x 26 Tage + 28 € x 2 Tage   = 1.148 €.

■ Kosten für die Fahrt könnten nach § 9 Abs. 1 Satz 3 Nr. 4 EStG durch die sogenannte Entfernungspauschale abgegolten sein.

– Aufwendungen des Arbeitnehmers für die Wege zwischen Wohnung und regelmäßiger Arbeitsstätte sind durch Ansatz einer Entfernungspauschale für jeden vollen Kilometer der Entfernung zwischen Wohnung und regelmäßiger Arbeitsstätte von 0,30 Euro abgegolten.

– Vorliegend ist jedoch keine Fahrt zur Arbeitsstätte gegeben. Es handelt sich vielmehr um eine Dienstreise, deren Fahrtkosten nicht durch § 9 EStG limitiert sind. Es sind die tatsächlichen Flugkosten in Höhe von 100 € anzusetzen.

■ Die Übernachtungskosten können ebenfalls abgesetzt werden. Die Pauschbeträge für Übernachtungskosten im BMF-Schreiben sind nur in den Fällen der Arbeitgebererstattung anwendbar (R 9.7 Abs. 3 und R 9.11 Abs. 10 Satz 7 Nr. 3 LStR), für den Werbungskostenabzug sind die tatsächlichen Übernachtungskosten maßgebend (R 9.7 Abs. 2 und 9.11 Abs. 8 LStR).[153]

Anton erzielt mit den Aufwendungen negative Einkünfte aus nichtselbstständiger Arbeit in Höhe von 750 €+ 1.148 € + 100 € + 400 € = 2.398 €

10.2.3.3   Ingenieurtätigkeit

Der Gewinn von Bert aus seiner Ingenieurtätigkeit ermittelt sich nach § 4 Abs. 3 EStG, da er nach §§ 140, 141 AO nicht zur Buchführung verpflichtet ist.

Nach § 140 AO i.V.m. § 238 HGB ist jeder Kaufmann i.S.d. § 1-7 HGB verpflichtet, Bücher zu führen.

§ 141 AO findet nur Anwendung, wenn sich nicht bereits eine Buchführungspflicht nach § 140 AO ergibt.

Unter die Vorschrift fallen gewerbliche Unternehmer sowie Land- und Forstwirte, nicht jedoch Freiberufler.

---

[152] vgl. BMF vom 17.12.2009, IV C 5 - S 2353/08/10006, BStBl. 2009 I S. 1601.

[153] vgl. BMF vom 17.12.2009, IV C 5 - S 2353/08/10006, BStBl. 2009 I S. 1601.

Gewerbliche Unternehmer sind solche Unternehmer, die einen Gewerbebetrieb i.S.d. § 15 Abs. 2 EStG bzw. des § 2 Abs. 2 oder 3 GewStG ausüben. Siehe dazu auch Abschnitt 104 AEAO.

Bert ist kein Kaufmann i.S.d. §§ 1-7 HGB. Wenn er freiwillig Bücher führen würde, wäre er dann auch zur Aufstellung einer Bilanz verpflichtet.

Der Gewinn ermittelt sich hier gemäß § 4 Abs. 3 EStG durch den Überschuss der Betriebseinnahmen über die Betriebsausgaben. Dabei gilt das Prinzip der Vereinnahmung und Verausgabung gem. § 11 Abs. 1 und Abs. 2 EStG, wonach Einnahmen als innerhalb des Kalenderjahres bezogen gelten, in dem sie dem Steuerpflichtigen zugeflossen sind und Ausgaben für das Kalenderjahr abzusetzen sind, in dem sie geleistet worden sind.

Betriebseinnahmen erzielte er in Höhe von 3.000 €. Bleibt noch die Frage nach den Betriebsausgaben.

Nach § 4 Abs. 4 EStG sind alle Aufwendungen, die durch den Betrieb veranlasst sind, Betriebsausgaben mit Ausnahmen des Absatzes 5.

§ 4 Abs. 5 Nr. 6b i.V.m. § 9 Abs. 5 EStG verbietet den Abzug für Aufwendungen für ein häusliches Arbeitszimmer plus dessen Ausstattung. Dies gilt nicht, wenn das Arbeitszimmer den Mittelpunkt der gesamten betrieblichen und beruflichen Betätigung bildet.[154] Kosten, die dem Arbeitszimmer direkt zurechenbar sind, können dabei voll, Kosten, die auf die ganze Wohnung fallen, nur anteilig berücksichtigt werden.

Häusliches Arbeitszimmer

Zuerst muss geprüft werden, ob im vorliegenden Fall überhaupt von einem häuslichen Arbeitszimmer auszugehen ist.

Was als ein Arbeitszimmer anzusehen ist, hat der BFH in seiner Grundsatzentscheidung vom 16.10.2002 (BStBl. II 2003 S.185) erklärt: „Ein häusliches Arbeitszimmer i.S.d. § 4 Abs. 5 Satz 1 Nr. 6b EStG ist ein Raum, der seiner Lage nach in die häusliche Sphäre des Steuerpflichtigen eingebunden ist und nach Ausstattung und Funktion der Erledigung betrieblicher oder beruflicher Arbeiten vorwiegend büromäßiger Art dient."

Der Fiskus hat sich dem angeschlossen (BMF-Schreiben vom 3.04.2007, IV B 2 – S 2145/07/0002 BStBl. I 2007).

Ein häusliches Arbeitszimmer muss Zugang zur Wohnung haben oder für private Zwecke mitbenutzt werden (BFH-Urteil vom 26.02.2003, VI R 125/01, BStBl. II 2004, S. 75). Im vorliegenden Fall handelt es sich eindeutig um ein häusliches Arbeitszimmer, weil es sowohl Zugang zur Wohnung besitzt, als auch zu privaten Zwecken mitbenutzt wird. § 4 Abs. 5 Nr. 6b EStG muss also angewendet werden.

---

[154] § 52 Abs. 12 S. 8 und 9, § 4 Abs. 5 Nr. 6b ist erstmals ab dem Veranlagungszeitraum 2007 anzuwenden.

Mittelpunkt der gesamten betrieblichen/beruflichen Tätigkeit

Die Betriebsausgaben können nach § 4 Abs. 5 Nr. 6b i.V.m. § 9 Abs. 5 EStG abgesetzt werden, wenn das Arbeitszimmer den Mittelpunkt der gesamten betrieblichen und beruflichen Betätigung bildet.

Dabei spielt es keine Rolle, ob man die meiste Zeit dort verbringt, sondern ob in dem Arbeitszimmer der qualitative Schwerpunkt der Arbeit verrichtet wird (BFH vom 13.10.2002, BStBl. II 2004 S. 59, 805).

Bei der Ingenieurtätigkeit können wir davon ausgehen, dass das der Fall ist, da er die wichtigsten Arbeiten in seinem Zimmer erledigt und auch telefonisch erreichbar ist.

Allerdings ist er nur nebenberuflich dort tätig. Seine berufliche Tätigkeit übt er insbesondere für die KG aus, wofür er ebenfalls ein Büro zur Verfügung gestellt bekommt.

Damit stellt das Arbeitszimmer nur den Mittelpunkt seiner nebenberuflichen Tätigkeit, nicht aber seiner gesamten Tätigkeit dar.

Neue Rechtssprechung zum häuslichen Arbeitszimmer

Mit Beschluss vom 06. Juli 2010, 2 BvL 13/09, hat das Bundesverfassungsgericht entschieden, dass § 4 Abs. 5 S. 1 Nr. 6b EStG mit Art. 3 Abs. 1 des Grundgesetzes unvereinbar ist, soweit das Abzugsverbot Aufwendungen für ein häusliches Arbeitszimmer auch dann umfasst, wenn für die betriebliche oder berufliche Tätigkeit kein anderer Arbeitsplatz zur Verfügung steht.

§ 4 Abs. 5 Satz 1 Nr. 6b EStG weicht von dem das Einkommensteuerrecht prägenden objektiven Nettoprinzip ab, und beschränkt den Abzug von Aufwendungen. Als eine benachteiligende Ausnahme muss diese Regelung deshalb eine besondere Begründung haben, um den Anforderungen des allgemeinen Gleichheitssatzes zu genügen. Der weitgehende Ausschluss der Aufwendungen stellt eine Sonderbestimmung dar. Diese Abweichung vom objektiven Nettoprinzip genügt nicht den verfassungsrechtlichen Anforderungen an typisierende Regelungen.

Der Gesetzgeber wurde verpflichtet, rückwirkend auf den 1.1.2007 den verfassungswidrigen Zustand zu beseitigen. Im Rahmen des Jahressteuergesetzes 2010 ist deshalb rückwirkend für alle offenen Steuerfälle (d.h. mit einem Einspruch angefochtene oder insoweit vorläufig ergangene Steuerbescheide) der auf 1.250 € im Jahr begrenzte Abzug wieder zugelassen worden, wenn – wie insbesondere bei Lehrkräften – für die betriebliche oder berufliche Tätigkeit kein anderer Arbeitsplatz zur Verfügung steht (§ 4 Abs. 5 Satz 1 Nr. 6b Sätze 2 und 3 EStG i.V.m. § 52 Abs. 12 Satz 9 EStG).

Im Gegensatz zu der Tatbestandsvariante, dass die Nutzung des Arbeitszimmers in zeitlicher Hinsicht überwiegen muss, ist bei der Frage, ob kein anderer Arbeitsplatz zur Verfügung steht, eine gesonderte Betrachtung mehrerer Tätigkeiten erforderlich.[155] Auf

---

[155] Wacker in Blümich, § 4 EStG Rz. 285p.

das Arbeitszimmer bei der KG kommt es insoweit nicht an. Für die Ingenieurtätigkeit steht ihm kein weiterer Arbeitsplatz zur Verfügung. **Die Kosten für das Arbeitszimmer sind somit bis zur Begrenzung von 1.250 € als Betriebsausgaben abzugsfähig.**

Dies bedeutet, dass in einem nächsten Schritt die tatsächlichen Kosten berechnet werden und mit dem Höchstbetrag verglichen werden müssen.

Nach § 4 Abs. 3 S. 3 EStG sind die §§ 6 Abs. 2, 6 Abs. 2a und 7 EStG auch bei der Gewinnermittlung nach § 4 Abs. 3 EStG anzuwenden.

Die Anschaffungskosten der PC-Anlage übersteigen 410 €. Ein Sofortabzug für geringwertige Wirtschaftsgüternach § 6 Abs. 2 EStG kommt somit nicht in Betracht. Es gibt auch noch die Möglichkeit der Bildung eines Sammelpostens für sämtliche Wirtschaftsgüter, deren Anschaffungskosten zwischen 150 € und 1.000 € betragen.[156] Der Sammelposten wird gleichmäßig über einen Zeitraum von 5 Jahren, d.h. mit jährlich 20 % abgeschrieben. Bei einer Abschreibung gem. § 7 Abs. 1 EStG in gleichen Jahresbeträgen ergibt sich nach der AfA-Tabelle[157] für Workstations, Personalcomputer, Notebooks und deren Peripheriegeräte (Drucker, Scanner, Bildschirme) eine Nutzungsdauer von 3 Jahren und damit ein Abschreibungssatz von 33,33 %. Da dies zu einem niedrigeren Gewinn und damit zu geringeren Steuern für 2010 führt wird nach § 7 Abs. 1 EStG abgeschrieben, und die Sammelpostenregelung gem. § 6 Abs. 2a EStG sowie die degressive Abschreibung nach § 7 Abs. 2 EStG mit max. 25 % vernachlässigt.

Berts PC hat 600 € gekostet und damit kann er pro Jahr 200 € geltend machen. Nach § 7 Abs. 1 S. 4 EStG vermindert sich dieser Betrag im Jahr der Anschaffung um jeweils ein Zwölftel für jeden vollen Monat, der dem Monat der Anschaffung oder Herstellung vorangeht. In unserem Fall sind dies 2 Monate:

2/12 * 200 € = 33,33 €   200 € - 33,33 €   = 166,67 €

die er in 2010 als Abschreibung geltend machen kann.

Abnutzbare bewegliche Wirtschaftsgüter, die einer selbstständigen Nutzung fähig sind und dessen Anschaffungskosten 410 € nicht übersteigen, können gem. § 6 Abs. 2 EStG im Jahr der Anschaffung voll abgesetzt werden. Im vorliegenden Fall sind das der Schreibtisch im Wert von 100 €, der Teppich 100 € und der Bürostuhl für 80 € = 280 €. Diese Kosten gelten als Einrichtung und Ausstattung und fallen deshalb unter die Abzugsbeschränkung des Arbeitszimmers.[158]

---

[156] In den Wirtschaftsjahren 2008 und 2009 war der Sammelposten zwingend anzuwenden. Ab 2010 wurde wieder wahlweise die „alte" GWG-Regelung bis 410 € eingeführt. Die Wahl zwischen der sofortigen Abschreibung § 6 Abs. 2 EStG und der Bildung des Sammelpostens § 6 Abs. 2a EStG muss pro Wirtschaftsjahr für jedes neuangeschaffte Wirtschaftsgut einheitlich angewendet werden.

[157] //www.steuerlinks.de/afa-tabelle-000-allgemein-verwendbare-anlageguter.html.

[158] BFH-Urteil vom 21.11.1997, VI R 4/97, BStBl II 1998, 351.

Die Miete betrifft die ganze Wohnung und kann dem Arbeitszimmer somit nur anteilig nach qm zugerechnet werden.

Die Wohnung misst 80 qm, davon der Keller 20 qm.

Also kann ¼ von der Miete dem Arbeitszimmer zugerechnet werden:

¼ * 400 € * 12 Monate = 1.200 €

Auf das Arbeitszimmer entfallen somit die anteilige Miete von 1.200 € sowie die Kosten für die Einrichtung in Höhe von 280 € = insgesamt 1.480 €.

Allerdings greift hier die oben genannte Grenze von 1.250 € und er kann damit nur diese Kosten für das Arbeitszimmer als Betriebsausgaben absetzen.

Die PC-Abschreibung von 166,67 € fällt nicht unter die Abzugsbeschränkung und ist deshalb neben den Kosten für das Arbeitszimmer als Betriebsausgabe abzugsfähig.

Damit hat Bert Einkünfte aus selbständiger Arbeit in Höhe von:

3.000 € - 1.416,67 €   **= 1.583,33 € ~ 1.583 €**

10.2.4 Summe der Einkünfte

Gem. § 2 Abs. 2 Nr. 1 EStG sind die Einkünfte bei Gewerbebetrieb und selbständiger Arbeit der Gewinn.

Einkünfte aus Gewerbebetrieb § 15 Abs. 1 EStG:

	KG	Anton (20 % Anteil)	Bert (80 % Anteil)
Gewinn	100.100.000 €	20.020.000 €	80.080.000 €
+/- Sonder-BE/BA	10.000.000 €	10.000.000 €	—
Maßgeblicher Gewinn	110.100.000 €	30.020.000 €	80.080.000 €

Einkünfte aus Selbstständiger Arbeit: § 18 Abs. 1 EStG

■ Bert   1.583 €

Einkünfte aus Nichtselbstständiger Arbeit § 19 EStG

■ Anton - 2.398 €

Summe der Einkünfte ist nach § 2 Abs. 2 EStG die Summe der einzelnen Einkunftsarten:

- Anton 30.017.602 €
- Bert 80.081.583 €

10.2.5 Gesamtbetrag der Einkünfte

Nach § 2 Abs. 3 EStG entspricht die Summe der Einkünfte dem Gesamtbetrag der Einkünfte, da hier weder der Altersentlastungsbetrag noch der Entlastungsbetrag für Alleinerziehende in Betracht kommt.

10.2.6 Einkommen

Nach § 2 Abs. 4 EStG ist der Gesamtbetrag der Einkünfte, vermindert um die Sonderausgaben und die außergewöhnlichen Belastungen, das Einkommen.

Nach § 10c EStG erhält jeder Steuerpflichtige einen Sonderausgaben-Pauschbetrag von 36 €, wenn er nicht höhere Aufwendungen nachweist. Da in unserem Fall gar keine Aufwendungen angegeben sind, können Anton und Bert jeweils diesen Pauschbetrag von ihrem Gesamtbetrag der Einkünfte abziehen:

- Anton: 30.017.566 €
- Bert: 80.081.547 €

10.2.7 Zu versteuerndes Einkommen

Nach § 2 Abs. 5 ist EStG Einkommen = zu versteuernde Einkommen = Bemessungsgrundlage für die tarifliche Einkommensteuer.

10.2.8 Tarifliche Einkommensteuer

Die tarifliche Einkommensteuer bemisst sich nach § 32a Abs. 1 Nr. 5 EStG und somit nach der Formel: $0{,}45 * x - 15.694 €$. Diese Formel gilt erst für zu versteuernde Einkommen ab 250.401 €. x ist dabei das auf einen vollen Euro-Betrag abgerundete zu versteuernde Einkommen.

- Für Anton ergibt sich dabei eine Steuer von 13.492.210 €
- Für Bert ergibt sich dabei eine Steuer von 36.021.002 €

10.2.9 Festzusetzende Einkommensteuer

§ 2 Abs. 6 EStG: Tarifliche Einkommensteuer - Steuerermäßigung nach § 35 EStG = festzusetzende Einkommensteuer.

Die Steuermäßigung bei Einkünften aus Gewerbebetrieb nach § 35 Nr. 1 EStG beträgt das 3,8 fache des Gewerbesteuermessbetrags, welcher im nächsten Abschnitt durch Ermittlung des Gewerbeertrags berechnet wird, aber aus Gründen der Übersichtlichkeit bereits vorgegeben wird. Die anteilige Gewerbesteuer von Personengesellschaften ermäßigt die Einkommensteuer der Gesellschafter und wird gem. §§179, 180 AO zusammen mit dem Gewinn und dem Gewerbesteuermessbetrag gesondert und einheitlich festgestellt.

Gewerbesteuermessbetrag 4.376.767,50 € x 3,8 =16.631.716,50 €

Allerdings ist diese Steuerermäßigung auf die tatsächlich zu zahlende Gewerbesteuer beschränkt. In unserem Fall **8.753.535 €** (§ 35 Abs. 1 S. 5 EStG).

Gem. § 35 Abs. 2 Satz 2 EStG richtet sich der Anteil eines Mitunternehmers am Gewerbesteuermessbetrag (und somit an der Steuerermäßigung) nach seinem Anteil am Gewinn der Mitunternehmerschaft: Anton erhält 20 % und Bert 80 % der Steuerermäßigung.

Somit beträgt die festzusetzende Einkommensteuer (§ 2 Abs. 6 S. 1 EStG)

- ■ Bei Anton:

  Tarifliche Einkommensteuer 13.492.210 €

  - Steuerermäßigung §35 EStG 0,2 * 8.753.535 €.= **11.741.503 €**

- ■ Bei Bert:

  36.021.002 € - 0,8 * 8.753.535 € = **29.018.174 €**

10.3   Ermittlung der Gewerbesteuer

10.3.1   § 2 GewStG: Steuergegenstand

Der Gewerbesteuer unterliegt jeder stehende Gewerbebetrieb, der im Inland betrieben wird (§ 2 Abs. 1 GewStG). Das heißt, jedes gewerbliche Unternehmen im Sinne des EStG (§ 2 Abs. 2 GewStG i.V.m. R 2.1 GewStR). Die KG ist damit gewerbesteuerpflichtig. Anders als im EStG ist die KG als Personengesellschaft bei der Gewerbesteuer selbstständiges Steuersubjekt § 5 Abs. 1 S. 3 GewStG.

10.3.2   § 7 GewStG: Gewerbeertrag

nach EStG ermittelter Gewinn aus Gewerbebetrieb § 7 S. 1 GewStG

- + Hinzurechnungen § 8 GewStG

- - Kürzungen § 9 GewStG

- = Gewerbeertrag

10.3.3 § 11 GewStG: Steuermesszahl und Steuermessbetrag

Gewerbeertrag auf volle 100 € abgerundet (§ 11 Abs. 1 Satz 2 GewStG)

– 24.500 € bei natürlichen Personen und Personengesellschaften nach Satz 3 Nr. 1

= Steuerpflichtiger Gewerbeertrag

x Steuermesszahl 3,5 % (Abs. 2)

= Steuermessbetrag

10.3.4 § 16 GewStG: Hebesatz

Gewerbesteuer = Steuermessbetrag * Hebesatz (Abs. 4 Satz 2 mindestens 200 %)

Im vorliegendem Fall ermittelt sich die Gewerbesteuer wir folgt:

nach ESt ermittelter Gewinn: 110.100.000 €

+ Hinzurechnungen: § 8 Abs. 1 Nr. 1 GewStG ¼ der Entgelte für Schulden soweit sie bei der Ermittlung des Gewinns abgesetzt worden sind und die Summe den Betrag von 100.000 € übersteigt.

    Abgesetzt wurden 60 Mio. € Zinsen – 100.000 € =

    59,9 Mio. € Zinsen * ¼

    = 14.975.000 € Hinzurechnung

- Kürzungen (liegen hier nicht vor)

= Gewerbeertrag   = 125.075.000 € (auf volle 100 € abgerundet)

- Freibetrag 24.500 €   = 125.050.500 €

x Steuermesszahl   x 3,5 %

= Steuermessbetrag (relevant für die Steuerermäßigung nach § 35 EStG)

    = 4.376.767,50 €

* Hebesatz   * 200 %

= **Gewerbesteuer**   = **8.753.535 €**

11   Verkauf von OHG Anteilen

Michael Henn (Dr. M. Szczesny)

11.1   Sachverhalt

Herr Albus und Herr Berger sind Gesellschafter der A&B OHG. Die OHG hat ihren Firmensitz in Würzburg und betreibt zwei Kioske in der Stadt Würzburg. Herr Albus wohnt in Würzburg und er gehört keiner Religionsgemeinschaft an.

Einer der Kioske befindet sich auf einem Grundstück, welches seit 10 Jahren Eigentum der OHG ist. Der Kaufpreis für das Grundstück betrug € 100.000,- und die Anschaffungskosten für das Gebäude beliefen sich auf € 50.000,-. Der festgestellte Einheitswert beträgt € 60.000,-.

Der zweite Kiosk steht auf einem gepachteten Grundstück, die monatliche Pacht beträgt € 1.500,-. Beide Kioske haben einen sehr guten Ruf in der Stadt.

Um die Waren zu den Kiosken zu transportieren, hat die OHG einen Sprinter geleast. Die Leasingrate beträgt monatlich € 450,-. Dieses Fahrzeug wird ausschließlich für betriebliche Zwecke verwendet.

Herr Albus vermietet eine Lagerhalle an die OHG und erhält hierfür von der OHG eine monatliche Miete in Höhe von € 1.000,- (netto). Herr Albus hat bei der Vermietung nach § 9 Abs. 1 UStG auf die Steuerfreiheit verzichtet. Die Anschaffungskosten für das Grundstück und Halle haben am 30.06.1989 € 45.000,- betragen, wobei € 12.000,- auf das Grundstück und € 33.000,- auf die Halle entfallen. Der gemeine Wert beträgt jetzt noch € 40.000,-. Zu seinem 60. Geburtstag am 30.06.2009 verkauft Herr Albus mit dem Einverständnis von Herr Berger seine Anteile an der OHG an Herr Castler zu einem Verkaufspreis in

Höhe von € 200.000,-. Die Kapitalkonten von Herrn Albus und Herrn Berger weisen zum 30.06. jeweils € 50.000,- aus.

Das handelsrechtliche Ergebnis für 2009 beträgt € 100.000,-.

Die in der Bilanz ausgewiesenen Wirtschaftsgüter der OHG weisen keine stillen Reserven auf.

1. Ermitteln Sie die GewSt der OHG. Der GewSt – Hebesatz der Stadt Würzburg beträgt 420 %.

2. Ermitteln Sie die Gewinnanteile der Gesellschafter der OHG.

   Im Gesellschaftsvertrag ist geregelt, dass der Gewinn nach dem Kapitalkonto verteilt wird.

3. Ermitteln Sie die tarifliche ESt von Herrn Albus im Jahr 2009.

11.2   Lösung: Verkauf von OHG Anteilen

11.2.1   Lösung zu: Ermitteln Sie die GewSt der OHG

Nach § 2 Abs. 1 GewStG ist jeder stehende Gewerbebetrieb, welcher im Inland betrieben wird, gewerbesteuerpflichtig. Betreibt wie im vorliegenden Fall eine Personengesellschaft das Unternehmen, unterliegt die Gesellschaft selbst der Gewerbesteuer und nicht die Gesellschafter (vgl. § 5 Abs. 1 S. 3 GewStG). Insoweit unterscheidet sich die Gewerbesteuer von der Einkommensteuer, wo die Steuerpflicht auf die Gesellschafter als natürliche Personen abstellt. Die OHG hat ihren Sitz in Würzburg und ist somit in Würzburg gewerbesteuerpflichtig. Die Gewerbesteuer wird von den Städten und Gemeinden erhoben.

Nach § 2 Abs. 1 S. 2 GewStG ist unter Gewerbebetrieb jedes gewerbliche Unternehmen im Sinne des Einkommensteuergesetzes zu verstehen. Die Voraussetzungen für eine gewerbliche Tätigkeit sind hier auch erfüllt. § 15 Abs. 2 EStG gibt vor, wann eine Gewerbebetrieb vorliegt. Die Voraussetzungen für einen Gewerbebetrieb sind hier gegeben.

Die Positivmerkmale sind erfüllt:

- Selbstständig

- Nachhaltig

- Mit der Absicht Gewinn zu erzielen

- Teilnahme am allgemeinen wirtschaftlichen Verkehr

Die Negativmerkmale sind erfüllt:

- Keine Land- und Forstwirtschaft § 13 EStG

- Keine selbstständige Arbeit § 18 EStG

- Keine private Vermögensverwaltung

Die Besteuerungsgrundlage für die Gewerbesteuer ist nach § 6 GewStG der Gewerbeertrag.

Der Gewerbeertrag ist der nach den Vorschriften des Einkommensteuergesetzes ermittelte Gewinn aus Gewerbebetrieb, vermehrt und vermindert um die in den §§ 8 und 9 GewStG bezeichneten Beträge, § 7 S. 1 GewStG. Das GewStG verweist somit auf das Einkommensteuergesetz. Die Einkünfte aus Gewerbebetrieb gehören nach § 2 Abs. 2 Nr. 1 EStG zu den Gewinneinkunftsarten. Für die Gewinneinkunftsarten regeln die §§ 4 Abs. 1 Satz 1 und 5 EStG, wie der Gewinn zu ermitteln ist. Der Gewinn ist demnach der Unterschied zwischen dem Betriebsvermögen am Schluss des Wirtschaftsjahres und dem Betriebsvermögen am Schluss des vorangegangenen Wirtschaftsjahres (Betriebsvermögensvergleich).

Der handelsrechtliche Gewinn unterscheidet sich aber in mehrfacher Hinsicht vom steuerlichen Gewinn. Nach § 15 Abs. 1 Nr. 2 EStG sind etwa Vergütungen, welche die Gesellschafter für Tätigkeiten im Dienst der Gesellschaft oder für die Hingabe von Darlehen oder für die Überlassung Wirtschaftsgütern erhalten, dem Gewinn hinzuzurechnen. Gemäß § 60 Abs. 2 EStDV sind Abweichungen des steuerlichen Ansatzes vom handelsrechtlichen zu erläutern und der Steuererklärung beizufügen. Bei Bedarf kann auch eine Steuerbilanz erstellt werden; nach dem BilMoG wird ab 01.01.2010 vermehrt zu prüfen sein, ob eine eigenständige Steuerbilanz erforderlich ist[159]. Die Gewinnermittlung bei Mitunternehmerschaften – so der steuerliche Begriff – erfolgt in der Weise, dass die Steuerbilanz der Gesellschaft mit den Ergebnissen etwaiger Ergänzungsbilanzen und den Sonderbilanzen der Gesellschafter zusammengefasst wird.

Die Vermietung der Lagerhalle von Herrn Albus ist so ein Fall. Obwohl die Halle nicht im Eigentum der OHG steht, spielt sie in der Steuerbilanz eine Rolle. Im Handelsrecht wird die gezahlte Miete lediglich als Aufwand berücksichtigt. Für die steuerliche Gewinnermittlung muss die Miete jedoch wieder als Sondervergütung des Albus hinzugerechnet werden, § 15 Abs. 1 Satz 1 Nr. 2 EStG).

Die Mieteinnahmen und die Lagerhalle werden in einer Sonderbilanz von Herrn Albus erfasst. In einer Sonderbilanz wird Betriebsvermögen erfasst, welches nicht zum Gesamthandsvermögen der Gesellschaft gehört, der Gesellschaft aber dient.

Die Miete führt zu Sonderbetriebseinnahmen bei Herrn Albus und die Aufwendungen für die Halle (insbes. Abschreibungen) zu Sonderbetriebsausgaben. Da Herr Albus aber

---

[159] Vgl. etwa Herzig/Briesemeister, DB 2010, 917.

nur bis zum 30.06.2009 Gesellschafter war, muss nur die bis zu diesem Zeitpunkt angefallene Miete hinzugerechnet werden.

Sonderbetriebseinnahmen:

1.000,- x 6 Monate = 6.000,-

Sonderbetriebsausgaben:

Abschreibung 33.000,-/33 Jahre[160] = 1.000,- x 6/12 = 500,-

Sonderbetriebsergebnis:

Gewinn = 6.000,- - 500,- = 5.500,-

Sonderbilanz Herr Albus zum 30.06.2009

Grundstück	12.000,-	Kapital	25.000,-
Lagerhalle	13.000,-		

Die Lagerhalle wird über eine 33 jährige Nutzungsdauer abgeschrieben. Somit ergibt sich eine jährliche Abschreibung in Höhe von € 1.000,-. In der Summe weist die Lagerhalle eine bisherige Nutzungsdauer von 20 Jahren auf. Dadurch ergibt sich ein Buchwert in der Sonderbilanz von Herrn Albus in Höhe von € 13.000,-.

Übersteigen die Aufwendungen des Erwerbers das Kapitalkonto des Veräußerers in der Steuerbilanz der Gesellschaft, sind die über dem Kapitalkonto liegenden Erwerbsaufwendungen in einer positiven Ergänzungsbilanz als zusätzliche Anschaffungskosten für die Anteile an den stillen Reserven in den Wirtschaftsgütern des Gesamthandsvermögens und an einem Geschäfts- oder Firmenwert zu aktivieren. Der Kaufpreis des Herr Castler liegt über dem Kapitalkonto, da in der Handelsbilanz der Gesellschaft keine Änderung erfolgt (außer der Umbenennung des Kapitalkontos) muss steuerlich der Mehrkaufpreis im vorliegenden Fall Berücksichtigung finden.

Die Ergänzungsbilanz von Herr Castler weist ein Mehrkapital in Höhe von € 150.000,- aus. Herr Castler kann diese € 150.000,- nun in den Folgejahren abschreiben. Die Abschreibung wirkt sich bei Herr Castler gewinnmindernd aus.

Da die Wirtschaftsgüter der OHG keine stillen Reserven ausweisen, ist davon auszugehen, dass Herr Castler mehr gezahlt hat, weil die Kioske einen so guten Ruf in der Stadt haben, der Mehrpreis also ausschließlich auf den Geschäfts- oder Firmenwert entfällt.

Der Firmenwert in Höhe von € 150.000,- ist nach § 7 Abs. 1 Satz 3 über 15 Jahre abzuschreiben.

---

[160] § 7 Abs. 4 Nr. 1 EStG.

Die Ergänzungsbilanz zum 30.06.2009 sieht nun wie folgt aus:

Ergänzungsbilanz Herr Castler zum 30.06.2009

| Firmenwert | 150.000,- | Mehrkapital | 150.000,- |

Für 2009 ergibt sich folgende Abschreibung:

150.000,-/15 Jahre = 15.000,- x 6/12 = 7.500,-

Ergebnis aus der Ergänzungsbilanz = - 7.500,-

Damit ergibt sich folgende Ergänzungsbilanz zum 31.12.2009:

Ergänzungsbilanz Herr Castler zum 31.12.2009

| Firmenwert | 142.500,- | Mehrkapital | 142.500,- |

Eine Ergänzungsbilanz ist eine auf einen Gesellschafter bezogene Wertkorrekturbilanz. In ihr werden Wertansätze von Wirtschaftsgütern korrigiert, welche nicht alle Gesellschafter betreffen.

In der Gesamthandsbilanz übernimmt Herr Castler die € 50.000,- von Herrn Albus. Die Gewinnverteilung erfolgt auch nur nach den Kapitalverhältnissen der Gesamthandsbilanz. Die Ergänzungsbilanz wird bei der Gewinnverteilung nicht berücksichtigt.

Demnach ergibt sich für die Gesellschaft folgendes zu versteuerndes Einkommen nach § 15 Abs. 1 Nr. 2 des Einkommensteuergesetz:

Handelsbilanzgewinn	200.000,-
+ Sonderbilanz Herr Albus	6.000,-
- Ergänzungsbilanz Herr Castler	7.500,-
= steuerlicher Gewinn	198.500,-

Daraus ergibt sich die Besteuerungsgrundlage für die Gewerbesteuer. Nach den §§ 8 und 9 GewStG müssen aber noch Hinzurechnungen und Kürzungen erfolgen.

In unserem Fall bedarf es einer Hinzurechnung der Pacht für den Kiosk. Ab dem 30.06.2009 muss auch die Miete für die Lagerhalle hinzugerechnet werden. Die Hinzurechnung erstreckt sich aber nicht auf die komplette Pacht und Miete, sondern nur auf 13/20 [161], § 8 Nr. 1e GewStG.

Nach § 8 Nr. 1d muss auch die Leasingrate für den Sprinter hinzugerechnet werden, allerdings nur in Höhe von 1/5.

Hinzuzurechnender Betrag Pacht = 18.000,- x 3/4 = 13.500,-

Hinzuzurechnender Betrag Miete = 6.000,- x 3/4 = 4.500,-

Hinzuzurechnender Betrag Leasing = 5.400,- x 1/5 = 1.080,-

In diesem Fall ist aber der Freibetrag nach § 8 Nr. 1 GewStG in Höhe von € 100.000,- zu berücksichtigen, so dass keine Hinzurechnung erfolgt, § 8 Nr. 1 GewStG. Der Freibetrag bezieht sich auf die gezahlte Pacht, Miete und Leasing und nicht auf den reduzierten Betrag.

Die Miete für die Lagerhalle muss erst ab dem Zeitpunkt hinzugerechnet werden ab dem Herr Albus kein Gesellschafter mehr ist und die Miete auch steuerlich als Aufwand zu behandeln ist. Bis zum 30.06.2009 ist Herr Albus noch Gesellschafter und die gezahlte Miete wird bei der Ermittlung des steuerlichen Gewinnes schon hinzugerechnet. Wenn die Miete auch noch nach § 8 GewStG hinzugerechnet wird erfolgt eine doppelte Hinzurechnung.

Die Kürzungen werden in § 9 GewStG geregelt. Nach § 9 Nr. 1 GewStG darf die Summe des Gewinns um 1,2 % des Heinheitswertes gekürzt werden.

Kürzung = 60.000,- x 1,2 % = 720,-

Der maßgeblich Gewerbeertrag der OHG beträgt nun:

Steuerbilanzgewinn	198.500,-
+ Hinzurechnungen nach § 8 GewStG	0,-
- Kürzungen nach § 9 GewStG	720,-
= Gewerbeertrag	197.780,-

Nach § 11 Abs. 1 Satz 3 GewStG ist der Gewerbeertrag auf volle € 100,- abzurunden. Dies ergibt somit einen Gewerbeertrag in Höhe von € 197.700,-.

---

[161] Ab dem EZ 2010 muss die Hälfte hinzugerechnet werden.

In § 11 Abs. S. 3 Nr. 1 GewStG ist ein Freibetrag in Höhe von € 24.500,- enthalten. Dieser Gewerbeertrag gilt für Personengesellschaften und natürliche Personen, so dass er auch der OHG im vorliegenden Fall zusteht.

Nach der Abrundung und Berücksichtigung des Freibetrages erhält man den Gewerbeertrag; er beträgt bei der OHG € 173.200,-.

Die Ermittlung der Steuermesszahl wird in § 11 Abs. 2 GewStG geregelt. Die Steuermesszahl beträgt 3,5 % des Gewerbeertrages.

> Steuermesszahl = 173.200,- x 3,5 % = 6.062

Die Steuermesszahl wird mit dem Gewerbesteuerhebesatz multipliziert, § 16 Abs. 1 GewStG.

> Zu zahlende Gewerbesteuer = 6.062 x 420 % = 25.460,40

Der Gewinn aus dem Anteilsverkauf von Herrn Albus ist nach § 7 Satz 2 GewStG nicht gewerbesteuerpflichtig. Dies wird auch durch R 7.1 (3) GewStR noch mal verdeutlicht.

11.2.2 Lösung zu: Ermitteln Sie die Gewinnanteile der Gesellschafter

Der Gewinn der Gesellschaft wird nach § 180 Abs. 1 Nr. 2a AO gesondert festgestellt, wenn an den Einkünften mehrere Personen beteiligt sind und die Einkünfte diesen Personen steuerlich zuzurechnen sind.

Die Gesellschafter bekommen folgenden Prozentsatz des steuerlichen Gewinnes zugerechnet:

Herr Albus:

> Beteiligungsquote über das ganze Jahre = 50 % x 6/12 = 25 %

Herr Berger:

> Beteiligungsquote über das ganze Jahre = 50 % x 12/12 = 50 %

Herr Castler:

> Beteiligungsquote über das ganze Jahre = 50 % x 6/12 = 25 %

Ergebnisverteilung der A&A OHG für das Jahr 2009:

	Herr Albus 25 %	Herr Berger 50 %	Herr Castler 25 %	Gesamt
Handelsbilanzgewinn	50.000,00	100.000,00	50.000,00	200.000,00
Ergebnis Sonderbilanz	6.000,00	0,00	0,00	6.000,00
Ergebnis Ergänzungsbilanz	0,00	0,00	- 7.500,00	- 7.500,00
steuerlicher Gewinnanteil	56.000,00	100.000,00	42.500,00	198.500,00

11.2.3   Lösung zu: Ermitteln Sie die tarifliche Einkommensteuer von Herrn Albus für das Jahr 2009

11.2.3.1   Einkommensteuerpflicht von Herr Albus

Nach § 1 Abs. 1 Satz 1 EStG sind natürliche Personen unbeschränkt einkommensteuerpflichtig, wenn sie im Inland einen Wohnsitz oder ihren gewöhnlichen Aufenthalt haben. § 8 AO regelt den Wohnsitz; einen Wohnsitz: „hat jemand dort, wo er eine Wohnung unter Umständen innehat, die darauf schließen lassen, dass er die Wohnung beibehalten und nutzen wird." Herr Albus erfüllt diese Voraussetzungen, da er in Würzburg wohnt.

Herr Albus ist somit in Deutschland unbeschränkt Einkommensteuerpflichtig, das bedeutet, er ist – vorbehaltlich DBA – mit seinem Welteinkommen in Deutschland einkommensteuerpflichtig.

11.2.3.2   Laufende Einkünfte aus dem Gewerbebetrieb

Herr Albus erzielt nach § 15 Abs. 1 Nr. 2 EStG Einkünfte aus Gewerbebetrieb. Der Gewinn wurde nach § 180 AO festgestellt. Der Gewinnanteil von Herrn Albus beträgt € 56.000,-.

11.2.3.3   Gewinn aus dem Anteilsverkauf

Der Gewinn aus dem Anteilsverkauf ist nach § 16 Abs. 1 Nr. 2 EStG steuerpflichtig. Diese Einkünfte unterliegen einem besonderen Steuersatz nach § 34 EStG, da sie meist zu einer geballten Aufdeckung stiller Reserven führen, die nach dem progressiven Steuertarif zu höheren Belastungen führen würden. Wird der Gesellschaftsanteil einschließlich des wesentlichen Sonderbetriebsvermögens veräußert, liegt eine begünstige Veräußerung nach § 16 Abs. 1 S. 1 Nr. 2 EStG vor. Dabei müssen jedoch die stillen Reserven aufgedeckt werden.

Im vorliegenden Fall wird das notwendige Sonderbetriebsvermögen nicht mitveräußert, sondern unter Aufdeckung der stillen Reserven in das Privatvermögen überführt. Somit liegt keine begünstigte Veräußerung mehr vor, sondern eine begünstigte Betriebsaufgabe nach § 16 Abs. 3 EStG i.V.m. § 16 Abs. 1 Satz 1 Nr. 2 EStG.

Dies wird auch durch H 16 Abs. 2 EStR noch mal deutlich; demnach liegt eine Aufgabe des Gewerbebetriebes auch dann vor, wenn alle wesentlichen Betriebsgrundlagen in einem einheitlichen Vorgang entweder veräußert oder Teile in das Privatvermögen überführt werden. Bei der Überführung in das Privatvermögen müssen die stillen Reserven jedoch aufgedeckt werden.

§ 16 Abs. 2 EStG regelt wie der Veräußerungsgewinn zu ermitteln ist. Demnach ist der Veräußerungsgewinn der Betrag, denn der Veräußerungspreis den Wert des Betriebsvermögens übersteigt, abzüglich der Veräußerungskosten.

Veräußerungspreis	200.000,-
- Wert des Betriebsvermögens	50.000,-
= Veräußerungsgewinn	150.000,-

Für das Grundstück mit der Lagerhalle, welches Herr Albus in sein Privatvermögen überführt, muss der gemeine Wert angesetzt werden. Der gemeine Wert wird in § 9 BewG definiert. Nach § 9 Abs. 2 BewG wird der gemeine Wert: „durch den Preis bestimmt, der im gewöhnlichen Geschäftsverkehr nach der Beschaffenheit des Wirtschaftsgutes bei einer Veräußerung zu erzielen wäre." Somit muss dem Veräußerungsgewinn noch die Differenz zwischen dem Buchwert des Grundstücks und der Lagerhalle und des gemeinen Wertes hinzugerechnet werden.

gemeiner Wert	40.000,-
- Buchwert	25.000,-
= Hinzurechnung	15.000,-

Somit ergibt sich ein gesamter Veräußerungsgewinn in Höhe von € 165.000,-.

Für Steuerpflichtige, welche das 55. Lebensjahr vollendet haben, gibt es gemäß § 16 Abs. 4 EStG einen Freibetrag in Höhe von € 45.000,-. Der Freibetrag kann von jedem steuerpflichtigen nur einmal in Anspruch genommen werden. Der Freibetrag „ermäßigt sich um den Betrag, um den der Veräußerungsgewinn € 136.000,- übersteigt."

Veräußerungsgewinn	165.000,-
- *Sockelung*	136.000,-
= Differenz	29.000,-

Freibetrag	45.000,-
-	29.000,-
= anzusetzender Freibetrag	16.000,-

Veräußerungsgewinn	165.000,-
- anzusetzender Freibetrag	16.000,-
= zu versteuernder Veräußerungsgewinn	149.000,-

Damit hat Herr Albus insgesamt Einkünfte aus Gewerbebetrieb in Höhe von € 205.000,-[162].

11.2.3.4 Ermittlung der tariflichen Einkommensteuer nach § 34 Abs. 3 EStG

Die Einkünfte aus § 16 EStG werden jedoch nicht mit dem regulären Steuersatz sondern mit einem begünstigten Steuersatz nach § 34 EStG besteuert. Der ermäßigte Steuersatz beträgt 56 % des durchschnittlichen Steuersatzes, welcher sich nach dem zu gesamten versteuernden Einkommen ergäbe. Der § 34 EStG gilt nach § 34 Abs. 3 Satz 1 nur für steuerpflichtige die das 55. Lebensjahr vollendet haben.

Der tarifliche Steuersatz von Herrn Albus beträgt wie oben angegeben 42 %.

Daraus ergibt sich ein durchschnittlicher Steuersatz[163]:

Tarifliche Einkommensteuer[164] = 205.000,- x 0,42 - 8.064,- = 78.036,-

Durchschnittlicher Steuersatz = (78.036,- x 100) / 205.000,-   = 38,0663 %

---

[162] Summe der Einkünfte aus Gewerbebetrieb = 149.000,- + 56.000,- = 205.000,-.

[163] R 34.5 Abs. 1 EStR.

[164] § 32a Abs. 1 Nr.4 EStG.

Der ermäßigte Steuersatz beträgt somit:

Ermäßigter Steuersatz = 38,0663 % x 56 % = 21,3171 %

Somit beträgt die Einkommensteuer auf den begünstigten Veräußerungsgewinn:

ESt auf Veräußerungsgewinn = 149.000,- x 21,3171 % = 31.762,48

Die Einkommensteuer auf den laufenden Gewinn beträgt:

ESt auf laufenden Gewinn[165] = 0,42 x 56.000,- - 8.064,- = 15.456,-

Die Gesamtsteuerbelastung beträgt somit **47.318,48**.

11.2.3.5 Ermittlung der tariflichen Einkommensteuer nach § 34 Abs. 1 Satz 2 EStG

Demnach beträgt die Einkommensteuer auf die außerordentliche Einkünfte das „Fünffache des Unterschiedsbetrag zwischen der Einkommensteuer für das um diese Einkünfte verminderte zu versteuernde Einkommen und der Einkommensteuer für das verbleibende zu versteuernde Einkommen zuzüglich eines Fünftel dieser Einkünfte"[166].

zu versteuerndes Einkommen	205.000,00 €	
- Einkünfte i.S.d. § 34 Abs. 2 Nr. 1 EStg	149.000,00 €	
verbleibendes z.v.E.	56.000,00 €	
darauf entfallende ESt		15.456,00 €
zuzüglich 1/5 der Einkünfte i.S.d. § 34 Abs. 2 Nr. 1	29.800,00 €	
	85.800,00 €	
darauf entfallender Steuerbetrag	27.972,00 €	
abzüglich Steuerbetrag auf das verbleibende z.v.E.	15.456,00 €	
Unterschiedsbetrag	12.516,00 €	
multipliziert mit Faktor 5	62.580,00 €	62.580,00 €
tarifliche Einkommensteuer		**78.036,00 €**

Der ermäßigte Steuersatz nach § 34 Abs. 3 EStG führt zu einer wesentlich geringern Belastung als die 1/5 Methode. Deshalb wird sich Herr Albus für den ermäßigten Steuersatz entscheiden.

---

[165] Der Steuer für den laufenden Gewinn wird nach § 32a Abs. 1 Nr. 4 EStG ermittelt.

[166] § 34 Abs. 1 Satz 2 EStG.

11.2.3.6   Gewerbesteueranrechnung nach § 35 EStG

Nach § 35 EStG wird die gezahlte Gewerbesteuer auf die Einkommensteuer angerechnet. Die Gewerbesteuer vermindert somit die Einkommensteuerbelastung. Die gezahlte Gewerbesteuer wird wie eine Einkommensteuervorauszahlung angesehen. Die Gewerbesteueranrechnung ist aber begrenzt auf das maximal 3,8fache des Gewerbesteuermessbetrages.

Der Gewerbesteuer-Messbetrag muss durch das Finanzamt für jeden Gesellschafter anteilig festgestellt werden. Maßgebend ist der nach § 14 GewStG für das Unternehmen festgesetzte Messbetrag. Nach § 35 Abs. 3 S. 2 EStG ist die Feststellung des Messbetrags Grundlagenbescheid.

Nach § 35 Abs. 2 Satz 2 EStG richtet sich die Verteilung der Gewerbesteuer-Messbeträge nach dem allgemeinen Gewinnverteilungsschlüssel. Dies bedeutet, dass die Vorabgewinnanteile nicht berücksichtigt werden. Auch der Gewinn aus der Aufgabegewinn von Herrn Albus wird bei der Verteilung nicht berücksichtigt.

Bei der A&B OHG beträgt wie oben berechnet der Gewerbesteuer-Messbetrag € 6.062,-. Herr Albus hat nach dem allgemeinen Gewinnverteilungsschlüssel Anspruch auf 25 % des Gewinnes. Dadurch hat er auch Anspruch auf 25 % des Gewerbesteuer-Messbetrages. Somit entfällt auf Herrn Albus ein Gewerbesteuer-Messbetrag in Höhe von € 1.515,50[167].

Somit ergibt sich folgende anrechenbare Gewerbesteuer:

Anrechenbare GewSt = 1.515,50 x 3,8 = 5.758,90

Da Herr Albus für das Jahr 2009 keine Vorauszahlungen geleistet hat, muss er nun insgesamt € **41.559,58**[168] Einkommensteuer nachzahlen.

---

[167] Vgl. BMF Schreiben vom 24.02.2009.

[168] 41.559,58 = 47.318,46 - 5.758,90.

12 Realteilung

Anwendung von § 16 Abs. 3 Satz 2 bis 3 EStG

Julia Hense (Prof. Dr. U. Voß)

12.1 Sachverhalt

Ausgangsfall

- A hat eine kleine Wohnung in Würzburg und lebt im Übrigen bei seiner Familie in Belgien. Dorthin pendelt er auch jedes Wochenende. B ist alleinstehend und wohnt in Würzburg, ohne hier seinen Wohnsitz gemeldet zu haben.

- A und B sind je zu 50 % an der A&B OHG beteiligt, die einen Handel mit zwei Kioske A und B betreibt. Der Sitz der OHG ist in Würzburg.

- Die Einnahmen aus der Veräußerung von Waren belaufen sich im Jahr 2009 auf 150.000 €.

  Die Ausgaben für den Einkauf von Waren betragen in 2009 50.000 €, der Anfangsbestand der Waren betrug 30.000 €. Am Jahresende sind noch Waren im Wert von 20.000 € vorhanden.

  (Anm.: Zur Vereinfachung ohne Umsatz- und Vorsteuer)

- Weiterhin entstehen Aufwendungen in Höhe von 20.000 € für Miete und Aushilfslöhne.

Abbildung 12.1: Realteilung

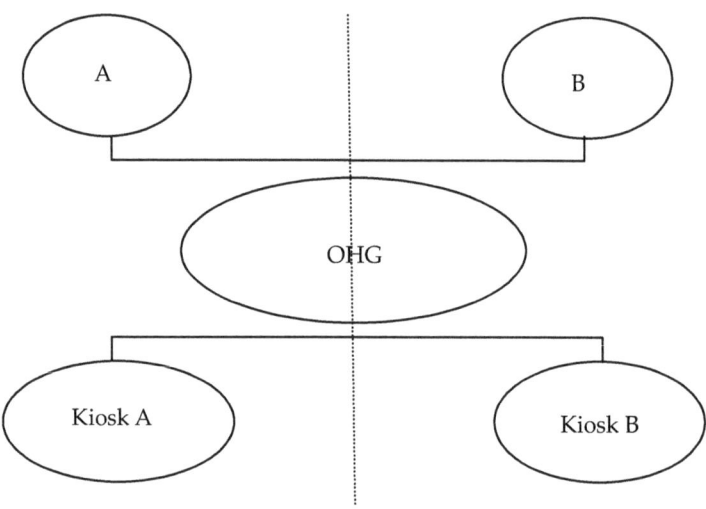

A und B wollen sich trennen. Dabei verständigen sich A und B darauf, dass die beiden Kioske jeweils von einem der Gesellschafter übernommen werden. Eine Ausgleichzahlung soll nicht erfolgen, da die beiden Kioske als gleichwertig beurteilt werden.

Am 31.12.09 übernimmt A den Kiosk A und B übernimmt den Kiosk B. Verbindlichkeiten hat die OHG keine.

Die Buchwerte des Kiosk A betragen 100.000 €; der Kiosk B hat einen Buchwert von 50.000 €. Die Kapitalkonten von A und B betragen je 75.000 €.

Ermitteln Sie das zu versteuernde Einkommen von A und B. Gehen Sie dabei insbesondere auf die einkommensteuerlichen Auswirkungen der Auflösung der OHG ein.

Alternative 1

■ A und B sind als Gesellschafter der OHG im Verhältnis von 80 : 20 am Vermögen sowie am Gewinn und Verlust beteiligt. Zum 31.12. stellt die OHG folgende Schluss-bilanz auf.

Tabelle 12.1:   Schlussbilanz 31.12.

Aktiva	Schlussbilanz zum 31.12.		Passiva
Waren/Inventar		Kapital A	120.000 €
Buchwert	100.000 €		
(Teilwert)	(240.000 €)	Kapital B	30.000 €
Ladeneinrichtung			
Buchwert	50.000 €		
(Teilwert)	(120.000 €)		
	150.000 €		150.000 €

A und B wollen ab dem 01.01. des Folgejahres eine Realteilung vornehmen. A soll die Waren/Inventar und B die Ladeneinrichtung übernehmen (jeweils zur Gründung eines Einzelunternehmens). Es soll möglichst nicht zur Gewinnrealisierung kommen. Es handelt sich um Übertragung von Einzelwirtschaftsgütern. Es liegen keine Teilbetriebe vor. Aufgrund der unterschiedlichen Teilwerte leistet B eine Zahlung in Höhe der Teilwertdifferenz an A.

Alternative 2

A und B sind zu je ½ an der A-B-OHG beteiligt. Die OHG wurde mit Wirkung zum 01.01.2008 real geteilt (jeweils zur Gründung eines Einzelunternehmens). Dabei erhielten A und B jeweils einzelne Wirtschaftsgüter; und zwar erhielt:

	Buchwert	Gemeiner Wert
	€	€
A:		
Grundstück I (= wesentliche BG[169])	100.000	500.000
übriges Anlage- und Umlaufvermögen		
(wie BGA, Forderungen)	75.000	150.000
B:		
Grundstück II. (= wesentliche BG)	225.000	900.000

A führt seinen Betrieb weiter. In 2009 veräußert A das Grundstück I für 900.000 €. Mitte 2012 veräußert A einige „unwesentlichen" Wirtschaftsgüter für 200.000 € (Buchwert 40.000 €).

B veräußert in 2013 seinen Gewerbebetrieb im Ganzen an einen Erwerber einschließlich des Grundstücks II (Buchwert im Veräußerungszeitpunkt unverändert 225.000 €).

---

[169] Betriebsgrundlage.

Der gesamte Veräußerungsgewinn von B beträgt 1.400.000 € (davon Veräußerungsgewinn aus dem Verkauf des Grundstücks II = 700.000 €).

Die Feststellungserklärung der OHG für 2008 ging am 10.11.2009 beim Finanzamt ein.

12.2 Lösung Realteilung

12.2.1 Ermittlung der Einkommensteuer

Steuerpflicht

■ OHG

Die OHG ist als Personengesellschaft weder einkommensteuer- noch körperschaftsteuerpflichtig i.S.d. §§ 1 EStG, 1 KStG.

■ A und B

A ist unbeschränkt einkommensteuerpflichtig gem. § 1 Abs. 1 EStG, da er seinen Wohnsitz gem. § 8 AO in Würzburg, also im Inland gem. § 1 Abs. 1 S. 2 EStG hat. Obwohl er jedes Wochenende nach Belgien zu seiner Familie pendelt, bleibt er hier in Deutschland trotzdem mit sämtlichen Einkünften unbeschränkt einkommensteuerpflichtig (sog. Welteinkommensprinzip).

Dabei kann A gem. § 1a Abs. 1 Nr. 2 S. 2 EStG auf Antrag seine nicht dauernd getrennt lebende Ehegattin, die keinen Wohnsitz oder gewöhnlichen Aufenthalt im Inland hat, für die Anwendung der Ehegattenveranlagung gem. § 26 Abs. 1 S. 1 EStG, als unbeschränkt Einkommensteuerpflichtige behandeln.

B ist auch als Ausländer unbeschränkt einkommensteuerpflichtig gem. § 1 Abs. 1 S. 1 EStG, da er durch seine eigene Wohnung ebenfalls einen Wohnsitz gem. § 8 AO im Inland begründet. Auf die polizeiliche Meldung kommt es insoweit nicht an.

Einkunftsart

■ OHG

Die OHG erzielt Einkünfte i.S.d. § 15 Abs. 3 Nr. 1 EStG, da sie selbst durch das Betreiben der Kioske die Voraussetzungen des § 15 Abs. 2 EStG erfüllt.

Voraussetzungen gem. § 15 Abs. 2 EStG:

– eine selbständige nachhaltige Betätigung
– die Absicht Gewinn zu erzielen
– die Beteiligung am allgemeinen wirtschaftlichen Verkehr
– Betätigung ist keine Ausübung von:

- Land und Forstwirtschaft
- eines freien Berufs oder einer anderen selbständigen Arbeit
- reiner Vermögensverwaltung

■ A und B

A und B erzielen mit ihren Gewinnanteilen Einkünfte aus Gewerbebetrieb gem. § 15 Abs. 1 S. 1 Nr. 2 EStG, da beide Personen Mitunternehmer sind. Sie tragen als Gesellschafter der OHG schon aufgrund ihrer persönlichen Haftung (§ 128 HGB) das Mitunternehmerrisiko und entfalten nach den §§ 114, 125 HGB die Mitunternehmerinitiative. Demnach handelt es sich bei sämtlichen Vergütungen die die beide Gesellschafter von der OHG erhalten um Einkünfte aus Gewerbebetrieb gem. § 15 Abs. 1 S. 1 Nr. 2 EStG.

‖ Ermittlung der Einkünfte

■ OHG

Die Einkünfte aus Gewerbebetrieb stellen eine Gewinneinkunftsart dar gem. § 2 Abs. 2 S. 1 Nr. 1 EStG. Auch wenn die OHG selbst nicht einkommensteuerpflichtig ist, wird der Gewinn auf Ebene der Gesellschaft ermittelt und dann der Anteil der auf jeden Gesellschafter entfällt nach den §§ 179 ff. AO durch gesonderte und einheitliche Feststellung festgesetzt. Die OHG ist als Handelsgesellschaft ein Formkaufmann gem. § 6 HGB. Nach § 238 HGB ist die Gesellschaft verpflichtet, Bücher zu führen und regelmäßig Abschlüsse zu machen. Gem. § 140 AO überträgt sich die handelsrechtliche Verpflichtung auch auf das Steuerrecht. Da aufgrund der Buchführungspflicht eine Überschussrechnung gem. § 4 Abs. 3 S. 1 EStG nicht möglich ist, wird der Gewinn durch den Betriebsvermögensvergleich gem. § 4 Abs. 1 i.V.m. § 5 EStG ermittelt.

Tabelle 12.2:   Das Warenkonto und die GuV

Warenbestand				GuV			
AB	30 T€	EB	20 T€	Löhne/Miete	20 T€	Erlöse	150 T€
		Minderung	10 T€	Wareneinkauf	50 T€		
				BV*	10 T€		
				Gewinn	70 T€		
	30 T€		30 T€		150 T€		150 T€

* Eine Bestandsminderung wirkt sich unter dem Posten Bestandsveränderung (BV) gewinnmindernd in der GuV aus.

Der Gesamthandsgewinn der Gesellschaft beträgt 70.000 €.

■ A & B – Auflösung der OHG

Am 31. 12. 09 wird die OHG zwischen ihren Gesellschaftern A und B real verteilt.

Bei der Realteilung erfolgt gem. § 16 Abs. 3 S. 2 und 3 EStG die Auflösung und die Beendigung der OHG. Der Gewerbebetrieb der OHG wird eingestellt. Einkommensteuerlich gilt die Mitunternehmerschaft als beendet.

Das gesamte Betriebsvermögen der Mitunternehmerschaft, einschließlich des Sonderbetriebsvermögens der einzelnen Realteiler, ist Gegenstand der Realteilung.

Sonderbetriebsvermögen laut R 4.2 Abs. 2 S.2 bis 4 EStR 2008:

„Wirtschaftsgüter, die einem, mehreren oder allen Mitunternehmern gehören und die nicht Gesamthandsvermögen der Mitunternehmer der Personengesellschaft sind, gehören zum notwendigen Betriebsvermögen, wenn sie entweder unmittelbar dem Betrieb der Personengesellschaft dienen (Sonderbetriebsvermögen I) oder unmittelbar zur Begründung oder Stärkung der Beteiligung des Mitunternehmers an der Personengesellschaft eingesetzt werden sollen (Sonderbetriebsvermögen II). Solche Wirtschaftsgüter können zum gewillkürten Betriebsvermögen gehören, wenn sie objektiv geeignet und subjektiv dazu bestimmt sind, den Betrieb der Gesellschaft (Sonderbetriebsvermögen I) oder die Beteiligung des Gesellschafters (Sonderbetriebsvermögen II) zu fördern. Auch ein einzelner Gesellschafter kann ein gewillkürtes Sonderbetriebsvermögen bilden."

§ 16 Abs. 3 EStG hat Vorrang vor den Regelungen für die Betriebsübertragung des § 6 Abs. 3 EStG und für die unentgeltliche Übertragung von Wirtschaftsgütern gem. § 6 Abs. 5 EStG. Eine Realteilung setzt voraus, dass die Mitunternehmerschaft nach der Auseinandersetzung nicht mehr existiert und mindestens eine wesentliche Betriebsgrundlage nach der Realteilung weiterhin Betriebsvermögen eines Realteilers darstellt. Wesentliche Betriebsgrundlagen i.S.d. § 16 Abs. 3 S. 3 EStG sind Wirtschaftsgüter, in denen erhebliche stille Reserven ruhen (quantitative Betrachtungsweise)[170] oder Wirtschaftsgüter, die zur Erreichung des Betriebszwecks erforderlich sind und denen ein besonderes wirtschaftliches Gewicht für die Betriebsführung zukommt (funktionale Betrachtungsweise)[171]. Gebäude sind nach aktueller Rechtsprechung des BFH grundsätzlich wesentliche Betriebsgrundlagen.[172]

Es ist nicht erforderlich, dass jeder Realteiler wesentliche Betriebsgrundlagen des Gesamthandsvermögens erhält. Die in das Privatvermögen überführten oder übertragenen Wirtschaftsgüter stellen Entnahmen der Realteilungsgemeinschaft dar, die gem. § 6 Abs. 4 S. 1 EStG mit dem Teilwert anzusetzen sind. Im Übrigen sind zwingend die Buchwerte fortzuführen.[173]

---

[170] BFH vom 02.10.1997, BStBl II 1998, 104.

[171] BFH vom 02.10.1997, BStBl II 1998, 104 und vom 19.01.1983, BStBl II 1983, 312; vgl. auch BFH vom 12.11.1985, BStBl II 1986, 299; vom 24.04.1986 BStBl II 1986, 672 und vom 17.04.1997, BStBl II 1998, 388.

[172] Carlè (2003), Tz. 317; ebenso in Schmidt (2003), § 15 Rz. 811.

[173] BMF v. 28.2.2006, IV B 2 – S 2242–6/06, BStBl I 2006, 228, Abschn. I.

Das zu übernehmende Betriebsvermögen bleibt nach der Realteilung weiterhin Betriebsvermögen bei A und B. Deshalb ist die Beendigung der OHG und damit auch der Mitunternehmerschaft keine gewinnrealisierende Betriebsaufgabe. Gem. § 16 Abs. 2 S. 2 EStG ist das zu übernehmende Betriebsvermögen jeweils mit Buchwerten fortzuführen. Jedoch entspricht in unserem Fall die Summe der Buchwerte der übernommenen Wirtschaftsgüter nicht den Kapitalkonten von A und B.

Tabelle 12.3: Schlussbilanz der OHG

Aktiva	Schlussbilanz der OHG		Passiva
Kiosk A	100.000 €	Kapitalkonto A	75.000 €
Kiosk B	50.000 €	Kapitalkonto B	75.000 €
	150.000 €		150.000 €

In diesem Fall sind Anpassungsmaßnahmen erforderlich, damit sich Aktiva und Passiva in den Bilanzen der Realteiler A und B entsprechen. Hierzu ist die sogenannte Kapitalkontenanpassungsmethode anzuwenden. Die Kapitalkonten der Realteiler laut Schlussbilanz der Mitunternehmerschaft (s.o.) werden durch Auf- und Abstocken gewinnneutral dahingehend angepasst, dass die Höhe der Summe den Buchwerten der übernommenen Kioske entspricht.[174]

Tabelle 12.4: Eröffnungsbilanzen

A				B			
Kiosk A	100 T€	Kapital	75 T€	Kiosk B	50 T€	Kapital	75 T€
		Aufstock.	25 T€			Abstock.	-25 T€
	100 T€		100 T€		50 T€		50 T€

■ Einkunftsermittlung von A & B

Der Gesamthandsgewinn des Jahres 2009 von 70 T€ wird im Verhältnis der Beteiligung auf A und B gem. §§ 179, 180 AO einheitlich und gesondert festgestellt und bei der Einkommensteuerveranlagung der Gesellschafter berücksichtigt.

---

[174] BFH-Urteil vom 10.12.1991, BStBl. 1992 II S. 385.

Tabelle 12.5:   Einkünfte aus Gewerbebetrieb

	A	**B**
Gewinnanteil § 15 Abs. 1 S. 1 Nr. 2	35.000 €	35.000 €
Einkünfte aus Gewerbebe- trieb	35.000 €	35.000 €

▌▌ Zu versteuerndes Einkommen

Die Summe der Einkünfte entspricht dem Gesamtbetrag der Einkünfte und dem zu versteuernden Einkommen, weil keine Sonderausgaben, außergewöhnlichen Belastungen oder sonstige Abzugsbeträge in der Angabe enthalten sind.[175] Gem. § 2 Abs. 5 EStG bildet das zu versteuernde Einkommen die Bemessungsgrundlage für die tarifliche Einkommensteuer nach § 32a EStG.

Im Beispielfall hat A einen Antrag für seine Ehefrau gestellt, dass sie als unbeschränkt einkommensteuerpflichtig gilt. Daraus folgt, dass die Ehegatten gem. § 26b EStG zusammen zur Einkommensteuer veranlagt werden und für das gemeinsame zu versteuernde Einkommen der Eheleute das Splittingverfahren gem. § 32a Abs. 5 EStG anzuwenden ist.

Ab 01. Januar werden beiden Kioske jeweils als Einzelbetriebe fortgeführt.

12.2.2   Spitzen- oder Wertausgleich

Alternative 1

Auch bei Alternative 1 liegt eine steuerlich begünstige Realteilung vor, da das übernommene Betriebsvermögen nach der Realteilung weiterhin Betriebsvermögen bleibt. Die für Veranlagungszeiträume 1999 und 2000 geltende Regelung, wonach nur bei der Übertragung von Betrieben, Teilbetrieben oder Mitunternehmeranteilen eine steuerneutrale Realteilung vorliegt, ist ab 2001 entfallen. Nach neuer Rechtslage ist eine Realteilung auch bei Übertragung von Einzelwirtschaftsgütern möglich.[176]

Die Realteilung erfolgt mit einem Wertausgleich, weil der Teilwert der übernommenen Wirtschaftsgüter von Gesellschafter B dessen Anteil am gesamten Unternehmenswert der OHG übersteigt (sog. Spitzenausgleich). Wird ein Spitzen- oder Wertausgleich gezahlt,

---

[175] Auf den Sonderausgaben-Pauschbetrag gem. § 10c EStG wird aus Vereinfachung verzichtet.

[176] BMF-Schreiben vom 28.02.2006, IV B 2 – S 2242 – 6/06, BStBl I 2006, 228, Abschn. X.

liegt im Verhältnis des Spitzenausgleichs zum Wert des übernommenen Betriebsvermögens ein entgeltliches Geschäft vor. In Höhe des um den anteiligen Buchwert verminderten Spitzenausgleichs entsteht ein Veräußerungsgewinn für den veräußernden Realteiler. Dieser Gewinn ist nicht nach §§ 16 und 34 EStG begünstigt, sondern als laufender Gewinn zu versteuern. Ein Spitzenausgleich steht einer im Übrigen gewinnneutralen Realteilung gem. § 16 Abs. 3 S. 2 EStG nicht entgegen.[177]

Die Zuweisung von Wirtschaftsgütern ist anhand der Teilwerte zu beurteilen. Die Summe der Teilwerte der Wirtschaftsgüter beträgt 360.000 €.

A erhält Waren/Inventar	240.000 €
A steht wertmäßig zu 80 % v. 360.000 € =	288.000 €
Minderempfang	48.000 €
B erhält Ladeneinrichtung	120.000 €
B steht wertmäßig zu 20 % v. 360.000 € =	72.000 €
Mehrempfang	48.000 €

Aufgrund des Mehrempfangs muss B an A eine Ausgleichszahlung in Höhe von 48.000 € zahlen.

Somit liegt ein teilentgeltlicher Erwerb der Ladeneinrichtung vor, im Verhältnis der gezahlten Ausgleichszahlung zum Teilwert der übernommenen Wirtschaftsgüter.

48.000 €/120.000 € =	40 % entgeltlicher Erwerb

Der Erwerb erfolgt demnach zu 60 % unentgeltlich.

Auf den entgeltlichen Teil von 40 % entfällt ein Buchwert von 20.000 € (50.000 € x 40 %). B muss also die Aktivwerte um 28.000 € aufstocken (48.000 € Abfindung abzüglich anteiligem Buchwert 20.000 €). Er muss also in seiner Eröffnungsbilanz den Warenbestand mit 78.000 € (50.000 € + 28.000 €) und außerdem die Ausgleichsverpflichtung bilanzieren.

A hat einen Veräußerungsgewinn in Höhe von 28.000 € den er als laufenden Gewinn versteuern muss.[178]

---

[177] so auch BMF vom 28.12.2006 BStBl I 2006, 228, Abschn. I.

[178] Vgl. auch Beispiel lt. BMF vom 28.02.2006 BStBl I 2006, 228, Abschn. VI.

Tabelle 12.6:   Eröffnungsbilanz von B

Aktiva	Eröffnungsbilanz	Passiva
Ladeneinrichtung	78.000 €	Kapital	30.000 €
		Ausgleichsverpflichtung	48.000 €
	78.000 €		78.000 €

12.2.3   Sperrfrist bei Übertragung von Einzelwirtschaftsgütern

Alternative 2

- ■ A und B führen am 01.01.2008 die Realteilung durch. Sie übernehmen in ihr Betriebsvermögen die ihnen zugewiesenen Wirtschaftsgüter. Die Beendigung der OHG und damit auch der Mitunternehmerschaft stellt keine gewinnrealisierende Betriebsaufgabe dar. Gem. § 16 Abs. 3 S. 2 EStG müssen die Realteiler die jeweiligen Buchwerte fortführen.

- ■ Allerdings ist bei der Realteilung eine Sperrfrist von 3 Jahren zu beachten, in denen der Verkauf oder die Entnahme von Grundvermögen oder anderen wesentlichen Betriebsgrundlagen rückwirkend zum Ansatz mit dem gemeinen Wert führt.

  Die Sperrfrist nach § 16 Abs. 3 S. 3 EStG endet 3 Jahre nach Abgabe der Steuererklärung der Mitunternehmerschaft, also hier mit Ablauf des 10.11.2012.

- ■ Nicht zur Anwendung der Sperrfrist kommt es, wenn bei der Realteilung Betriebe, Teilbetriebe oder Mitunternehmeranteile auf die Gesellschafter übertragen wurden. Wenn es sich bei dem später veräußerten bzw. entnommenen Grundvermögen um Umlaufvermögen handelt, ist die Realteilung auch nicht rückwirkend mit dem gemeinen Wert anzusetzen.[179]

- ■ Da A das Grundstück I innerhalb der dreijährigen Sperrfrist veräußert hat, ist für die Entnahme rückwirkend auf den Realteilungszeitpunkt insoweit der gemeine Wert von 500.000 € anzusetzen. Der Gewinn von 400.000 € (gemeiner Wert abzüglich Buchwert) ist rückwirkend für 2008 von A und B zu je 50 % als laufender Gewinn zu versteuern.[180] [181]

---

[179] Vgl. BMF vom 28.02.2006 BStBl I 2006, 228, Abschn. VIII.

[180] Da B keinen Einfluss auf einen späteren Verkauf von A hat, ist es für die Praxis zu empfehlen in den Vertragsklauseln aufzunehmen, dass bei Verkauf/Entnahme innerhalb der Sperrfrist dem entnehmenden/veräußernden Gesellschafter der Gewinn alleine zuzurechnen ist.

[181] Falls es sich bei dem veräußerten/entnommenen Wirtschaftsgut um Sonderbetriebsvermögen der ursprünglichen Personengesellschaft gehandelt hat, ist der nachträgliche Gewinn alleine von dem Gesellschafter zu versteuern, in dessen Eigentum sich das Wirtschaftsgut befand.

■ Bei dem Verkauf des Grundstücks in 2009 handelt es sich um ein rückwirkendes Ereignis i.S.d. § 175 Abs. 1 Nr. 2 AO. Das Finanzamt hat somit das Recht den Steuerbescheid für 2008 bezüglich des nachträglichen Entnahmegewinns bei der Realteilung zu ändern.

■ Den Veräußerungsgewinn in 2009 von 900.000 € ./. 500.000 € = 400.000 € hat A alleine zu versteuern (als laufenden Gewinn innerhalb seiner Bilanz).

■ Da es sich bei den anderen veräußerten Wirtschaftsgütern weder um Grundvermögen noch um wesentliche Betriebsgrundlagen handelt, ist die Regelung der Sperrfrist nach § 16 Abs. 3 S. 3 EStG nicht anzuwenden. Es ist somit unerheblich, dass die Veräußerung innerhalb der Sperrfrist von 3 Jahren durchgeführt wurde.

Den Veräußerungsgewinn von 200.000 € ./. 40.000 € = 160.000 € aus dem Verkauf der BGA (Betriebs- und Geschäftsausstattung) hat A somit in 2012 als laufenden Gewinn zu versteuern.

■ Die Grundstücksveräußerung des B in 2013 liegt außerhalb der dreijährigen Sperrfrist. Die Veräußerung führt somit nicht zur rückwirkenden Versteuerung der stillen Reserven im Zeitpunkt der Realteilung.

■ Den gesamten Veräußerungsgewinn in Höhe von 1.400.000 € muss B in 2013 im Rahmen einer Betriebsveräußerung versteuern. Es kommt aber auf jeden Fall die Fünftelregelung nach § 34 Abs. 1 i.V.m. Abs. 2 EStG zur Anwendung, da es sich bei dem Veräußerungsgewinn um außerordentliche Einkünfte handelt. Falls B das 55. Lebensjahr vollendet hat und die Vergünstigungen bisher noch nicht angewendet hat, kommt außerdem ggf. der Freibetrag nach § 16 Abs. 4 EStG, sowie die ermäßigte Besteuerung nach § 34 Abs. 3 EStG zur Anwendung.

13 Gewerblich geprägte Personengesellschaft

Auswirkungen des § 15 Abs. 3 Nr. 2 EStG auf Gesellschafterebene

Simon Klenner (Prof. Dr. U. Voß)

13.1 Sachverhalt

1. An der AB-GmbH & Co. KG mit Sitz in Nürnberg sind zwei Kommanditisten zu je 50 % beteiligt. Das Beteiligungsverhältnis an der AB-GmbH ist identisch mit dem der KG. Die GmbH ist Komplementärin der GmbH & Co. KG. Herr C ist Geschäftsführer der Komplementär-GmbH. Zur Geschäftsführung der KG ist ausschließlich die Komplementär-GmbH berechtigt und damit indirekt Herr C.

2. Die zwei Kommanditisten A (geb. am 12.04.1965) und B (geb. am 24.10.1963) wohnen beide als Single in unmittelbarer Nähe der Geschäftsräume der KG in Nürnberg. Herr C (geb. am 18.06.1967) ist wie die Kommanditisten konfessionslos sowie Single und wohnt in Roth bei Nürnberg.

   A und B haben sich im Jahr 2005 für eine private Krankenversicherung entschieden, die den gleichen Umfang wie eine gesetzliche Krankenversicherung hat und zahlen seitdem jeweils einen Monatsbeitrag in Höhe von 300 €. Sie haben keinen Anspruch auf Krankengeld aus der Versicherung.

3. Die Geschäftstätigkeit der KG besteht aus der Vermietung und Verpachtung von sich im Firmenbesitz befindlichen Immobilien, die jeweils allein Wohnzwecken dienen. Die damaligen Anschaffungskosten der drei Gebäude, die alle nach dem Jahr 1925 erbaut wurden, betrugen 4.000.000 €, wovon 20 % auf Grund und Boden entfielen. Es wird davon ausgegangen, dass die lineare Abschreibungsmethode zum Tragen kommt, wobei die Gebäude noch nicht voll abgeschrieben sind.

   Ein weiteres Objekt, das für die Vermietung und Verpachtung zur Verfügung steht, kam im Jahr 2010 hinzu. Es wurde von A am 01.01.2009 Grund und Boden für einen Kaufpreis von 100.000 € erworben, wobei der aktuelle Wert im Jahr 2010 nun bei 120.000 € liegt. Dieser Grund und Boden wurde mit dem sich darauf befindlichen Haus (Fertigstellung am 01.01.2009, Anschaffungskosten 300.000 €) von A ein Jahr lang seit der Anschaffung privat genutzt. Am 01.01.2010 wurde das Gebäude (Teilwert 350.000 € zum 01.01.2010) von A in die AB-GmbH & Co. KG eingelegt.

4. Nach einem sehr positiven Geschäftsjahr 2009 hat die KG einen Teil ihres Jahresüberschusses an der Börse angelegt. Die KG kaufte am 11.01.2010 Aktien im Wert von 75.000 € der börsennotierten XY AG. Daraus resultierend wird an die KG am 29.12.2010 eine Dividende für das Jahr 2010 in Höhe von brutto 5.000 € ausgeschüttet, die bei der Gewinnermittlung noch nicht berücksichtigt wurde.

5. Im gesamten Geschäftsjahr 2010 waren erfreulicherweise alle vier Objekte der AB-GmbH & Co. KG vermietet. Die Einnahmen aus der Vermietung und Verpachtung der vier Immobilien beliefen sich auf 300.000 €.

6. Im laufenden Geschäftsbetrieb fielen im Jahr 2010 Ausgaben in Höhe von 70.000 € an. In diesen Ausgaben ist bereits eine Vergütung für die AB-GmbH für die Geschäftsführung und Haftung, die mit 20.000 € zu Buche schlägt enthalten.

7. C hat in 2010 von der AB-GmbH eine Geschäftsführungsvergütung in Höhe von 24.000 € erhalten. Die Beiträge zur gesetzlichen Rentenversicherung betrugen 4.776 € (Arbeitgeber- und Arbeitnehmeranteil). Der Arbeitnehmerbeitrag zur Kranken- und Pflegeversicherung betrug 1.242 € und zur Arbeitslosenversicherung 336 €.

8. Um von seinem Wohnsitz in Roth zur KG nach Nürnberg zu gelangen, nutzt Herr C an 215 Tagen im Jahr 2010 sein im Privatbesitz befindliches Auto. Laut seinem Kilometerzähler im Auto beträgt die Distanz für die Hin- und Rückfahrt zur Arbeitsstätte 70 km.

Aufgabe 1:

Ermitteln Sie das zu versteuernde Einkommen der Beteiligten mit Ausnahme der AB-GmbH im Jahr 2010. Prüfen Sie auch die Gewerbesteuerpflicht ab.

Aufgabe 2:

Ermitteln Sie das zu versteuernde Einkommen der Beteiligten mit Ausnahme der AB-GmbH im Jahr 2010, wenn B nun geschäftsführender Kommanditist ist und hierfür wegen dieser Tätigkeit eine zusätzliche Gewinnbeteiligung in Höhe von 20.000 € erhält. Die Person C existiert nun nicht mehr. Prüfen Sie auch die Gewerbesteuerpflicht ab.

13.2   Lösung zur Aufgabe 1

13.2.1   Prüfung der Einkommensteuerpflicht

Zunächst muss geprüft werden, ob die beteiligen Personen überhaupt einkommensteuerpflichtig sind oder nicht. Hierbei ist zwischen einer unbeschränkten und beschränkten Steuerpflicht zu unterscheiden.

Unbeschränkt steuerpflichtig nach § 1 Abs. 1 S. 1 EStG sind natürliche Personen, die im Inland einen Wohnsitz gem. § 8 AO oder ihren gewöhnlichen Aufenthalt gem. § 9 AO haben.

Nachdem die Personen A, B und C die Eigenschaft einer natürlichen Person erfüllen und nach § 8 AO einen Wohnsitz im Inland (Nürnberg bzw. Roth bei Nürnberg) haben, sind A, B und C unbeschränkt einkommensteuerpflichtig gem. § 1 Abs. 1 S. 1 EStG.

Aufgrund der unbeschränkten Steuerpflicht der Beteiligten gilt für diese das Welteinkommensprinzip, d.h. alle Einkünfte des Steuerpflichtigen, die im In- und Ausland erzielt werden, unterliegen der Einkommensteuerpflicht.

13.2.2   Festlegung der Einkunftsarten

Nachdem die Einkommensteuerpflicht der Beteiligten geprüft wurde, ist nun die jeweilige Einkunftsart der Steuerpflichtigen festzulegen. Die Einkunftsarten, die zur Verfügung stehen, sind in abschließender Form in § 2 Abs. 1 EStG genannt.

Zur Lösungsfindung soll die nachfolgende **Abbildung 13.1** beitragen, die den Aufbau der AB-GmbH & Co. KG laut Sachverhalt verdeutlicht.

Herr C ist Geschäftsführer der Komplementär-GmbH. Zur Geschäftsführung der KG ist ausschließlich die Komplementär-GmbH berechtigt.[182]

Abbildung 13.1:   Aufbau der AB-GmbH & Co. KG

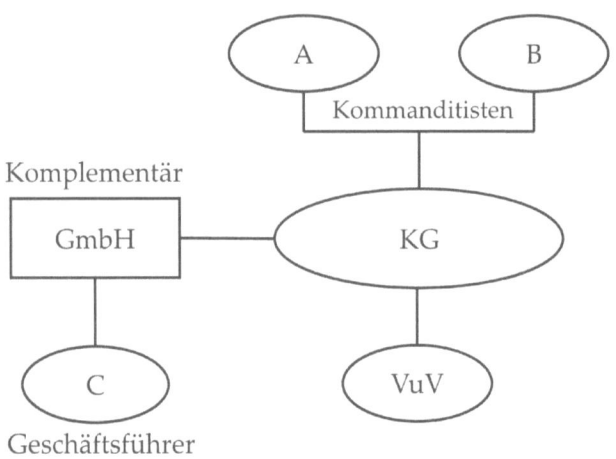

13.2.2.1   Einkunftsart für A und B

Bei der Lösung des Sachverhaltes kommen die beiden Einkunftstatbestände, § 15 EStG Einkünfte aus Gewerbebetrieb oder § 21 EStG Einkünfte aus Vermietung und Verpachtung, in Betracht. Es wird der Reihe nach geprüft, welche Einkunftsart vorliegt.

Hier liegt eine Vermietung von Immobilien vor. Die Objekte, die zur Vermietung bereit stehen, sind allesamt im Gesamthandsvermögen der GmbH & Co. KG. Um Einkünfte aus § 15 EStG erzielen zu können, muss ein Gewerbebetrieb vorliegen. Nun stellt sich die

---

[182] Die Geschäftsführung einer GmbH & Co. KG erfolgt von Gesetzes wegen (§ 164 S. 1 HGB i.V.m. § 35 GmbHG) mittelbar durch den Geschäftsführer der Komplementär-GmbH. Das Recht der Personengesellschaft kennt keine Fremdorganschaft.

Frage, ob dies hier gegeben ist. Ein Gewerbebetrieb muss gem. § 15 Abs. 2 S. 1 EStG einige Voraussetzungen erfüllen:

- selbstständige, nachhaltige Betätigung

- Gewinnerzielungsabsicht

- Beteiligung am allgemeinen wirtschaftlichen Verkehr

- keine Ausübung von Land- und Forstwirtschaft, eines freien Berufs oder einer anderen selbständigen Arbeit

- Überschreitung einer vermögensverwaltenden Tätigkeit

Die GmbH & Co. KG betätigt sich selbstständig, nachhaltig und möchte mit der Vermietung und Verpachtung der Immobilien einen Gewinn erzielen. Durch das Angebot der Objekte am Markt beteiligt sich die AB-GmbH & Co. KG auch am wirtschaftlichen Verkehr und somit sind die ersten drei Voraussetzungen eines Gewerbebetriebs erfüllt. Es liegen auch keine Einkünfte aus Land- und Forstwirtschaft gem. § 13 EStG bzw. aus selbständiger Arbeit gem. § 18 EStG vor.

Im nächsten Schritt ist zu prüfen, ob hier der Rahmen einer Vermögensverwaltung überschritten wird. Eine Vermögensverwaltung liegt i.S.d. § 14 S. 3 AO dann vor, wenn Vermögen genutzt wird. Dies ist zum Beispiel der Fall, wenn Kapitalvermögen verzinslich angelegt oder unbewegliches Vermögen vermietet oder verpachtet wird. Hier im Sachverhalt wird unbewegliches Vermögen – in Form von Immobilien – vermietet, wodurch kein Gewerbebetrieb nach § 15 Abs. 2 S. 1 EStG vorliegt. Es handelt sich um eine reine Vermögensverwaltung.

Deshalb muss die Möglichkeit in Betracht gezogen werden, ob die Vermietung als Gewerbebetrieb im Sinne des § 15 Abs. 3 EStG gilt.

Hier liegt eventuell eine gewerblich geprägte Personengesellschaft gem. § 15 Abs. 3 Nr. 2 EStG vor. „Gewerblich geprägte Personengesellschaften sind Personengesellschaften, die nicht gewerblich tätig sind und bei denen ausschließlich ein oder mehrere Kapitalgesellschaften persönlich haftende Gesellschafter sind und nur diese oder Nicht-Gesellschafter zur Geschäftsführung befugt sind."[183]

Durch die Tatsache, dass über ihren Geschäftsführer C hier ausschließlich die Komplementär-GmbH Geschäftsführer der AB-GmbH & Co. KG ist, tritt der Fall einer gewerblich geprägten Personengesellschaft ein.[184] Danach gilt auch die vermögensverwaltende

---

[183] Gabler Verlag (Herausgeber), Gabler Wirtschaftslexikon, Stichwort: gewerblich geprägte Personengesellschaft, online im Internet (am 27.10.2010): http://wirtschaftslexikon.gabler.de/Archiv/54526/gewerblich-gepraegte-personengesellschaft-v6.html.

[184] Die Gesellschafter bestimmen somit durch die Vertragsgestaltung selbst, ob eine gewerblich geprägte Personengesellschaft vorliegt oder nicht. Wenn neben der GmbH auch einem Kommanditisten die Position des Geschäftsführers eingeräumt wird, liegt keine gewerbliche Prägung vor.

Tätigkeit einer gewerblich geprägten Personengesellschaft als Gewerbebetrieb. Somit werden durch die Vermietung und Verpachtung der Immobilien Einkünfte aus Gewerbebetrieb (§ 15 EStG) erzielt.

Dadurch erzielen die Personen A und B als Mitunternehmer an der AB-GmbH & Co. KG zu je 50 % **Einkünfte aus Gewerbebetrieb** nach § 15 Abs. 1 Nr. 2 EStG.[185]

Außerdem werden durch die Ausschüttung der Dividende Einkünfte i.S.d. § 20 Abs. 1 Nr. 1 EStG erzielt. Aufgrund der Abfärberegelung des § 15 Abs. 3 Nr. 1 EStG stellt die Dividende aber gleichzeitig Einkünfte aus Gewerbebetrieb dar. In so einem Fall gehen gemäß § 20 Abs. 8 EStG die Einkünfte aus Gewerbebetrieb vor.

13.2.2.2   Einkunftsart für C

C ist ausschließlich als Fremdgeschäftsführer der AB-GmbH tätig und somit nicht an der GmbH & Co. KG beteiligt, d.h. er ist kein Mitunternehmer. Hierfür bekommt er eine Vergütung in Form eines Gehalts. In Folge dessen werden seine Einnahmen daraus gem. § 19 Abs. 1 Nr. 1 EStG als Einkünfte aus nichtselbstständiger Arbeit behandelt.

13.2.3   Höhe der Einkünfte

13.2.3.1   Einkünfte von A und B

Die KG selbst ist nicht einkommensteuer- bzw. körperschaftsteuerpflichtig, da sie weder eine natürliche noch juristische Person ist. Dennoch werden die Einkünfte erst auf Ebene der Gesellschaft ermittelt und dann gem. §§ 179 f. AO gesondert und einheitlich festgestellt und in diesem Zusammenhang den Gesellschaftern entsprechend der Gewinnverteilung zugerechnet.

Gem. § 2 Abs. 2 S. 1 Nr. 1 EStG sind die Einkünfte aus Gewerbebetrieb der Gewinn. Die GmbH ist nach § 13 Abs. 3 GmbHG i.V.m. § 6 Abs. 1 HGB Formkaufmann und dadurch nach § 238 HGB buchführungspflichtig. Da die KG hier kein Handelsgewerbe betreibt, wird sie erst durch die Eintragung ins Handelsregister zum Formkaufmann.

Die Gewinnermittlung für Einkünfte aus Gewerbebetrieb erfolgt demnach gem. § 2 Abs. 2 Nr. 1 EStG i.V.m. § 4 Abs. 1 EStG durch Betriebsvermögensvergleich.

Da keine Aussage über die Höhe des Betriebsvermögens getroffen wurde, erfolgt die Gewinnermittlung laut Gewinn- und Verlustrechnung (Einnahmen - Ausgaben).

---

[185] Die Voraussetzungen für die Mitunternehmerschaft (Mitunternehmerrisiko und -initiative) sind hier erfüllt. Vgl. hierzu: BFH-Urteil vom 28.10.1999 (VIII R 66-70/97) BStBl. 2000 II S. 183.

Es sind folgende Sachverhalte zu berücksichtigen:

Betriebseinnahmen:

- **300.000 €** Einnahmen aus der Vermietung und Verpachtung der vier Immobilien.

- Dividende

  Laut Sachverhalt hat die KG eine Dividende für ihre Aktien ausgeschüttet bekommen. Als Einnahme ist die Bruttodividende in Höhe von 5.000 € anzusetzen. Diese würde in der Einzelbetrachtung Einkünfte aus Kapitalvermögen nach § 20 Abs. 1 Nr. 1 EStG darstellen. Die Einkünfte sind aber unter Berücksichtigung des § 20 Abs. 8 EStG den Einkünften aus Gewerbebetrieb zuzurechnen.

  Die Bruttodividende ist als Einnahme anzusetzen. Dabei unterliegt diese Dividende der Kapitalertragsteuer nach § 43 Abs. 1 Nr. 1 EStG, d.h. 25 % von 5.000 € Kapitalertragsteuer[186] zzgl. 5,5 % Solidaritätszuschlag werden von der Bank einbehalten.

  Seit dem Jahr 2009 unterliegt diese Dividende grundsätzlich der Abgeltungssteuer.[187] Allerdings greift diese gem. § 32d Abs. 1 EStG nur für Einkünfte aus Kapitalvermögen. In diesem Sachverhalt hingegen gelten 40 % der Dividende gem. § 3 Nr. 40 d EStG i.V.m. § 3 Nr. 40 S. 2 EStG und § 20 Abs. 8 EStG als steuerfrei.

Bruttodividende	5.000,00 €
(davon 26,375 %[188]	1.318,75 €)
→ 40 % der Bruttodividende sind steuerfrei	2.000,00 €

---

[186]Die Kapitalertragsteuer zählt gem. § 12 Nr. 3 EStG zu den nicht abzugsfähigen Ausgaben. Laut § 36 Abs. 2 Nr. 2 EStG handelt es sich bei der Kaitalertragsteuer um eine Einkommensteuervorauszahlung. Diese kann anteilig bei der Einkommensteuerveranlagung der Gesellschafter berücksichtigt werden. Sie wird dazu im Rahmen der gesonderten und einheitlichen Feststellung gem. § 180 AO als sonstige Besteuerungsgrundlage gesondert und einheitlich festgestellt.

[187] Seit der Einführung der Abgeltungssteuer (gem. § 32d Abs. 1 EStG) ab dem Veranlagungszeitraum 2009 ist die Einkommensteuer durch die Kapitalertragsteuer für sämtliche Einkünfte aus Kapitalvermögen abgegolten. Zu beachten sind hier die Ausnahmen nach § 32d Abs. 2 EStG. Allerdings muss die Versteuerung in Höhe von 25 % bei der Einkommensteuerveranlagung nachgeholt werden, wenn kein Kapitalertragsteuerabzug stattgefunden hat. Auf Antrag (gem. § 32d Abs. 6 EStG) des Steuerpflichtigen werden anstelle der Anwendung der Abgeltungssteuer die nach § 20 EStG ermittelten Kapitaleinkünfte den Einkünften im Sinne des § 2 EStG hinzugerechnet und der tariflichen Einkommensteuer unterworfen, wenn dies zu einer niedrigeren Einkommensteuer führt (Günstigerprüfung). Die Günstigerprüfung kann nur durchgeführt werden, wenn das zu versteuernde Einkommen und die darauf entfallene tarifliche Einkommensteuer feststeht.

[188] Kombinierter Prozentsatz aus 25 % Kapitalertragsteuer und 5,5 % Solidaritätszuschlag.

Betriebsausgaben i.S.d. § 4 Abs. 4 EStG:

Ausgaben in Höhe von **70.000 €** durch den laufenden Geschäftsbetrieb. Bei der darin enthaltenen Geschäftsführungsvergütung an die GmbH handelt es sich um eine Betriebsausgabe und deshalb wird diese bei der KG im Rahmen der Gesamthandsbilanz als Aufwand erfasst.

■ Abschreibung 1

Des Weiteren sind hier noch die Abschreibungen für die Gebäude zu berücksichtigen. Demnach müssen für die Ermittlung der Höhe die Anschaffungskosten für Grund und Boden herausgerechnet werden.

§ 7 Abs. 4 Nr. 1 EStG ist hier nicht anzuwenden. Es handelt sich zwar hier um Betriebsvermögen, allerdings dienen die Gebäude ausschließlich Wohnzwecken. Gem. § 7 Abs. 4 Nr. 2 a) EStG beträgt deshalb die Abschreibung bei Gebäuden, die zu Wohnzwecken dienen und die nach dem 31. Dezember 1924 fertiggestellt worden sind, jährlich 2 Prozent der Anschaffungskosten.

> 2 % von 3.200.000 € (80 % von 4.000.000 €) = **64.000 €/Jahr**

■ Abschreibung 2

Wie bei der Abschreibung 1 beträgt die Abschreibung des vierten Gebäudes 2 Prozent der Anschaffungskosten.

Zunächst muss die Einlage des Objektes, vom Privatvermögen von A ins Betriebsvermögen der GmbH & Co. KG, bewertet werden. Gem. § 6 Abs. 1 Nr. 5 a) EStG wird das Gebäude mit dem Teilwert, aber höchstens mit den Anschaffungskosten bewertet, wenn es wie hier innerhalb der letzten drei Jahre vor dem Zeitpunkt der Zuführung angeschafft worden ist. Allerdings muss berücksichtigt werden, dass bei einer Einlage eines abnutzbaren Wirtschaftsguts die Anschaffungskosten um die Abschreibung zu kürzen ist, die auf den Zeitraum zwischen Anschaffung/Herstellung des Wirtschaftsguts und Einlage entfallen.[189]

Höhe der Einlage   = Anschaffungskosten – 1 Jahr Afa (Jahr 2009)

                         = 300.000 € - 6.000 € (2 % von 300.000 €)

                         = 294.000 €

Somit beträgt die Bemessungsgrundlage für die Abschreibung 294.000 € (gem. § 6 Abs. 1 Nr. 5 EStG).

2 % von 294.000 € = **5.880 €**

---

[189] Auch wenn steuerlich keine Abschreibung vorgenommen wurde, handelt es sich um eine „fiktive" Abschreibung. Deshalb sind die Anschaffungs- oder Herstellungskosten auch dann um die AfA nach § 7 EStG zu kürzen, wenn das Wirtschaftsgut nach einer Nutzung außerhalb der Einkunftsarten eingelegt wird. Vgl. R 6.12 Abs. 1 S. 2 EStR 2008.

Gewinnverteilung

Bei der Gewinnverteilung ist zu beachten, dass die Einkünfte an denen mehrere Personen beteiligt sind, diesen anteilig zuzurechnen sind (nach § 180 AO).

Tabelle 13.1:   Gewinnermittlung und -verteilung

	KG-Ebene	A (50 %)	B (50 %)
Betriebseinnahmen	300.000 €	150.000 €	150.000 €
+ Dividende	+ 5.000 €	+ 2.500 €	+ 2.500 €
./. Betriebsausgaben	- 70.000 €	- 35.000 €	- 35.000 €
./. AfA 1	- 64.000 €	- 32.000 €	- 32.000 €
./. AfA 2	- 5.880 €	- 2.940 €	- 2.940 €
= Gewinn	165.120 €	82.560 €	82.560 €
./. steuerfreier Teil der Dividende § 3 Nr. 40 d EStG	- 2.000 €	- 1.000 €	- 1.000 €
= Einkünfte aus Gewerbebetrieb § 15 EStG	163.120 €	81.560 €	81.560 €

13.2.3.2   Einkünfte von C

Die Person C erzielt gem. § 19 Abs. 1 Nr. 1 EStG i.V.m. § 2 Abs. 1 Nr. 4 EStG Einkünfte aus nichtselbstständiger Arbeit. Demnach sind laut § 2 Abs. 2 Nr. 2 EStG die Einkünfte der Überschuss der Einnahmen (§ 8 EStG) über die Werbungskosten (§ 9 EStG).

Einnahmen:

Einnahmen werden hier ausschließlich durch das Gehalt als Geschäftsführer in Höhe von **24.000 €** erzielt.

Werbungskosten:

■ Fahrtkosten

Werbungskosten dienen zur Sicherung und Erhaltung der Einnahmen (§ 9 Abs. 1 S. 1 EStG). In diesem Fall dienen die Fahrten mit seinem Auto von seinem Wohnsitz zur

Arbeitsstätte für die Sicherung und Erhaltung des Gehalts. Es handelt sich hierbei laut § 9 Abs. 1 Nr. 4 EStG um Aufwendungen des Arbeitnehmers für die Wege zwischen Wohnung und regelmäßiger Arbeitsstätte. Demnach ist für jeden Arbeitstag, an dem der Arbeitnehmer die Arbeitsstätte aufgesucht hat, eine Entfernungspauschale für jeden vollen Kilometer der Entfernung[190] zwischen Wohnung und regelmäßiger Arbeitsstätte von 0,30 € anzusetzen.

215 Tage x 35 km x 0,30 € = **2.257,50 €**

Nach § 9 Abs. 2 Satz 1 EStG sind sämtliche Aufwendungen durch die Entfernungspauschale abgegolten, die durch die Wege zwischen Wohnung und regelmäßiger Arbeitsstätte veranlasst sind.

Zusätzlich können pauschal 16 € für Kosten der Kontoführung[191] sowie 110 € für Arbeitsmittel[192] in Abzug gebracht werden.

■ Arbeitnehmerpauschbetrag

Der Arbeitnehmerpauschbetrag in Höhe von 920 € (§ 9a Satz 1 Nr. 1a EStG) kommt hier nicht zum Tragen, da die tatsächlichen Werbungskosten höher als dieser ausfallen.

Tabelle 13.2   Einkünfte aus nichtselbstständiger Arbeit § 19 EStG

	C
Einnahmen	24.000,00 €
./. Werbungskosten	- 2.257,50 €
./. Pauschalbetrag für Kontoführung	- 16,00 €
./. Pauschalbetrag für Arbeitsmittel	- 110,00 €
./. mind. Arbeitnehmerpauschbetrag 920 €	-
= Einkünfte aus nichtselbstständiger Arbeit § 19 EStG	21.616,50 €

---

[190] Entfernung i.S.d. Gesetzes ist lediglich die einfache Strecke zwischen Wohnung und Arbeitsstätte.

[191] OFD Hannover, Verfügung vom 30.04.2003, StEd 2002 S. 431.

[192] OFD Karlsruhe v. 11.02.2003 S. 2270 A – 27 – St 322 (DStR 2003, S. 371).

13.2.4   Summe der Einkünfte

Zur Bildung der Summe der Einkünfte wird die jeweilige Höhe der Einkunftsarten der einzelnen Personen zusammengerechnet.

Tabelle 13.3   Summe der Einkünfte

	A	B	C
Einkünfte aus Gewerbebetrieb § 15 EStG	81.560 €	81.560 €	
Einkünfte aus nichtselbstständiger Arbeit § 19 EStG			21.616 €
= Summe der Einkünfte	81.560 €	81.560 €	21.616 €[193]

13.2.5   Gesamtbetrag der Einkünfte

Gem. § 2 Abs. 3 EStG vermindert sich die Summe um den Altersentlastungsbetrag (§ 24a EStG) sowie um den Entlastungsbetrag für Alleinerziehende (§ 24b EStG). Nachdem hier nicht die Möglichkeit des Abzugs gegeben ist, entspricht die jeweilige Summe der Einkünfte der Personen A, B und C, dem Gesamtbetrag der Einkünfte.

Tabelle 13.4:   Gesamtbetrag der Einkünfte

	A	B	C
Summe der Einkünfte	81.560 €	81.560 €	21.616 €
./. Altersentlastungsbetrag	-	-	-
./. Entlastungsbetrag für Alleinerziehende	-	-	-
= Gesamtbetrag der Einkünfte	81.560 €	81.560 €	21.616 €

---

[193] Abgerundet.

13.2.6   Einkommen

Der Gesamtbetrag der Einkünfte, vermindert um die Sonderausgaben §§ 10 ff EStG und die außergewöhnlichen Belastungen §§ 33 ff EStG, ist das Einkommen (§ 2 Abs. 4 EStG).

Im Sachverhalt haben sich A und B für eine private Krankenversicherung entschieden und zahlen seitdem jeweils einen Monatsbeitrag in Höhe von 300 €.

> 300 € x 12 Monate = **3.600 €/Jahr**

Ab dem Jahr 2010 gelten durch das Bürgerentlastungsgesetz die Beiträge zur privaten Krankenversicherung bis zum Umfang der gesetzlichen zu 100 % als abzugsfähig[194]. Diese Beiträge zur Krankenversicherung zählen nach § 10 Abs. 1 Nr. 3a EStG zu den Sonderausgaben und werden deshalb vom jeweiligen Gesamtbetrag der Einkünfte abgezogen.

Das gleiche gilt für die Beiträge zur gesetzlichen Kranken- und Pflegeversicherung von C in Höhe von 1.242 €.

Für die Rentenversicherungsbeiträge ist die Höchstbetragsberechnung des § 10 Abs. 1 Nr. 2 EStG anzuwenden.

AN- und AG-Anteil zur gesetzlichen RV § 10 Abs. 1 Nr. 2 EStG	4.776 €
(max. 40.000 € gem. § 10 Abs. 4 EStG)	
davon 70 %	3.343 €
./. AG-Anteil zur gesetzlichen RV	- 2.388 €
abziehbarer Betrag	955 €

Alle anderen Versicherungen sind gem. § 10 Abs. 4 EStG bei Arbeitnehmern bis zum Höchstbetrag in Höhe von 1.900 € abziehbar.

Somit ergibt sich für C ein abziehbarer Betrag in Höhe von 1.242 € + 955 € + 336 € = 2.533 €.

Für die übrigen Sonderausgaben nach den §§ 10 Abs. 1 Nr. 1, 1a, 4, 7 und 9 EStG wird gem. § 10c EStG ein Sonderausgaben-Pauschbetrag von 36 € abgezogen, wenn der Steuerpflichtige nicht höhere Aufwendungen nachweist.

---

[194] vgl. http://www.bundesfinanzministerium.de/DE/BMF__Startseite/Aktuelles/Monatsbericht__ des__BMF/2009/09/analysen-und-berichte/b01-b_C3_BCrgerentlastungsgesetz-krankenversicherung/ b_C3_BCrgerentlastungsgesetz-krankenversicherung.html (am 13.01.2011).

Tabelle 13.5:   Berechnung des Einkommen

	A	B	C
Gesamtbetrag der Einkünfte	81.560 €	81.560 €	21.616 €
./. Sonderausgaben	- 3.600 €	- 3.600 €	- 2.533 €
./. Sonderausgaben-Pauschbetrag	- 36 €	- 36 €	- 36 €
= Einkommen	**77.924 €**	**77.924 €**	**19.047 €**

13.2.7   Zu versteuerndes Einkommen

Gem. § 2 Abs. 5 EStG ergibt sich das zu versteuernde Einkommen aus dem Einkommen, vermindert um die Kinderfreibeträge nach § 32 Abs. 6 EStG und um die sonstigen vom Einkommen abzuziehenden Beträge. Nachdem hier vom Einkommen keine weiteren Kürzungen vorzunehmen sind, entspricht dieses dem zu versteuernden Einkommen.

Tabelle 13.6:   Zu versteuerndes Einkommen

	A	B	C
Einkommen	77.924 €	77.924 €	19.047 €
./. Kinderfreibeträge	-	-	-
./. sonstige abzuziehende Beträge	-	-	-
= zu versteuerndes Einkommen	**77.924 €**	**77.924 €**	**19.047 €**

13.2.8   Gewerbesteuerpflicht

Nach § 2 Abs. 1 S. 1 GewStG unterliegt der Gewerbesteuer jeder stehende, im Inland betriebene Gewerbebetrieb. Unter Gewerbebetrieb ist ein gewerbliches Unternehmen im Sinne des Einkommensteuergesetzes zu verstehen (§ 2 Abs. 1 S. 2 GewStG). Dazu gehört auch die gewerblich geprägte Personengesellschaft, deren Tätigkeit infolge der einkommensteuerlichen Fiktion des § 15 Abs. 3 Nr. 2 EStG als Gewerbebetrieb gilt, obwohl sie keine originär gewerblichen Einkünfte erzielt.[195]

---

[195] BFH v. 20.11.2003 – IVR 5/02, BStBl. 2004 II S. 464.

Die Gewerbesteuerpflicht der AB-GmbH & Co. KG scheitert also nicht daran, dass sie keine originär gewerblichen Einkünfte i.S.d. § 15 Abs. 2 S. 1 EStG erzielt. Da es sich im Sachverhalt um eine gewerblich geprägte Personengesellschaft handelt, gilt ihre mit Einkünfteerzielungsabsicht unternommene Tätigkeit in vollem Umfang als Gewerbebetrieb (§ 15 Abs. 3 Nr. 2 EStG).[196]

Demnach liegt ein Gewerbebetrieb, der im Inland (Nürnberg) betrieben wird vor. Es sind folglich alle Voraussetzungen für die Gewerbesteuerpflicht erfüllt. Die AB-GmbH & Co. KG ist somit gewerbesteuerpflichtig.

13.3   Lösung zur Aufgabe 2

13.3.1   Prüfung der Einkommensteuerpflicht

Die Personen A und B sind wie im Ausgangsfall unbeschränkt steuerpflichtig nach § 1 Abs. 1 EStG, da sie im Inland einen Wohnsitz (Nürnberg) gem. § 8 AO haben.

Aufgrund der unbeschränkten Steuerpflicht der Beteiligten gilt das Welteinkommensprinzip, d.h. alle Einkünfte des Steuerpflichtigen, die im In- und Ausland erzielt werden, unterliegen der Einkommensteuerpflicht.

13.3.2   Festlegung der Einkunftsarten

Anders als in Aufgabe 1 existiert keine Person C. Des Weiteren hat B nun die Aufgabe des geschäftsführenden Kommanditisten inne und erhält hierfür zusätzlich die Vergütung. Zur Festlegung der Einkunftsart soll die nachfolgende **Abbildung** 13.2 dienen:

Abbildung 13.2: Aufbau der AB-GmbH & Co. KG

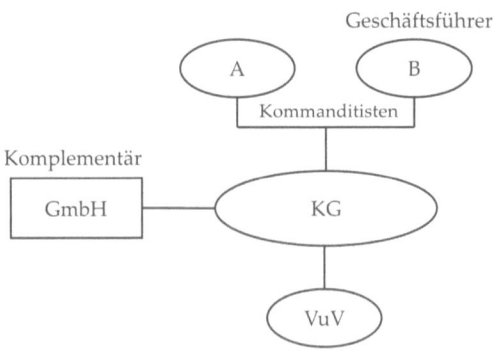

---

[196] Vgl. BFH-Urteil vom 20.11.2003 (IV R 5/02) BStBl. 2004 II S. 464.

Durch die Vermietung und Verpachtung sowie durch die Dividendenausschüttung erzielen A und B eventuell wieder Einkünfte aus Gewerbebetrieb gem. § 15 EStG. Dies kann allerdings ausgeschlossen werden, da eine reine Vermögensverwaltung i.S.d. § 14 Satz 3 AO vorliegt. Auch der Sonderfall nach § 15 Abs. 3 Nr. 2 EStG tritt hier aufgrund der Stellung von B als geschäftsführender Kommanditist nicht ein.

Demnach werden durch die Vermietung und Verpachtung der Immobilien Einkünfte aus Vermietung und Verpachtung laut § 21 Abs. 1 Nr. 1 EStG erzielt.

Durch die Dividendenausschüttung werden zudem Einkünfte aus Kapitalvermögen (§ 20 Abs. 1 Nr. 1 EStG) erzielt.

13.3.3   Höhe der Einkünfte

Die vermögensverwaltende KG kann aufgrund ihrer Tätigkeit nicht Kaufmann gem. §§ 1 bis 4 HGB sein, aber sie ist durch die zwingende Eintragung ins Handelsregister gem. § 6 Abs. 1 HGB als Formkaufmann anzusehen. Die vermögensverwaltende KG ist somit ein Kaufmann kraft handelsrechtlicher Fiktion. Die Eintragung ins Handelsregister und die damit verbundene fiktive Behandlung als Kaufmann führt zu allen Rechten und Pflichten eines Kaufmanns, einschließlich der handelsrechtlichen Buchführungspflicht gem. §§ 238 ff. HGB. Die KG muss somit eine Handelsbilanz erstellen.

Daraus folgt, dass nur im Rahmen der steuerlichen Gewinnermittlung die Handelsrechtlichen Bücher herangezogen werden. Für die Überschusseinkünfte i.S.d. § 2 Abs. 2 Nr. 2 EStG sowie für die Gewinnermittlung nach § 4 Abs. 3 EStG besteht keine Buchführungspflicht.[197]

Deshalb sind gem. § 2 Abs. 2 Nr. 2 EStG die Einkünfte aus Vermietung und Verpachtung sowie aus Kapitalvermögen, trotz der handelsrechtlichen Buchführungspflicht, durch Gegenüberstellung der Einnahmen (§ 8 EStG) und Werbungskosten (§ 9 EStG) zu ermitteln.

13.3.3.1   Einkünfte aus Vermietung und Verpachtung

Einnahmen:

- ■ **300.000 €** Einnahmen aus der Vermietung und Verpachtung der vier Immobilien.

- ■ B erhält vorab eine zusätzliche Gewinnbeteiligung in Höhe von **20.000 €** für die Tätigkeit als geschäftsführender Kommanditist.[198]

---

[197] Früchtl/Proschka, „Vermögensverwaltende Personengesellschaften im Gesellschafts-, Handels- und Steuerrecht", erschienen in DStZ 2010 Heft 16 (ab S. 595).

[198] Maßgebend ist hier die schuldrechtliche Beziehung. Wenn ein separater Dienstvertrag zwischen der KG und B abgeschlossen wird, dann könnten die Einnahmen eventuell unter § 19 EStG Einkünfte aus nichtselbstständiger Arbeit fallen. Hier liegt allerdings eine disquotale Gewinnbeteiligung des B vor, wodurch die Einnahme unter § 21 EStG Einkünfte aus Vermietung und Verpachtung fällt. Vgl. BMF v. 07.12.2000, IV A 2 – S 2810 – 4/00, BStBl I 2001, 47.

Werbungskosten:

■ Aufwendungen in Höhe von **50.000 €** zur Sicherung der Einnahmen. Die 20.000 € für die Geschäftsführervergütung können als reine Gewinnvorauszahlung, jedoch nicht als Werbungskosten berücksichtigt werden.

■ Abschreibung 1

Die Abschreibungen fallen unter die Werbungskosten laut § 9 Abs. 1 Nr. 7 EStG. Die Festlegung der Höhe erfolgt gem. § 7 Abs. 4 Nr. 2 a) EStG und beträgt bei Gebäuden, die zu Wohnzwecken dienen und die nach dem 31. Dezember 1924 fertiggestellt worden sind, jährlich 2 Prozent der Anschaffungskosten. Zu den Anschaffungskosten zählen ausschließlich die Kosten für das Gebäude.

2 % von 3.200.000 € (80 % von 4.000.000 €) = 64.000 €/Jahr

■ Abschreibung 2

Im Gegensatz zu Fall 1 bleiben die Anschaffungs-/Herstellkosten oder der an deren Stelle tretende Wert des Wirtschaftsgutes für die weitere Abschreibung als Bemessungsgrundlage maßgebend, wenn ein Gebäude nach vorhergehender Nutzung zu eigenen Wohnzwecken oder zu fremden Wohnzwecken auf Grund unentgeltlicher Überlassung zur Erzielung von Einkünften i.S.d. § 21 EStG verwendet wird.[199]

Somit beträgt die Bemessungsgrundlage für die Abschreibung 300.000 €.

2 % von 300.000 € = 6.000 €

Tabelle 13.7:   Einkünfteermittlung (VuV)

	KG-Ebene
+ Einnahmen	300.000 €
./. Werbungskosten	
– Aufwendungen	- 50.000 €
– AfA 1	- 64.000 €
– AfA 2	- 6.000 €
= Einkünfte aus VuV § 21 EStG	**180.000 €**

---

[199] R 7.3 Abs. 6 S. 5 Nr. 1a) EStR 2008.

Nachdem der Überschuss auf KG-Ebene berechnet wurde, muss dieser unter Berücksichtigung der Geschäftsführervergütung von B nach den Beteiligungsverhältnissen der Kommanditisten (50:50) aufgeteilt werden.

Tabelle 13.8:   Einkünfteverteilung (VuV)

	KG	A (50 %)	B (50 %)
Einkünfte aus VuV § 21 EStG	180.000 €	-	-
Geschäftsführervergütung	- 20.000 €	-	20.000 €
nach Beteiligungsquote 50:50 zu verteilen	160.000 €	+ 80.000 €	+ 80.000 €
= Einkünfte aus VuV § 21 EStG		80.000 €	100.000 €

13.3.3.2   Einkünfte aus Kapitalvermögen

Einnahmen:

■ Dividende

Wie im Sachverhalt beschrieben, hat die KG 5.000 € Bruttodividende für ihre Aktien ausgeschüttet bekommen. Die Bruttodividende ist als Einnahme anzusetzen. Durch die von der Bank einbehaltene Kapitalertragsteuer (Fußnote 201) gem. § 43 Abs. 1 Nr. 1 EStG in Höhe von 25 % der Bruttodividende (5.000 €) zzgl. 5,5 % Solidaritätszuschlag ist die Steuer gem. § 32d EStG abgegolten.

Bruttodividende

5.000,00 €

davon 26,375 %[200]

1.318,75 €

Werbungskosten:

Von den Kapitalerträgen ist gem. § 20 Abs. 9 EStG für jeden Steuerpflichtigen ein Sparer-Pauschbetrag in Höhe von 801 € abzuziehen. Seit Einführung der Abgeltungssteuer ab 2009 dürfen keine tatsächlichen Werbungskosten mehr abgezogen werden.

Die Einkünfte sind wieder gemäß dem Beteiligungsverhältnis der Personen A und B zu verteilen.

---

[200] Kombinierter Prozentsatz aus 25 % Kapitalertragsteuer und 5,5 % Solidaritätszuschlag.

Die Einkommensteuer ist seit 2009 gem. § 32d EStG grundsätzlich über den Kapitalertragsteuerabzug in Höhe von 25 % abgegolten und die Kapitalerträge müssen nicht
mehr bei der Einkommensteuerveranlagung berücksichtigt werden. Bei Kapitaleinkünften, die von mehreren Personen gemeinsam bezogen werden, kann nicht der Sparer-
Pauschbetrag bereits beim Abzug der Kapitalertragsteuer durch die Bank in Form des
sog. „Freistellungsauftrages" berücksichtigt werden. In diesem Fall können die Kapitaleinkünfte gem. § 32d Abs. 4 EStG bei der Einkommensteuererklärung angegeben werden,
um nachträglich den Abzug des Sparer-Pauschbetrags zu erhalten.

Tabelle 13.9:   Überschussermittlung (KapV)

	A (50 %)	B (50 %)
Einnahmen	2.500 €	2.500 €
./. Sparer-Pauschbetrag	- 801 €	- 801 €
= Einkünfte aus Kapitalvermögen § 20 EStG	1.699 €	1.699 €

13.3.4   Summe der Einkünfte

Die Summe der Einkünfte ergibt sich aus der Zusammenrechnung aller Einkünfte aus
den jeweiligen Einkunftsarten der einzelnen Personen.

Tabelle 13.10:   Summe der Einkünfte

	A	B
Einkünfte aus Vermietung und Verpachtung § 21 EStG	80.000 €	100.000 €
Einkünfte aus Kapitalvermögen § 20 EStG	1.699 €	1.699 €
= Summe der Einkünfte	81.699 €	101.699 €

13.3.5 Gesamtbetrag der Einkünfte

Nachdem der Altersentlastungsbetrag (§ 24a EStG) und der Entlastungsbetrag für Allein-erziehende (§ 24b EStG) nicht in Betracht kommen, entspricht die Summe der Einkünfte jeweils dem Gesamtbetrag der Einkünfte (§ 2 Abs. 3 EStG).

Tabelle 13.11: Gesamtbetrag der Einkünfte

	A	B
Summe der Einkünfte	81.699 €	101.699 €
./. Altersentlastungsbetrag	-	-
./. Entlastungsbetrag für Alleinerziehende	-	-
= Gesamtbetrag der Einkünfte	81.699 €	101.699 €

13.3.6 Einkommen

Um das Einkommen gem. § 2 Abs. 4 EStG zu ermitteln, wird der Gesamtbetrag der Ein-künfte um die Sonderausgaben (§§ 10 ff EStG) sowie um die außergewöhnlichen Belas-tungen (§§ 33 ff EStG) vermindert.

Zu den Sonderausgaben zählen äquivalent zur Lösung von Aufgabe 1 die Beiträge zur privaten Krankenversicherung (§ 10 Abs. 1 Nr. 3a EStG).

300 € x 12 Monate = **3.600 €/Jahr**

Wie in Aufgabe 1 gelten durch das Bürgerentlastungsgesetz ab dem Jahr 2010 die Beiträ-ge zur privaten Krankenversicherung bis zum Umfang der Gesetzlichen zu 100 % als abzugsfähig[201]. Diese Beiträge zur Krankenversicherung zählen nach § 10 Abs. 1 Nr. 3a EStG zu den Sonderausgaben und werden deshalb vom jeweiligen Gesamtbetrag der Einkünfte abgezogen.

---

[201] vgl. http://www.bundesfinanzministerium.de/DE/BMF__Startseite/Aktuelles/
Monatsbericht__des__BMF/2009/09/analysen-und-berichte/
b01-b_C3_BCrgerentlastungsgesetz-krankenversicherung/
b_C3_BCrgerentlastungsgesetz-krankenversicherung.html (am 13.01.2011).

Ebenfalls wird für Sonderausgaben nach den §§ 9c und 10 Abs. 1 Nr. 1, 1a, 4, 7 und 9 EStG der Sonderausgaben-Pauschbetrag nach § 10c EStG von 36 € abgezogen, wenn der Steuerpflichtige nicht höhere Aufwendungen nachweist.

Tabelle 13.12:   Einkommen

	A	B
Gesamtbetrag der Einkünfte	81.699 €	101.699 €
./. Sonderausgaben	- 3.600 €	- 3.600 €
./. Sonderausgaben-Pauschbetrag	- 36 €	- 36 €
= Einkommen	78.063 €	98.063 €

13.3.7   Zu versteuerndes Einkommen

Das zu versteuernde Einkommen (§ 2 Abs. 5 EStG) entspricht hier dem Einkommen. Es kommen weder der Abzug von Kinderfreibeträgen (§ 32 Abs. 6 EStG) noch sonstige Abzüge in Betracht.

Tabelle 13.13:   Zu versteuerndes Einkommen

	A	B
Einkommen	78.063 €	98.063 €
./. Kinderfreibeträge	-	-
./. sonstige abzuziehende Beträge	-	-
= zu versteuerndes Einkommen	78.063 €	98.063 €

13.3.8   Gewerbesteuerpflicht

Nach § 2 Abs. 1 Satz 1 des Gewerbesteuergesetzes unterliegt jeder stehende, im Inland betriebene Gewerbebetrieb der Gewerbesteuer. Unter Gewerbebetrieb ist ein gewerbliches Unternehmen im Sinne des Einkommensteuergesetzes zu verstehen (§ 2 Abs. 1 Satz 2 GewStG).

Es ist fraglich, ob hier ein Gewerbebetrieb vorliegt, da eine reine Vermögensverwaltung i.S.d. § 14 Satz 3 AO vorliegt. Da auch der Sonderfall der geprägten Personengesellschaft nach § 15 Abs. 3 Nr. 2 EStG nicht eintritt, liegt kein Gewerbebetrieb vor.

Die AB-GmbH & Co. KG unterliegt im 2. Fall nicht der Gewerbesteuer.

14 Entnahme, Einlage und Anwachsung

Unterscheidung zwischen Buchwertfortführung und Aufdeckung der stillen Reserven

Silvia Graf (Dr. A. Striegel)

14.1   Aufgabe

Ermitteln Sie die tarifliche Einkommensteuer (ESt) von A und B. Auf sonstige Steuern, insbesondere Gewerbesteuer und Umsatzsteuer, ist nicht einzugehen.

A (geb. 05.02.1951) und B (geb. 17.03.1953), beide wohnhaft in München, sind jeweils zu 50 % an einer Gesellschaft bürgerlichen Rechts (GbR) vgl. §§ 705 ff BGB beteiligt. Die GbR betreibt einen kleinen Kiosk in der Münchner Innenstadt. Im Kalenderjahr 2010 haben die Einnahmen 150.000 € und die Ausgaben in Verbindung mit dem Kiosk 70.000 € betragen. Folgende Sachverhalte sind in den laufenden Einnahmen und Ausgaben noch nicht enthalten.

A und B haben jeweils Sonderausgaben gem. §§ 10 ff. EStG in Höhe von 5.000 €.

14.1.1   Entnahme

A bekommt am 01.01.2010 eine bisher betrieblich genutzte Kaffeemaschine aus dem Gesamthandsvermögen der GbR unentgeltlich übertragen. Die Maschine ist bereits voll abgeschrieben und steht nur noch mit einem Erinnerungswert von 1 € in den Büchern. Der Teilwert der Maschine zum 01.01.2010 beträgt allerdings 1.001 €.

14.1.2   Einlage/Tausch/Übertragung/Überführung

1. B bringt am 01.01.2010 ein Fahrzeug in das Gesamthandsvermögen der GbR ein. Es handelt sich um einen Lieferwagen, den B bisher in seinem Einzelunternehmen nutzte. Zum 01.01.2010 beträgt der Buchwert 10.000 € und der Teilwert 20.000 €. Der Lieferwagen hat eine Restnutzungsdauer von 4 Jahren und soll zu 100 % betrieblich durch die GbR genutzt werden.

2. A legt am 01.01.2010 ein Grundstück mit Gebäude aus seinem Privatvermögen in das Gesamthandsvermögen der GbR ein. Das Gebäude wurde 1950 errichtet. Die Anschaffungskosten für den Grund und Boden von A haben 10.000 € und für das Gebäude 100.000 € betragen. Das Gebäude wurde im Rahmen der Einkünfte aus Vermietung und Verpachtung § 21 EStG bereits voll abgeschrieben.

    Zum Einlagezeitpunkt hatte das Grundstück einen Teilwert in Höhe von 50.000 € und das Gebäude einen Teilwert in Höhe von 200.000 €. Das Gebäude soll wie bisher weiterhin an fremde Dritte vermietet werden.

14.1.3   Anwachsung

Am 30.06.2010 tritt B aus der Gesellschaft aus. Der Teilwert der GbR wird zu diesem Zeitpunkt mit 800.000 € ermittelt. B erhält deshalb eine Abfindung in Höhe von 50 % = 400.000 € von A. Das Kapitalkonto von B zum Austrittszeitpunkt betrug lediglich

300.000 €. Es ist davon auszugehen, dass die Teilwerte der einzelnen Wirtschaftsgüter genau deren Buchwerten entsprochen haben.

B will sämtliche möglichen Steuerbegünstigungen in Anspruch nehmen.

14.2   Allgemeine Erläuterungen

14.2.1   Entnahme

Wird ein Wirtschaftsgut aus dem Betriebsvermögen eines Steuerpflichtigen bzw. aus dem Gesamthandsvermögen einer Mitunternehmerschaft für den Haushalt des Steuerpflichtigen, oder für andere betriebsfremde Zwecke entnommen, erfüllt das den Tatbestand einer Entnahme gem. § 4 Abs. 1 S. 2 EStG. Entnahmen sind gem. § 6 Abs. 1 Nr. 4 EStG mit dem Teilwert anzusetzen.

Der Teilwert ist in § 10 BewG sowie § 6 Abs. 1 Nr. 1 S. 3 EStG definiert, als der Betrag, den ein Erwerber des ganzen Unternehmens im Rahmen des Gesamtkaufpreises für das einzelne Wirtschaftsgut ansetzen würde. Dabei ist davon auszugehen, dass der Erwerber den Betrieb fortführt (Fortführungsprinzip). Im Regelfall entspricht der Teilwert dem Verkehrswert oder dem Marktpreis.

Oft kann ein Teilwert nicht ermittelt werden, da Anhaltspunkte zur Ermittlung mangels einer Betriebsveräußerung fehlen. In diesen Fällen wird statt dem Teilwert der gemeine Wert (§ 9 BewG) angesetzt.

Der gemeine Wert ist gem. § 9 Abs. 2 S. 1 BewG durch den Preis bestimmt, der im gewöhnlichen Geschäftsverkehr nach der Beschaffenheit des Wirtschaftsgutes bei einer Veräußerung zu erzielen wäre (Verkehrswert oder Marktpreis). Wie oben bereits beschrieben, stimmen in der Regel Teilwert und gemeiner Wert überein.

Nur in Ausnahmefällen weicht der Teilwert vom gemeinen Wert ab:

Der Bagger eines Braunkohlewerkes hat einen Teilwert von 100.000 €. Da er für die Betriebsfortführung benötigt wird, würde ein evtl. Erwerber des Betriebes bereit sein, einen entsprechenden Gegenwert für den Bagger zu entrichten.

Dagegen wäre als gemeiner Wert lediglich der erzielbare Schrottwert anzusetzen. Bei einem Einzelverkauf des Baggers am Markt, würde sich kein Käufer finden, da aufgrund der unwirtschaftlichen Transportkosten sich der Kauf des gebrauchten Baggers nicht rentieren würde.

Häufig ergibt sich, insbesondere aufgrund der Abschreibung der Wirtschaftsgüter, eine Differenz zwischen dem Buchwert und dem Teilwert. Diese Differenz nennt man stille Reserven. Sie werden deshalb als still bezeichnet, weil sie erst bei ihrer Realisierung versteuert werden müssen. Realisationstatbestände sind z.B. der Verkauf oder die Entnahme des Wirtschaftsgutes aus dem Betriebsvermögen. Zu diesem Zeitpunkt wird die stille Reserve aufgedeckt, d.h. die stille Reserve ist zu versteuern.

14.2.2   Einlage/Tausch/Überführung/Übertragung

Wenn ein Wirtschaftsgut von einem Gesellschafter in ein Betriebsvermögen eingebracht wird, können verschiedene Tatbestände erfüllt sein.

14.2.2.1   Einlage gem. § 4 Abs. 1 S. 7 EStG

Einlagen sind alle Wirtschaftsgüter, die der Steuerpflichtige dem Betrieb zu betrieblichen Zwecken oder zur Stärkung der Kapitaldecke aus der privaten Sphäre zugeführt hat. Die Voraussetzung ist also, dass das Wirtschaftsgut vom Privatvermögen des Steuerpflichtigen in ein Betriebsvermögen übergeht.

Einlagen werden gem. § 6 Abs. 1 Nr. 5 EStG mit dem Teilwert zum Zeitpunkt der Einlage bewertet. Die Einlage darf aber höchstens mit den fortgeführten Anschaffungskosten bzw. Herstellkosten bewertet werden,

■ wenn Anschaffung bzw. Herstellung innerhalb der letzten 3 Jahre erfolgte

■ bei wesentlichen Beteiligungen i.S.d. § 17 EStG

   (im Privatvermögen gehaltene Anteile an Kapitalgesellschaften, an denen der Steuerpflichtige innerhalb der letzten fünf Jahren mittelbar oder unmittelbar zu mind. 1 % beteiligt war)

■ bei Wirtschaftsgütern i.S.d. § 20 Abs. 2 EStG

   (z.B. Anteile an einer Körperschaft, Dividendenscheine/Aktien, Zinsscheine)

Privates Veräußerungsgeschäft in Verbindung mit der Einlage

Bei einer Einlage eines Wirtschaftsgutes ins Betriebsvermögen, muss stets der Tatbestand eines privaten Veräußerungsgeschäftes gem. § 23 Abs. 1 S. 5 EStG im Auge behalten werden.

Durch die Veräußerung von Wirtschaftsgütern des Privatvermögens erzielte Veräußerungsgewinne unterliegen grundsätzlich nicht der Besteuerung. Nur ausnahmsweise werden diese Gewinne gem. § 22 Nr. 2 i.V.m. § 23 Abs. 1 EStG als sonstige Einkünfte versteuert, wenn der Zeitraum zwischen Anschaffung und Verkauf weniger als 1 Jahr, bzw. bei Grundvermögen 10 Jahre, beträgt.

Wird das Wirtschaftsgut nach einer Einlage aus dem Betriebsvermögen veräußert, ist die Einlage gem. § 23 Abs. 1 S. 5 EStG rückwirkend als Veräußerung anzusehen, wenn zwischen ursprünglicher Anschaffung im Privatvermögen und späterem Verkauf aus dem Betriebsvermögen nicht mehr als 1 bzw. 10 Jahre liegen. Man will dadurch verhindern, dass der Steuerpflichtige den Tatbestand des privaten Veräußerungsgeschäftes verhindern kann, indem er das Wirtschaftsgut kurz vor der Veräußerung innerhalb der Spekulationsfrist in ein Betriebsvermögen einlegt.

Abschreibung von eingelegten Wirtschaftsgütern

Neben dem privaten Veräußerungsgeschäft ist bei der Einlage von Wirtschaftsgütern auch die Abschreibung problematisch.

Gem. § 6 Abs. 1 Nr. 5 EStG müssen Einlagen mit dem Teilwert angesetzt werden. Ist ein Wirtschaftsgut innerhalb von 3 Jahren seit der Anschaffung eingelegt worden, ist es mit den fortgeführten Anschaffungskosten einzulegen. Gem. R 6.12 Abs. 1 S. 2 EStR sind die Anschaffungs- bzw. Herstellungskosten auch dann um die Afa nach § 7 EStG zu kürzen, wenn das Wirtschaftsgut nach einer Nutzung außerhalb der Einkunftsarten eingelegt wird (sog. fiktive Abschreibung).

Gem. § 7 Abs. 1 S. 5 EStG sind die Bemessungsgrundlagen nach der Einlage die fortgeführten Anschaffungs- bzw. Herstellungskosten. Der BFH hat in jüngster Zeit mehrfach klargestellt, dass sich die Afa nach einer Einlage nach dem Einlagewert abzüglich der vor der Einlage bei den Überschusseinkünften bereits in Anspruch genommenen Abschreibung bemisst.[202] Abschreibungsbemessungsgrundlage und Einlagewert können somit auseinanderfallen.

14.2.2.2   Überführung bzw. Übertragung § 6 Abs. 5 EStG

Es handelt sich um eine Überführung, wenn ein Wirtschaftsgut von einem Betrieb des Steuerpflichtigen in einen anderen Betrieb desselben Steuerpflichtigen gelangt. Der Eigentümer bleibt insoweit derselbe, nur die Nutzung ändert sich.

§ 6 Abs. 5 S. 1 und 2 EStG gilt für folgende Fälle der Überführung:

- vom Betriebsvermögen in ein anderes Betriebsvermögen desselben Steuerpflichtigen

- vom Betriebsvermögen eines Einzelunternehmens in ein Sonderbetriebsvermögen desselben Steuerpflichtigen

- von einem Sonderbetriebsvermögen in das Betriebsvermögen eines Einzelunternehmens desselben Steuerpflichtigen

- von einem Sonderbetriebsvermögen in das Sonderbetriebsvermögen desselben Steuerpflichtigen bei einer anderen Mitunternehmerschaft

Grundsätzlich führt die Hingabe von Wirtschaftsgütern, wie z.B. Verkauf, Entnahme oder Tausch, zu einer Realisierung der stillen Reserven. Die Differenz zwischen gemeinem Wert gem. § 9 BewG und Buchwert muss als außerordentlicher Ertrag mit im Rahmen des Gewinnes des abgebenden Betriebes versteuert werden. Doch in den oben genannten Fällen der Überführung ist die Entnahme aus dem einen und die Einlage in das

---

[202] BFH v. 18.8.2009, X R 40/06, BFH/NV 2010, 283; v. 28.10.2009, VIII R 46/07, BFH/NV 2010, 977; v. 17.3.2010, X R 34/09, BFH/NV 2010, 1625; v. 18.5.2010, X R 7/08, DB 2010, 1913; vgl. dazu auch Levedag, DStR 2010, 249.

andere Betriebsvermögen zwingend mit dem Buchwert anzusetzen. Die Überführung ist somit steuerlich neutral.

Im Unterschied zur Überführung wird bei der Übertragung nicht nur die Nutzung verlagert, sondern das Eigentum wird auf einen anderen Rechtsträger übertragen.

§ 6 Abs. 5 S. 3 Nr. 1-3 EStG findet in folgenden Fällen Anwendung:

- Übertragung vom Betriebsvermögen des Mitunternehmers in das Gesamthandsvermögen seiner Mitunternehmerschaft und umgekehrt

- Übertragung aus dem Sonderbetriebsvermögen eines Mitunternehmers in das Gesamthandsvermögen derselben Mitunternehmerschaft, oder einer anderen an der er beteiligt ist und umgekehrt

- Übertragung zwischen den jeweiligen Sonderbetriebsvermögen verschiedener Mitunternehmer derselben Mitunternehmerschaft

Voraussetzung bei der Übertragung ist, dass diese unentgeltlich oder gegen Gewährung von Gesellschaftsrechten durchgeführt wird. Ein Wirtschaftsgut wird gegen Gewährung von Gesellschaftsrechten übertragen, wenn sich durch die Übertragung die Stimmrechte und/oder die Gewinnbezugsrechte des Mitunternehmers an der Mitunternehmerschaft erhöhen. Dieser Vorgang benötigt keine buchhalterische Wertsteigerung des Gesamtvermögens und somit auch keine Steigerung des Mitunternehmeranteils. Die Übertragung erfolgt wie die Überführung zum Buchwert und ist somit erfolgsneutral.

Doch wird das übertragene Wirtschafsgut innerhalb einer Sperrfrist von drei Jahren nach Abgabe der Steuererklärung veräußert oder entnommen, ist gem. § 6 Abs. 5 S. 4 EStG rückwirkend auf den Zeitpunkt der Übertragung der Teilwert anzusetzen. Die Sperrfrist ist unbeachtlich, wenn die bis zur Entnahme entstandenen stillen Reserven dem übertragenden Gesellschafter in einer Ergänzungsbilanz zugeordnet worden sind.

14.2.2.3   Tausch § 6 Abs. 6 S 1 EStG

Beim Tausch besteht die Gegenleistung für die Hingabe eines Wirtschaftsgutes nicht in der Zahlung eines Kaufpreises, sondern in der Hingabe eines anderen Wirtschaftguts. Ein Tausch liegt z.B. auch vor, wenn der Steuerpflichtige für die Übertragung seines Wirtschaftsgutes Gesellschaftsrechte erhält (Einbringung).

Gem. § 6 Abs. 6 EStG führt der Tausch stets zu einer Gewinnrealisierung, da das eingetauschte Wirtschaftsgut mit dem gemeinen Wert gem. § 9 BewG angesetzt werden muss. Es ist aber zu beachten, dass gem. § 6 Abs. 6 S. 4 EStG die vorgenannten Regelungen zur erfolgsneutralen Übertragung nach § 6 Abs. 5 EStG den Vorschriften des Tausches vorgehen.

Die Rechtsfolge aus einem Tausch ist, dass die stillen Reserven realisiert werden. Stille Reserven sind die Differenz zwischen dem Buchwert und dem gemeinen Wert des hingegebenen Wirtschaftsgutes. Befand sich das Wirtschaftsgut vorher im Betriebsvermögen geht die Regelung der Übertragung zum Buchwert gem. § 6 Abs. 5 EStG vor. Nur wenn das Wirtschaftsgut sich im Privatvermögen befand, hat die Einlage gegen Gewährung von Gesellschaftsrechten zum nominalen Wert der gewährten Gesellschaftsrechte zu erfolgen. Der Tausch gilt als Veräußerung im Sinne des § 23 EStG. Die stille Reserven sind somit als sonstige Einkünfte zu versteuern, wenn das Wirtschaftsgut innerhalb der Spekulationsfrist eingetauscht wird.

14.2.3   Anwachsung

Für bestimmte Sachverhalte (Kündigung, Tod, Insolvenz eines Gesellschafters, etc.) ordnet der Gesellschaftsvertrag einer Personengesellschaft regelmäßig das Ausscheiden des Gesellschafters und die Fortführung der Gesellschaft unter den verbleibenden Gesellschaftern an (§ 736 BGB, § 131 Abs. 3 HGB). In diesen Fällen wächst der Anteil am Gesellschaftsvermögen den übrigen Gesellschaftern bzw. dem letzten verbleibenden Gesellschafter an. Für den Verlust seines Geschäftsanteiles steht dem ausscheidenden Gesellschafter eine Abfindung zu (§ 738 Abs. 1 S. 1 BGB, § 105 Abs. 2 HGB).

14.2.3.1   Rechtsfolge bei der Gesellschaft bzw. dem verbleibenden Gesellschafter

Die verbleibenden Gesellschafter tätigen ein Anschaffungsgeschäft. Dabei haben sie die im Mitunternehmeranteil des ausscheidenden Gesellschafters zusammengefassten Anteile an den zum Gesellschaftsvermögen gehörenden Wirtschaftsgütern einschließlich des Firmenwerts erworben. Die Abfindungszahlung stellt die Anschaffungskosten dar.

Die anteiligen Anschaffungskosten der Wirtschaftsgüter müssen bei den Bilanzansätzen ausgewiesen werden. Dazu muss man die Buchwerte der einzelnen Wirtschaftsgüter um die anteiligen aufgedeckten stillen Reserven aufstocken. Die Verteilung der stillen Reserven auf die einzelnen Wirtschaftsgüter erfolgt dabei nach dem Verhältnis der Teilwerte der einzelnen Wirtschaftsgüter. Auch der realisierte Teil des Firmenwertes ist in der Gesellschaftsbilanz zu aktivieren, da er insoweit entgeltlich erworben wurde (§ 5 Abs. 2 EStG). Ebenfalls ist die festgesetzte Abfindungszahlung als Verbindlichkeit zu bilanzieren.

Diese Aufstockungen können in der Gesamthandsbilanz erfolgen. Zur Vermeidung von Schwierigkeiten z.B. im Hinblick auf die Verweildauer bei der ggf. späteren Übertragung stiller Reserven nach § 6b EStG ist aber die Erstellung einer Ergänzungsbilanz durch Aktivieren der anteiligen stillen Reserven und des Firmenwerts zu empfehlen.

Fraglich ist, wie die Anwachsung beim verbleibenden Gesellschafter zu behandeln ist, wenn der vorletzte Gesellschafter aus einer Personengesellschaft ausscheidet und der verbleibende Gesellschafter das Unternehmen in der Rechtsform des Einzelunternehmens fortführt. Durch die Anwachsung tritt ein Vermögensübergang im wirtschaftlichen Sinne und somit ein Anschaffungsvorgang nicht ein, soweit der Verbleibende schon bisher am Vermögen der Gesellschaft beteiligt war. Schon deshalb sind insoweit die bisherigen Buchwerte fortzuführen.[203] Es kommt bezüglich des Anteils des verbleibenden Gesellschafters an den übernommenen Wirtschaftsgütern lt. herrschender Meinung somit nicht zu einem Aufdecken der stillen Reserven.

14.2.3.2   Rechtsfolge beim ausscheidenden Gesellschafter

Ertragsteuerlich wird der Rückfall der Gesellschaftsrechte des ausscheidenden Gesellschafters an die Gesellschaft gegen Abfindung des Ausscheidenden als Veräußerungsgeschäft angesehen. Gem. § 16 Abs. 3 EStG ist die Aufgabe eines Anteils an einer Mitunternehmerschaft einer Betriebsveräußerung gleichzusetzen und gem. § 16 Abs. 1 Nr. 2 EStG ist der Veräußerungsgewinn eines Gesellschafteranteils den Einkünften aus Gewerbebetrieb gem. § 15 EStG zuzuordnen.

Die Veräußerung dieses Gesellschaftsanteils ist ein Gewinnrealisierungstatbestand und führt zur Aufdeckung der stillen Reserven. Der Veräußerungsgewinn wird gem. § 16 Abs. 2 EStG berechnet.

> Abfindungsanspruch
>
> ./. Kosten des Ausscheidens
>
> <u>./. Kapitalkonto (= anteilige Buchwerte im Zeitpunkt des Ausscheidens)</u>
>
> = Aufgabegewinn nach § 16 Abs. 2 EStG

Der Veräußerungsgewinn führt zu Einkünften aus Gewerbebetrieb des ausscheidenden Gesellschafters. Hat der ausscheidende Gesellschafter das 55. Lebensjahr vollendet oder ist er dauernd berufsunfähig im sozialversicherungsrechtlichen Sinne, ist ihm wie bei einer Betriebsveräußerung gem. § 16 Abs. 4 EStG auf Antrag einmal im Leben ein Freibetrag zu gewähren.

14.2.3.3   Spezieller Steuersatz auf den Aufgabegewinn

Gem. § 34 Abs. 2 Nr. 1 EStG handelt es sich auch beim Aufgabegewinn um außerordentliche Einkünfte, die ermäßigt besteuert werden. Die sogenannte Fünftelregelung gem. § 34 Abs. 1 EStG wird dabei in jedem Fall gewährt. Es handelt sich um eine Abmilderung der Progression, da ansonsten bei einem Gewinn durch das Ausscheiden aus einer Personengesellschaft die stillen Reserven die über Jahre angewachsen sind in einem Veranlagungszeitraum geballt versteuert werden müssten.

---

[203] BFH v. 10.3.1998, VIII R 76/96, BStBl II 1999, 269; OFD Berlin v. 19.7.2002, St 122 – S 2241 – 2/02, StEK EStG § 6 Abs. 3 n. F. Nr. 3 = DB 2002, 1966.

Darstellung der Fünftelregelung nach § 34 Abs. 1 EStG

> ESt auf die restlichen Einkünfte zzgl. 1/5 der außerordentlichen Einkünfte
>
> ./. ESt auf die restlichen Einkünfte
>
> = Unterschiedsbetrag
>
> x 5
>
> = ESt für außerordentliche Einkünfte
>
> + ESt auf die restlichen Einkünfte
>
> = gesamte Einkommensteuer

Stattdessen kann auch die die ermäßigte Besteuerung durch Anwendung eines begünstigten Steuersatzes für die außerordentlichen Einkünfte gem. § 34 Abs. 3 EStG beantragt werden, nur soweit

- die außerordentlichen Einkünfte den Betrag von 5 Mio. € nicht übersteigen

- der Steuerpflichtige das 55. Lebensjahr vollendet hat oder im sozialversicherungsrechtlichen Sinne dauernd berufsunfähig ist und

- der ermäßigte Steuersatz bisher noch nicht gewährt wurde, und auch in Zukunft nicht mehr beantragt werden soll.

Dann beträgt der Steuersatz auf die außerordentlichen Einkünfte 56 % des durchschnittlichen Steuersatzes, der sich auf sämtliche Einkünfte gem. der tariflichen Einkommensteuer durchschnittlich ergeben würden. Der Steuersatz muss aber mindestens 15 % betragen.

14.3 Lösung

Bei der Falllösung des Sachverhalts wird ein vorgegebenes Prüfschema eingehalten:

1. Steuerpflicht

2. Einkunftsart

3. Ermittlung der Einkünfte

4. Summe der Einkünfte

5. Gesamtbetrag

6. Einkommen

7. Zu versteuerndes Einkommen

8. Tarifliche Einkommensteuer

14.3.1   Steuerpflicht

Die GbR ist keine natürliche Person und ist deshalb nicht einkommensteuerpflichtig gem. § 1 Abs. 1 EStG.

Die Gesellschafter A und B sind natürliche Personen mit Wohnsitz nach § 8 AO im Inland und sind deshalb unbeschränkt steuerpflichtig gem. § 1 Abs. 1 EStG. Die unbeschränkte Steuerpflicht erstreckt sich auf sämtliche inländische und ausländische Einkünfte (Welteinkommensprinzip).

14.3.2   Einkunftsart

Die GbR selbst ist zwar nicht einkommensteuerpflichtig, dennoch werden die Einkünften zunächst auf der Ebene der Gesellschaft ermittelt und dann gem. § 179 und § 180 AO gesondert und einheitlich festgestellt. Dabei werden die Einkünfte gem. Gewinnverteilung anteilig den Gesellschaftern zugerechnet. Bei der Einkommensteuerveranlagung der Gesellschafter werden die Gewinnanteile dann versteuert.

Die GbR erzielt gewerbliche Einkünfte gem. § 15 Abs. 3 Nr. 1 EStG, da sie durch den Betrieb des Kiosk selbst die Voraussetzungen des § 15 Abs. 2 EStG erfüllt:

- selbständig   (+)

- nachhaltig   (+)

- Gewinnerzielungsabsicht   (+)

- Beteiligung am allg. wirtschaftlichen Verkehr   (+)

- keine Land- und Forstwirtschaft   (+)

- keine selbständige Arbeit   (+)

- keine Vermögensverwaltung   (+)

Aufgrund der Abfärberegelung des § 15 Abs. 3 Nr. 1 EStG gelten sämtliche Einkünfte als gewerblich, wenn durch einen Teil der Tätigkeit die Voraussetzungen der Gewerblichkeit erfüllt sind. Somit gelten auch z.B. Zins- bzw. Mieteinkünfte der GbR in diesem Fall als gewerbliche Einkünfte.

A und B sind Mitunternehmer und erzielen deshalb Einkünfte aus Gewerbebetrieb, da die Voraussetzungen gem. § 15 Abs. 1 Nr. 2 EStG erfüllt sind:

- A und B tragen Mitunternehmerrisiko   (+)

- A und B entfalten Mitunternehmerinitiative   (+)

14.3.3 Ermittlung der Einkünfte

Gem. § 2 Abs. 2 S. 1 Nr. 1 EStG gehören Einkünfte aus Gewerbebetrieb zu den Gewinneinkunftsarten. Die GbR ist kein Kaufmann i.S.d. HGB und somit auch nicht dazu verpflichtet Bücher zu führen im handelsrechtlichen Sinne.[204]

Da die GbR keiner Buchführungspflicht laut § 238 HGB unterliegt, so verpflichtet der § 141 Abs. 1 Nr. 4 AO dennoch die Gesellschaft zur Führung von Büchern, wenn der Gewinn aus Gewerbebetrieb wie hier mehr als 50.000 € im Wirtschaftsjahr beträgt. Die steuerliche Buchführungspflicht beginnt nach § 141 Abs. 2 AO erst im Jahr, das dem Jahr der Mitteilung der Buchführungspflicht durch das Finanzamt folgt. Hier wird davon ausgegangen, dass die GbR auch schon in früheren Jahren einen Gewinn von über 50.000 € erzielt hat und somit Buchführungspflicht bereits in 2010 besteht.

Durch die Buchführungspflicht wird der Gewinn der Gesellschaft gem. § 4 Abs. 1 EStG durch Betriebsvermögensvergleich ermittelt.

14.3.3.1 Entnahme

Die Entnahme der Kaffeemaschine muss gem. § 6 Abs. 1 Nr. 4 EStG mit dem Teilwert angesetzt werden. Sie führt somit zur Realisierung der stillen Reserven.

Teilwert zum Entnahmezeitpunkt	1.001 €
./. Buchwert	- 1 €
= Entnahmegewinn	1.000 €

Die Entnahme wird dem Kapitalkonto von A belastet.

14.3.3.2 Einlage, Tausch und Übertragung/Überführung

Einbringung Fahrzeug durch B

Es muss zunächst geprüft werden, welchen Tatbestand die Hingabe des Fahrzeugs durch B an die GbR erfüllt:

- Einlage gem. § 4 Abs.1 S. 7 EStG:

  Da das Fahrzeug nicht aus dem Privatvermögen des B stammt, sondern aus einem anderen Betriebsvermögen, ist der Tatbestand der Einlage gem. § 4 Abs.1 EStG nicht erfüllt und es liegt **keine** Einlage vor.

---

[204] Die GbR ist kein Formkaufmann i.S.d. § 6 HGB, da sie keine Handelsgesellschaft ist. Wenn die GbR einen in kaufmännischer Weise eingerichteten Geschäftsbetrieb nach § 1 HGB benötigt, muss sie sich als OHG ins Handelsregister eintragen.

■ Tausch gem. § 6 (6) S.1 EStG

Da es sich um eine Einbringung handelt, wird der Pkw gegen Gewährung von Gesellschaftsrechten eingelegt. Die Voraussetzungen des Tausches sind somit gem.
§ 6 Abs. 6 EStG erfüllt, der Ansatz müsste somit mit dem Teilwert erfolgen. Gem.
§ 6 Abs. 6 S.4 EStG geht jedoch der § 6 Abs. 5 EStG dem Tausch vor.

■ Übertragung/Überführung gem. § 6 Abs. 5 EStG

Da B den Pkw in das Gesamthandsvermögen der GbR einbringt, liegt ein Wechsel des
Eigentümers vor. Somit handelt es sich nicht um eine Überführung i.S.d.
§ 6 Abs. 5 S. 1 EStG.

Es sind aber die Voraussetzungen einer Übertragung gem. § 6 Abs. 5 S. 3 Nr. 1 EStG
erfüllt. Der Pkw wird gegen Gewährung von Gesellschaftsrechten aus dem Betriebsvermögen des Einzelunternehmens von B in das Gesamthandsvermögen der GbR
übertragen. Die Hingabe erfolgt somit als Überführung zwingend mit dem Buchwert.
Somit werden keine stillen Reserven aufgedeckt.

Es ist allerdings die Sperrfrist zu beachten. Wird der PKW innerhalb von 3 Jahren
nach Abgabe der Steuererklärung veräußert oder entnommen, wird die Einbringung
rückwirkend mit dem Teilwert angesetzt.

Einlage bebautes Grundstück durch A

Die Einlage des Grundstückes und des Gebäudes erfolgt aus dem Privatvermögen von A,
somit ist der Tatbestand der Überführung bzw. Übertragung gem. § 6 Abs. 5 EStG auszuschließen. Da keine Gesellschaftsrechte gewährt werden, handelt es sich auch nicht um
einen Tausch gem. § 6 Abs. 6 EStG.

Bei Zuführung eines Wirtschaftsgutes aus dem Privatvermögen in ein Betriebsvermögen
liegt eine Einlage gem. § 4 Abs. 1 S. 7 EStG vor. Diese ist gem. § 6 Abs. 1 Nr. 5 EStG mit
dem Teilwert anzusetzen. Es kommt auch nicht ein Ansatz der fortgeführten Herstellungskosten in Frage, da die Anschaffung länger als 3 Jahre zurückliegt.

Die Einlage erfolgt hier mit dem Teilwert von insgesamt 250.000 € (Grundstück 50.000 €
zzgl. Gebäude 200.000 €).

Ein privates Veräußerungsgeschäft gem. § 23 Abs. 1 S. 5 EStG kommt auch bei sofortigem
Verkauf aus dem Betriebsvermögen nicht in Betracht, da sich das Grundstück bereits
mehr als 10 Jahre im Privatvermögen des Steuerpflichtigen befand und die Spekulationsfrist somit abgelaufen ist.

Der Grund und Boden stellt ein nichtabnutzbares Wirtschaftsgut dar und wird deshalb
nicht abgeschrieben.

Das Gebäude wurde im Rahmen der Vermietung und Verpachtung bereits vollständig
abgeschrieben. Die Afa-Bemessungsgrundlage gem. § 7 Abs. 1 S. 5 EStG ist der Einlagewert abzüglich bei den Überschusseinkünften bereits in Anspruch genommene Abschreibung. Es soll dadurch eine Doppelabschreibung vermieden werden.

Einlagewert Gebäude gem. § 6 Abs. 1 Nr. 5 EStG	200.000 €
./. Afa im Rahmen des § 21 EStG	- 100.000 €
= Afa-BMG	100.000 €

Der Abschreibungssatz beträgt gem. § 7 Abs. 4 S. 1 Nr. 2 Buchst. a) EStG 2 %. Eine Abschreibung mit 3 % gem. § 7 Abs. 4 S. 1 Nr. 1 EStG kommt nicht in Betracht, da es sich bei dem Gebäude zwar um Betriebsvermögen handelt, es aber zu Wohnzwecken dient. Da das Gebäude zum 01.01. des Wirtschaftsjahres eingelegt wird, entfällt eine anteilige Berechnung der Afa gem. § 7 Abs. 1 S. 4 EStG.

Afa = 100.000 € x 2 %	2.000 €

14.3.3.3 Anwachsung

Im vorliegenden Fall scheidet B zum 30.06. aus der Gesamthandsgemeinschaft aus und sein Anteil fällt A vollständig zu.

■ es liegt hier der oben beschriebene Fall der Anwachsung vor

■ da nach dem Ausscheiden von B nur noch A als Gesellschafter verbleibt, wird die vorige GbR in der Rechtsform eines Einzelunternehmens weitergeführt.

Gesamthandsbilanz zum 30.06.

Wirtschaftsgüter	600 T €	Kapital A	300 T €
		Kapital B	300 T €
	600 T €		600 T €

Steuerliche Auswirkungen für A

Da die Teilwerte der Wirtschaftsgüter zum Zeitpunkt des Ausscheidens lt. Angabe genau den Buchwerten entsprechen, ist eine Aufstockung der Buchwerte nicht nötig. Die Differenz zwischen der Abfindungszahlung und dem Kapitalkonto von B entfällt somit voll auf den Firmenwert.

Abfindungszahlung	400.000 €
./. Kapitalkonto B zum 30.06.	- 300.000 €
= Firmenwert	100.000 €

Eröffnungsbilanz A zum 01.07.

Wirtschaftsgüter	600 T €	Kapital A	300 T €
Firmenwert	100 T €	Verbindlichkeit an B	400 T €
	700 T €		**700 T €**

Der Firmenwert darf von A bilanziert werden, da er entgeltlich erworben wurde gem. § 5 Abs. 2 EStG. Er wird im Steuerrecht gem. § 7 Abs. 1 S. 3 EStG gleichmäßig über 15 Jahre abgeschrieben. Im Jahr der Anschaffung ist die Abschreibung nur anteilig anzusetzen gem. § 7 Abs. 1 S. 4 EStG.

Afa = 100.000 € : 15 Jahre x 6/12tel   3.333 €

<u>Steuerliche Auswirkungen für B</u>

Gem. § 16 Abs. 1 Nr. 2 EStG ist die Aufgabe eines gesamten Mitunternehmeranteils einer Betriebsveräußerung gleichzusetzen. Die Veräußerung dieses Gesellschaftsanteils ist ein Gewinnrealisierungstatbestand und führt zur Realisierung der stillen Reserven. Der Veräußerungsgewinn wird gem. § 16 Abs. 2 EStG berechnet.

Da B das 55. Lebensjahr vollendet hat, ist der Freibetrag in Höhe von 45.000 € nach § 16 Abs. 4 EStG zu gewähren. Außerdem kann B die Anwendung des 56 %-igen Steuersatzes nach § 34 Abs. 3 EStG beantragen.

Abfindung = Aufgabeerlös	400.000 €
./. anteiliger Buchwert der WG = Kapitalkonto	- 300.000 €
= Aufgabegewinn § 16 Abs. 2 EStG	**100.000 €**

Eine Kürzung des Freibetrags nach § 16 Abs. 4 S. 3 EStG kommt insoweit nicht in Betracht, da der Veräußerungsgewinn weniger als 136.000 € beträgt.

Aufgabegewinn § 16 Abs. 2 EStG	100.000 €
./. Freibetrag § 16 Abs. 4 EStG	- 45.000 €
Steuerpflichtiger Aufgabegewinn	**55.000 €**

14.3.3.4   Ermittlung der Einkünfte

Gewinn GbR 01.01. bis 30.06.2010	GbR	A	B
50 % laufende Betriebseinnahmen 1. HJ	75.000 €		
./. 50 % laufende Betriebsausgaben 1. HJ	- 35.000 €		
+ Entnahmegewinn Kaffeemaschine	+ 1.000 €		
./. 50 % Gebäude-Afa für 1. HJ	- 1.000 €		
= Gewinn = Eink. § 15 Abs. 1 Nr. 2 EStG	40.000 €	20.000 €	20.000 €

Gewinn A 01.07. bis 31.12.2010	GbR	A	B
50 % laufende Betriebseinnahmen 2. HJ		75.000 €	
./. 50 % laufende Betriebsausgaben 2. HJ		- 35.000 €	
./. 50 % Gebäude-Afa für 1. HJ		- 1.000 €	
./. Afa Firmenwert		- 3.333 €	
= Gewinn = Eink. § 15 Abs. 1 Nr. 2 EStG		35.667 €	

Aufgabegewinn B § 16 Abs. 1 Nr. 2 EStG			55.000 €

14.3.4   Summe der Einkünfte

	A	B
Gewinnanteil GbR = Eink. § 15 Abs. 1 Nr. 2 EStG	20.000 €	20.000 €
Aufgabegewinn B § 16 Abs. 1 Nr. 2 EStG		+ 55.000 €
Gewinn A = Eink. § 15 Abs. 1 Nr. 1 EStG	+ 35.667 €	
Summe der Einkünfte	**55.667 €**	**75.000 €**

14.3.5   Gesamtbetrag der Einkünfte

Da weder A noch B das 64. Lebensjahr vollendet haben, kommt der Altersentlastungsbetrag nach § 24a EStG nicht zum Tragen. Da auch die anderen Abzugsbeträge nicht in Frage kommen, entspricht der Gesamtbetrag gleich der Summe der Einkünfte.

	A	B
Summe der Einkünfte	**55.667 €**	**75.000 €**
./. Altersentlastungsbetrag § 24a EStG		
./. FB für Alleinerziehende § 24b EStG		
./. FB für Land- und Forstwirte § 13 Abs. 3 EStG		
Gesamtbetrag der Einkünfte § 2 Abs. 3 EStG	**55.667 €**	**75.000 €**

14.3.6 Einkommen

	A	B
Gesamtbetrag der Einkünfte § 2 Abs. 3 EStG	55.667 €	75.000 €
./. Verlustabzug nach § 10 d EStG		
./. Sonderausgaben (§§ 10, 10a, 10b, 10c EStG)	- 5.000 €	- 5.000 €
./. außergewöhnliche Belastungen (§§ 33 bis 33b EStG)		
Einkommen § 2 Abs. 4 EStG	50.667 €	70.000 €

14.3.7 Zu versteuerndes Einkommen

	A	B
Einkommen § 2 Abs. 4 EStG	50.667 €	70.000 €
./. Freibeträge für Kinder § 32 Abs. 6 EStG		
./. Härteausgleich nach § 46 Abs. 3 EStG		
Zu versteuerndes Einkommen § 2 Abs. 5 EStG	50.667 €	70.000 €

14.3.8 Tarifliche Einkommensteuer

Die tarifliche Einkommensteuer von A ermittelt sich durch Anwendung des Grundtarifs nach § 32a EStG auf sein zu versteuerndes Einkommen.

50.667 € → tarifliche Einkommensteuer = **13.119 €**

Da in den Einkünften des B ein Veräußerungsgewinn gem. § 16 EStG in Höhe von 55.000 € enthalten ist, kommt eine ermäßigte Besteuerung zur Anwendung. B hat das 55. Lebensjahr vollendet. Da er mit keiner weiteren Betriebsveräußerung rechnet, kann er die ermäßigte Besteuerung gem. § 34 Abs. 3 EStG beantragen, die nur einmalig im Leben zu gewähren ist.

zvE gesamt 70.000 € = ESt	**21.228 €**	→durchschnittlich 30,33 %

Ermäßigter Steuersatz auf außerordentliche Einkünfte =
30,33 % x 56 % (mind. 15 %)   → 16,98 %

zvE ohne Veräußerungsgewinn 15.000 € = ESt	1.410 €
+ 16,98 % auf 55.000 € Veräußerungsgewinn	+ 9.339 €
= Tarifliche Einkommensteuer B	**10.749 €**

Da die tarifliche Einkommensteuer auf das gesamte zu versteuernde Einkommen 21.228 € betragen würde, ergibt sich durch die ermäßigte Besteuerung des § 34 EStG für B eine Ersparnis in Höhe von 10.479 €.

15 Personengesellschaft und Betriebsaufspaltung

Ulrich Seitz (Prof. Dr. U. Voß)

Vorwort

Zum Tatbestand der Betriebsaufspaltung ist anzumerken, dass diese nicht explizit in den Gesetzen geregelt ist. Vielmehr ergeben sich die Grundsätze hierfür aus der Rechtsprechung der Finanzgerichte und der Praxis der Finanzverwaltung, was diesem Rechtsinstitut[205] seine besondere Prägung verleiht. Die folgende Abhandlung geht daher anhand eines praxisorientierten Ausgangsfalles auf die grundsätzlichen Problemstellungen der Betriebsaufspaltung ein und zitiert an gegebener Stelle die gefestigte Rechtsprechung.

---

[205] Gesamtheit aller Bestimmungen zur Regelung eines bestimmten Rechtsverhältnisses. (Vgl. http://www.lexexakt.de/glossar/rechtsinstitut.php).

15.1   Ausgangsfall

A und B betreiben einen Handel für gebrauchte Kraftfahrzeuge in Form einer offenen Handelsgesellschaft (OHG) im Sinne der §§ 105 ff. Handelsgesetzbuch (HGB). Beide Gesellschafter sind zu jeweils 50 % am Vermögen der OHG beteiligt. Ebenfalls obliegt beiden Gesellschaftern die Geschäftsführung gemäß § 114 (1) HGB einzeln. Individuelle Vereinbarungen im Gesellschaftsvertrag wurden nicht getroffen.

Zum Vermögen der OHG gehören ein Grundstück, auf dem die zum Verkauf stehenden Fahrzeuge ausgestellt werden, sowie ein darauf belegenes Gebäude, in dem sich die beiden Geschäftsführerbüros, ein Sekretariat und die Buchhaltungsabteilung befinden.

Aufgrund der weltweiten Wirtschaftskrise und der damit verbundenen Auswirkungen auf die Automobilbranche hat die A+B OHG mit enormen Absatzschwierigkeiten zu kämpfen. Forderungsausfälle illiquider Kunden bescheren ebenfalls zusätzliche Verluste.

Gesellschafter A, der sich hauptsächlich mit organisatorischen Aufgaben befasst und ohnehin weniger Know-How vom operativen Geschäft als Gesellschafter B besitzt, tätigte einige Verkäufe, bei denen nach Abzug aller Kosten nur eine verschwindend geringe bis keine oder gar eine negative Marge erzielt werden konnte.

Nachdem sich bislang kein Ende der Krise im Gebrauchtwagengeschäft abzeichnet und darüber hinaus auch durch die „Abwrackprämie"[206] der Bundesregierung eher ein Anreiz zum Kauf von neuen Automobilen besteht, sucht Gesellschafter B nun nach einem Ausweg, um bei dem Eintritt eines Haftungsfalles (Kreditausfall, Zahlungsunfähigkeit) nicht gesamtschuldnerisch mit seinem privaten Vermögen einstehen zu müssen.

Auf Drängen von Gesellschafter B fällt daher der Entschluss zur Gründung einer Kapitalgesellschaft, die das risikoträchtige operative Geschäft des Gebrauchtwagenhandels übernehmen soll. Die bisherigen Besitzverhältnisse sollen sich nicht ändern. Das gesamte Anlagevermögen, in Form des Bürogebäudes und des Grundstückes sowie der Betriebs- und Geschäftsausstattung (Büroeinrichtung, Computer, Telefonanlage, etc.) verbleibt im Vermögen der OHG. Die OHG erhält für die Nutzung des Anlagevermögens von der neu gegründeten Kapitalgesellschaft einen angemessenen Pachtzins in Höhe von € 10.000 pro Monat. Darüber hinaus möchten A und B gerne ein monatliches Fixum von der Kapitalgesellschaft für ihre Geschäftsführungstätigkeit erhalten.

Der bestehende Warenbestand, der insgesamt 30 Fahrzeuge im Wert von € 400.000,00 ohne Umsatzsteuer beträgt, soll an die neue Gesellschaft veräußert werden, damit diese ihren Geschäftsbetrieb aufnehmen kann.

Da jedoch aufgrund der angespannten finanziellen Situation momentan das geforderte Mindestkapital gem. § 5 (1) GmbH-Gesetz (GmbHG) zur Gründung einer Gesellschaft mit beschränkter Haftung (GmbH) i.H.v. € 25.000,00, bzw. die gem. § 7 (2) GmbHG dafür notwendigen hälftigen Stammeinlagen i.H.v. € 12.500,00, nicht aufgebracht werden können, entscheiden sich A und B kurzerhand zur Gründung einer so genannten „Mini-GmbH"[207] in Form einer „Unternehmergesellschaft (haftungsbeschränkt)" bzw. „UG (haftungsbeschränkt)" im Sinne des § 5a GmbHG.[208]

Das hierfür notwendige Mindeststammkapital in Höhe von € 1,00[209] wird von der A+B OHG aufgebracht und vom betrieblichen Bankkonto der OHG auf das neu eröffnete Girokonto der „A+B Gebrauchtfahrzeuge UG (haftungsbeschränkt)" transferiert, welche kurz zuvor gegründet und bereits gem. § 7 GmbHG in das Handelsregister (Abteilung B für Kapitalgesellschaften) beim zuständigen Registergericht eingetragen wurde.

Die Eröffnungsbilanz der „A+B UG (haftungsbeschränkt)" wird wie folgt beim Finanzamt eingereicht:

---

[206] Vgl. http://www.bafa.de/bafa/de/wirtschaftsfoerderung/umweltpraemie/index.html.

[207] Vgl. http://www.mini-gmbh.de/.

[208] Eingeführt gem. Gesetz v. 23.10.2008 mit Wirkung zum 01.11.2008.

[209] Anm. d. V.: Der Tatbestand der Überschuldung auf Grund des geringen Stammkapitals kann vernachlässigt werden, da die UG (haftungsbeschränkt) den Geschäftsbetrieb unmittelbar fortführt.

Eröffnungsbilanz A+B UG (haftungsbeschränkt)

Bankbestand	1,00 €	Gezeichnetes Kapital	1,00 €
Warenbestand	400.001,00 €	Verbindlichkeiten	400.001,00 €
	400.001,00 €		400.001,00 €

Es entsteht folgende Konstellation:

Abbildung 15.1: Verflechtungen

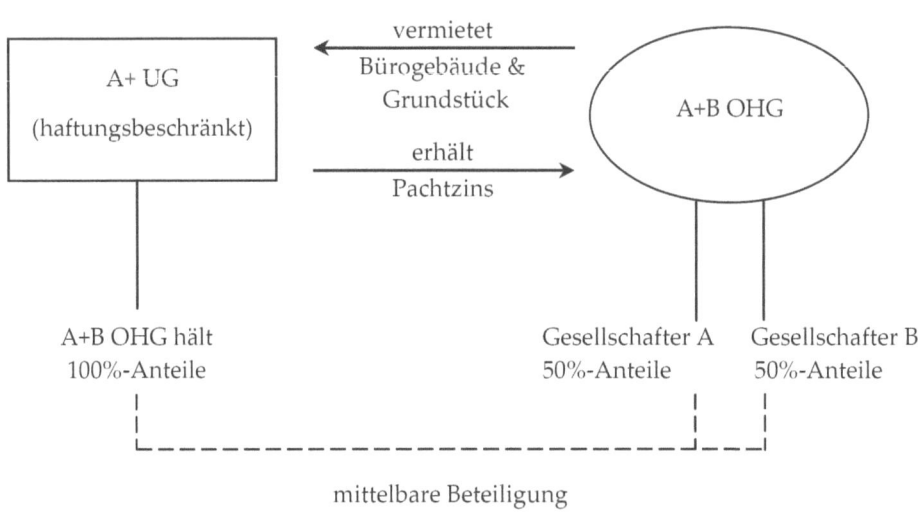

15.2   Aufgabenstellung

Die folgenden Fragestellungen zum obigen Sachverhalt ergeben sich:

15.3.1 a Grundzüge und das Zustandekommen einer Betriebsaufspaltung:

Erläutern Sie anhand des obigen Beispiels die Grundzüge und das Zustandekommen einer Betriebsaufspaltung. Gehen Sie dabei insbesondere auf folgende Aspekte ein:

15.3.1   Beginn der Betriebsaufspaltung

    15.3.1.1   Echte Betriebsaufspaltung
    15.3.1.2   Unechte Betriebsaufspaltung

15.3.2   Betriebsunternehmen

15.3.3   Besitzunternehmen

15.3.4   Personelle Verflechtung

15.3.4.1   Personengruppentheorie
15.3.4.2   Beherrschungsidentität

15.3.5   Sachliche Verflechtung

15.3.5.1   Grundstücke
15.3.5.2   Gebäude
15.3.5.3   Bewegliche Wirtschaftsgüter
15.3.5.4   Umlaufvermögen

15.3.6   Betriebsverpachtung

15.3.7   Ende der Betriebsaufspaltung

15.3.7.1   Personelle Entflechtung
15.3.7.2   Sachliche Entflechtung

15.4 Gewinnermittlung und Besteuerung:

Erläutern Sie, nach welchen Vorschriften die Gewinnermittlung und die Besteuerung zu erfolgen haben. Gehen Sie dabei insbesondere auf folgende Aspekte ein:

15.4.1   Besitzunternehmen

15.4.2   Betriebsunternehmen

15.4.3   Gesellschafter der OHG

15.4.4   Gesellschafter der UG (haftungsbeschränkt)

15.4.4.1   Einkünfte aus nichtselbständiger Tätigkeit
15.4.4.2   Einkünfte aus Kapitalvermögen

15.5 Kritische Würdigung der Betriebsaufspaltung:

Ist eine Betriebsaufspaltung überhaupt sinnvoll? Gehen Sie dabei insbesondere auf folgende Aspekte ein:

15.5.1   Vorteile der Betriebsaufspaltung

15.5.1.1   Haftungsbeschränkung
15.5.1.2   Generationsübergreifende Übertragung
15.5.1.3   Geschäftsführergehälter als Betriebsausgaben

15.5.2   Nachteile der Betriebsaufspaltung

15.5.2.1   Gewerbliche Einkünfte des Besitzunternehmens
15.5.2.2   Besteuerung der stillen Reserven

15.3   Grundzüge und Zustandekommen einer Betriebsaufspaltung

Eine Betriebsaufspaltung liegt dann vor, wenn die von einer Einzelperson, einer Gemeinschaft oder einer Personengesellschaft betriebene Vermietung oder Verpachtung (Besitzunternehmen) die Nutzungsüberlassung einer wesentlichen Betriebsgrundlage an eine Kapitalgesellschaft (Betriebsunternehmen) zum Gegenstand hat (sachliche Verflechtung)[210] und eine Person oder mehrere Personen zusammen (Personengruppe) sowohl das Besitzunternehmen als auch das Betriebsunternehmen in dem Sinne beherrschen, dass sie in der Lage sind, in beiden Unternehmen einen einheitlichen geschäftlichen Betätigungswillen durchzusetzen (personelle Verflechtung)[211].

Wenn diese Voraussetzungen erfüllt sind, so liegt beim Besitzunternehmen ebenfalls eine gewerbliche Tätigkeit im Sinne des § 15 Abs. 2 EStG vor und keine reine Vermögensverwaltung als Vermietungs- oder Verpachtungstätigkeit.[212]

Durch die im Ausgangsfall erfolgte Ausgliederung des operativen Geschäftes der weiterhin bestehenden Personenhandelsgesellschaft (A+B OHG) in die neu gegründete Kapitalgesellschaft [A+B UG (haftungsbeschränkt)] kommt es zur Betriebsaufspaltung.

Sie zeichnet sich dadurch aus, dass ein wirtschaftlich einheitlicher Betrieb in zwei rechtlich selbständige Unternehmen aufgeteilt wird. Dabei unterscheidet man zwischen Betriebsunternehmen und Besitzunternehmen.

Beide Unternehmen werden weiterhin von den identischen Personen beherrscht (personelle Verflechtung). Die wesentlichen Betriebsgrundlagen, in Form von Bürogebäude und Grundstück, werden im Besitzunternehmen zurückbehalten und schließlich an das Betriebsunternehmen verpachtet (sachliche Verflechtung). Ohne die wesentlichen Betriebsgrundlagen könnte das Betriebsunternehmen nicht wirtschaften. Dies verdeutlicht die wirtschaftliche Abhängigkeit bzw. die Verflechtung der beiden Unternehmen.

15.3.1   Beginn der Betriebsaufspaltung

Die Betriebsaufspaltung beginnt, wenn der oder die Inhaber eines bestehenden Unternehmens eine Betriebsgesellschaft (in abstracto Kapitalgesellschaft) gründen, die dann den bisherigen Betrieb fortführt (in concreto Betriebskapitalgesellschaft). Das bisherige Unternehmen verpachtet sein Anlagevermögen teilweise oder komplett an die Betriebskapitalgesellschaft und überträgt ihr das Umlaufvermögen. Dabei kommt es für den Zeitpunkt des Beginns der Betriebsaufspaltung stets auf die tatsächliche Überlassung an.[213]

---

[210] Vgl. BFH v. 24.08.1989 - IV R 135/86; Vgl. H 15.7 (4) EStH.

[211] Vgl. BFH v. 08.11.1971 - GrS 2/71; Vgl. H 15.7 (6) EStH.

[212] Vgl. Klingebiel/Patt u.a. (Umwandlungssteuerrecht), S. 527.

[213] Vgl. BFH v. 12.12.2007 - X R 17/05.

Ab diesem Zeitpunkt übernimmt das Betriebsunternehmen alle betrieblichen Aufgaben, insbesondere die Geschäftsführung, während das bisherige Unternehmen als bloßes Verpachtungsunternehmen bestehen bleibt. Fortan werden die entstandenen Unternehmen als zwei zivil- und steuerrechtlich selbstständige Unternehmen behandelt.

15.3.1.1 Echte Betriebsaufspaltung

Sie liegt vor, wenn aus einem ursprünglich einheitlichen Unternehmen (Einzelunternehmen oder Personengesellschaft) ein weiteres Unternehmen abgespalten wird.[214]

Im vorgegebenen Sachverhalt liegt eine echte Betriebsaufspaltung vor, da eine Kapitalgesellschaft neben einer bereits bestehenden Personengesellschaft gegründet wurde, um das operative Geschäft zu übernehmen.

Denkbar wäre auch der umgekehrte Ausgangsfall: Das Betriebsunternehmen gliedert sein Anlagevermögen erst später in ein neues Besitzunternehmen aus, um es aus der Haftungsmasse der Kapitalgesellschaft zu entfernen.

15.3.1.2 Unechte Betriebsaufspaltung

Eine unechte Betriebsaufspaltung liegt dann vor, wenn das Besitzunternehmen und das Betriebsunternehmen von Beginn an als rechtlich selbstständige Unternehmen errichtet wurden und erst später durch die Überlassung von Anlagevermögen miteinander verflochten werden.[215]

15.3.2 Betriebsunternehmen

Das Betriebsunternehmen übernimmt die Funktionen des eigentlichen Geschäftsbetriebes, im Ausgangsfall also den Handel mit Gebrauchtfahrzeugen. Das Anlagevermögen (Grundstück und Bürogebäude), welches dafür notwendig ist, nutzt es vom Besitzunternehmen gegen Pachtzins.

Da das Grundstück als Stellplatz für die Gebrauchtfahrzeuge eine wichtige Rolle einnimmt, spricht man dabei vom Vorliegen einer wesentlichen Betriebsgrundlage.[216] Wesentliche Grundlagen eines Betriebes sind Wirtschaftsgüter des Anlagevermögens, die zur Erreichung des Betriebszwecks erforderlich sind und ein besonderes wirtschaftliches Gewicht für die Betriebsführung bei dem Betriebsunternehmen haben.[217]

---

[214] Vgl. BFH v. 20.09.1973 - IV R 41/69.

[215] Vgl. BFH v. 24.06.1969 - I 201/64.

[216] Vgl. H 15.7 (5) EStH.

[217] Vgl. BFH v. 26.01.1989 - IV R 151/86; BFH v. 24.08.1989 - IV R 135/86.

Auch das Bürogebäude, in welchem die gesamte Verwaltung und Organisation durchgeführt wird, stellt eine wesentliche Betriebsgrundlage dar. „Ein Büro- und Verwaltungsgebäude ist jedenfalls dann eine wesentliche Betriebsgrundlage im Sinne der Rechtsprechungsgrundsätze zur Betriebsaufspaltung, wenn es die räumliche und funktionale Grundlage für die Geschäftstätigkeit der Betriebsgesellschaft bildet."[218]

Nach Auffassung der Finanzverwaltung genügt für die Begründung einer Betriebsaufspaltung im Übrigen bereits das Vorliegen einer einzigen wesentlichen Betriebsgrundlage. „Die sachlichen Voraussetzungen einer Betriebsaufspaltung liegen auch dann vor, wenn das überlassene Wirtschaftsgut bei der Betriebsgesellschaft nur eine der wesentlichen Betriebsgrundlagen darstellt."[219] Es kommt also nicht darauf an, ob sich weiteres Anlagevermögen im Eigentum des Betriebs- oder Besitzunternehmens befindet.[220]

Im Ausgangsfall fließen dem Betriebsunternehmen (im Folgenden kurz „UG") die Verkaufserlöse aus dem Handel mit Gebrauchtfahrzeugen zu. Als Aufwendungen hat sie neben dem Pachtzins auch alle anderen Aufwendungen zu tragen, die der wirtschaftliche Geschäftsbetrieb mit sich bringt.

15.3.3   Besitzunternehmen

Das Besitzunternehmen hingegen beteiligt sich nicht am operativen Geschäft. Es stellt lediglich die in Punkt 15.3.2 bereits erwähnten wesentlichen Betriebsgrundlagen gegen Pachtentgelt zur Verfügung. Diese sind gemäß § 266 Ab. 1 HGB auf der Aktivseite der Bilanz im Anlagevermögen unter den Sachanlagen, Punkt 1: „Grundstücke, grundstücksgleiche Rechte und Bauten einschließlich der Bauten auf fremden Grundstücken", auszuweisen, da sie sich weiterhin im Gesamthandsvermögen der OHG befinden.

Das Umlaufvermögen des Besitzunternehmens hingegen stellt keine wesentliche Betriebsgrundlage dar. Umlaufvermögen ist verbrauchbar bzw. veräußerbar und nicht zur Nutzungsüberlassung gegen Entgelt geeignet.[221]

Im Ausgangsfall ist der Gebrauchtwagenbestand i.H.v. € 400.000,00 als Warenbestand im Umlaufvermögen der Gesellschaft auszuweisen. Da dieser jedoch nicht als wesentliche Betriebsgrundlage an das Betriebsunternehmen verpachtet werden kann, wurde er entgeltlich veräußert.

Nur Anlagevermögen kann als wesentliche Betriebsgrundlage verpachtet werden. Umlaufvermögen stellt keine wesentliche Betriebsgrundlage dar (Vgl. Punkt 15.3.5.4).

---

[218] BFH v. 23.05.2000 - VIII R 11/99.

[219] BFH v. 21.05.1974 - VIII R 57/70.

[220] Vgl. BFH v. 11.10.2007 - X R 39/04.

[221] Vgl. Söffing/Micker (Die Betriebsaufspaltung), S. 96.

Für die Überlassung dieser wesentlichen Betriebsgrundlagen erhält das Besitzunternehmen (im Folgenden kurz: „OHG") vom Betriebsunternehmen einen Pachtzins, der in der Regel in einem Pachtvertrag festgeschrieben wird. Die Pachteinnahmen werden demnach künftig, neben evtl. Gewinnausschüttungen des Betriebsunternehmens, die einzigen Einkünfte der OHG darstellen.

Im Gegensatz zum Betriebsunternehmen entstehen dem Besitzunternehmen all diejenigen Aufwendungen, die im Zusammenhang mit dem Besitz bzw. Erwerb weiterer Anlagevermögens entstehen. Dies können beispielsweise Zinsen und ähnliche Aufwendungen zur Finanzierung von Anlagevermögen sein, die bei der Bedienung eventueller Darlehen entstehen. Diese Kosten werden gem. § 275 HGB unter dem Posten „Zinsen und ähnliche Aufwendungen" in der Gewinn- und Verlustrechnung (GuV) ausgewiesen.

Die GuV's des Betriebs- und Besitzunternehmens könnten demnach wie folgt ausgestaltet sein:

Abbildung 15.2: Gewinn- und Verlustrechnungen

GuV A+B UG (haftungsbeschränkt)				GuV A+B OHG			
Materialaufwand	1.500	Umsatzerlöse	3.000	Abschreibungen	70	Pachterlöse	120
Personalaufwand	750			Zinsen u. ähnliche Aufwendungen	50		
sonstige betriebliche Aufwendungen *(davon Pacht 120)*	250			Gewinn	0		
					120		120
neutraler Aufwand	150						
Steuern vom Einkommen und Ertrag	105						
Gewinn	245						
	3.000		3.000				

Angaben in T€   *Angaben in T€*

Die GuV der OHG (rechte Abbildung) weist in obigem Beispiel als Saldo einen Gewinn i.H.v. € 0,00 aus. In dieser Konstellation wurden Pachterlöse und Abschreibungspolitik so gewählt, dass beiden Gesellschaftern zunächst keine Gewinneinkünfte aus ihrer Mitunternehmerschaft gemäß § 15 Abs. 3 Nr. 1 i.V.m. § 15 (1) Nr. 2 EStG zufließen.

In der GuV der UG (linke Abbildung) hingegen stehen den Umsatzerlösen aus dem Gebrauchtwagengeschäft typischerweise alle dafür anfallenden Aufwendungen inklusive des geleisteten Pachtzinses in Höhe von € 120.000,00 an die Besitz-OHG gegenüber.

15.3.4   Personelle Verflechtung

„Eine personelle Verflechtung zwischen Besitzunternehmen und Betriebsunternehmen liegt vor, wenn hinter den beiden rechtlich selbständigen Unternehmen eine Person oder Personengruppe steht, die in Bezug auf beide Unternehmen einen ‚einheitlichen geschäftlichen Betätigungswillen' hat und in der Lage ist, diesen in beiden Unternehmen durchzusetzen."[222]

Vom Vorliegen einer personellen Verflechtung kann dann ausgegangen werden, wenn beide Gesellschaften dergestalt von beiden Gesellschaftern beherrscht werden, dass diese einen einheitlichen geschäftlichen Betätigungswillen bilden und diesen auch in beiden Gesellschaften durchsetzen können.[223] Bei einem Anteil von über 50 % der Stimmrechte in Besitz- u. Betriebsunternehmen wird grundsätzlich von einer Beherrschung ausgegangen.

15.3.4.1   Personengruppentheorie

Im Ausgangsfall sind am Besitz- und am Betriebsunternehmen zwei (identische) Personen beteiligt, die in der Lage sind, beide Unternehmen nach Maßgabe ihrer Gesamtbeteiligung zu beherrschen. Zwar ist die OHG die alleinige Gesellschafterin des Betriebsunternehmens. Durch den Umstand jedoch, dass die Gesellschafter A und B jeweils zu 50 % an ihr beteiligt sind, sind diese gleichfalls mittelbar (über die OHG) an der Betriebs-UG beteiligt.[224]

Durch die Addition der Stimmrechte beider Gesellschafter – aufgrund ihrer gleichgerichteten Interessen – stellen diese die Personenmehrheit bei beiden Unternehmen, worauf die Personengruppentheorie gründet.[225]

Die Mehrheit der Stimmrechtsanteile ist dabei das entscheidende Merkmal für die Annahme der personellen Verflechtung bei der Betriebsaufspaltung.[226]

Beispiele, in denen eine personelle Verflechtung vorliegt:

1. Die A+B OHG (Besitzunternehmen) verpachtet ihr gesamtes Anlagevermögen an die A+B UG (Betriebsunternehmen). Die Beteiligungsverhältnisse stellen sich wie folgt dar:

---

[222] Vgl. Söffing/Micker (Die Betriebsaufspaltung), S. 108; BFH v. 08.11.1971 - GrS 2/71; BFH v. 15.05.1975 - IV R 89/73.

[223] Vgl. H 15.7 (6) EStH.

[224] Vgl. H 15.7 (6) EStH.

[225] Vgl. BFH v. 07.01.2008 - IV B 24/07.

[226] Vgl. BFH v. 24.02.2000 - IV R 62/98.

Ausgangsfall		
Gesellschaft(er)	A+B OHG	A+B UG (haftungsbeschränkt)
A	**50 %**	**50 %**
B	**50 %**	**50 %**

In diesem Fall liegt eine personelle Verflechtung vor. A und B sind an beiden Unternehmen zu 100 % beteiligt. Sie können sowohl in der Personengesellschaft als auch in der Kapitalgesellschaft ihren einheitlichen geschäftlichen Betätigungswillen durchsetzen.

Ausnahme: Unterschiedliche Interessenslagen der Gesellschafter

Nach der Rechtsprechung des BFH kann die Beteiligung derselben Personen am Besitz- und Betriebsunternehmen, wie im Ausgangsfall, ausnahmsweise dann keine Beherrschungsidentität begründen, wenn die Vermutung gleichgerichteter Interessen nach der Personengruppentheorie durch den Nachweis eines konkreten Interessenkonflikts erschüttert wird.[227]

In allen anderen Fällen wird grundsätzlich vom einheitlichen geschäftlichen Betätigungswillen ausgegangen.

2. Die Gesellschafter A und B sind in unterschiedlichem Verhältnis beteiligt

Unterschiedliche Stimmrechtsmehrheiten im Ausgangsfall		
Gesellschaft(er)	A+B OHG	A+B UG (haftungsbeschränkt)
A	**40 %**	**60 %**
B	**60 %**	**40 %**

Auch in diesem Fall ist die personelle Verflechtung gegeben. Es ist demnach unerheblich, welcher der beiden beteiligten Gesellschafter an welchem Unternehmen die Mehrheit der Stimmrechte besitzt. Es wird als Voraussetzung wiederum auf die „Personengruppe" abgestellt. Addiert ergeben die Stimmrechte der beiden Beteiligten insgesamt 100 %, um ihren einheitlichen geschäftlichen Betätigungswillen durchzusetzen. Die Voraussetzungen der Personengruppentheorie gelten als erfüllt.[228]

---

[227] Vgl. BFH v. 07.01.2008 - IV B 24/07.

[228] Vgl. BFH v. 08.11.1971 - GrS. 2/71.

3. Die Gesellschafter A+B sind in stark unterschiedlichem Verhältnis beteiligt:

Stark unterschiedliche Beteiligung am Betriebsunternehmen

Gesellschaft(er)	A+B OHG	A+B UG (haftungsbeschränkt)
A	50 %	99 %
B	50 %	1 %

Sind die Gesellschafter am Besitzunternehmen jeweils in gleichem Verhältnis beteiligt und nur die Anteile am Betriebsunternehmen sind unterschiedlich stark ausgeprägt, so wird dennoch ein einheitlicher geschäftlicher Betätigungswille angenommen, wenn kein konkreter Interessenkonflikt nachgewiesen wird.[229]

4. Stark konträre Beteiligungsverhältnisse an beiden Unternehmen lassen jedoch <u>nicht</u> auf eine personelle Verflechtung schließen:

Konträre Beteiligungsverhältnisse

Gesellschaft(er)	A+B OHG	A+B UG (haftungsbeschränkt)
A	1 %	99 %
B	99 %	1 %

In diesem Fall ist die Zusammenfassung der Gesellschafter zu einer beherrschenden Personengruppe nicht möglich, da die unterschiedlichen Beteiligungen auf eine unterschiedliche Interessenslage hinweisen, die im Ergebnis einer Fremdverpachtung des Betriebsunternehmens entsprechen könnte.[230] Es kann hier somit keine personelle Verflechtung angenommen werden.

5. Im nachfolgenden Beispiel besitzt Gesellschafter A zwar die Mehrheit der Anteile am Besitzunternehmen, jedoch kann er selbst keinen einheitlichen geschäftlichen Betätigungswillen im Betriebsunternehmen durchsetzen, da Gesellschafter B diesen stets durch seine hälftigen Stimmrechte verhindern könnte.[231]

---

[229] Vgl. BFH v. 24.02.1994 - IV R 8-9/93.

[230] Vgl. FG Baden-Württemberg, Urteil v. 14.11.1996.

[231] Vgl. BFH v. 27.02.1991 - XI R 25/88.

Pattsituation		
Gesellschaft(er)	A+B OHG	A+B UG (haftungsbeschränkt)
A	**90 %**	**50 %**
B	**0 %**	**50 %**
C	**10 %**	**0 %**

Es entsteht eine Pattsituation, die auch nicht durch einen gemeinsamen geschäftlichen Betätigungswillen der Gesellschafter A und C aufgehoben werden kann: dem wiederum steht die Personengruppentheorie entgegen, da es nur zur Anwendung kommt, wenn ein Gesellschafter des Besitzunternehmens auch am Betriebsunternehmen beteiligt ist.[232] Es liegt folglich aufgrund fehlender personeller Verflechtung keine Betriebsaufspaltung vor.

In diesem Zusammenhang wird auch auf die neueste BFH-Rechtsprechung bezüglich der Abkehr von der Personengruppentheorie hinsichtlich umsatzsteuerlicher Organschaften hingewiesen.[233] Es ist allerdings abzuwarten, ob der Wegfall der Personengruppentheorie auch auf ertragsteuerliche Sachverhalte übertragbar sein wird.

15.3.4.2 Beherrschungsidentität

„Ob eine Person oder Personengruppe bei einem Besitzunternehmen in der Rechtsform einer Personengesellschaft oder Gemeinschaft in der Lage ist, ihren Willen durchzusetzen, richtet sich nicht alleine nach der Mehrheit der Anteile, sondern danach, wie die Beschlüsse gefasst werden (Stimmrecht)."[234]

Für gewöhnlich finden sich im Gesellschaftsvertrag einer Personen(handels)gesellschaft Regelungen zu den Stimmrechten (regelmäßig nach Kapitalanteilen). Sollten darüber wider Erwarten keine Regelungen getroffen worden sein, so ergibt sich aus § 119 (2) HGB ein Stimmrecht nach Köpfen (Zahl der Gesellschafter) für eine Personenhandelsgesellschaft. Demnach stehen jedem Gesellschafter die gleichen Stimmrechte zu.

Im Ausgangsfall tritt der Umstand, dass Besitzunternehmen wie Betriebsunternehmen von einem einheitlichen geschäftlichen Betätigungswillen getragen werden, besonders deutlich hervor. Es ist kaum denkbar, dass die Einheit durch einen Interessensgegensatz

---

[232] Vgl. BFH v. 15.03.2000 - VIII R 82/98.

[233] Vgl. BFH v. 22.04.2010 - V R 9/09.

[234] Klingebiel/Patt u.a. (Umwandlungssteuerrecht), S. 544.

zwischen den beiden Gesellschaftern aufgehoben wird. Dennoch ist die jeweils hälftige Beteiligung der beiden Gesellschafter an Besitz- und Betriebsunternehmen keine Gewähr für eine Betriebsaufspaltung. Verfolgen beide Gesellschafter grundsätzlich gegensätzliche Interessen, so kann eine Betriebsaufspaltung negiert werden.[235] Im Ausgangsfall ist davon nicht auszugehen.

Denkbar wäre jedoch, dass der Mehrheitsgesellschafter einer Kapitalgesellschaft auch dann nicht in der Lage ist, seinen Willen im Besitzunternehmen durchzusetzen, wenn er zusammen mit einem weiteren Gesellschafter die Geschäfte des Besitzunternehmens gemeinschaftlich führt und das Einstimmigkeitsprinzip des § 709 Abs. 1 BGB ohne Einschränkung gilt.

So könnte sich beispielsweise bei einer BGB-Gesellschaft[236] (GbR) folgende Konstellation ergeben:

Geschäftsführung nach dem Einstimmigkeitsprinzip		
Gesellschaft(er)	A+B OHG	A+B UG (haftungsbeschränkt)
A	60 %	100 %
B	40 %	0 %

Aufgrund der Anwendung des § 709 BGB steht die Geschäftsführung der Personengesellschaft beiden Geschäftsführern gemeinschaftlich zu. Für jedes Geschäft ist demnach die Zustimmung aller Gesellschafter erforderlich. Es entscheidet folglich die Mehrheit der Stimmen. Diese bestimmt sich gem. § 709 BGB nach der Anzahl der Gesellschafter.[237] A kann trotz Mehrheitsbeteiligung aufgrund des Einstimmigkeitsprinzips, welches grundsätzlich bei der GbR herrscht, die GbR nicht beherrschen, da ihm B immer widersprechen kann. Es liegt somit keine personelle Verflechtung zwischen der GbR und der GmbH und damit auch keine Betriebsaufspaltung vor.

15.3.5   Sachliche Verflechtung

Die bloße Vermietung und Verpachtung von Wirtschaftsgütern, die sich im Regelfall nicht als Gewerbebetrieb, sondern als Vermietung und Verpachtung darstellt, wird zur gewerblichen Tätigkeit, wenn die Voraussetzungen einer sachlichen und personellen Verflechtung zwischen Besitzunternehmen und Betriebsunternehmen vorliegen.[238]

---

[235] Vgl. BFH v. 07.01.2008 - IV B 24/07.

[236] Anm. d. V.: Dieses Beispiel ist unabhängig vom Ausgangsfall zu betrachten.

[237] Vgl. § 709 (1) u. (2) BGB.

[238] Vgl. BFH v. 24.02.2000 - IV R 62/98.

Die sachliche Verflechtung wird dadurch begründet, dass das verpachtende Besitzunternehmen dem Betriebsunternehmen Wirtschaftsgüter des Anlagevermögens zur Nutzung überlässt, die für das Betriebsunternehmen eine „wesentliche Betriebsgrundlage" darstellen.

Ex definitione stellen solche Wirtschaftsgüter dann eine wesentliche Betriebsgrundlage dar, wenn sie zur Führung des Betriebes und zur Erreichung des Betriebszweckes unerlässlich sind.[239]

Wesentliche Betriebsgrundlagen können sowohl materielle (Grundstücke, Gebäude) als auch immaterielle Wirtschaftsgüter (Patente, Schutzrechte) sein. Auch Kundenstamm und Know-How können mithin wesentliche Betriebsgrundlagen für das Betriebsunternehmen darstellen:

„Werden Kundenstamm und Know-how im Hinblick auf die Lieferanten vom Einzelunternehmen an eine neu gegründete, die Geschäfte fortführende GmbH verpachtet, so kann dies steuerlich anzuerkennen sein, wenn es sich beim Kundenstamm und Know-how nicht um den Geschäftswert handelt, sondern um ein oder mehrere immaterielle Wirtschaftsgüter des Einzelunternehmens, die selbständig übertragen werden können."[240]

Keine wesentlichen Betriebsgrundlagen stellen hingegen diejenigen Wirtschaftsgüter dar, die ohne größeren Aufwand wieder beschaffbar sind. Dabei kann es sich beispielsweise um den Firmenwagen des Geschäftsführers oder um andere Wirtschaftsgüter, die nur von geringer wirtschaftlicher Bedeutung sind, handeln. Auch Gebäude, die von untergeordneter wirtschaftlicher Bedeutung für den wirtschaftlichen Geschäftsbetrieb sind, stellen demnach keine wesentliche Betriebsgrundlage dar. In der Literatur wird als unwesentlich beispielsweise ein Geräteschuppen angesehen, der lediglich als zusätzliche Unterstellmöglichkeit genutzt wird.[241]

15.3.5.1 Grundstücke

Auch unbebaute, bebaute oder teilweise bebaute Grundstücke wurden schon immer als wesentliche Betriebsgrundlage eingestuft, wenn sie vom Betriebsunternehmen für dessen eigene Bedürfnisse hergerichtet wurden. Ein als Stellplatz genutztes oder im Funktionszusammenhang mit einem Gebäude stehendes Grundstück ist betriebsnotwendig, weil es aufgrund seiner besonderen Lage oder mit der speziellen Absicht erworben worden ist, dort ein auf den individuellen Betriebszweck des Betriebsunternehmens zugeschnittenes Gebäude zu errichten.[242]

---

[239] Vgl. BFH v. 18.05.2004 - X B 167/03.

[240] Vgl. BFH v. 26.11.2009 - III R 40/07.

[241] Vgl. Wacker in Schmidt, EStG, 27. Aufl. 2008, § 15 Rz. 812.

[242] Vgl. BFH v. 15.01.1998 - IV R 8/97.

Im Ausgangsfall werden ein teilweise bebautes Grundstück, das als Stellplatz für die Fahrzeuge genutzt wird, sowie ein darauf befindliches Büro- u. Verwaltungsgebäude an das Betriebsunternehmen verpachtet.

Das als Stellplatz genutzte Grundstück stellt für das Betriebsunternehmen in diesem Fall eine wesentliche Betriebsgrundlage dar. Ein Gebrauchtwagenhandel benötigt per se zur Erfüllung seines Betriebszweckes Ausstellungsfläche. Ohne diese könnte das Betriebsunternehmen nicht sinnvoll wirtschaften.

15.3.5.2 Gebäude

Genauso wie Grundstücke stellen auch Büro- u. Verwaltungsgebäude wesentliche Betriebsgrundlagen dar, es sei denn, sie haben für das Betriebsunternehmen keine oder nur eine geringe wirtschaftliche Bedeutung. Selbst Gebäudeteile, beispielsweise die obere Etage eines Einfamilienhauses, können die Qualifizierung als wesentliche Betriebsgrundlagen erfüllen, wenn diese maßgeblich zur Erfüllung des Betriebszweckes genutzt werden.[243]

Das im Ausgangsfall genannte, auf dem Grundstück des Besitzunternehmens gelegene Büro- u. Verwaltungsgebäude, stellt eine wesentliche Betriebsgrundlage dar. Nach der Rechtsprechung des BFH sind auch reine Büro- oder Verwaltungsgebäude, die für die Zwecke des nutzenden Betriebsunternehmens hergerichtet wurden, eine wesentliche Betriebsgrundlage im Rahmen einer Betriebsaufspaltung.[244]

15.3.5.3 Bewegliche Wirtschaftsgüter

In der Regel werden technische Anlagen und Maschinen, sowie Betriebs- u. Geschäftsausstattung, die kurzfristig wieder beschafft werden können, nicht als wesentliche Betriebsgrundlagen eingestuft.[245]

Wird jedoch die Gesamtheit der Wirtschaftgüter an das Betriebsunternehmen überlassen, so können diese dennoch eine wesentliche Betriebsgrundlage darstellen, wenn sie zur Erfüllung des Betriebszweckes notwendig sind.

Würde im Ausgangsfall, neben dem Handel mit Gebrauchtfahrzeugen, noch eine Reparaturwerkstatt betrieben werden, so könnten die dazu notwendigen Betriebsvorrichtungen und die Maschinen nebst Zubehör auch als wesentliche Betriebsgrundlagen angesehen werden.[246] Die Reparaturwerkstatt könnte dementsprechend nur mit der passenden Ausstattung (Maschinen, Werkzeuge, Kleingeräte) betrieben werden.

---

[243] Vgl. BFH v. 08.02.2007 - IV R 65/01.

[244] Vgl. BFH v. 02.02.2000 - XI R 8/99.

[245] Vgl. BFH v. 18.05.2004 - X B 167/03.

[246] Vgl. BFH v. 13.12.1983 - VIII R 90/81.

Bewegliche Wirtschaftsgüter sind im Ausgangsfall jedoch zu vernachlässigen. Einzig Grundstück und Gebäude stellen hier die wesentlichen Betriebsgrundlagen dar. Nichtsdestotrotz wird neben diesen beiden wesentlichen Betriebsgrundlagen auch das gesamte übrige Anlagevermögen im Zuge einer „Betriebsverpachtung" (s. Punkt 15.3.6) an das Betriebsunternehmen überlassen.

15.3.5.4 Umlaufvermögen

Im Gegensatz zum Anlagevermögen kann das Umlaufvermögen keine wesentliche Betriebsgrundlage darstellen. Es dient dem Betrieb nicht längerfristig und ist jederzeit austauschbar.[247]

Im Ausgangsfall wird zwar das Umlaufvermögen des Besitzunternehmens an das Betriebsunternehmen übertragen, jedoch ist dies im Rahmen der Betriebsaufspaltung keine zwingende Voraussetzung für eine sachliche Verflechtung. Das Umlaufvermögen in Form des Pkw-Warenbestandes könnte auch jederzeit von fremden Dritten bezogen werden.

15.3.6 Betriebsverpachtung

„Nach der Rechtsprechung des BFH setzt eine Betriebsverpachtung voraus, dass der Betrieb im Ganzen verpachtet worden ist, d.h. es müssen – vom Standpunkt des Verpächters aus gesehen – die wesentlichen Grundlagen des Betriebs als einheitliches Ganzes verpachtet worden sein, und der Pächter muss im Wesentlichen den vom Verpächter betriebenen Gewerbebetrieb fortsetzen."[248]

Im Ausgangsfall wird der gesamte Gewerbebetrieb der A+B OHG an die neu entstandene haftungsbeschränkte Unternehmergesellschaft verpachtet. Der frühere Geschäftszweig „Gebrauchtwagenhandel" wird nun von der A+B UG (haftungsbeschränkt) fortgeführt. Durch die Überlassung des gesamten Besitzunternehmens (alle wesentlichen Betriebsgrundlagen werden verpachtet) an das Betriebsunternehmen liegt eine so genannte „betriebsverpachtende" oder „qualifizierte Betriebsaufspaltung" vor.[249]

Dies hat zur Folge, dass, solange die Voraussetzungen der Betriebsaufspaltung bestehen, beim Verpachtungsunternehmen keine Betriebsaufgabe erklärt werden kann.[250]

Die Pachtzinsen für die Überlassung von Wirtschaftsgütern an die Betriebskapitalgesellschaft stellen somit Betriebseinnahmen dar. Sie sind als (Gewinn-)Einkünfte aus Gewerbe-

---

[247] Vgl. BFH v. 11.10.2007 - X R 39/04.

[248] Söffing/Micker (Die Betriebsaufspaltung), S. 359.

[249] Vgl. BFH v. 17.04.2002 - X R 8/00.

[250] Vgl. BFH v. 06.03.1997 - XI R 2/96. Die Betriebsaufgabe kann nach § 16 EStG zur Aufdeckung stiller Reserven führen.

betrieb gem. § 15 EStG zu behandeln. Folglich unterliegen diese, im Gegensatz zu reinen privaten Überschuss- bzw. Verpachtungseinkünften i.S.d. § 21 EStG, gänzlich der Gewerbesteuer.

Die Besitz-OHG führt zwar durch die Verpachtung gegen Entgelt eine reine vermögensverwaltende Tätigkeit aus. Jedoch führt dies nicht, wie man annehmen könnte, zu Einkünften aus Vermietung und Verpachtung gemäß § 21 EStG, sondern zu Einkünften aus Gewerbebetrieb gemäß § 15 EStG. Das Verpachtungsunternehmen bleibt also weiterhin Gewerbebetrieb.

Die Erzielung von Verpachtungseinkünften i.S.d. § 21 EStG würde indes das Vorliegen von privatem Vermögen voraussetzen. Dies wiederum würde aber eine vorherige Betriebsaufgabe mit einer anschließenden Überführung aller Wirtschaftsgüter ins Privatvermögen bedingen, was wiederum eine Aufdeckung der stillen Reserven gemäß § 16 Abs. 2 u. Abs. 3 EStG zur Folge hätte.

Wie eingangs erwähnt, ist eine Betriebsaufgabe allerdings erst dann möglich, wenn die Voraussetzungen für die Betriebsaufspaltung, beispielsweise die sachliche Verflechtung durch Veräußerung der wesentlichen Betriebsgrundlagen der Besitz-OHG, wegfallen.

Auch wenn die OHG im Ausgangsfall aufgelöst werden würde, würde dies nichts an dem Tatbestand der Betriebsaufspaltung ändern, solange die personelle und sachliche Verflechtung weiter bestehen. Die Betriebsaufspaltung kann erst mit Entflechtung der personellen oder sachlichen Abhängigkeit erfolgen. Bis dahin bleibt sie bestehen.

15.3.7   Ende der Betriebsaufspaltung

Die Betriebsaufspaltung endet, wenn ihre Voraussetzungen, namentlich die personelle und die sachliche Verflechtung, wegfallen. Man spricht dann sowohl von personeller als auch von sachlicher „Entflechtung"[251].

15.3.7.1   Personelle Entflechtung

Im Gegensatz zur personellen Verflechtung, bei dem eine oder mehrere Personen am Besitz- und am Betriebsunternehmen beteiligt sind, kommt es zur personellen Entflechtung, wenn diese Person(en) aus einem der beiden Unternehmen ausscheiden.

Im Ausgangsfall sind A und B Gesellschafter der Besitz-OHG und mittelbar über diese an der Betriebs-UG beteiligt. Eine personelle Entflechtung würde dann eintreten, wenn die OHG ihre Anteile am Betriebsunternehmen veräußert. Die Folge wäre, dass nur noch das Besitzunternehmen bestünde. Dies führt grundsätzlich zur Betriebsaufgabe dessen, da durch die Loslösung vom Betriebsunternehmen nun keine aktive Teilnahme mehr am

---

[251] Vgl. BFH-Urteil vom 23.4.1996 - VIII R 13/95.

wirtschaftlichen Verkehr stattfindet. Die Durchführung der Betriebsaufgabe nach § 16 EStG hat die Aufdeckung aller im Unternehmen aufgelaufenen (stillen) Reserven zur Folge.

Dies könnte allerdings durch die Ausübung des sog. Verpächterwahlrechts[252] verhindert werden. Demnach kann durch die weitere Verpachtung sämtlicher wesentlicher Betriebsgrundlagen eine Betriebsaufgabeerklärung unterbleiben und weiterhin gewerbliche Einkünfte erzielt werden, auch wenn die personelle Verflechtung nicht mehr besteht. Voraussetzung ist eine Verpachtung eines Gewerbebetriebs im Ganzen.

Wird die Betriebsaufgabe erklärt, erzielen die Steuerpflichtigen durch die Betriebsverpachtung fortan Einkünfte aus Vermietung und Verpachtung gem. § 21 EStG. Unterbleibt die Betriebsaufgabe, so gelten die Pachteinnahmen weiterhin als Einkünfte aus Gewerbebetrieb gem. § 15 EStG. Die stillen Reserven werden nicht aufgedeckt.

Zu berücksichtigen ist allerdings, dass bei einem Aufeinandertreffen von Betriebsaufspaltung und -verpachtung stets die Betriebsaufspaltung den Vorrang hat.[253]

15.3.7.2 Sachliche Entflechtung

Zu einer sachlichen Entflechtung kommt es, wenn die wesentlichen Betriebsgrundlagen zur Fortführung und Erhaltung des Betriebszweckes wegfallen. Dies kann beispielsweise durch Veräußerung des Besitzunternehmens an einen fremden Dritten geschehen.

Im Ausgangsfall würde die Veräußerung aller Mitunternehmeranteile an der Besitz-OHG jedoch nicht zu einer Betriebsaufgabe führen, da die OHG weiterhin Gesellschafterin der UG ist.

Wird stattdessen das Betriebsunternehmen aufgegeben oder veräußert, so fallen die Voraussetzungen der Betriebsaufspaltung weg.[254]

Im Ausgangsfall könnte die Tätigkeit des Gebrauchtwagenhandels des Betriebsunternehmens durch mangelnde Absätze oder durch Insolvenz eingestellt werden. Das verbleibende Besitzunternehmen könnte nun selbst wieder die gewerbliche Tätigkeit Gebrauchtwagenhandel ausführen oder die Betriebsaufgabe erklären bzw. den übrig gebliebenen Betrieb weiterverpachten oder veräußern. Im Falle der Aufgabe oder Veräußerung wäre wiederum ein Veräußerungsgewinn nach § 16 EStG zu erklären. Wird die Tätigkeit Gebrauchtwagenhandel fortgesetzt oder der Betrieb im Ganzen verpachtet, so unterliegen die Einkünfte aus Gewerbebetrieb abermals den üblichen Vorschriften für die Erzielung von Gewinneinkünften.

---

[252] Vgl. BFH v. 17.04.2002 - X R 8/00.

[253] Vgl. BFH v. 23.04.1996 - VIII R 13/95.

[254] Vgl. BFH v. 06.03.1997 - XI R 2/96.

15.4   Gewinnermittlung und Besteuerung

Das Steuerrecht unterscheidet im Wesentlichen folgende Gewinnermittlungsarten:

Betriebsvermögensvergleich (Bilanzierung) nach § 5 EStG i.V.m. § 4 Abs. 1 EStG sowie, unter bestimmten Voraussetzungen, den Überschuss der Betriebseinnahmen über die Betriebsausgaben nach § 4 Abs. 3 EStG (bei den Überschusseinkünften gem. § 2 Abs. 1 Nrn. 4-7 EStG den Überschuss der Einnahmen über die Werbungskosten).

Beim Betriebsvermögensvergleich ergibt sich ein Gewinn, sofern das Eigenkapital am Periodenende das Eigenkapital am Ende der vorangegangenen Periode – vermehrt um den Wert der Entnahmen und vermindert um den Wert der Einlagen – übersteigt. Die Bilanzierung müssen all diejenigen Unternehmen anwenden, die gem. § 140 AO i.V.m. § 238 HGB der handelsrechtlichen Buchführung unterliegen. Gemäß § 1 i.V.m. § 6 HGB wären hier expressis verbis die offene Handelsgesellschaft (OHG) gem. § 105 HGB sowie die Kommanditgesellschaft (KG) gem. § 161 HGB zu nennen. Darüber hinaus gelten die Vorschriften der Bilanzierung auch für alle anderen Formkaufleute[255] i.S.d. § 6 HGB, insbesondere Gesellschaften mit beschränkter Haftung (GmbH), haftungsbeschränkte Unternehmergesellschaften (UG) und Aktiengesellschaften (AG).

Bei den Personen, die „hinter" den Unternehmen stehen, also den Einzelunternehmern oder Gesellschaftern, kommt es letztlich darauf an, welche Einkünfte ihnen aus ihren Unternehmen, Gesellschaften oder Beteiligungen zufließen.

Im Folgenden sollen die grundsätzlichen Fälle der Gewinnermittlung und der Besteuerung bei den an der Betriebsaufspaltung beteiligten Personen und Unternehmen skizziert werden.

15.4.1   Besitzunternehmen

Beim Besitzunternehmen liegt im Ausgangsfall eine reine Verpachtungstätigkeit vor. Die Einkünfte hieraus unterliegen jedoch, wie unter Punkt 15.3.6 erläutert, der Gewerbesteuer, da weiterhin betriebliches Vermögen vorliegt. Es gelten die Vorschriften des § 2 Abs. 2 Nr.1 i.V.m. § 15 EStG. Die Einkünfte aus Gewerbebetrieb sind demnach der Gewinn, der nach den Vorschriften der §§ 4 bis 7 EStG zu ermitteln ist.

Im Ausgangsfall handelt es sich um eine „vermögensverwaltende OHG" i.S.d. § 105 (2) HGB. Diese betreibt allerdings – trotz der reinen Vermögensverwaltung – per se ein Handelsgewerbe und ist Formkaufmann gem. § 6 HGB. Sie ist als Handelsgesellschaft eintragungspflichtig und damit sind für sie auch die Vorschriften über die Bilanzierung anzuwenden.

---

[255] (Kaufmann kraft Rechtsform) sind nach § 6 HGB alle Handelsgesellschaften, die nicht bereits kraft Grundhandelsgewerbe oder Eintragung ins Handelsregister zu Kaufleuten geworden sind. Sie werden somit Vollkaufleute durch die gewählte Rechtsform (z.B. GmbH, AG).

Wäre das Besitzunternehmen eine BGB-Gesellschaft (GbR) kann es nur dann zur Führung von Büchern verpflichtet werden, wenn die Voraussetzungen des § 141 AO – Umsätze von mehr als € 500.000,00 oder Gewinn von mehr als € 50.000,00 – erfüllt sind. Andernfalls besteht eine Option zur Einnahmen-Überschussrechnung gem. § 4 Abs. 3 2. Halbsatz EStG oder zur freiwilligen Bilanzierung gem. § 4 Abs. 3 1. Halbsatz EStG.

Darüber hinaus ist noch anzumerken, dass Einzelunternehmen sowie Personengesellschaften bei der Berechnung der Gewerbesteuer ein Freibetrag gem. § 11 GewStG i.H.v. € 24.500,00 zusteht. Dieser sollte bei der Steuergestaltung möglichst optimal ausgenutzt werden.

15.4.2 Betriebsunternehmen

Kapitalgesellschaften selbst unterliegen sowohl der Körperschaftsteuerpflicht gem. § 1 Abs. 1 Nr. 1 KStG als auch der Gewerbesteuerpflicht gem. § 2 Abs. 2 GewStG.

Das Betriebsunternehmen übernimmt im Ausgangsfall den gewerblichen Handel mit Gebrauchtfahrzeugen vom Besitzunternehmen. Da es sich beim Betriebsunternehmen um eine Kapitalgesellschaft in Form einer haftungsbeschränkten Unternehmergesellschaft handelt, finden die Vorschriften des § 140 AO über die Bilanzierung Anwendung. Die Kapitalgesellschaft ist Formkaufmann gem. § 6 HGB.

Die Vorschriften des § 141 AO finden auf sie keine Anwendung, da bereits die originäre Buchführungspflicht gem. § 140 AO i.V.m. den eingangs genannten HGB-Vorschriften greift. Insofern sind für die Gewinnermittlung die Vorschriften des § 5 Abs. 1 i.V.m. § 4 Abs. 1 EStG anzuwenden. Die Erleichterungen des § 4 Abs. 3 EStG können nicht in Anspruch genommen werden. Eine reine Berechnung des Überschusses der Betriebseinnahmen über die Betriebsausgaben – und damit eine eventuelle Verschiebung von Gewinnen in das Folgejahr – ist somit ausgeschlossen.

15.4.3 Gesellschafter der OHG

Die Gesellschafter der Besitz-OHG erzielen Einkünfte aus Gewerbebetrieb gem. § 15 Abs. 3 EStG i.V.m. § 15 Abs. 1 Nr. 2 EStG. Diese Einkünfte stellen Gewinnanteile aus der sog. Mitunternehmerschaft dar. Mitunternehmer ist, wer Gesellschafter einer Personengesellschaft oder vergleichbaren Gemeinschaft (insbes. GbR, OHG, KG) ist und sowohl unternehmerische Initiative entfalten kann als auch unternehmerisches Risiko trägt.[256]

Anhand der Ergebnisverteilung der OHG entfällt auf jeden Gesellschafter ein gewisser Anteil am Gewinn oder Verlust der Gesellschaft. Die Aufteilung ist in der Regel im Gesellschaftsvertrag geregelt. Enthält dieser hierüber allerdings keine expliziten Regelun-

---

[256] Vgl. H 15.8 (1) EStH.

gen, so gilt die Aufteilung gem. § 121 HGB. Dieser bestimmt, dass jeder Gesellschafter vier vom Hundert seines Kapitalanteils erhält. Gem. § 120 Abs. 2 HGB werden die Kapitalanteile der Gesellschafter jährlich auf der Grundlage der Abschlussbilanz wie folgt errechnet:

> Summe der geleisteten Einlagen
>
> + Gewinnanteile
>
> ./. Verlustanteile
>
> ./. Summe der Entnahmen
>
> = Kapitalanteil

Daraus ergeben sich nach der Ergebnisverteilung unterschiedliche Kapitalkonten für die jeweiligen Gesellschafter, die entsprechend fortgeschrieben werden. Der Kapitalanteil ist also eine Bilanzziffer, durch die das Beteiligungsverhältnis für die jeweiligen Gesellschafter ausgewiesen wird. Im Ausgangsfall werden deshalb für Gesellschafter A und Gesellschafter B unterschiedliche Kapitalkonten geführt, die den bilanziellen Wert ihrer Beteiligung am Stichtag anzeigen.

Der übrige Gewinn wird mangels alternativer Regelung gem. § 121 Abs. 3 HGB nach Köpfen verteilt. Wird ein Verlust ausgewiesen, so ist dieser ebenfalls nach Köpfen zu verteilen.

Gemäß § 15 Abs. 1 S. 1 Nr. 2 S.1 EStG setzt sich der gewerbliche Gewinn des Mitunternehmers aus zwei Komponenten zusammen:

Die erste Komponente stellt der jeweilige Gewinnanteil (1. Halbsatz) dar. Die zweite Komponente sind Vergütungen für Tätigkeiten im Dienste der Gesellschaft sowie für die Überlassung von Wirtschaftsgütern oder Darlehen (2. Halbsatz). Letztere verkörpert den sog. „Vorabgewinn" oder „Gewinnvorab".[257]

Würden die beiden Gesellschafter im Ausgangsfall also eine monatliche Tätigkeitsvergütung erhalten, so wäre diese ein Vorabgewinn und würde bei der Gewinnverteilung wie folgt berücksichtigt werden:

> Ergebnis
>
> ./. Vorabgewinne
>
> ./. Kapitalverzinsung
>
> = zu verteilendes Restergebnis

Darüber hinaus bezieht sich § 15 EStG nicht nur auf Vergütungen für die Dienstleistungen einzelner Gesellschafter, sondern auch zusätzlich auf Vergütungen für die Kapitalüberlassung (Darlehensgewährung) und die Nutzungsüberlassung von Wirtschaftsgütern (Miete, Pacht etc.), die nicht im Eigentum der Gesellschaft sondern im Eigentum des Gesellschafters stehen.

---

[257] Vgl. BFH v. 23.01.2001 - VIII R 30/99.

Die Erlöse hieraus werden im Gegensatz zur Tätigkeitsvergütung als Sondervergütung oder treffender als Sonder-Betriebseinnahmen bezeichnet, denen entsprechende Aufwendungen als Sonder-Betriebsausgaben gegenüberstehen. Sie finden ihren Niederschlag in der Sonder-GuV bzw. Sonderbilanz der jeweiligen Gesellschafter und fließen als Einkünfte aus Gewerbebetrieb ebenfalls in deren zu versteuerndes Einkommen gem. § 2 EStG ein.

15.4.4 Gesellschafter der UG (haftungsbeschränkt)

Im Folgenden wird beschrieben, welche Einkünfte den Gesellschaftern einer Kapitalgesellschaft zufließen können.

15.4.4.1 Einkünfte aus nichtselbständiger Arbeit

Im Ausgangsfall beziehen die Geschäftsführer des Betriebsunternehmens ein monatliches Salär und stellen der Gesellschaft ihre Arbeitskraft zur Verfügung. Dies weist auf das Vorliegen eines Arbeitnehmerverhältnisses hin. Im Zweifel ist allerdings unter Beachtung der Vorschriften des § 1 LStDV zu prüfen, ob tatsächlich eine Arbeitnehmereigenschaft vorliegt.[258]

Ein Gesellschafter-Geschäftsführer einer Kapitalgesellschaft ist nicht allein auf Grund seiner Organstellung Arbeitnehmer. Es ist anhand der allgemeinen Merkmale zu entscheiden, ob er die Geschäftsführungsleistung selbständig oder nichtselbständig erbringt.[259]

Geschäftsführende Gesellschafter einer Kapitalgesellschaft i.S.d. § 35 GmbHG erhalten in der Regel eine monatliche Vergütung, die der Lohnsteuer unterliegt. Damit beziehen sie Arbeitslohn gem. R 19.3 LStR für das Zurverfügungstellen ihrer Arbeitskraft, der zu Einkünften aus nichtselbständiger Arbeit gem. § 19 EStG führt. Zwar sind A und B keine Gesellschafter des Betriebsunternehmens, aber über die OHG mittelbar an ihm beteiligt, was zum gleichen Ergebnis führt.

Sozialversicherungspflicht besteht dagegen grundsätzlich nicht, wenn der geschäftsführende Gesellschafter ohne Bindung an Weisungen und unter freier Gestaltung seiner Tätigkeit die Geschicke der Gesellschaft maßgebend bestimmt und jede ihm nicht genehme Weisung gerade im Hinblick auf die Gestaltung seiner Tätigkeit verhindern kann.[260]

Hiernach wurden folgende Leitlinien für das Vorliegen der Sozialversicherungsfreiheit von Geschäftsführern festgelegt:

---

[258] Vgl. BFH v. 18.01.1991 - VI R 122/87.

[259] Vgl. BMF-Schreiben v. 31.05.2007.

[260] Vgl. BSG v. 14.12.1999 - B 2 U 48/98 R

■ Mehrheitsgesellschafter-Geschäftsführer:

Gesellschafter-Geschäftsführer mit einer Kapitalbeteiligung von mindestens 50 % des Stammkapitals der GmbH sind sozialversicherungsfrei.

■ Minderheitsgesellschafter-Geschäftsführer:

Gesellschafter-Geschäftsführer mit einer Kapitalbeteiligung von unter 50 % sind in der Regel abhängig beschäftigt und damit sozialversicherungspflichtig.

Im Ausgangsfall sind beide Geschäftsführer zu gleichen Teilen mittelbar mit beherrschendem Einfluss an der Kapitalgesellschaft beteiligt. Damit herrscht für sie Sozialversicherungsfreiheit in allen Zweigen.

15.4.4.2   Einkünfte aus Kapitalvermögen gem. § 20 EStG

Werden Gewinnausschüttungen an die Gesellschafter beschlossen, so gehören diese grundsätzlich gem. § 20 Abs. 1 Nr. 1 EStG zu den Einkünften aus Kapitalvermögen (auf das Teileinkünfteverfahren wird weiter unten Bezug genommen). Diese unterliegen seit Inkrafttreten des Unternehmenssteuerreformgesetzes 2008 dem gesonderten Steuertarif gem. § 32d EStG i.H.v. 25 % zuzüglich Solidaritätszuschlag. Die Besteuerung nach § 32d EStG besitzt eine Abgeltungswirkung. Gemäß § 52a EStG ist diese Regelung erstmals ab dem Jahr 2009 anzuwenden. Die Anmeldung der Kapitalertragsteuer beim Finanzamt obliegt der ausschüttenden Kapitalgesellschaft gem. § 45a EStG. Durch die Tatsache, dass die Steuern bereits an der Quelle einbehalten werden, ist die Steuerschuld abgegolten. Sie müssen nicht mehr in der Einkommensteuererklärung der Gesellschafter angegeben werden.

Beispiel:

Bei einer Gewinnausschüttung i.H.v. € 135.833,43 fließen den Gesellschaftern jeweils € 50.000,00 wie folgt zu:

Bruttodividende	135.823,43 €
./. Kapitalertragsteuer 25 %	- 33.955,86 €
./. Solidaritätszuschlag 5,5 %	- 1.867,57 €
= **Nettodividende (Auszahlungsbetrag)**	**100.000,00 €**

[Kirchensteuer vernachlässigt]

Die Kapitalertragsteuer wird gem. § 43 EStG bei der Gewinnausschüttung von der Bruttodividende abgezogen und gem. § 44 EStG von der Gesellschaft auf Rechnung der Gesellschafter abgeführt.

Die Kapitalertragsteuer kann gem. § 32d Abs. 6 EStG auf die tarifliche Einkommensteuer angerechnet werden, wenn die Versteuerung der Kapitaleinkünfte mit dem tariflichen Einkommensteuersatz zu einer niedrigeren Einkommensteuerbelastung führt (Günstigerprüfung).

Andernfalls sind die Kapitaleinkünfte nach Anwendung des gesonderten Steuertarifes gem. § 32d EStG abgegolten. Eine weitere Einbeziehung in die Berechnung nach § 2 EStG ist nicht erforderlich, wenn dies zu einer ungünstigeren Einkommensteuerbelastung führen würde.

Da die Beteiligung i.H.v. € 1,00 jedoch im Gesamthandsvermögen der A+B OHG gehalten wird[261], liegen bei der Ausschüttung Einkünfte i.S.d. § 20 Abs. 8 EStG vor, die aufgrund dessen als Einkünfte aus Gewerbebetrieb umqualifiziert werden.[262] Für diese gilt gem. § 3 Nr. 40d EStG das Teileinkünfteverfahren, nach dem 40 % der Dividende steuerfrei belassen wird, wohingegen 60 % den Einkünften aus Gewerbebetrieb zuzurechnen ist. Damit wird dem Umstand Rechnung getragen, dass diese Einkünfte bereits bei der Kapitalgesellschaft versteuert wurden – denn eine Gewinnverwendung (Gewinnausschüttung) hat stets keinen Einfluss auf die Ermittlung des Einkommens der Kapitalgesellschaft, d.h. sie kann nicht von der körperschaftsteuerlichen Bemessungsgrundlage abgezogen werden.[263]

Die bereits bei der Ausschüttung der Dividende einbehaltene und abgeführte Kapitalertragsteuer i.S.d. § 32d EStG ist wiederum gem. § 32d Abs. 6 EStG auf die Einkommensteuer der jeweiligen Gesellschafter anrechenbar.

Zu beachten ist, dass im Gegenzug gem. § 3c Abs. 2 EStG auch sämtliche Ausgaben, die mit den Ausschüttungserträgen in Zusammenhang stehen nur zu 60 % abzugsfähig sind.

15.5 Kritische Würdigung der Betriebsaufspaltung

Ob eine Betriebsaufspaltung sinnvoll ist oder nicht hängt von mehreren Faktoren ab. Daher ist stets eine Prüfung des Einzelfalles notwendig, um eine detaillierte Aussage im Hinblick auf Vorteile (Haftungsbeschränkung, generationsübergreifende Übertragung, Geschäftsführergehälter) oder Nachteile (gewerbliche Einkünfte beim Besitzunternehmen, Besteuerung der stillen Reserven) treffen zu können. Im Folgenden sollen diese wichtigen und häufigen Fragestellungen kurz umrissen werden.

---

[261] Selbst wenn die Beteiligungen sich im Privatvermögen der Gesellschafter befinden würden, stellen sie Sonderbetriebsvermögen der OHG dar und führen bei den Gesellschaftern damit zu Einkünften aus Gewerbebetrieb gem. § 15 EStG.

[262] Aufgrund der Abfärbewirkung des § 15 Abs. 3 Nr. 1 EStG sind alle Einkünfte einer Personengesellschaft, die Einkünfte aus Gewerbebetrieb § 15 EStG bezieht, als gewerblich zu qualifizieren.

[263] Vgl. § 8 Abs. 3 S. 1 KStG

15.5.1   Vorteile der Betriebsaufspaltung

An dieser Stelle werden die signifikantesten Vorteile der Betriebsaufspaltung skizziert.

15.5.1.1   Haftungsbeschränkung

Der Ausgangsfall zeigt, dass die Branche „Gebrauchtwagenhandel" mit deutlichen Haftungsrisiken für die Eigentümer der OHG verbunden ist. So haften Gesellschafter einer OHG gem. § 128 HGB als Gesamtschuldner persönlich. Gesamtschuldner bedeutet in diesem Fall, dass sowohl alle Gesellschafter gemeinschaftlich gegenüber den Gläubigern für alle Verbindlichkeiten haften, aber auch jeder einzelne Gesellschafter individuell für alles haftet. Die Gläubiger können demnach die Erfüllung der Verbindlichkeit ganz oder zum Teil von jedem einzelnen der Gesamtschuldner fordern, bis diese vollständig erfüllt ist.[264]

Die Haftung für Gesellschaftsverbindlichkeiten kann lediglich im Innenverhältnis, also unter den Gesellschaftern, ausgeschlossen oder begrenzt werden, nicht aber gegenüber Dritten. Wie bei Einzelunternehmern erstreckt sich die gesetzlich vorgesehene gesamtschuldnerische Haftung somit unbegrenzt auf das gesamte Geschäfts- und Privatvermögen.

Um der gesamtschuldnerischen Haftung zu entgehen, wurde im Ausgangsfall das risikoträchtige operative Geschäft in das Betriebsunternehmen in Form einer UG (haftungsbeschränkt) ausgegliedert. Bei dieser Gesellschaftsform ist die Haftung der Gesellschafterin (OHG) auf ihre Stammeinlage i.H.v. € 1,00 beschränkt.

Wird die Einlage nicht vollständig einbezahlt, so haftet die Gesellschafterin mit dem ausstehenden Teil persönlich und gesamtschuldnerisch.

Eine darüber hinaus gehende Haftung der Geschäftsführer gegenüber der Gesellschaft findet gem. § 43 GmbHG nur dann statt, wenn diese ihre Sorgfaltspflichten verletzen. Dies könnte beispielsweise geschehen, wenn Steuerschulden oder Sozialversicherungsbeiträge nicht rechtzeitig an die zuständigen Kassen abgeführt werden oder die Anmeldung der Insolvenz gem. § 15a InsO versäumt wird. In diesem Fall erstreckt sich die Haftung gem. § 64 GmbHG i.V.m. § 823 BGB auch auf die persönliche und private Ebene der Geschäftsführer.[265]

15.5.1.2   Generationsübergreifende Übertragung

Steht eine Übertragung des Geschäftsbetriebes an die nachfolgende Generation an, so kann eine Betriebsaufspaltung unter Umständen sinnvoll sein. Durch die Betriebsaufspaltung kann dem einstigen (Allein-) Unternehmer der Rückzug aus dem aktiven Geschäfts-

---

[264] Vgl. § 421 BGB.

[265] Vgl. Gesetz zur Modernisierung des GmbH-Rechts und zur Bekämpfung von Missbräuchen (MoMiG) v. 23.10.08.

leben erleichtert werden. Bei der Aufspaltung in ein Besitz- und Betriebsunternehmen können die wesentlichen Betriebsgrundlagen in der Form des Anlagevermögens in seinem Besitz bleiben und so der Verzicht auf die Geschäftsführung, jedoch (noch) unter gleichzeitiger Beibehaltung der mehrheitlichen Anteile (> 50 %), erleichtert werden. Dabei ist gleichsam sein künftiges Einkommen gesichert, da ihm durch die Verpachtung des Besitzunternehmens regelmäßige Pachteinnahmen zufließen.

Als Wehrmutstropfen ist die Gewerbesteuer zu nennen, die durch die Betriebsaufspaltung im Besitzunternehmen anfällt. Die Verpachtungseinkünfte werden, wie in Punkt 15.3.6 dargestellt, automatisch zu Einkünften aus Gewerbebetrieb umqualifiziert. Dies hat zur Folge, dass auch auf die Pachtzinszahlungen Gewerbesteuer anfällt. Jedoch ist die Gewerbesteuer gem. § 35 Abs. 1 Nr. 1 EStG auf die Einkommensteuer anrechenbar, so dass diese grundsätzlich keine Mehrbelastung darstellt. Dies gilt selbstverständlich nur, sofern überhaupt Einkommensteuer anfällt bzw. der Gewerbesteuerhebesatz 380 % nicht überschreitet. Liegt der Gewerbesteuerhebesatz der Gemeinde über dieser Grenze, so entsteht eine Einkommensteuermehrbelastung, da die Anrechnung gem. § 35 Abs. 1 Nr. 1 EStG lediglich eine Anrechnung des 3,8-fachen Steuermessbetrages vorsieht. Deshalb sollten die Pachtzahlungen idealerweise so gewählt werden, dass gerade der Freibetrag gem. § 11 Abs. 1 Nr. 1 GewStG i.H.v. € 24.500,00 ausgenutzt wird.

15.5.1.3   Geschäftsführergehälter als Betriebsausgaben

Im Ausgangsfall wird das Betriebsunternehmen in der Form einer Kapitalgesellschaft betrieben. Die Geschäftsführer beziehen aus ihrer Tätigkeit Arbeitslohn i.S.d. § 19 EStG (Vgl. 2.4.1). Dieser ist als Betriebsausgabe (Personalaufwand)[266] zu verbuchen und mindert so letztlich das zu versteuernde Einkommen der Kapitalgesellschaft. Im Gegensatz zu Einzelunternehmen und Personengesellschaften, bei denen diese Vergütungen als Privatentnahmen bzw. Vorabgewinne anzusehen sind, ist dies als vorteilhaft (da gewinnmindernd) anzusehen.

15.5.2   Nachteile der Betriebsaufspaltung

Gegen eine Betriebsaufspaltung sprechen insbesondere die nachstehenden Aspekte.

15.5.2.1   Gewerbliche Einkünfte des Besitzunternehmens

Durch die Betriebsaufspaltung bleibt, wie bereits mehrfach dargestellt, das Besitzunternehmen auch durch die reine Verpachtungstätigkeit Gewerbebetrieb. Alle Einkünfte fallen demnach unter § 15 EStG. Infolgedessen zieht der „fingierte" Gewerbebetrieb auch die Gewerbesteuerpflicht gem. § 2 Abs. 1 GewStG nach sich.

---

[266] Vgl. § 275 (2) Nr. 6 HGB.

Dies ist vor allem dann als Nachteil anzusehen, wenn eine volle Anrechnung der Gewerbesteuer aufgrund hoher kommunaler Hebesätze (> 380 %) nicht möglich ist (vgl. Punkt
15.5.1.2). Es entsteht damit für den Einzelunternehmer bzw. Gesellschafter eine Steuermehrbelastung, die bei einem Vorliegen reiner Verpachtungseinkünfte i.S.d. § 21 EStG
nicht existieren würde.

Andererseits ergeben sich durch das Vorliegen eines Gewerbebetriebs Vorteile, die einer
reinen vermögensverwaltenden Verpachtungstätigkeit vorbehalten wären. Beispielsweise
können die Vorschriften des § 7g EStG (Investitionsabzugsbeträge) nur von Gewerbebe-
trieben in Anspruch genommen werden, was wiederum die Umqualifizierung von Verpachtungseinkünften in gewerbliche Einkünfte „erträglicher" gestaltet.

15.5.2.2   Besteuerung der stillen Reserven

Gründet eine Person oder eine Personengemeinschaft eine Kapitalgesellschaft und vermietet diese wie im Ausgangsfall wesentliche Betriebsgrundlagen (Grundstück, Gebäude) die sich vorher im Privatvermögen befanden, so liegt unter den bekannten Voraussetzungen eine Betriebsaufspaltung vor (Vgl. Punkt 15.3.1.2). Grundstück und Gebäude,
die sich vorher im Privatvermögen befanden, werden nun zu notwendigem Betriebsvermögen. Dabei hat ihre Bewertung zunächst mit dem Teilwert gem. § 6 Abs. 1 Nr. 5 EStG
zu erfolgen. Die stillen Reserven werden insofern neutralisiert.

Werden im späteren Verlauf nun einzelne Wirtschaftsgüter oder der ganze Geschäftsbetrieb veräußert, entnommen oder aufgegeben, so werden die bis dahin aufgelaufenen
stillen Reserven zwangsläufig besteuert. Denn sowohl § 6 Abs. 1 Nr. 4 EStG (Bewertung
der Entnahme) als auch § 16 Abs. 2 EStG (Bewertung der Aufgabe des Betriebes) legen
den Teilwert gem. § 10 Bewertungsgesetz (BewG) zugrunde. Dieser ist regelmäßig höher
als der Buchwert (fortgeführte Anschaffungskosten) und führt damit, vor allem im Hinblick auf steigende Marktpreise, ebenfalls zu einer Steuermehrbelastung.

Bei Nichtvorliegen der Voraussetzungen der Betriebsaufspaltung würde es sich bei ver-
mietetem Vermögen i.d.R. um Privatvermögen handeln. Bei einer späteren Veräußerung
wäre dies insoweit ein Vorgang auf der privaten Ebene. Ein Veräußerungsgewinn würde
nur ausnahmsweise der Besteuerung unterliegen, wenn zwischen Anschaffung und Veräußerung weniger als 10 Jahre liegen (sog. privates Veräußerungsgeschäft i.S.d. § 22
Nr. 2 EStG i.V.m. § 23 Abs. 1 Nr. 1 EStG).

15.6   Ausblick

Letztendlich ist immer im Einzelfall zu prüfen, ob eine Betriebsaufspaltung wirtschaftlich
sinnvoll ist oder nicht, ob sie im Hinblick auf steuerliche Gestaltungen zu befürworten ist
oder eher vermieden werden sollte.

Dabei waren und sind die Betriebsaufspaltung und ihre einzelnen Voraussetzungen seit jeher Streitpunkt zwischen Steuerpflichtigen und der Finanzverwaltung. In einer aktuellen Entscheidung des BFH wird dies wiederum verdeutlicht: so wurde im BFH-Urteil v. 19.03.2009 – IV R 78/06 entschieden, dass ein Grundstück, welches für den Gewerbebetrieb nur eine geringe prozentuale Bedeutung (Flächenrelation) besitzt – also unter die Unwesentlichkeitsgrenze fallen könnte – dennoch als wesentliche Betriebsgrundlage eine Betriebsaufspaltung begründet. Dies stützt der BFH auf eine funktionale Gesamtbildbetrachtung, nach welcher alle in diesem speziellen Fall zur Gewinnerzielung eingesetzten Grundstücke zum Betriebserfolg beitragen und damit wesentlich sind. Frühere Rechtsprechung, die bei gleichartiger Nutzung grundsätzlich auf eine Größenrelation abstellte, verliert damit an Bedeutung.

Damit könnten gemeinhin nur noch spezielle Ausnahmefälle, wie der von Schmidt/Wacker zitierte unter Punkt 15.3.5 genannte Geräteschuppen, als unwesentlich zur Erfüllung für die Voraussetzung der sachlichen Verflechtung gelten.[267]

Kritisch anzumerken ist deshalb, dass der Verzicht auf feste Grenzwerte bei der Bestimmung der Unwesentlichkeit künftig für weiteres Konfliktpotential sorgen dürfte und eine sorgfältige(re) Prüfung der Betriebsaufspaltungsvoraussetzungen unabdingbar macht.

---

[267] Vgl. NWB Nr. 31 v. 27.07.2009, S. 2404.

16 Betriebsaufspaltung

Vermeidung und unfreiwillige Entstehung

Sebastian Leitsch (Prof. Dr. U. Voß)

16.1 Sachverhalt

Lars Müller (geb. 02.06.1974) lebt mit seiner Ehefrau Christine (geb. 11.10.1978) in Hamburg. Die Eheleute haben keine Kinder und sind beide nicht Mitglied einer Religionsgemeinschaft.

Jens Schmidt (geb. 04.05.1971) lebt auch in Hamburg. Er ist ledig, hat keine Kinder und ist ebenfalls konfessionslos.

1. Jahr 01

   1.1 Am 01.04.01 haben die drei zum Betrieb einer Spielhalle ein Gebäude in der Hamburger Innenstadt, Baujahr 1967, zum Kaufpreis von 500.000 € erworben.

   Hierzu haben sie im Vorfeld die „Müller Schmidt Grundstücks GbR" mit schriftlichem Vertrag gegründet. Lars Müller ist zu 49 % am Vermögen und Ergebnis der GbR beteiligt. Die Beteiligung von Christine Müller beträgt 1 %. Die restlichen 50 % hält Jens Schmidt. Die Stimmrechte wurden analog der Vermögensbeteiligungen festgelegt. Es wurden im Vertrag keine von den gesetzlichen Bestimmungen abweichenden Regelungen getroffen – mit der Ausnahme, dass die GbR im Falle des Versterbens eines Gesellschafters mit seinen Erben fortgesetzt wird.

   1.2 Das Grundstück hat eine Fläche von 400 m². Laut dem Gutachterausschuss der Stadt Hamburg beträgt der Bodenrichtwert des Grundstücks 250 € je m².

   1.3 Für den Grundstückskaufvertrag wurden Notargebühren in Höhe von 5.000 € fällig.

1.4 Die Ehegatten Müller haben ihren Anteil des Kaufpreises voll aus Eigenmitteln finanziert.

Jens hat zur Finanzierung ein Darlehen über 200.000 € aufgenommen.
Der Zinsaufwand in 01 betrug 8.000 €. Getilgt hat Jens 6.000 €.

1.5 Im Kaufvertrag ist geregelt, dass der Käufer die Grunderwerbsteuer in Höhe von 3,5 % trägt.

1.6 Vor Beginn des Geschäftsbetriebs sind Renovierungs- und Reparaturaufwendungen in Höhe von 10.000 € angefallen.

1.7 Die Grundsteuer, die vom Konto der GbR beglichen wurde, betrug 1.000 €.

1.8 Zur Sicherung unvorhergesehener Aufwendungen haben die drei unter dem Namen der GbR ein Rücklagenkonto eröffnet. Die Zinseinnahmen in 01 betrugen vor Abzug der Kapitalertragssteuer 1.000 €.

1.9 Die Spielhalle wird durch die „Lucky Spielhallen GmbH" betrieben, die mit Vertrag vom 15.04.01 gegründet wurde. Ins Handelsregister wurde die Gesellschaft am 18.04.01 eingetragen. Gesellschafter sind mit einem Kapitalanteil von jeweils 12.500 € Lars Müller und Jens Schmidt.

1.10 Zu den Geschäftsführern wurden zum 01.05.01 ebenfalls Lars und Jens bestellt. Das monatliche Gehalt ab Mai beträgt jeweils 5.000 €. Das Gehalt ist durch rechtmäßige Geschäftsführerverträge festgelegt, die wie unter fremden Dritten üblich vereinbart und ordnungsgemäß durchgeführt wurden. Die Höhe des Gehalts ist angemessen. Aufgrund der Vertragsgestaltung sind Lars und Jens der Gesellschaft weisungsgebunden.

1.11 Mit ordnungsgemäßem Vertrag wird das Gebäude von der GbR an die GmbH verpachtet. Die Nutzung beginnt am 01.05.01. Die monatliche Pacht beträgt 4.000 €. Dies entspricht dem unter fremden Dritten gezahlten Wert.

2. Jahr 02

2.1 Am 28.02.02 ist Frau Müller bei einem schweren Autounfall verstorben.

Der GbR-Anteil von Frau Müller geht lt. erbrechtlicher Regelung auf ihren Ehemann über.
Der Teilwert des gesamten Grundstücks betrug zum Todeszeitpunkt 600.000 €.

2.2 Für das Darlehen von Jens Schmitt sind in 02 je 7.000 € für Zins und Tilgung aufgewendet worden.

2.3 Die Grundsteuer in 02 betrug 1.200 €.

2.4 Die Zinseinnahmen des Rücklagenkontos betrugen in 02 vor Abzug der Kapitalertragssteuer 1.200 €. Es erfolgten monatliche Zinsgutschriften.

2.5 Das Gehalt und die Pachtzahlungen sind wie 01 das gesamte Jahr 02 geleistet worden.

Berechnen Sie die Summe der Einkünfte von Lars und Christine Müller und Jens Schmidt jeweils für die Jahre 01 und 02. Dazu ist auch detailliert die steuerliche Situation der GbR zu erläutern.

Bitte nehmen Sie soweit nötig auch zur Gewerbesteuer Stellung und berechnen diese. Der Gewerbesteuerhebesatz der Stadt Hamburg beträgt 470 %. Der auf den 01.01.1964 festgestellte Einheitswert für das Grundstück beträgt 300.000 DM.

Auf die steuerlichen Verhältnisse der „Lucky Spielhallen GmbH" ist nicht einzugehen. Die Umsatzsteuer sowie Erbschaftsteuer ist nicht zu beachten. Rechtsstand ist 2010.

16.2 Lösung Betriebsaufspaltung II

16.2.1 Allgemeine Angaben

Lars Müller und seine Ehefrau Christine sind beide unbeschränkt einkommensteuerpflichtig gem. § 1 Abs. 1 EStG, da beide ihren Wohnsitz gem. § 8 AO in Hamburg, also im Inland haben.

Da die Ehegatten nicht dauernd getrennt leben und beide unbeschränkt steuerpflichtig sind, kommt für sie gem. § 26 Abs. 1 EStG die Ehegattenveranlagung in Betracht.

Auf das gemeinsam ermittelte zu versteuernde Einkommen wird das sog. Ehegattensplitting lt. § 32a Abs. 5 EStG angewendet. Dazu wird das zu versteuernde Einkommen halbiert, und die Einkommensteuer, die sich auf diesen Betrag nach dem Grundtarif gem. § 32a Abs. 1 EStG ergibt, wieder verdoppelt.

Jens Schmidt ist gem. § 1 Abs. 1 EStG ebenfalls unbeschränkt einkommensteuerpflichtig, da auch er seinen Wohnsitz in Hamburg hat. Seine tarifliche Einkommensteuer wird durch Anwendung des Grundtarifs gem. § 32a Abs. 1 EStG auf sein zu versteuerndes Einkommen ermittelt.

Da unter das Einkommensteuergesetz gem. § 1 Abs. 1 EStG nur natürliche Personen fallen, ist die „Müller Schmitt Grundstücks GbR" selbst nicht einkommensteuerpflichtig. Das Einkommen der GbR wird gemäß Gewinnbeteiligung auf die einzelnen Gesellschafter verteilt und unterliegt auf der Ebene der Gesellschafter der Einkommensteuer.

Technisch erfolgt die Gewinnverteilung durch eine sog. gesonderte und einheitliche Feststellung gem. § 180 AO. Erst auf Ebene der Gesellschafter wird der Gewinnanteil dann der Einkommensteuer unterworfen.

Anders verhält es sich im Übrigen bei der Gewerbesteuer. Ist die Tätigkeit der Personengesellschaft Gewerbebetrieb, so ist Steuerschuldner die Gesellschaft (§ 5 Abs. 1 S. 3 GewStG).

Die Einkommensteuer ist eine Jahressteuer. Nach § 2 Abs. 7 EStG sind die Grundlagen für ihre Festsetzung für das Kalenderjahr zu ermitteln.

16.2.2   Ermittlung der Einkünfte 01

16.2.2.1   „Müller Schmitt Grundstücks GbR" 01

Wie oben bereits erwähnt, ist die GbR nicht selbst Steuersubjekt in der Einkommensteuer. Der Gewinn der GbR wird gem. § 180 AO gesondert und einheitlich festgestellt und erst auf der Ebene der Gesellschafter der Einkommensteuer unterworfen.

Für die Ermittlung der Einkünfte ist zunächst festzustellen, welche der 7 Einkunftsarten die GbR erzielt. Die GbR erhält zum einen Pachtzahlungen der GmbH, zum anderen hat sie Zinseinnahmen aus dem Rücklagenkonto.

Da es sich bei einer Verpachtung und dem Anlegen von Kapitalvermögen um Tätigkeiten der reinen Vermögensverwaltung handelt, erzielt die GbR keine Einkünfte aus Gewerbebetrieb gem. § 15 Abs. 3 Nr. 1 i.V.m. § 15 Abs. 1 S. 1 Nr. 1 und 2 EStG. Die Vermögensverwaltung schließt als negatives Tatbestandsmerkmal das Vorliegen eines Gewerbebetriebes nach § 15 Abs. 2 EStG aus.

Zu prüfen ist jedoch, ob evtl. eine steuerliche Betriebsaufspaltung vorliegt. Das Rechtsinstitut der Betriebsaufspaltung ist gesetzlich nicht geregelt, sondern hat sich durch ständige Rechtsprechung entwickelt[268].

Durch diese Rechtsprechung wird eine ihrer Art nach nicht gewerbliche Betätigung – typischerweise einer natürlichen Person oder Personengesellschaft – nämlich das Vermieten von Wirtschaftsgütern in der Regel an eine Kapitalgesellschaft durch eine sachliche und personelle Verflechtung zwischen dem Verpächter (=Besitzunternehmen) und der gewerblichen Betriebsgesellschaft (= Betriebsunternehmen) zum Gewerbebetrieb i.S.d. § 15 Abs. 1 S. 1 Nr. 1 und Abs. 2 EStG und § 2 Abs. 1 GewStG.[269] Grund dieses Rechtsinstituts ist, dass die hinter beiden Unternehmen stehenden Personen einen einheitlichen Betätigungswillen haben, der auf die Ausübung einer gewerblichen Betätigung gerichtet ist.[270]

Zur Begründung einer sachlichen Verflechtung zwischen der Grundstücks-GbR und der GmbH muss es sich bei dem verpachteten Wirtschaftsgut um eine wesentliche Betriebsgrundlage für die Betriebsgesellschaft handeln.[271]

---

268 Vgl. RFH-Urteil v. 03.12.1924, VI eA 8/24. RFHE 16, 15.

269 Vgl. Ludwig Schmidt 2009 S. 1208, Rz. 800.

270 BFH v. 24.02.2000, IV R 62/98, BStBl II 2000, 417 und BFH v. 10.11.2005, IV R 29/04, BStBl II 2006, 173; vgl. auch H 15.7 Abs. 4 EStH „Allgemeines".

271 BFH v. 24.08.1989, IV R 135/86, BStBl II 1989, 1014 und BFH v. 06.11.1991, XI R 12/87, BStBl II 1992, 415.

Wesentliche Betriebsgrundlagen sind lt. BFH solche Wirtschaftsgüter, denen ein besonderes wirtschaftliches Gewicht für die Betriebsführung zukommt und die zur Erreichung des Betriebszwecks erforderlich sind.[272]

Laden- und Verkaufsräume sind in der Regel wesentliche Betriebsgrundlage, da diese die Eigenart des Betriebs prägen und der Kundenstamm mit ihnen verbunden ist.[273]

Eine Ausnahme ist nur anzunehmen, wenn die wesentliche Betriebsgrundlage für die Betriebsgesellschaft nur von untergeordneter wirtschaftlicher Bedeutung ist. Da es sich hier um das einzige Ladenlokal der Lucky Spielhallen GmbH handelt, liegt unstreitig eine wesentliche Betriebsgrundlage vor. Die Voraussetzung der sachlichen Verflechtung ist seit Abschluss des Pachtvertrags und Nutzung des Gebäudes durch die GmbH ab dem 01.05.01 erfüllt.

Eine personelle Verflechtung liegt vor, wenn die hinter beiden Unternehmen stehenden Personen einen einheitlichen geschäftlichen Betätigungswillen haben. [274]

Davon ist auszugehen, wenn dieselbe Person oder Personengruppe an beiden Unternehmen mehrheitlich beteiligt ist, so dass die das Besitzunternehmen tatsächlich beherrschenden Personen in der Lage sind, auch in der Betriebsgesellschaft ihren Willen durchzusetzen.

Wenn die Beteiligungsquoten in beiden Gesellschaften, wie hier, nicht identisch sind und weitere Gesellschafter z.B. nur am Besitzunternehmen beteiligt sind (sog. „Nur-Besitzgesellschafter") ist eine personelle Verflechtung gegeben, wenn eine Personengruppe durch gleichgerichtete Interessen verbunden ist und ihren Willen in beiden Unternehmen durchsetzen kann.[275]

Laut der sog. „Gruppentheorie"[276] ist anzunehmen, dass Lars Müller und Jens Schmitt gleichgerichtete Interessen verfolgen, da sie beide sowohl an der GbR als auch an der GmbH mehrheitlich beteiligt sind.[277] Ihre Beteiligungen sind deshalb bei der Prüfung der personellen Verflechtung zusammenzurechnen.

Die Zusammenrechnung von Ehegattenanteilen ist verfassungswidrig, soweit sie ausschließlich auf der Ehe beruht oder nur mit der Lebenserfahrung begründet wird, zwi-

---

[272] BFH v. 12.11.1985, VIII R 342/82, BStBl II 1986, 299.

[273] BFH v. 12.02.1992, XI R 18/90, BStBl II 1992, 723.

[274] BFH v. 08.11.1971, BStBl II 1972, 63; vgl. auch H 15.7 Abs. 6 EStH „Allgemeines".

[275] BFH v. 02.08.1972, a.a.O., BFH v. 16.06.1982, BStBl II 1982, 662 und BFH v. 24.02.1994, a.a.O.

[276] BFH IV 87/65, BStBl II 1972, 796 und BFH X R 2/93, BStBl II 1997, 44.

[277] Etwas anderes gilt nur bei völlig entgegengesetzten Beteiligungsverhältnissen z.B. 95 % zu 5 % und 5 % zu 95 % – vgl. BFH IV R 113/90, BStBl II 1992, 349.

schen Ehegatten bestände bei wesentlichen wirtschaftlichen Entscheidungen eine identische Willensrichtung. [278]

Lars und Jens beherrschen die GmbH, da sie als alleinige Gesellschafter sämtliche Beschlüsse für die GmbH fassen können. Für die Beherrschung einer GmbH ist gem. § 47 Abs. 1 GmbHG grds. die Mehrheit der Anteile (Stimmen) ausreichend. [279]

Zu prüfen ist folglich, ob auch die Grundstücks-GbR von Lars und Jens beherrscht wird, und somit die personelle Verflechtung als zweite Voraussetzung der Betriebsaufspaltung erfüllt ist.

Gem. § 709 Abs. 1 BGB steht die Führung der Gesellschaft bürgerlichen Rechts den Gesellschaftern gemeinschaftlich zu. Für jedes Geschäft ist die Zustimmung aller Gesellschafter erforderlich.

Da keine abweichenden vertraglichen Regelungen vereinbart wurden, gilt hier das Einstimmigkeitsprinzip.

Und dies nicht nur für außergewöhnliche Geschäfte, sondern auch für Geschäfte des täglichen Lebens.

Nach ständiger Rechtsprechung des BFH schließt ein auch nur minimal beteiligter „Nur-Besitzgesellschafter" – dies kann auch ein Angehöriger sein – eine Beherrschungsidentität aus.[280]

Da Christine mit Ihrem 1 %-Anteil an der Grundstücks-GbR sämtliche Geschäfte mit der Betriebs-GmbH verhindern kann, liegt keine Beherrschung der GbR durch Lars und Jens vor.

Durch das Vetorecht von Christine sind die beiden anderen Gesellschafter nicht in der Lage, ihren geschäftlichen Betätigungswillen im Besitzunternehmen durchzusetzen.

Insbesondere die Gestaltung der Pachthöhe oder Beendigung des Pachtverhältnisses sind nicht ohne Zustimmung von Christine möglich. Im Ausgangsfall liegt somit keine personelle Verflechtung und damit auch keine Betriebsaufspaltung vor. [281]

---

[278] BVerfG v. 12.03.1985, BStBl II 1985, 47.5 Eine Zusammenrechnung von Ehegattenanteile kommt aber ausnahmsweise in Betracht, soweit über die Ehe hinausgehende Beweisanzeichen vorliegen, die für gleichgerichtete Interessen sprechen, z.B. bei Vorliegen einer durch umfassende, planmäßige und gemeinsame Betätigung geprägten Wirtschaftsgemeinschaft – BFH v. 24.07.1986, BStBl II 1986, 913.

[279] BFH IV R 15/91 BStBl II 1993, 876.

[280] BFH VIII R 72/96; VRIII R 82/98 BStBl II 2002, 722.

[281] Es liegt nahe, dass durch diese Gestaltung gezielt die Betriebsaufspaltung verhindert werden sollte. Insbesondere durch die Betriebsvermögenseigenschaft des Gebäudes und damit die Versteuerung der stillen Reserven, auch bei Veräußerung nach mehr als 10 Jahren, kann eine Betriebsaufspaltung nämlich erhebliche steuerliche Nachteile mit sich bringen.

Folglich erzielt die „Müller Schmidt Grundstücks GbR" durch die reine Vermögensverwaltung Einkünfte aus Vermietung und Verpachtung bzw. Kapitalvermögen.

Sie unterliegt auch gem. § 2 Abs. 1 GewStG nicht der Gewerbesteuerpflicht, da sie – mangels gewerblicher Tätigkeit – keinen Gewerbebetrieb betreibt.

Einkünfte aus Kapitalvermögen gem. § 20 EStG

Die Zinsen auf das Rücklagenkonto stellen Einkünfte aus Kapitalvermögen i.S.d. § 2 Abs. 1 Nr. 5 i.V.m. § 20 Abs. 1 Nr. 7 EStG dar.

Die Einkünfte entsprechen hier gem. § 2 Abs. 2 Nr. 2 EStG dem Überschuss der Einnahmen § 8 EStG über die Werbungskosten §§ 9 und 9a EStG (sog. Überschusseinkünfte).

§ 20 Abs. 9 EStG ist gem. § 2 Abs. 2 S. 2 EStG gegenüber den §§ 9 und 9a EStG vorrangig. Das heißt, ein Abzug der tatsächlichen Werbungskosten bei den Einkünften aus Kapitalvermögen kommt ab 2009, nach Einführung der „Abgeltungssteuer" in Form des besonderen Steuersatzes nach § 32d Abs. 1 EStG, nicht mehr in Betracht.

Die Streichung des Werbungskostenabzuges ist verfassungsrechtlich fragwürdig, da gegen das Prinzip der Besteuerung nach der Leistungsfähigkeit verstoßen wird.[282]

Der Sparer-Pauschbetrag gem. § 20 Abs. 9 EStG kommt allerdings erst bei der Einkunftsermittlung auf Ebene der einzelnen Gesellschafter zur Anwendung.

Es werden die Bruttobeträge als Einnahmen angesetzt, weil die abgezogene Kapitalertragsteuer nach § 12 Nr. 3 EStG nicht von den Einkünften zu kürzen ist.

Zinseinnahmen § 20 Abs. 1 Nr. 7 EStG	<u>1.000 €</u>
Einkünfte aus Kapitalvermögen § 20 EStG	**1.000 €**

Kapitalertragsteuer

Ungeachtet der Tatsache, dass sich das Konto im Eigentum der GbR befindet, ist die Bank gemäß § 43 Abs. 1 Nr. 7 a EStG verpflichtet, Kapitalertragsteuer einzubehalten.

Die Kapitalertragsteuer beträgt gem. § 43a Abs. 1 S. 1 Nr. 1 EStG 25 % zzgl. 5,5 % Solidaritätszuschlag § 3 Abs. 1 Nr. 5 i.V.m. § 4 SolZG.

1.000 € x 25 % =	250,00 € Kapitalertragsteuer
250 € x 5,5 % =	13,75 € Solidaritätszuschlag

---

[282] Kritisch zum Werbungskostenabzugsverbot z. B. Hey, BB 2007, 1303, 1307; Oho/Hagen/Lenz, DB 2007, 1322, 1323; Worgulla/Söffing, FR 2007, 1005, 1010; Behrens, BB 2007, 1025, 1028; Stuhrmann in Blümich, § 20 EStG Rz. 495 (Dezember 2007).

Die einbehaltene Kapitalertragsteuer wird, analog den Einkünften aus Kapitalvermögen, im Rahmen der einheitlichen und gesonderten Feststellung, anhand der Anteilsverhältnisse auf die einzelnen Gesellschafter verteilt und kann bei diesen gegebenenfalls auf die Einkommensteuer angerechnet werden (§ 36 Abs. 2 Nr. 2 EStG).

Einkünfte aus Vermietung und Verpachtung § 21 EStG

Bei den Pachteinnahmen aus der Spielhalle handelt es sich wie oben beschrieben um Einkünfte aus Vermietung und Verpachtung von unbeweglichem Vermögen i.S.d. § 2 Abs. 1 Nr. 6 i.V.m. § 21 Abs. 1 Nr. 1 EStG.[283]

Die Einkünfte ergeben sich gem. § 2 Abs. 2 Nr. 2 EStG aus dem Überschuss der Einnahmen § 8 Abs. 1 EStG über die Werbungskosten, §§ 9 und 9a EStG (sog. Überschusseinkünfte).

Werden Einkünfte aus Vermietung und Verpachtung von einer Personenmehrheit erzielt, so sind die Einkünfte in einer ersten Stufe auf der Ebene der Personenmehrheit zu ermitteln, auf die Gesellschafter zu verteilen und gem. § 180 AO gesondert und einheitlich festzustellen.

Auch insoweit findet eine Einnahmenüberschussrechnung (Überschuss der Einnahmen über die Werbungskosten, nicht zu verwechseln mit der Ermittlung des Überschusses der Betriebseinnahmen über die Betriebsausgaben nach § 4 Abs. 3 EStG) statt.[284]

Pachteinnahmen:

Pacht ab 01.05.01	4.000 € x 8 Monate	32.000 €

Werbungskosten

Werbungskosten sind Aufwendungen zur Erwerbung, Sicherung und Erhaltung der Einnahmen (§ 9 Abs. 1 EStG).

---

[283] Die Umstände, dass das Pachtverhältnis wie unter fremden Dritten üblich vertraglich vereinbart und auch tatsächlich durchgeführt wird, sowie, dass es sich bei der Höhe der Pacht um einen unter fremden Dritten üblichen Wert handelt, ist in diesem Zusammenhang wichtig. Andernfalls könnte es sich bei den Mietzahlungen teilweise oder insgesamt um eine sogenannte verdeckte Gewinnausschüttung i.S.d. R 36 Abs. 1 KStR handeln. Da bezüglich der Pachthöhe den Gesellschaftern gleichgerichtete Interessen zu unterstellen sind, sind die Anteile bei der Prüfung der Beherrschung zusammenzurechnen. Die verdeckte Gewinnausschüttung mindert als Gewinnausschüttung gem. § 8 Abs. 3 S. 2 KStG nicht den Gewinn der Körperschaft. Im Umkehrschluss wäre der Teil der Pachtzahlung, der eine verdeckte Gewinnausschüttung darstellt, nach § 20 Abs. 1 Nr. 1 EStG als Einkünfte aus Kapitalvermögen zu qualifizieren.

[284] BFH v. 4.10.2001, I B 53/01 und NV 2002, 308; v. 8.12.1998, IX R 49/95, BStBl II 1999, 468; v. 7.10.1986, IX R 167/83, BStBl II 1987, 322, 323; Drenseck in Schmidt, 27. Aufl., § 21 EStG Rz. 20 f.; Stuhrmann in Blümich, § 21 EStG Rz. 18 ff. (Mai 2007).

Grundsätzlich sind sämtliche Kosten, die der Grundstücks-GbR in Verbindung mit dem verpachteten Objekt entstanden sind, als Werbungskosten abzugsfähig.

Aber auch Kosten, die ein einzelner Gesellschafter getragen hat, stellen sog. Sonderwerbungskosten dar.

Diese sind auch in der gesonderten und einheitlichen Feststellung zu erfassen.[285] Allerdings werden sie dann nur dem jeweiligen Gesellschafter zugerechnet.

1. Darlehen

   Finanzierungskosten, die in wirtschaftlichem Zusammenhang mit der Erzielung von Einnahmen aus Vermietung und Verpachtung stehen, sind als Werbungskosten abziehbar (§ 9 Abs. 1 S. 3 Nr. 1 EStG).

   Da nur Jens Schmidt seinen Kaufpreisanteil durch ein Darlehen finanziert hat, stellen die Schuldzinsen dieses Darlehens Sonderwerbungskosten von Jens Schmidt dar.

   Schuldzinsen   - 8.000 €

   Tilgungsbeträge sind nicht abziehbar da es sich lediglich um eine Rückzahlung und damit nicht um Aufwendungen handelt; die Tilgung verändert die Vermögenslage ebenso wenig wie die Auszahlung eines Darlehens.

   Die mit der Auszahlung finanzierten Anschaffungskosten werden über die Afa bereits steuermindernd berücksichtigt.

2. Grundsteuer

   Steuern vom Grundbesitz stellen Werbungskosten dar, soweit solche Ausgaben sich auf Gebäude beziehen, die dem Steuerpflichtigen zur Einnahmeerzielung dienen (§ 9 Abs. 1 S. 3 Nr. 2 EStG).

   Grundsteuer   - 1.000 €

3. Abschreibung

Zu den Werbungskosten gehören auch Absetzungen für Abnutzung und Substanzverringerung und erhöhte Absetzungen (§ 9 Abs. 1 S. 3 Nr. 7 EStG).

Bei den Überschusseinkünften werden die Vorschriften zur Abschreibung für die Gewinneinkünfte lt. §§ 7 EStG ff. angewendet.

Bemessungsgrundlage für die Afa sind die Anschaffungskosten (§ 7 Abs. 1 S. 1 EStG). Das sind die Aufwendungen, die geleistet wer-

---

[285] Brandis in T/K, § 180 AO Rz. 42 (August 1998); Brandis in T/K, § 180 AO Rz. 60.

den, um einen Vermögensgegenstand zu erwerben und ihn in einen betriebsbereiten Zustand zu versetzen, soweit sie dem Vermögensgegenstand einzeln zugeordnet werden können (§ 255 Abs. 1 HGB).

Zu den Anschaffungskosten gehören auch die Nebenkosten sowie die nachträglichen Anschaffungskosten (§ 255 Abs. 1 HGB).

Zu den Anschaffungskosten für Gebäude zählen neben dem Kaufpreis die Grunderwerbsteuer, Notarkosten für den Kaufvertrag, Gebühren des Grundbuchamtes, Maklerkosten, sonstige Gebühren und Beiträge. Ferner gehören zu den Anschaffungsnebenkosten auch Anlieger- und Erschließungsbeiträge sowie Abfindungen für die Auflösung von Mietverträgen oder Grunddienstbarkeiten bei erworbenen Grundstücken.

Die anteiligen Kosten, die auf den Erwerb des Grund und Bodens entfallen, sind zu kürzen. Der Grund und Boden ist nicht abnutzbar und damit nicht abschreibbar, weil § 7 EStG abnutzbare Wirtschaftgüter voraussetzt.

Kaufpreis	500.000 €
+ Anschaffungsnebenkosten	
Grunderwerbsteuer 3,5 %	+ 17.500 €
Notargebühren für den Kaufvertrag	+ 5.000 €
= AK gesamt	522.500 €

davon auf den Grund und Boden

400 m² x Bodenrichtwert 250 € je m² = 100.000 €

entspricht 20 % des Kaufpreises

20 % der gesamten AK entfallen auf G+B	- 104.500 €
= AK Gebäude = Afa-Bemessungsgrundlage	418.000 €

Die Abschreibung für Gebäude bemisst sich nach § 7 Abs. 4 und 5 EStG.

Da die GbR keine Einkünfte aus Gewerbebetrieb erzielt, stellt das Gebäude auch kein Betriebsvermögen dar. Der Abschreibungssatz von 3 % nach § 7 Abs. 4 S. 1 Nr. 1 EStG ist somit nicht anwendbar.

Da die degressive Gebäudeabschreibung nach Abs. 5 bereits seit 2006 ausgelaufen ist, kommt nur die lineare Abschreibung nach Abs. 4 S 1 Nr. 2 EStG in Betracht. Da das Gebäude nach 1925 hergestellt wurde, beträgt die jährliche Abschreibung 2 %.

Nach R 7.4 Abs. 2 S. 1 EStR ist auch die lineare Afa bei Gebäuden im Jahr der Anschaffung zeitanteilig vorzunehmen.

418.000 € x 2 % x 8/12   - 5.573 €

4. Reparaturkosten

Bei den Reparaturkosten handelt es sich um sofort abziehbaren Erhaltungsaufwand.

Bei größeren Reparatur- und Sanierungsmaßnahmen muss stets geprüft werden, ob es sich um nachträgliche Anschaffungskosten i.S.d. § 255 Abs. 1 HGB handelt, welche die Anschaffungskosten für das Gebäude erhöhen und mit dem Gebäude abzuschreiben sind.

Da es sich lt. Angabe um Reparaturen handelt und die Kosten ohne die Umsatzsteuer 15 % der Anschaffungskosten des Gebäudes nicht übersteigen, liegen auch keine aktivierungspflichtigen anschaffungsnahen Herstellungskosten vor (§ 6 Abs. 1 Nr. 1a EStG).

Reparaturkosten	- 10.000 €
Summe der Werbungskosten	- 24.573 €
Einkünfte aus Vermietung und Verpachtung § 21 EStG	**7.427 €**

Gesonderte Feststellung der Besteuerungsgrundlagen

Da an den Einkünften der GbR mehrere Personen beteiligt sind, werden die Einkünfte und mit ihnen in Verbindung stehende Besteuerungsgrundlagen gem. § 180 Abs. 1 Nr. 2 a AO durch eine gesonderte und einheitliche Feststellung den einzelnen Personen steuerlich zugerechnet.

Beteiligte	GbR	Lars M.	Christine M.	Jens S.
Anteil	100 %	49 %	1 %	50 %
Eink. § 20 EStG	1.000 €	490 €	10 €	500 €
Kapitalertragsteuer	250,00 €	122,50 €	2,50 €	125,00 €
Solidaritätszuschlag	13,75 €	6,74 €	0,14 €	6,88 €
Eink. § 21 EStG	7.427 €			
zzgl. Sonder-WK	+ 8.000 €			
Nach Quote zu verteilen	15.427 €	7.559 €	154 €	7.714 €
Abzgl. Sonder-WK	-8.000 €			-8.000 €
Gesamt § 21 EStG	**7.427 €**	**7.559 €**	**154 €**	**-286 €**

Diese Zahlen werden in einem sogenannten Feststellungsbescheid gem. § 179 AO festgestellt und an die jeweiligen Veranlagungsstellen der Steuerpflichtigen, die Wohnsitzfinanzämter, weitergeleitet.

Bei der Einkommensteuerveranlagung der Beteiligten werden dann die Werte entsprechend berücksichtigt.

16.2.2.2   Ehegatten Müller 01

Wie oben bereits erwähnt werden die Einkünfte der Ehegatten getrennt ermittelt.

Die jeweilige Summe der Einkünfte der Eheleute wird bei Zusammenveranlagung zusammengerechnet und bei der restlichen Berechnung werden die Ehegatten wie ein Steuerpflichtiger behandelt. Hier soll nur die Summe der Einkünfte ermittelt werden.

Einkünfte Lars Müller

Einkünfte aus nichtselbständiger Arbeit § 19 EStG

Da Lars aufgrund des Geschäftsführervertrags weisungsgebunden ist, wird er nichtselbständig tätig, § 1 LStDV.

Bei dem Arbeitslohn handelt es sich folglich um Einkünfte aus nichtselbständiger Arbeit i.S.d. § 2 Abs. 1 Nr. 4 i.V.m. § 19 Abs. 1 Nr. 1 EStG.

Die Einkünfte errechnen sich gem. § 2 Abs. 2 Nr. 2 EStG aus dem Überschuss der Einnahmen, § 8 EStG, über die Werbungskosten, §§ 9 und 9a EStG (sog. Überschusseinkünfte).[286]

Gem. § 38 EStG hat die GmbH als inländischer Arbeitgeber den Bruttoarbeitslohn um die Lohnsteuer zu kürzen.

Die Lohnsteuer bemisst sich nach § 38a EStG und ist gem. § 36 Abs. 2 Nr. 2 EStG auf die Einkommensteuer, quasi als Einkommensteuervorauszahlung, anzurechnen.

Da es sich bei der Lohnsteuer um Steuern vom Einkommen handelt, ist sie gem. § 12 Nr. 3 EStG nicht von den Einkünften abziehbar.

Als Einnahme ist somit der Bruttoarbeitslohn anzusetzen.

---

[286] Wie bereits bei den Pachteinnahmen erläutert, ist auch hier die Angemessenheit und die Vergleichbarkeit mit unter fremden Dritten geschlossenen Verträgen wichtig, um eine sog. verdeckte Gewinnausschüttung und damit eine Umqualifizierung der Einkünfte in Einkünfte aus Kapitalvermögen zu vermeiden.

Einnahmen

Bruttoarbeitslohn 01 = 5.000 € x 8 Monate   40.000 €

Werbungskosten

Da lt. Angabe keine Werbungskosten angefallen sind, wird stattdessen
der sog. Arbeitnehmerpauschbetrag in Höhe von 920 € in Abzug gebracht (§ 9a S. 1 Nr. 1a EStG).

                                                                              - 920 €

Einkünfte aus nichtselbständiger Arbeit §19 EStG   **39.080 €**

Einkünfte aus Kapitalvermögen §20 EStG

Anteil der Einkünfte der Grundstücks-GbR   410 €

= Einnahmen aus Kapitalvermögen

801 € halber Sparer-Pauschbetrag für Lars gem. § 20 Abs. 9 EStG

Ein Abzug der tatsächlichen Werbungskosten ist ausgeschlossen. Der
Sparer-Pauschbetrag darf nicht höher sein als die Einnahmen aus Kapitalvermögen, darf folglich nicht zu negativen Einkünften führen. Der
übersteigende Betrag kann bei Zusammenveranlagung auf den Ehe-
gatten übertragen werden.   - 410 €

Einkünfte aus Kapitalvermögen § 20 EStG   **0 €**

Abgeltungssteuer

Seit Einführung der Abgeltungssteuer nach § 32d Abs.1 EStG ab dem Veranlagungszeitraum 2009 ist die Einkommensteuer für sämtliche Einkünfte aus Kapitalvermögen durch
die Kapitalertragsteuer abgegolten.[287]

Wenn kein Kapitalertragsteuerabzug stattgefunden hat, muss diese – ebenfalls mit Zahlung von 25 % Einkommensteuer abgeltende – Versteuerung bei der Einkommensteuerveranlagung nachgeholt werden.

Auf Antrag des Steuerpflichtigen können anstelle der Anwendung der Abgeltungssteuer die
nach § 20 EStG ermittelten Kapitaleinkünfte den Einkünften im Sinne des § 2 EStG hinzugerechnet und der tariflichen Einkommensteuer unterworfen werden, wenn dies zu einer
niedrigeren Einkommensteuer führt (sog. Günstigerprüfung gem. § 32d Abs. 6 EStG).[288]

---

[287] Ausnahmen siehe § 32d Abs. 2 EStG.

[288] Auch falls die Günstigerprüfung zu dem Ergebnis kommt, dass die Versteuerung mit dem tatsächlichen Steuersatz günstiger ist, ist ein Abzug der tatsächlichen Werbungskosten ausgeschlossen.

Die Günstigerprüfung kann erst durchgeführt werden, wenn das zu versteuernde Einkommen und die darauf entfallende tarifliche Einkommensteuer feststeht.

Da hier Einkünfte von 0 € vorliegen, führt die Berücksichtigung der Einkünfte in der Einkommensteuerveranlagung zur umfassenden Erstattung der einbehaltenen Kapitalertragsteuer und ist somit stets günstiger. Der Antrag auf Günstigerprüfung lohnt sich vorliegend.

Einkünfte aus Vermietung und Verpachtung § 21 EStG

Anteil der Einkünfte der Grundstücks-GbR   7.559 €

= Einkünfte aus Vermietung und Verpachtung § 21 EStG

Einkünfte Christine Müller

Einkünfte aus Kapitalvermögen §20 EStG

Anteil der Einkünfte der Grundstücks-GbR   10 €

= Einnahmen aus Kapitalvermögen

801 € halber Sparer-Pauschbetrag für Christine gem. § 20 Abs. 9 EStG
Ein Abzug der tatsächlichen Werbungskosten ist ausgeschlossen.

Der Sparer-Pauschbetrag darf nicht höher sein als die Einnahmen aus
Kapitalvermögen, darf folglich nicht zu negativen Einkünften führen.
Der übersteigende Betrag kann bei Zusammenveranlagung auf den
Ehegatten übertragen werden.   - 10 €

Einkünfte aus Kapitalvermögen § 20 EStG   **0 €**

Einkünfte aus Vermietung und Verpachtung § 21 EStG

Anteil der Einkünfte der Grundstücks-GbR   **154 €**

= Einkünfte aus Vermietung und Verpachtung § 21 EStG

Summe der Einkünfte der Ehegatten Müller

Einkünfte aus nichtselbständiger Arbeit §19 EStG – Ehemann	39.080 €
Einkünfte aus Kapitalvermögen § 20 EStG – Ehemann	0 €
Einkünfte aus Kapitalvermögen § 20 EStG – Ehefrau	0 €
Einkünfte aus Vermietung und Verpachtung § 21 EStG – Ehemann	+ 7.559 €
Einkünfte aus Vermietung und Verpachtung § 21 EStG – Ehefrau	+ 154 €
Gemeinsame Summe der Einkünfte	**46.793 €**

16.2.2.3 Jens Schmidt 01

Einkünfte aus nichtselbständiger Arbeit § 19 EStG

Bei dem Bruttolohn als Geschäftsführer handelt es sich wie bei Lars um Einkünfte aus nichtselbständiger Arbeit i.S.d. § 2 Abs. 1 Nr. 4 i.V.m. § 19 Abs. 1 Nr. 1 EStG.

Einkünfte sind hier gem. § 2 Abs. 2 Nr. 2 EStG der Überschuss der Einnahmen § 8 EStG über die Werbungskosten §§ 9 und 9a EStG (sog. Überschusseinkünfte).[289]

Gem. § 38 EStG hat die GmbH den Bruttoarbeitslohn bei der Lohnzahlung um die Lohnsteuer zu kürzen. Diese bemisst sich nach § 38a EStG und ist gem. § 36 Abs. 2 Nr. 2 EStG auf die Einkommensteuer anzurechnen.

Da es sich bei der Lohnsteuer um Steuern vom Einkommen handelt ist sie gem. § 12 Nr. 3 EStG nicht vom den Einkünften abziehbar. Als Einnahm ist somit der Bruttoarbeitslohn anzusetzen.

Einnahmen

Bruttoarbeitslohn 01 = 5.000 € x 8 Monate	40.000 €

Werbungskosten

Da keine Werbungskosten angefallen sind, wird stattdessen der sog. Arbeitnehmerpauschbetrag in Höhe von 920 € in Abzug gebracht (§ 9a S. 1 Nr. 1a EStG).

	- 920 €
Einkünfte aus nichtselbständiger Arbeit §19 EStG	**39.080 €**

Einkünfte aus Kapitalvermögen § 20 EStG

Anteil der Einkünfte der Grundstücks-GbR	500 €
= Einnahmen aus Kapitalvermögen	

801 € Sparer-Pauschbetrag gem. § 20 Abs. 9 EStG
Ein Abzug der tatsächlichen Werbungskosten ist ausgeschlossen. Der Sparer-Pauschbetrag darf nicht höher sein als die Einnahmen aus Kapitalvermögen, darf folglich nicht zu negativen Einkünften führen.

	- 501 €
Einkünfte aus Kapitalvermögen § 20 EStG	**0 €**

---

[289] Wie bereits bei den Pachteinnahmen erläutert, ist auch hier die Angemessenheit und die Vergleichbarkeit mit unter fremden Dritten geschlossenen Verträgen wichtig, um eine sog. verdeckte Gewinnausschüttung und damit eine Umqualifizierung der Einkünfte in Einkünfte aus Kapitalvermögen zu vermeiden.

Einkünfte aus Vermietung und Verpachtung § 21 EStG

Anteil der Einkünfte der Grundstücks-GbR	-286 €
= Einkünfte aus Vermietung und Verpachtung § 21 EStG	

Summe der Einkünfte von Jens Schmidt

Einkünfte aus nichtselbständiger Arbeit § 19 EStG	39.080 €
Einkünfte aus Kapitalvermögen § 20 EStG	0 €
Einkünfte aus Vermietung und Verpachtung § 21 EStG	- 286 €
Summe der Einkünfte	**38.794 €**

16.2.3   Ermittlung der Einkünfte in 02

Da die Voraussetzungen für die Zusammenveranlagung nach § 26 Abs. 1 EStG nur an mindestens einem Tag des Kalenderjahres gemeinsam vorliegen müssen, kommt für die Ehegatten Müller trotz des Todes von Frau Müller für das Jahr 02 die Ehegattenveranlagung in Betracht.

Bis zum Ableben von Frau Müller sind die Ehegatten unbeschränkt einkommensteuerpflichtig und leben nicht dauernd getrennt.

Auf das zu versteuernde Einkommen wird das Ehegattensplitting § 32a Abs. 5 EStG angewendet.

Jens Schmidt wird weiterhin einzeln zur Einkommensteuer veranlagt. Seine tarifliche Einkommensteuer wird durch Anwendung des Grundtarifs gem. § 32a Abs. 1 EStG auf sein zu versteuerndes Einkommen ermittelt.

16.2.3.1   „Müller Schmitt Grundstücks GbR" 02

Durch den Tod von Frau Müller und den Übergang der GbR-Anteile auf ihren Ehemann entsteht nun eine Betriebsaufspaltung.

Wie oben bereits beschrieben, liegt eine sachliche Verflechtung zwischen der Grundstücks-GbR und der Lucky Spielhallen GmbH durch Verpachtung des Spielhallengebäudes vor.

Durch Übertragung des GbR-Anteils von Frau auf Herrn Müller von Todes wegen liegt ab 01.03.02 nun auch eine personelle Verflechtung vor.

Da Lars und Jens sowohl an der GbR als auch an der GmbH mehrheitlich beteiligt sind, sind ihre Stimmrechte wie bereits beschrieben zusammenzurechnen.

Es ist davon auszugehen, dass sie gleichgerichtete Interessen verfolgen.

Da die Beiden sowohl im Betriebsunternehmen als auch seit 01.03.02 im Besitzunternehmen 100 % der Stimmrechte besitzen, beherrschen sie beide Unternehmen.

Die Voraussetzungen der personellen Verflechtung ist ab diesem Zeitpunkt erfüllt.

Folglich entsteht ab 01.03.02 eine steuerliche Betriebsaufspaltung.[290]

Die im Rahmen einer Betriebsaufspaltung verbundenen Unternehmen bleiben zivilrechtlich und steuerlich eigenständig. Insbesondere haben sie ihren Gewinn gesondert zu ermitteln und zu versteuern.

Die Rechtsfolge der Betriebsaufspaltung besteht darin, dass die Grundstücks-GbR mit ihren Pachtzinsen nicht mehr Einkünfte aus Vermietung und Verpachtung erzielt, sondern aus Gewerbebetrieb. Daraus folgt auch die Gewerbesteuerpflicht der Einkünfte.

Die Nutzungsüberlassung durch das Besitzunternehmen ist infolge personeller und sachlicher Verflechtung des Besitz- und Betriebsunternehmens nicht mehr als Vermögensverwaltung anzusehen, sondern als gewerbliche Tätigkeit.[291]

Alle an die Betriebsgesellschaft überlassenen Wirtschaftsgüter des Besitzunternehmens sind somit betriebliches Vermögen.

Das Spielhallengebäude war „automatisch" ab 01.03.02 ins Betriebsvermögen, der von da ab gewerblich tätigen Grundstücks-GbR, einzulegen.[292]

Auch der Anteil von Lars und Jens an der Lucky Spielhallen GmbH ist als Sonderbetriebsvermögen zu behandeln.[293] Schließlich dient dieser GmbH-Anteil der nunmehr als Besitzunternehmen zu behandelnden GbR.

Einkünfte aus Kapitalvermögen gem. § 20 EStG

Für die Monate Januar und Februar waren die Voraussetzungen für eine Betriebsaufspaltung noch nicht gegeben.

Die Zinsen auf das Rücklagenkonto stellen wie im Vorjahr Einkünfte aus Kapitalvermögen i.S.d. § 2 Abs. 1 Nr. 5 i.V.m. § 20 Abs. 1 Nr. 7 EStG dar.

---

[290] Eine Betriebsaufspaltung kann also nicht nur durch rechtliche Gestaltung entstehen, sondern auch wie hier unfreiwillig. Bereits zu Beginn der betrieblichen Tätigkeit sollten solche Gefahren berücksichtigt werden und durch entsprechende erbrechtlichen Regelungen in den Gesellschaftsverträgen oder durch ein Testament Vorkehrung getroffen werden, die auch bei evtl. Tod eines Gesellschafters eine Betriebsaufspaltung vermeiden.

[291] BFH v. 21.06.01, I R 24/00.

[292] In der Betriebsvermögensqualifizierung ist ein wesentlicher Nachteil der Betriebsaufspaltung zu sehen. Evtl. Veräußerungsgewinne bei einem späteren Verkauf des Gebäudes müssen unabhängig von der Haltedauer immer voll versteuert werden.

[293] BFH v. 12.2.1992, XI R 18/90, BStBl II 1992, 723.

Der Sparer-Pauschbetrag gem. § 20 Abs. 9 EStG kommt wiederum erst bei der Einkunftsermittlung auf Ebene der einzelnen Gesellschafter zur Anwendung.

Es werden die Bruttobeträge als Einnahmen angesetzt, weil die abgezogene Kapitalertragsteuer nach § 12 Nr. 3 EStG nicht von den Einkünften zu kürzen ist.

Zinsen vom 01.01. bis 28.02.02 § 20 Abs. 1 Nr. 7 EStG 1.200 € x 2/12		200 €
Einkünfte aus Kapitalvermögen § 20 EStG		200 €

Kapitalertragsteuer

Auch im Jahr 02 ist die Bank gemäß § 43 Abs. 1 Nr. 7 a) EStG verpflichtet, Kapitalertragsteuer einzubehalten. Die Kapitalertragsteuer beträgt gem. § 43a Abs. 1 S. 1 Nr. 1 EStG 25 % zzgl. 5,5 % Solidaritätszuschlag § 3 Abs. 1 Nr. 5 i.V.m. § 4 SolZG.

200 € x 25 % = 50,00 € Kapitalertragsteuer

 50 € x 5,5 % = 2,75 € Solidaritätszuschlag

Die einbehaltene Kapitalertragsteuer wird, analog den Einkünften aus Kapitalvermögen, im Rahmen der einheitlichen und gesonderten Feststellung anhand der Anteilsverhältnisse auf die einzelnen Gesellschafter verteilt und kann bei diesen gegebenenfalls auf die Einkommensteuer angerechnet werden (§ 36 Abs. 2 Nr. 2 EStG).

Einkünfte aus Vermietung und Verpachtung § 21 EStG

Die Verpachtung des Gebäudes an die GmbH stellt bis zum Vorliegen der Voraussetzung der Betriebsaufspaltung am 01.03.02 weiterhin reine Vermögensverwaltung dar.

Die GbR erzielt folglich in diesem Zeitraum Einkünfte aus Vermietung und Verpachtung.

Pachteinnahmen:

Pacht vom 01.01. bis 28.02.02	4.000 € x 2 Monate	8.000 €

Werbungskosten

1. Darlehen		
Schuldzinsen 7.000 € x 2/12 =		- 1.167 €
Tilgungsbeträge sind nicht abziehbar.		
2. Grundsteuer 1.200 € x 2/12 =		- 200 €
3. Abschreibung 418.000 € x 2 % x 2/12		- 1.393 €
Summe der Werbungskosten		- 2.760 €
Einkünfte aus Vermietung und Verpachtung § 21 EStG		**5.240 €**

Privates Veräußerungsgeschäft § 23 EStG

Durch die Begründung der Betriebsaufspaltung ab 01.03.02 wird das Gebäude ab diesem Zeitpunkt zum notwendigen Betriebsvermögen des Vermietungsbetriebs.

Es erfolgt eine Einlage gem. § 4 Abs. 1 S. 7 EStG.

Da das Gebäude das Privatvermögen verlässt, ist zu prüfen, ob evtl. ein steuerpflichtiges privates Veräußerungsgeschäft i.S.d. § 23 EStG vorliegt.

Gem. § 23 Abs. 1 S. 5 Nr. 1 EStG gilt eine Einlage ins Betriebsvermögen auch als Veräußerung, wenn das Wirtschaftsgut innerhalb von 10 Jahren seit Anschaffung aus dem Betriebsvermögen veräußert wird.

Diese Voraussetzung ist hier – jedenfalls noch – nicht erfüllt. Sollte das Gebäude innerhalb von 10 Jahren nach Anschaffung veräußert werden, liegt rückwirkend zum Einlagezeitpunkt ein Veräußerungsgeschäft vor.

Einkünfte aus Gewerbebetrieb gem. § 15 EStG

Ab Beginn der Betriebsaufspaltung zum 01.03.02 erzielt die „Müller Schmidt Grundstücks GbR" als Teil des „aufgepaltenden Betriebes" nun Einkünfte aus Gewerbebetrieb gem. § 2 Abs. 1 Nr. 2 i.V.m. § 15 Abs. 1 S. 1 Nr. 1 EStG

Die Einkünfte sind bei den Einkünften aus Gewerbebetrieb gem. § 2 Abs. 1 Nr. 1 EStG in Form des Gewinnes zu ermitteln.

Dieser ist nach den Vorschriften der §§ 4 bis 7k EStG zu ermitteln (sog. Gewinneinkunftsart).

Da die GbR keinen in kaufmännischer Weise eingerichteten Geschäftsbetrieb erfordert, ist sie kein Kaufmann i.S.d. § 1 HGB (sog. Ist-Kaufmann) und auch nicht gem. § 238 Abs. 1 HGB zur Buchführung und damit zur Aufstellung einer Bilanz verpflichtet.

Da die GbR keinen jährlichen Umsatz von mehr als 500.000 € sowie Gewinn in Höhe von 50.000 € erzielt, ist sie auch nicht gem. § 141 AO zur Buchführung verpflichtet.

Die Grundstücks-GbR ist somit berechtigt, ihren Gewinn gem. § 4 Abs. 3 EStG durch einfache Gegenüberstellung ihrer Betriebseinnahmen und Betriebsausgaben zu ermitteln (sog. Einnahmenüberschussrechnung oder kurz 4-3-Rechnung).

Vorschriften über die Bilanzierung sind nicht zu beachten.

Es ist das Prinzip der Vereinnahmung und Verausgabung gem. § 11 EStG anzuwenden und folglich nur auf Zahlungsflüsse abzustellen.

Auch die Zinsen stellen Einkünfte i.S.d. § 15 EStG dar, da auch das Rücklagenkonto der GbR zum Betriebsvermögen wird und gem. § 20 Abs. 8 EStG die Einkünfte vorrangig dem § 15 EStG zuzurechnen sind.

Betriebseinnahmen

| Pacht vom 01.03. bis 31.12.02 | 4.000 € x 10 Monate | 40.000 € |
| Zinsen vom 01.03. bis 31.12.02 | 1.200 € x 2/12 | + 1.000 € |

Summe der Betriebseinnahmen   **41.000 €**

Betriebsausgaben

1. Darlehen

Persönliche Aufwendungen eines Gesellschafters, die durch seine Beteiligung veranlasst sind, stellen Sonderbetriebsausgaben dar, z.B. Zinsen für Schulden, die im Zusammenhang mit dem Erwerb der Beteiligung stehen.[294]

Da nur Jens Schmidt seinen Kaufpreisanteil durch ein Darlehen finanziert hat, stellen die Schuldzinsen dieses Darlehens Sonderwerbungskosten von Jens Schmidt dar.

Schuldzinsen 7.000 € x 10/12 =   - 5.833 €

Tilgungsbeträge sind wiederum nicht abziehbar.

2. Grundsteuer 1.200 € x 10/12 =   - 1.000 €

3. Abschreibung

Grundsätzlich sind Einlagen gem. § 6 Abs. 1 Nr. 5 S.1 EStG mit dem Teilwert anzusetzen.

Hier greift aber die Ausnahme des 2. HS und S. 2 ein, nach der Wirtschaftsgüter, die innerhalb von 3 Jahren nach der Anschaffung eingelegt werden, maximal mit den fortgeführten Anschaffungskosten (= Restbuchwert) angesetzt werden dürfen.

Unabhängig vom Einlagewert sind Bemessungsgrundlage für die Afa die Anschaffungskosten (§ 7 Abs. 1 S. 1 EStG).

Gem. § 7 Abs. 1 S. 5 EStG sind die Anschaffungskosten bei Wirtschaftsgütern, die vor einer Einlage zur Erzielung von Überschusseinkünften (§ 2 Abs. 1 Nr. 4-7 EStG) genutzt wurden, um geltend gemachte Abschreibungsbeträge zu kürzen.[295]

---

[294] BFH v. 27.11.1984, VIII R 2/81, BStBl II 1985, 323 m. w. N.

[295] BFH v. 28.10.2009, VIII R 46/07, BFH/NV 2010, 977; BFH v. 17.3.2010, X R 34/09, BFH/NV 2010, 1625; FG Niedersachsen v. 20.9.2005, 13 K 661/03.

Einlagewert und Afa-Bemessungsgrundlage ist in diesem Fall folglich der selbe Wert.

AK Gebäude	418.000 €
./. Afa 01	- 5.573 €
./. Afa 02	- 1.393 €
= RBW 01.03.02	411.034 €
= Afa-BMG	

Die Abschreibung für Gebäude bemisst sich nach § 7 Abs. 4 und 5 EStG.

Für das Spielhallengebäude kommt nur die lineare Abschreibung nach Abs. 4 in Betracht. Der in § 7 Abs. 4 Nr. 1 EStG genannte Satz von 3 % ist für Gebäude in einem Betriebsvermögen anwendbar, das nicht Wohnzwecken dient.

Nach R 7.4 Abs. 2 S. 2 EStR ist auch bei Einlage von Wirtschaftgütern ins Betriebsvermögen § 7 Abs. 1 S. 4 EStG anzuwenden. Das heißt im Jahr der Einlage ist die Abschreibung zeitanteilig vorzunehmen.

411.034 € x 3 % x 10/12 =	-10.276 €
Summer der Betriebsausgaben	-17.109 €
Gewinn	**23.891 €**
= Einkünfte § 15 EStG	

Kapitalertragsteuer

Der Kapitalertragssteuerpflicht gem. § 43 Abs. 1 Nr. 7 a EStG ist nicht davon abhängig, ob es sich beim Empfänger um Einkünfte aus Kapitalvermögen oder Einkünften aus Gewerbebetrieb handelt.

Die Kapitalertragsteuer beträgt gem. § 43a Abs. 1 S. 1 Nr. 1 EStG 25 % zzgl. 5,5 % Solidaritätszuschlag § 3 Abs. 1 Nr. 5 i.V.m. § 4 SolZG.

1.000 € x 25 % = 250,00 € Kapitalertragsteuer

250 € x 5,5 % = 13,75 € Solidaritätszuschlag

Gewerbesteuer

Da die GbR seit Begründung der Betriebsaufspaltung gewerbliche Einkünfte i.S.d. § 15 EStG erzielt, unterliegen die Einnahmen ab diesem Zeitpunkt auch der Gewerbesteuer (§ 1 Abs. 1 GewStG).

Gem. § 5 Abs. 1 S. 3 GewStG ist die Personengesellschaft selbst Steuerschuldner, wenn sie wie hier die gewerbliche Tätigkeit ausführt.

Gewerbesteuerberechnung

Grundlage zur Berechnung der Gewerbesteuer ist der Gewerbeertrag, der gem. § 7 Abs. 1 GewStG der auf dem nach den Vorschriften des Einkommensteuergesetzes ermittelten Gewinn basiert.

Gewerbeertrag	**23.891 €**

Hinzurechnungen § 8 GewStG

Gem. § 8 Nr. 1 a) GewStG wird der Gewerbeertrag um Entgelte für Schulden erhöht, soweit sie sich bei der Einkommensermittlung ausgewirkt haben.

Es ist allerdings ein Freibetrag in Höhe von 100.000 € abzuziehen.

Zinsaufwendungen	5.833 €	
./. Freibetrag	- 100.000 €	
Rest	0 €	
davon 25 % Hinzurechnung		0 €

Kürzungen § 9 GewStG

Gem. § 9 Nr. 1 GewStG wird der Gewerbeertrag um 1,2 % des Einheitswertes des zum Betriebsvermögen gehörenden und nicht von der Grundsteuer befreiten Grundbesitzes gekürzt.

Bei Geltung der zum 01.01.1964 festgestellten Einheitswerte sind diese gem. § 121a BewG für die Gewerbesteuer mit 140 % anzusetzen.

300.000 DM/1,95583 x 140 % x 1,2 % =	- 2.577 €
Maßgeblicher Gewerbeertrag	**21.314 €**
Auf volle Hundert abgerundet (§ 11 Abs. 1 S. 3 GewStG)	21.300 €
Abzüglich Freibetrag gem. § 11 Abs. 1 S. 3 Nr. 1 GewStG	- 24.500 €

(für natürliche Personen und Personengesellschaften)

Grundlage zur Berechnung des Gewerbesteuermessbetrags	0 €

Selbiges Ergebnis entsteht bei Anwendung der so genannten erweiterten Gewerbesteuerkürzung nach § 9 Nr. 1 Satz 2 GewStG. An Stelle der Kürzung nach Satz 1 tritt auf Antrag die Kürzung um den Teil des Gewerbeertrags, der auf die Verwaltung und Nutzung des eigenen Grundbesitzes entfällt – vorliegend also der „Einkünfte aus Vermietung". Der Antrag setzt voraus, dass ausschließlich eigener Grundbesitz oder eigenes Kapitalvermögen verwaltet und genutzt wird.

Multipliziert mit der Steuermesszahl 3,5 % (§ 11 Abs. 3 GewStG) ergibt das den Gewerbesteuermessbetrag (§ 11 Abs. 1 S. 1 GewStG)

Gem. § 16 Abs. 1 GewStG wird die Gewerbesteuer durch Anwendung des Hebesatzes der Gemeinde auf den Steuermessbetrag ermittelt.

Auch bei Mitunternehmerschaften kommt es zu einer Steuerermäßigung für gewerbliche Einkünfte nach § 35 EStG.

Gem. § 35 Abs. 2 EStG ist der Gewerbesteuerbetrag sowie der Gewerbesteuermessbetrag insgesamt, sowie der Anteil der auf jeden Mitunternehmer entfällt, gesondert und einheitlich festzustellen.

Hier beträgt der Gewerbesteuermessbetrag allerdings 0 €. Eine Anrechnung ist somit ausgeschlossen.

Gesonderte Feststellung der Besteuerungsgrundlagen

Da an den Einkünften der GbR mehrere Personen beteiligt sind, werden die Einkünfte und mit ihnen in Verbindung stehende Besteuerungsgrundlagen gem. § 180 Abs. 1 Nr. 2 a) AO gesondert und einheitlich festgestellt.

Da sich die Beteiligungsverhältnisse durch den Tod von Frau Müller geändert haben, werden die Einkünfte zeitanteilig aufgeteilt.

01-02/02

Beteiligte	GbR	Lars M.	Christine M.	Jens S.
Anteil	100 %	49 %	1 %	50 %
Eink. §20 EStG	200 €	98 €	2 €	100 €
Kapitalertragsteuer	50,00 €	24,50 €	0,50 €	25,00 €
Solidaritätszuschlag	2,75 €	1,35 €	0,03 €	1,37 €
Eink. § 21 EStG	5.240 €			
zzgl. Sonder-WK	+ 1.167 €			
nach Quote zu verteilen	6.407 €	3.139 €	64 €	3.204 €
Abzgl. Sonder-WK	-1.167 €			-1.167 €
Gesamt § 21 EStG	5.240 €	3.139 €	64 €	2.037 €

03-12/02

Anteil	100 %	50 %	0 %	50 %
Eink. § 15 EStG	23.891 €			
zzgl. Sonder-BA	+ 5.833 €			
Nach Quote zu verteilen	29.724 €	14.862 €		14.862 €
Abzgl. Sonder-WK	- 5.833 €			-5.833 €
Gesamt § 21 EStG	**23.891 €**	**14.862 €**		**9.029 €**
Kapitalertragsteuer	250,00 €	125,00 €		125,00 €
Solidaritätszuschlag	13,75 €	6,88 €		6,87 €

16.2.3.2   Ehegatten Müller 02

Wie in 01 werden die Einkünfte der Ehegatten getrennt ermittelt. Die Summe der Einkünfte wird dann zusammengerechnet und von da ab werden die Ehegatten wie ein Steuerpflichtiger behandelt.

Einkünfte Lars Müller

Einkünfte aus Gewerbebetrieb § 15 EStG

Die Grundstück-GbR erzielt ab März 02 wie oben beschreiben Einkünfte aus Gewerbebetrieb. Der Anteil, der auf die einzelnen Gesellschafter entfällt ist gem. § 15 Abs. 1 Nr. 2 EStG als Einkünfte aus Gewerbebetrieb zu versteuern, da die einzelnen Gesellschafter als Mitunternehmer anzusehen sind.

Gewinnanteil Grundstücks-GbR	14.862 €

= Einkünfte aus Gewerbebetrieb § 15 EStG

Einkünfte aus nichtselbständiger Arbeit § 19 EStG

Der Arbeitslohn ist wie in 01 als Einkünfte aus nichtselbständiger Arbeit i.S.d. § 2 Abs. 1 Nr. 4 i.V.m. § 19 Abs. 1 Nr. 1 EStG zu versteuern.

Einnahmen

Bruttoarbeitslohn 01 = 5.000 € x 12 Monate	60.000 €

Werbungskosten

Da lt. Angabe keine tatsächlichen Werbungskosten vorliegen wird stattdessen der sog. Arbeitnehmerpauschbetrag in Höhe von 920 € in Abzug gebracht werden (§ 9a S. 1 Nr. 1a EStG).

	- 920 €

| **Einkünfte aus nichtselbständiger Arbeit §19 EStG** | **59.080 €** |

Einkünfte aus Kapitalvermögen §20 EStG

Anteil der Einkünfte der Grundstücks-GbR = Einnahmen aus Kapitalvermögen	98 €
801 € halber Sparer-Pauschbetrag für Lars gem. § 20 Abs. 9 EStG[296]	- 98 €
Einkünfte aus Kapitalvermögen § 20 EStG	**0 €**

Einkünfte aus Vermietung und Verpachtung § 21 EStG

Anteil der Einkünfte der Grundstücks-GbR **= Einkünfte aus Vermietung und Verpachtung § 21 EStG**	3.139 €

Einkünfte Christine Müller

Einkünfte aus Kapitalvermögen §20 EStG

Anteil der Einkünfte der Grundstücks-GbR = Einnahmen aus Kapitalvermögen	2 €
801 € halber Sparer-Pauschbetrag für Christine gem. § 20 Abs. 9 EStG	- 2 €
Einkünfte aus Kapitalvermögen § 20 EStG	**0 €**

Einkünfte aus Vermietung und Verpachtung § 21 EStG

Anteil der Einkünfte der Grundstücks-GbR **= Einkünfte aus Vermietung und Verpachtung § 21 EStG**	**64 €**

Summe der Einkünfte der Ehegatten Müller

Einkünfte aus Gewerbebetrieb § 15 EStG – Ehemann	14.862 €
Einkünfte aus nichtselbständiger Arbeit §19 EStG – Ehemann	+ 59.080 €
Einkünfte aus Kapitalvermögen § 20 EStG – Ehemann	0 €
Einkünfte aus Kapitalvermögen § 20 EStG – Ehefrau	0 €
Einkünfte aus Vermietung und Verpachtung § 21 EStG – Ehemann	+ 3.139 €
Einkünfte aus Vermietung und Verpachtung § 21 EStG – Ehefrau	+ 64 €
Gemeinsame Summe der Einkünfte	**77.145 €**

---

[296] Hier wird ein weiterer Nachteil der Betriebsaufspaltung deutlich. Wenn die Zinseinnahmen ab März 02 ebenfalls als Einkünfte aus Kapitalvermögen angesetzt werden könnten, würden sie sich aufgrund des verbleibenden Sparer-Pauschbetrags steuerlich nicht auswirken. Durch den Ansatz als Einkünfte aus Gewerbebetrieb muss der Zinsanteil voll versteuert werden.

16.2.3.3   Jens Schmidt 02

Einkünfte aus Gewerbebetrieb § 15 EStG

Die Grundstück-GbR erzielt ab März 02 wie oben beschreiben Einkünfte aus Gewerbebetrieb. Der Anteil, der auf die einzelnen Gesellschafter entfällt, ist gem. § 15 Abs. 1 S. 1 Nr. 2 EStG als Einkünfte aus Gewerbebetrieb zu versteuern, da die einzelnen Gesellschafter als Mitunternehmer anzusehen sind.

Gewinnanteil Grundstücks-GbR	9.029 €
= Einkünfte aus Gewerbebetrieb § 15 EStG	

Einkünfte aus nichtselbständiger Arbeit § 19 EStG

Der Arbeitslohn ist wie in 01 als Einkünfte aus nichtselbständiger Arbeit i.S.d. § 2 Abs. 1 Nr. 4 i.V.m. § 19 Abs. 1 Nr. 1 EStG zu versteuern.

Einnahmen

Bruttoarbeitslohn 01 = 5.000 € x 12 Monate	60.000 €

Werbungskosten

Da lt. Angabe keine tatsächlichen Werbungskosten vorliegen wird stattdessen der sog. Arbeitnehmerpauschbetrag in Höhe von 920 € in Abzug gebracht (§ 9a S. 1 Nr. 1a EStG).	- 920 €
Einkünfte aus nichtselbständiger Arbeit § 19 EStG	**59.080 €**

Einkünfte aus Kapitalvermögen §20 EStG

Anteil der Einkünfte der Grundstücks-GbR	100 €
= Einnahmen aus Kapitalvermögen	
801 € Sparer-Pauschbetrag gem. § 20 Abs. 9 EStG	- 100 €
Einkünfte aus Kapitalvermögen § 20 EStG	**0 €**

Einkünfte aus Vermietung und Verpachtung § 21 EStG

Anteil der Einkünfte der Grundstücks-GbR	2.037 €
= Einkünfte aus Vermietung und Verpachtung § 21 EStG	

Summe der Einkünfte von Jens Schmidt

Einkünfte aus Gewerbebetrieb § 15 EStG	9.029 €
Einkünfte aus nichtselbständiger Arbeit § 19 EStG	+ 59.080 €
Einkünfte aus Kapitalvermögen § 20 EStG	0 €
Einkünfte aus Vermietung und Verpachtung § 21 EStG	+ 2.037 €
Summe der Einkünfte	**70.146 €**

17 Arbeiten im Ausland

Einkünfte aus unselbständiger Arbeit im Rahmen einer Auslandsentsendung in die Vereinigten Staaten von Amerika

Cornelia Stöhr (Dr. A. Striegel)

17.1   Einführung in das Abkommensrecht

17.1.1   Allgemeines

Der Begriff der Doppelbesteuerung ist gesetzlich nicht definiert. Jedoch hat sich in der Literatur eine Definition der Doppelbesteuerung durchgesetzt. Demnach besteht eine Doppelbesteuerung, wenn **verschiedene Steuerhoheiten ein Steuersubjekt** bezüglich **desselben Steuerobjektes** in **derselben Steuerperiode** einer **gleichartigen Besteuerung** unterwerfen.[297]

Um Doppelbesteuerungen seitens zweier Staaten zu vermeiden, regeln Doppelbesteuerungsabkommen als bilaterale Verträge unter anderem die Zuweisung des Besteuerungsrechtes für unselbstständige Arbeit.[298] Die Empfehlungen des OECD-MA (Musterabkommen der Organisation für wirtschaftliche Zusammenarbeit) sowie der Musterkommentar dienen hierbei als Orientierung und Auslegungsgrundlage für die Vertragsstaaten.[299]

Im Rahmen einer Auslandsentsendung kann eine Doppelbesteuerung regelmäßig dadurch entstehen, dass der Wohnsitzstaat im Rahmen der unbeschränkten Steuerpflicht das gesamte Welteinkommen der Besteuerung unterzieht und der Tätigkeitsstaat die Einkünfte aus seinen Quellen zur Besteuerung heranzieht. Dies ergibt sich aus den unterschiedlichen Anknüpfungspunkten der Besteuerung. In der Bundesrepublik Deutschland unterliegt eine natürliche Person dann der unbeschränkten Steuerpflicht nach § 1 Abs. 1 EStG, wenn sie einen Wohnsitz im Inland gemäß § 8 AO oder den gewöhnlichen Aufenthalt im Inland gemäß § 9 AO hat. Unterliegt eine natürliche Person nicht der unbeschränkten Steuerpflicht, kann sie dennoch aufgrund inländischer Einkünfte nach § 49 EStG im Rahmen der beschränkten Steuerpflicht mit diesen Einkünften zur Besteuerung in der Bundesrepublik Deutschland herangezogen werden.[300]

17.1.2   Verhältnis zum nationalen Steuerrecht

Im deutschen Steuerrecht ist eine vorrangige Anwendung der Doppelbesteuerungsabkommen in § 2 AO geregelt. Demnach ist bei ausländischen Einkünften zunächst zu überprüfen, ob ein DBA mit dem jeweiligen Land besteht. Bei Vorhandensein eines Doppelbesteuerungsabkommens ist sodann zu untersuchen welchem Vertragsstaat das Besteuerungsrecht der betreffenden Einkünfte zugeteilt wird und welcher Vertragsstaat auf welche Weise die Doppelbesteuerung zu vermeiden hat.[301]

---

[297] Vgl. stellvertretend für Viele: Vogel in Vogel/Lehner, 2; Bächle et al., 8.

[298] Vgl. BMF v. 14.09.2006, 1, BStBl I, S. 532; Art. 15 OECD-MA.

[299] Vgl. Bächle et al., 5; BMF v. 14.09.2006 Rz. 3, BStBl I, S. 532.

[300] Vgl. § 1 Abs. 4 EStG; §§ 8, 9 AO; § 49 EStG.

[301] Vgl. § 2 AO; Bächle et al., 24.

Wird im Rahmen einer Auslandsentsendung dem anderen Vertragsstaat (Tätigkeitsstaat) das Besteuerungsrecht der Einkünfte aus nichtselbständiger Tätigkeit zugeteilt, so kann Deutschland trotz unbeschränkter Steuerpflicht der Person diese Einkünfte nicht im Rahmen des § 19 EStG der Besteuerung unterwerfen, da das Doppelbesteuerungsabkommen den deutschen Steuergesetzen vorgeht und das deutsche Besteuerungsrecht durch das Doppelbesteuerungsabkommen eingeschränkt bzw. aufgehoben wurde.[302]

17.1.3   Ansässigkeitsbestimmung und ihre steuerliche Folgen

Die Ansässigkeit einer Person ist von grundlegender Bedeutung für die Anwendung eines Doppelbesteuerungsabkommens. Eine Person muss in mindestens einem der beiden Vertragsstaaten ansässig sein, um in den Geltungsbereich des Doppelbesteuerungsabkommens zu fallen.[303]

Nach der Ansässigkeit richtet sich weiterhin, welcher Vertragsstaat als Wohnsitzstaat (Ansässigkeitsstaat) des Steuerpflichtigen gilt und welcher Staat als Quellenstaat (Nicht-Ansässigkeitsstaat) der Einkünfte zu betrachten ist. Die Verteilungsnormen des Doppelbesteuerungsabkommens regeln sodann, welchem Staat das Besteuerungsrecht der jeweiligen Einkünfte zusteht.[304]

Die Ansässigkeit ist nicht zu verwechseln mit der unbeschränkten Steuerpflicht in den beteiligten Vertragsstaaten. Während eine Person in mehr als einem Staat der unbeschränkten Steuerpflicht unterliegen kann, ist eine Ansässigkeit im Sinne des DBA grundsätzlich nur in einem Vertragsstaat möglich.[305]

Nach Art. 4 Abs. 1 OECD-MA gilt eine natürliche Person in dem Vertragsstaat als ansässig, in dem sie aufgrund persönlicher Anknüpfungspunkte (Wohnsitz, ständiger Aufenthalt oder ähnliche Merkmale) steuerpflichtig ist. Bloße Quelleneinkünfte aus einem Vertragsstaat führen nach Art. 4 Abs. 1 S. 2 OECD-MA ausdrücklich nicht zu einer Ansässigkeit in diesem Staat.[306] Das Musterabkommen beabsichtigt hierbei, denjenigen Staat als Ansässigkeitsstaat festzulegen, in dem der Steuerpflichtige der unbeschränkten Steuerpflicht unterliegt.[307]

Im Falle einer Auslandsentsendung kann es zu einer Verlagerung der Ansässigkeit in den Tätigkeitsstaat kommen, wenn der inländische Wohnsitz in der Bundesrepublik Deutschland für die Dauer der Entsendung aufgegeben wird. Mangels ständigem Aufenthalt in

[302] Vgl. § 2 AO; Jacobs, 82; Bächle et al., 24; BMF v. 14.09.2006, 17, BStBl I, S. 532.

[303] Vgl. Bächle et al., 183.

[304] Vgl. BMF v. 14.09.2006, 6, BStBl I, S. 532.

[305] Vgl. BMF v. 14.09.2006, 5 f., BStBl I, S. 532.

[306] Vgl. Art. 4 Abs. 1 OECD-MA.

[307] Vgl. OECD-Kommentar, II Abs. 1 Nr. 8.

Deutschland oder ähnlicher Merkmale, fehlt es sodann an Anknüpfungspunkten zur Ansässigkeit und zur deutschen unbeschränkten Steuerpflicht.

Wird der Wohnsitz im Inland während der Auslandsentsendung beibehalten und ein weiterer Wohnsitz im Tätigkeitsstaat begründet, bzw. hat der Steuerpflichtige in beiden Vertragsstaaten seinen ständigen Aufenthalt, führt Art. 4 Abs. 1 OECD-MA zu einer Ansässigkeit in beiden Vertragsstaaten (Doppelansässigkeit). Für die Anwendung des DBA ist jedoch ausschließlich ein Staat als Ansässigkeitsstaat festzulegen. In solch einem Fall kommt Art. 4 Abs. 2 OECD-MA zur Anwendung (so genannte Tie-Breaker-Rule).[308]

Zur eindeutigen Festlegung der Ansässigkeit der natürlichen Person enthält Art. 4 Abs. 2 OECD-MA eine Reihenfolge, nach der die Ansässigkeit zu einem der beiden Vertragsstaaten zu prüfen und festzulegen ist. Geprüft wird zunächst die ständige Wohnstätte der natürlichen Person. Besteht in beiden Staaten eine ständige Wohnstätte, so gilt die Person in dem Vertragsstaat als ansässig, zu dem sie die engeren wirtschaftlichen und persönlichen Beziehungen hat (Lebensmittelpunkt). Ist der Lebensmittelpunkt nicht eindeutig zuordenbar, so gilt als weiterer Anknüpfungspunkt der Ansässigkeit der gewöhnliche Aufenthalt. Als weiteres Merkmal gilt die Staatsangehörigkeit, falls in beidem oder keinem Vertragsstaat ein gewöhnlicher Aufenthalt bestimmt werden kann. Als letzte Möglichkeit zur eindeutigen Festlegung der Ansässigkeit der Person kommt gemäß Art. 4 Abs. 2 OECD-MA ein Verständigungsverfahren beider Länder zur Anwendung. Hierbei wird sodann die Ansässigkeit in gegenseitigem Einvernehmen geklärt.[309]

17.1.4   Vergütungen für unselbständige Arbeit

In Doppelbesteuerungsabkommen regeln die Verteilungsnormen (Art. 6 bis 22 OECD-MA) die Zuteilung des Besteuerungsrechts der Einkünfte. Für Vergütungen aus unselbständiger Arbeit ist Artikel 15 OECD-MA (bzw. des jeweiligen DBA) anzuwenden. Ist eine Zuordnung zu Artikel 16, 18 oder 19 des OECD-MA möglich, so sind diese vorrangig anzuwenden.[310]

Zu den Vergütungen, die unter Artikel 15 OECD-MA fallen, gehören Einkünfte wie Löhne, Gehälter und ähnliche Vergütungen, die eine Person für die geleistete unselbständige Arbeit erhält. Grundsätzlich werden Vergütungen aus unselbständiger Arbeit gemäß Artikel 15 Abs. 1 OECD-MA im Ansässigkeitsstaat besteuert.[311]

---

[308] Vgl. Bächle et al., 193 f.; BFH v. 19.03.1997, BStBl 1997 II, S. 447.

[309] Vgl. Art. 4 Abs. 2 OECD-MA.

[310] Vgl. Art. 15 Abs., 1 OECD-MA; Für das DBA mit den USA gilt laut Art. 15 Abs. 1 DBA USA die vorrangige Anwendung der Artikel 16 bis 20 des DBA USA.

[311] Vgl. Art. 15 Abs. 1 OECD-MA.

17.1.4.1   Arbeitsortprinzip

Abweichend vom Grundsatz der Besteuerung im Ansässigkeitsstaat, gilt bei Ausübung der Tätigkeit im anderen Vertragsstaat das Arbeitsortprinzip. Das Besteuerungsrecht wird hierbei dem Tätigkeitsstaat bzw. Quellenstaat der Einkünfte zugeteilt.[312]

17.1.4.2   Ausnahme des Arbeitsortprinzips

Eine wichtige Ausnahme zum Arbeitsortprinzip bildet Artikel 15 Abs. 2 OECD-MA. Der Absatz enthält drei Voraussetzungen zur Ausnahme, die **kumulativ** erfüllt sein müssen. Sind alle Voraussetzungen erfüllt, wird das Besteuerungsrecht abweichend vom Arbeitsortprinzip dem Ansässigkeitsstaat zugeteilt. Diese Ausnahme soll vor allen Dingen kurzfristige Arbeitnehmerentsendungen erleichtern.[313]

Dem Ansässigkeitsstaat wird gemäß OECD-MA das Besteuerungsrecht trotz Tätigkeit im anderen Vertragsstaat zugeteilt, wenn:

1. der Steuerpflichtige sich nicht länger als 183 Tage in einem Zeitraum von zwölf Monaten im Tätigkeitsstaat aufhält **und**

2. die Vergütungen von oder für einen Arbeitgeber gezahlt werden, der nicht im Tätigkeitsstaat ansässig ist **und**

3. die Vergütung nicht von einer Betriebsstätte im Tätigkeitsstaat getragen wird.[314]

Abweichend von den Empfehlungen des OECD-MA enthalten die DBA mit den jeweiligen Vertragsstaaten abweichende Voraussetzungen, deren Erfüllung es zur Besteuerung im Ansässigkeitsstaat bedarf. Hierbei ist daher der Abkommenstext des jeweiligen DBA zu beachten.

183-Tage-Regel

Die erstgenannte Voraussetzung zur Ausnahme in Artikel 15 Abs. 2 Buchst. a OECD-MA ist die so genannte 183-Tage-Regel. Hierbei wird, je nach DBA, auf einen Zeitraum abgestellt, in dem sich der Steuerpflichtige im anderen Vertragsstaat (Nicht-Ansässigkeitsstaat) **aufhält** oder an denen die Person ihre Tätigkeit **ausübt**. Der Zeitraum bezieht sich hierbei, je nach DBA, auf einen **Zeitraum von zwölf Monaten**, auf das **Steuerjahr** oder auf das **Kalenderjahr**.[315]

Wird im jeweiligen DBA auf die **Aufenthaltstage** im anderen Vertragsstaat abgestellt, so gilt als Aufenthaltstag jeder Tag der körperlichen Anwesenheit im Tätigkeitsstaat. Hierzu

---

[312] Vgl. Ebd.

[313] Vgl. Art. 15 Abs. 2 OECD-MA; Jacobs, 1347; Endres in Endres et al., Art. 15, 12.

[314] Vgl. Art. 15 Abs. 2 OECD-MA.

[315] Vgl. BMF v. 14.09.2006, 34 f., BStBl I, S. 532.

zählen auch An- und Abreisetage, Krankheitstage, Urlaubstage (wenn sie im Tätigkeits-staat verbracht werden) sowie Wochenenden und Feiertage, an denen die Person sich im Tätigkeitsstaat aufhält. Zur Ermittlung der Summe der Aufenthaltstage werden alle Auf-enthaltstage innerhalb des Zeitraumes addiert.[316]

Bedarf die 183-Tage-Regel der Berücksichtigung der **Ausübungstage,** so bildet sich die Summe aus allen Tagen, an denen sich die Person zur Ausübung der Tätigkeit im ande-ren Vertragsstaat innerhalb des zu berücksichtigenden Zeitraums aufhält. Hierzu zählen auch Tage, an denen die Person nicht arbeiten kann (z.B. Streik, Krankheit, etc.). Nicht zu den Ausübungstagen zählen arbeitsfreie Tage im Tätigkeitsstaat (z.B. Wochenenden, Feiertage, Urlaubstage).[317]

Bezieht sich der zu beachtende Zeitraum auf einen **Zeitraum von zwölf Monaten**, so sind alle beliebigen Zeiträume von zwölf Monaten bezüglich der Aufenthalts- oder Ausü-bungstage zu prüfen. Wird im DBA auf das **Kalenderjahr** oder **Steuerjahr** abgestellt, hat die Prüfung für jedes Kalender- bzw. Steuerjahr zu erfolgen, an denen die Person Auf-enthalts- oder Ausübungstage im Tätigkeitsstaat hat. Bezieht sich das DBA auf den Zeit-raum des Steuerjahres, ist zu überprüfen ob die Steuerjahre beider Vertragsstaaten von-einander abweichen.[318] Weichen die Steuerjahre voneinander ab, so ist für die Ermittlung der Aufenthalts- oder Ausübungstage das Steuerjahr des Tätigkeitsstaates maßgeblich.[319]

Werden innerhalb des zu beachtenden Zeitraums 183 Tage überschritten, bleibt das Be-steuerungsrecht beim Tätigkeitsstaat. Die weiteren Voraussetzungen müssen nicht weiter geprüft werden, da die kumulative Erfüllung bereits an der ersten Voraussetzung zur Ausnahme scheitert.[320]

Zahlung durch einen Arbeitgeber im Tätigkeitsstaat

Werden 183 Aufenthalts- oder Ausübungstage im jeweiligen Zeitraum nicht überschrit-ten, so ist als nächstes Artikel 15 Abs. 2 Buchst. b OECD-MA zu überprüfen.

Um diese Voraussetzung zu erfüllen, darf der Arbeitgeber, der die wirtschaftliche Last der Vergütung trägt, nicht im Tätigkeitsstaat ansässig sein.[321]

---

[316] Vgl. BMF v. 14.09.2006, 37 f., BStBl I, S. 532.

[317] Vgl. BMF v. 14.09.2006, 46 ff., BStBl I, S. 532.

[318] Das Steuerjahr von Deutschland entspricht dem Kalenderjahr. Vom Kalenderjahr abweichende Steuerjahre haben z.B. Australien, Großbritannien und Indien (vgl. BMF v. 14.09.2006, 52, BStBl I, S. 532).

[319] Vgl. BMF v. 14.09.2006, 51 f., 56, BStBl I, S. 532.

[320] Vgl. Jacobs, 1349.

[321] Vgl. Art. 15 Abs. 1 Buchst. b OECD-MA.

Zweck dieser Voraussetzung ist unter anderem die Sicherung von Steuersubstrat. Die Vergütungen sollen demnach in dem Vertragsstaat der Besteuerung unterliegen, in dem der Arbeitgeber durch Abzug der Vergütungen als Betriebsausgabe den Gewinn des Arbeitgebers mindert.[322]

Mangels genauer Definition im OECD-MA und den jeweiligen DBA ist unter einem Arbeitgeber der Begriff zu verstehen, dessen Bedeutung ihm nach innerstaatlichem Recht zukommt. Demnach ist unter dem Arbeitgeber im Sinne des DBA der wirtschaftliche Arbeitgeber zu verstehen. Dieser trägt die wirtschaftliche Last der Vergütung und verfügt über Weisungsbefugnis gegenüber dem Arbeitnehmer. Durch wen die tatsächliche Zahlung der Vergütung erfolgt, ist hierbei nicht von Bedeutung.[323]

Wird durch den Arbeitnehmer bei einem Unternehmen im Ausland eine Werk- oder Lieferungsleistung für den inländischen zivilrechtlichen Arbeitgeber ausgeführt, ist für die Bestimmung des Arbeitgebers ausschlaggebend, ob beide Unternehmen miteinander verbunden sind. Ist dies nicht der Fall, bleibt der zivilrechtliche Arbeitgeber auch weiterhin Arbeitgeber im Sinne des DBA.[324]

Schwieriger ist die Sachlage, wenn beide Unternehmen miteinander verbunden sind. Der zivilrechtliche Arbeitgeber bleibt nur dann der Arbeitgeber im Sinne des DBA, wenn der Arbeitslohn bei der Preisbildung der zu erbringenden Werk- oder Lieferungsleistung berücksichtigt wurde.[325]

Als wirtschaftlicher Arbeitgeber gilt ein aufnehmendes Unternehmen dann, wenn der Entsendete in das ausländische Unternehmen nach organisatorischen und administrativen Gesichtspunkten eingebunden ist und die wirtschaftliche Last das aufnehmende Unternehmen trägt oder hätte tragen müssen. Die Einbindung des Arbeitnehmers ergibt sich aus der Weisungsbefugnis des Arbeitgebers gegenüber dem Arbeitnehmer sowie das Tragen des unternehmerischen Risikos für die Tätigkeiten des Arbeitnehmers.[326]

Bei einer Entsendedauer von bis zu drei Monaten gilt aufgrund der Kürze des Zeitraumes das aufnehmende Unternehmen nicht als Arbeitgeber im Sinne des DBA, da eine Einbindung in dieses Unternehmen nicht angenommen werden kann.[327]

---

[322] Vgl. Endres in Endres et al., Art. 15, 13.

[323] Vgl. Art. 3 Abs. 2 OECD-MA; BMF v. 14.09.2006, 64, 67, BStBl I, S. 532; BFH v. 23.02.2005, BStBl 2005 II, S. 547; Endres in Endres et al., Art. 15, 13; Prokisch in Vogel/Lehner, Art. 15, 49a.

[324] Vgl. BMF v. 14.09.2006, 62, BStBl I, S. 532; Endres in Endres et al., Art. 15, 14 .

[325] Vgl. BMF v. 14.09.2006, 66, BStBl I, S. 532; Näher hierzu: BMF v. 09.11.2001, BStBl I, S. 796.

[326] Vgl. BMF v. 14.09.2006, 67 f., 70, BStBl I, S. 532; Endres in Endres et al., Art. 15, 15.

[327] Vgl. BMF v. 14.09.2006, 74, BStBl I, S. 532; BMF v. 09.11.2001, BStBl I, S. 796; Prokisch in Vogel/Lehner, Art. 15, 50.

Eine abwechselnde Tätigkeit des Arbeitnehmers für seinen inländischen Arbeitgeber und für das ausländische verbundene Unternehmen kann dazu führen, dass beide Unternehmer Arbeitgeber im Sinne des DBA sind. Hierbei sind sodann die Vergütungen anteilig zu berücksichtigen und separat zu prüfen.[328]

Um abweichend vom Arbeitsortsprinzip die Vergütungen aus unselbständiger Arbeit im Ansässigkeitsstaat besteuern zu können, darf der Arbeitgeber, der die Vergütung zahlt, nicht im Tätigkeitsstaat des Arbeitnehmers ansässig sein. Ist dies der Fall, greift die Ausnahme nicht und dem Tätigkeitsstaat wird das Besteuerungsrecht der Vergütungen für unselbständige Arbeit zugeteilt.[329]

Wird die Vergütung durch einen Arbeitgeber gezahlt, der nicht im Tätigkeitsstaat ansässig ist, so ist die nächste Voraussetzung zur Anwendung des Artikels 15 Abs. 2 OECD-MA zu prüfen.[330]

Betriebsstätte im Ausland zahlt Vergütung

Die nächste und gleichzeitig letzte zu erfüllende Voraussetzung zur Ausnahme des Arbeitsortsprinzips stellt Artikel 15 Abs. 2 Buchst. c OECD-MA dar.

Der Begriff der Betriebsstätte ist definiert in Artikel 5 OECD-MA und in Artikel 5 des jeweiligen DBA.[331] Auf die tatsächliche Zahlung der Vergütung durch die Betriebsstätte kommt es hierbei jedoch nicht an. Ausreichend ist bereits, dass die Betriebsstätte bei korrekter wirtschaftlicher Zuordnung die Vergütungen hätte tragen müssen.[332]

Wird die Vergütung von einer Betriebsstätte im Tätigkeitsstaat getragen, hat der Tätigkeitsstaat das Besteuerungsrecht an den Vergütungen aus unselbständiger Arbeit. Nur wenn die Vergütung nicht von einer Betriebsstätte im Tätigkeitsstaat getragen wird und zudem die beiden zuvor erläuterten Voraussetzungen erfüllt sind, wird das Besteuerungsrecht an den Vergütungen dem Ansässigkeitsstaat zugeteilt.[333]

17.1.5   Vermeidung der Doppelbesteuerung

Die Vermeidung der Doppelbesteuerung kann auf vielen Wegen erreicht werden. Die Verteilungsnormen der DBA (Artikel 6 bis 22 OECD-MA) regeln die Vermeidung durch den Nicht-Ansässigkeitsstaat. Die Vermeidungsnormen des DBA (Artikel 23 A und 23 B

---

[328] Vgl. BMF v. 14.09.2006, 75 f., BStBl I, S. 532.

[329] Vgl. Art. 15 Abs. 2 OECD-MA.

[330] Vgl. Ebd.

[331] Vgl. Art. 5 OECD-MA; Art. 5 DBA USA.

[332] Vgl. BMF v. 14.09.2006, 94 f., BStBl I, S. 532; Endres in Endres et al., Art. 15, 17.

[333] Vgl. Art. 15 Abs. 2 OECD-MA.

OECD-MA) ergänzen die Regelungen der Verteilungsnormen und regeln sodann, auf welche Weise die Doppelbesteuerung durch den Ansässigkeitsstaat vermieden werden kann.[334]

Die üblichsten Methoden zur Vermeidung der Doppelbesteuerung durch den Ansässigkeitsstaat sind die Anrechnungsmethode und die Freistellungsmethode. Da Deutschland als Ansässigkeitsstaat bei ausländischen Einkünften aus unselbständiger Tätigkeit im Regelfall die Freistellungsmethode anwendet, wird ausschließlich diese im Folgenden kurz erläutert.[335]

Die Freistellungsmethode ist geregelt in Artikel 23 A OECD-MA bzw. Artikel 23 des jeweiligen DBA. Hierbei werden Einkünfte bzw. das Vermögen der Person von der Besteuerung im Ansässigkeitsstaat ausgenommen, wenn diese Einkünfte bzw. das Vermögen nach dem Abkommen im Nicht-Ansässigkeitsstaat der Besteuerung unterworfen werden können. Die Freistellung erfolgt in der Regel jedoch nur unter Progressionsvorbehalt. Daher können die Einkünfte, die gemäß Artikel 23 A Abs. 1 OECD-MA aus der Steuerbemessungsgrundlage ausscheiden, nach Artikel 23 A Abs. 3 OECD-MA vom Ansässigkeitsstaat zur Festsetzung des Steuersatzes herangezogen werden. Im nationalen deutschen Recht bildet § 32b Abs. 1 Nr. 3 EStG die innerstaatliche Rechtsgrundlage des Progressionsvorbehaltes.[336]

Durch das Jahressteuergesetz 2009 vom 19.12.2008 wurde mit Wirkung ab 2008[337] die Anwendung des Progressionsvorbehalt auf bestimmte steuerfreie Einkünfte beschränkt. Dem Progressionsvorbehalt unterliegen gem. § 32b Abs. 1 S. 2 i.V.m. § 2a Abs. 2 S. 1 EStG nur noch steuerfreie Einkünfte aus Drittstaaten und folgende Einkünfte aus EU-Staaten bzw. Norwegen und Island:

- von Freiberuflern durch ständige Einrichtungen im Ausland,

- aus nichtselbständiger Arbeit, die in anderen Staaten ausgeübt wurde,

- aus Grundstücksveräußerungen und

- Einkünfte aus aktiven Betriebsstätten.

Der steuerfreie Arbeitslohn ist nach deutschen Grundsätzen zu ermitteln. Demnach sind von den ausländischen Einnahmen aus nichtselbständiger Tätigkeit zur Ermittlung des steuerfreien Arbeitslohns die auf die Einnahmen entfallenden Werbungskosten oder gegebenenfalls der Arbeitnehmer-Pauschbetrag nach Maßgabe des § 32b Abs. 2 S. 1 Nr. 2 EStG abzuziehen.[338]

---

[334] Vgl. Vogel in Vogel/Lehner, Art. 23, 2 f.

[335] Vgl. BMF v. 14.09.2006, 14 , BStBl I, S. 532.

[336] Vgl. Art. 23 A Abs. 1 und Abs. 3 OECD-MA; Vogel in Vogel/Lehner, Art. 23, 215.

[337] Vgl. § 52 Abs. 43a S. 2 EStG.

[338] Vgl. BMF v. 14.09.2006, 23 , BStBl I, S. 532; BFH v. 22.05.1991, BStBl 1992 II, S. 94; § 32b Abs. 2 S. 1 Nr. 2 EStG.

17.1.6   Rückfallklausel nach nationalem Recht

Die Rückfallklausel des § 50d Abs. 8 EStG dient der Sicherstellung der Einmalbesteue-
rung der freizustellenden Einkünfte und somit der Vermeidung von so genannten „wei-
ßen Einkünften", die in keinem Vertragsstaat der Besteuerung unterliegen. Die Freistellung erfolgt somit nur unter den Voraussetzungen, dass die Einkünfte aus nichtselbständiger Tätigkeit im Tätigkeitsstaat besteuert wurden und die Steuern hierfür entrichtet
wurden oder dass der Tätigkeitsstaat auf sein Besteuerungsrecht verzichtet hat. Die Erfüllung der zuvor genannten Voraussetzungen hat der Steuerpflichtige nachzuweisen.[339]

17.2   Musterfall

17.2.1   Persönliche Situation des Steuerpflichtigen

Michael Mustermann (26.06.1953) lebt mit seiner Ehefrau Maria Mustermann (30.04.1958)
in Würzburg. Das Ehepaar ist konfessionslos und hat keine Kinder.

Frau Mustermann ist Hausfrau und verbleibt auch während der Entsendung ihres Ehemannes im gemeinsamen Haus in Würzburg.

17.2.2   Entsendung in die USA

Als Manager eines deutschen Unternehmens wird Herr Mustermann für acht Monate,
vom 1. Mai 2010 bis 31. Dezember 2010, ins Ausland entsendet. Innerhalb dieses Zeitraumes ist Herr Mustermann bei der Betriebsstätte in den Vereinigten Staaten von Amerika tätig. Hierfür erhält er ein zeitlich befristetes Aufenthalts- und Arbeitsvisum. Er
erhält darüber hinaus seinen Arbeitslohn von der Betriebsstätte in den USA.

Seinen Sommerurlaub vom 26. Juli bis 8. August und auch die Weihnachtsfeiertage vom
23. bis 27. Dezember verbringt Herr Mustermann bei seiner Ehefrau in Deutschland.

17.2.3   Einnahmen des Steuerpflichtigen

1. Herr Mustermann erhält von seinem deutschen Arbeitgeber in 2010 einen Bruttoarbeitslohn in Höhe von 35.600 Euro. Vom Arbeitgeber wurde Lohnsteuer in Höhe von
   6.309 Euro und Solidaritätszuschlag in Höhe von 347 Euro einbehalten.

---

[339] Vgl. § 50d Abs. 8 EStG; BMF v. 21.07.2005, BStBl I, S. 823; BMF v. 14.09.2006, 24 , BStBl I, S. 532;
Jacobs, 1345.

2. Im Rahmen seiner Auslandstätigkeit erhält Herr Mustermann von der amerikanischen Betriebstätte von Mai bis Dezember 2010 monatlich 5.000 Euro.

3. Für seine Tätigkeit in Deutschland in 2009 erhält er nachträglich am 1. Juli einen Bonus in Höhe von 6.000 Euro (Bruttobetrag). Hierfür wurde keine Lohnsteuer einbehalten.

17.2.4   Ausgaben des Steuerpflichtigen

1. In Deutschland fuhr er mit einem privaten PKW an 80 Tagen zu seinem 12 Kilometer entfernten Arbeitsplatz.

2. In den Vereinigten Staaten von Amerika fuhr Herr Mustermann an 140 Tagen zu seiner 30 Kilometer entfernten Arbeitsstätte.

3. Für die Heimreise und Rückreise während des Urlaubs entstanden ihm Flugkosten in Höhe von 4.800 Euro.

4. Die Mietwohnung (55 qm) in den Vereinigten Staaten kostete Herrn Mustermann 600 Euro pro Monat.

5. Die Summe der abzugsfähigen Sonderausgaben beträgt 5.945 Euro.

17.3   Lösung des Musterfalles

17.3.1   Steuerpflicht in Deutschland

Durch seinen Wohnsitz in Deutschland (§ 8 AO), der auch während seiner Entsendung in die Vereinigten Staaten von Amerika beibehalten wird, ist Herr Mustermann auch weiterhin unbeschränkt einkommensteuerpflichtig gemäß § 1 Abs. 1 EStG. Die Wohnsitzbeibehaltung ist für die unbeschränkte Steuerpflicht bereits ausreichend, die Verlagerung des gewöhnlichen Aufenthalts ins Ausland ist hierbei unschädlich.[340]

Der unbeschränkten Steuerpflicht zur Folge, ist Herr Mustermann in Deutschland mit allen steuerbaren Einkünften nach dem Welteinkommensprinzip steuerpflichtig. Bezüglich der ausländischen Einkünfte aus unselbständiger Arbeit ist jedoch das DBA mit den Vereinigten Staaten zu beachten, dessen Anwendung gemäß § 2 AO vorrangig zu erfolgen hat.[341]

---

[340] Vgl. § 1 Abs. 1 EStG; §§ 8, 9 AO; Bächle et al., 20.

[341] Vgl. § 2 Abs. 1 EStG; § 2 AO; Bächle et al., 7, 19.

17.3.2   Ansässigkeit des Steuerpflichtigen

Zur Anwendung des DBA ist die Ansässigkeit in einem der beiden Vertragsstaaten notwendig. Gemäß Artikel 4 Abs. 1 DBA USA knüpft die Ansässigkeit einer natürlichen Person an den Wohnsitz sowie an den ständigen Aufenthalt in einem der beiden Vertragsstaaten (siehe 17.1.3).[342]

Für die Dauer der Entsendung wohnt Herr Mustermann in einer Wohnung in den Vereinigten Staaten von Amerika. Da er auch in der Bundesrepublik Deutschland den Wohnsitz beibehalten hat, kann die Ansässigkeit zu einem der beiden Vertragsstaaten nach Artikel 4 Abs. 1 DBA USA nicht hinreichend bestimmt werden. Demnach wäre Herr Mustermann in beiden Vertragsstaaten ansässig.

Für die genaue Bestimmung der Ansässigkeit ist die so genannte Tie-Breaker-Rule gemäß Artikel 4 Abs. 2 DBA USA anzuwenden. Da Herr Mustermann in beiden Vertragsstaaten über eine ständige Wohnstätte verfügt, gilt er in dem Vertragsstaat als ansässig, zu dem er die engeren persönlichen und wirtschaftlichen Beziehungen hat.[343]

Für die Dauer der Entsendung liegen die wirtschaftlichen Beziehungen von Herrn Mustermann in den Vereinigten Staaten von Amerika, da er dort seine Einkünfte aus unselbständiger Arbeit erhält und seine Tätigkeit dort ausübt. Die engeren persönlichen Beziehungen (familiäre Beziehungen, gesellschaftliches, politisches, kulturelles Umfeld) hat Herr Mustermann zu Deutschland. Zudem liegt auch der Familienwohnsitz in Deutschland, da seine Ehefrau für die Dauer der Entsendung in Deutschland ist und in der dortigen Wohnung lebt. Bei verheirateten Arbeitnehmern ist der Lebensmittelpunkt regelmäßig dort anzunehmen, wo der Familienwohnsitz liegt, da davon ausgegangen werden kann, dass in diesem Vertragsstaat die stärkeren Beziehungen liegen und dieser Vertragsstaat somit der bedeutungsvollere für die Person ist.[344]

Herr Mustermann ist somit im Sinne des DBA USA in Deutschland ansässig. Die USA fügt sich daher in die Rolle des Quellenstaates bzw. des Tätigkeitsstaates ein.[345]

17.3.3   Vergütungen für unselbständige Arbeit

Welchem Vertragsstaat das Besteuerungsrecht der Einkünfte aus unselbständiger Arbeit zusteht, richtet sich nach der Verteilungsnorm Artikel 15 DBA USA.

---

[342] Vgl. Art. 4 Abs. 1 DBA USA.

[343] Vgl. Art. 4 Abs. 2 Buchst. a DBA USA.

[344] Vgl. Jacob in Endres et al., Art. 4, 82 ff.

[345] Vgl. BMF v. 14.09.2006, 6 , BStBl I, S. 532; Jacob in Endres et al., Art. 4, 76.

17.3.3.1 Einnahmen aus der Tätigkeit in der BRD

Bezüglich der Vergütung in Höhe von 35.600 Euro (siehe 17.2.3), die Herr Mustermann von seinem deutschen Arbeitgeber für die Tätigkeit vor der Entsendung erhält, steht Deutschland nach Art. 15 Abs. 1 DBA USA das Besteuerungsrecht zu, da die Tätigkeit in Deutschland ausgeübt wurde.

17.3.3.2 Einnahmen aus der Tätigkeit in den USA

Die Vergütungen in Höhe von 5.000 Euro (siehe 17.2.3) werden gemäß Art. 15 Abs. 1 DBA USA im Tätigkeitsstaat USA besteuert (siehe 17.1.4.1), es sei denn die Voraussetzungen zur Ausnahme gemäß Art. 15 Abs. 2 DBA USA sind erfüllt. Abbildung 17.1 dient zur Veranschaulichung der anzuwendenden Prüffolge.

Abbildung 17.1: Prüfungsschema Artikel 15 DBA USA

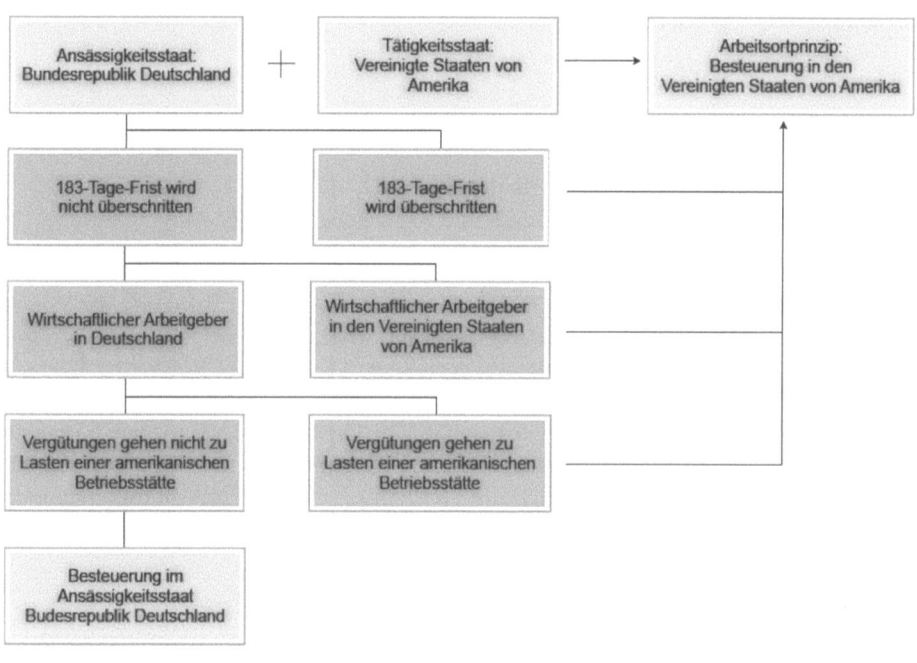

Nach dem Wortlaut Art. 15 Abs. 2 Buchst. a DBA USA ist die 183-Tage-Frist anhand der Aufenthaltstage des betreffenden Kalenderjahres zu ermitteln.[346]

---

[346] Vgl. Art. 15 Abs. 2 Buchst. a DBA USA.

Die Aufenthaltstage von Herrn Mustermann ergeben sich aus der Summe aller Aufenthaltstage. Als Aufenthaltstage gelten auch Urlaubstage, Wochenenden und Feiertage, die Herr Mustermann im Tätigkeitsstaat verbringt sowie die An- und Abreisetage (siehe 17.4.2.1).[347]

Im maßgeblichen Zeitraum des Kalenderjahres 2010 ergeben sich für Herrn Mustermann folgende Aufenthaltstage:

Mai: 31 Tage (Anreisetag 1. Mai wird als voller Aufenthaltstag gezählt)

Juni: 30 Tage

Juli: 31 Tage – 5 Tage Urlaub in der BRD = 26 Tage
                    (Abreisetag 25. Juli gilt als voller Aufenthaltstag)

August: 31 Tage – 7 Tage Urlaub in der BRD = 24 Tage
                    (Anreisetag 8. August gilt als voller Aufenthaltstag)

September: 30 Tage

Oktober: 31 Tage

November: 30 Tage

Dezember: 31 Tage – 3 Tage Urlaub in der BRD = 28 Tage
                   (An- und Abreisetag 23. und 27.12. gelten als volle Aufenthaltstage)

Als Summe ergeben sich in 2010 somit 230 Aufenthaltstage. Artikel 15 Abs. 2 Buchst. a DBA USA ist somit nicht erfüllt. Da hiermit bereits die kumulative Erfüllung der Voraussetzungen zu Besteuerung im Ansässigkeitsstaat scheitert, bedarf es keiner weiteren Prüfung der beiden anderen Voraussetzungen (Art. 15 Abs. 2 Buchst. b und Buchst. c DBA USA). Das Besteuerungsrecht der Einkünfte, die Herr Mustermann im Rahmen seiner Auslandsentsendung erhält, wird gemäß Art. 15 Abs. 1 DBA USA dem Tätigkeitsstaat zugeteilt. Deutschland vermeidet die Doppelbesteuerung der ausländischen Einkünfte von Herrn Mustermann durch die Freistellungsmethode unter Progressionsvorbehalt.

17.3.3.3   Nachträgliche Vergütung für eine frühere Tätigkeit

Herr Mustermann erhält während seiner Entsendung einen Bonus von seinem deutschen Arbeitgeber in Höhe von 6.000 Euro (siehe 17.2.3). Der Bonus ist als Vergütung für unselbständige Arbeit der Verteilungsnorm des Art. 15 DBA USA zuzurechnen. Für derartige Zahlungen ist nicht der Zeitpunkt der Zahlung, sondern der Zeitraum, für den die

---

[347] Vgl. BMF v. 14.09.2006, 37 f. , BStBl I, S. 532.

Zahlung erfolgt, zu betrachten.[348] Der Bonus in Höhe von 6.000 Euro ist vollständig dem Zeitraum 2009 zuzuordnen. Da Herr Mustermann 2009 in Deutschland für seinen deutschen Arbeitgeber tätig war, ist der Bonus in voller Höhe in Deutschland steuerpflichtig.

17.3.4 Ermittlung der Einkommensteuer 2010

Die Eheleute Mustermann sind aufgrund ihres Wohnsitzes im Inland gemäß § 8 AO unbeschränkt einkommensteuerpflichtig nach § 1 Abs. 1 EStG. Sie werden im Veranlagungszeitraum 2010 gemäß § 26 Abs. 3 EStG zusammen veranlagt, da sie bezüglich der Wahl der Veranlagungsform keine Erklärung abgegeben haben.

17.3.4.1 Steuerpflichtige Einkünfte

Frau Mustermann erzielt 2010 keine steuerbaren Einkünfte.

Herr Mustermann erhält im Veranlagungszeitraum ausschließlich Einkünfte aus nichtselbständiger Arbeit gemäß § 2 Abs. 1 Nr. 4 i.V.m. § 19 EStG. Hierunter fallen die Einnahmen aus 1. und 3. (siehe 17.2.3). Die Einkünfte werden gemäß § 2 Abs. 2 Nr. 2 EStG durch Abzug der Werbungskosten von den Einnahmen ermittelt.

Einnahmen

Bruttoarbeitslohn 2010	35.600 €
Bonus (für 2009)	6.000 €

Werbungskosten

Fahrten zwischen Wohnung und Arbeitsstätte aus 1. (siehe 17.2.4)

§ 9 Abs. 1 S. 3 Nr. 4 EStG: 80 Tage x 12 km x 0,30 € = 288 €

Anstatt der tatsächlichen Werbungskosten wird der höhere Arbeitnehmerpauschbetrag gem. § 9a S. 1 Nr. 1 Buchst. a EStG abgezogen.	920 €
Einkünfte aus nichtselbständiger Arbeit	**40.680 €**

Im Falle von Herrn Mustermann entsprechen die Einkünfte aus nichtselbständiger Arbeit mangels anderer Einkünfte von ihm und seiner Ehefrau der gemeinsamen Summe der Einkünfte gemäß § 26b EStG. Die gemeinsame Summe der Einkünfte entspricht weiterhin in diesem Fall dem Gesamtbetrag der Einkünfte, da ein Abzug durch die Entlastungen nach § 2 Abs. 3 EStG für die Eheleute nicht in Frage kommt.

Gesamtbetrag der Einkünfte	**40.680 €**

---

[348] Vgl. BMF v. 14.09.2006, 112.

Um das Einkommen zu ermitteln, sind gemäß § 2 Abs. 4 EStG vom Gesamtbetrag der Einkünfte die Sonderausgaben und außergewöhnlichen Belastungen abzuziehen.

Summe der abzugsfähigen Sonderausgaben aus 5. (siehe 17.2.4)   - 5.945 €

Einkommen (§ 2 Abs. 4 EStG)   34.735 €

Da die Eheleute Mustermann keine Kinder haben, kommt ein Abzug von Kinderfreibeträgen nach § 2 Abs. 5 EStG nicht in Betracht. Das zuvor ermittelte Einkommen ist somit auch das zu versteuernde Einkommen (zvE).

Zu versteuerndes Einkommen (§ 2 Abs. 5 EStG)   34.735 €

17.3.4.2   Steuerfreie Einkünfte

Zur Ermittlung des Steuersatzes sind die nach DBA steuerfreien Einkünfte heranzuziehen. Die nationale Rechtsgrundlage stellt § 32b Abs. 1 Nr. 3 EStG dar.

Wie bereits zuvor erläutert, sind diese Einkünfte nach deutschen Grundsätzen zu ermitteln (siehe 17.1.5). Die Einnahmen sind um die Werbungskosten oder gegebenenfalls um den Arbeitnehmer-Pauschbetrag zu vermindern.[349]

Einnahmen

8 Monate x 5.000 € =   40.000 €

Werbungskosten

Fahrten zwischen Wohnung und Arbeitsstätte aus 2. (siehe 17.2.4)

§ 9 Abs. 1 S. 3 Nr. 4 EStG

140 Tage x 30 km x 0,30 € = 1.260 €   1.260 €

Kosten der doppelten Haushaltsführung

§ 9 Abs. 1 S. 3 Nr. 5 EStG

Bei Herrn Mustermann liegt eine beruflich bedingte doppelte Haushaltsführung vor, da er an seinem Lebensmittelpunkt in Würzburg einen eigenen Hausstand hat und zur Ausübung seiner Tätigkeit von Mai bis Dezember 2010 in den Vereinigten Staaten von Amerika wohnt.[350] Die Kosten seiner Zweitwohnung am Beschäftigungsort sind somit steuerlich abzugsfähig. Für die Wohnung in den USA kann Herr Mustermann die tat-

---

[349] Vgl. § 32b Abs. 2 S. 1 Nr. 2 EStG.

[350] Näher hierzu: R 9.11 Abs. 1 ff. LStR 2008.

sächlich entstandenen Kosten geltend machen.[351] Als notwendige Unterkunftskosten werden jedoch nur die Kosten berücksichtigt, soweit sie für eine Wohnung bis zu einer Größe von 60 Quadratmeter entstehen.[352]

Miete für Unterkunft in den USA aus 4. (siehe 17.2.4)

8 Monate x 600 € =	4.800 €

Innerhalb der ersten drei Monate nach Begründung der doppelten Haushaltsführung kann Herr Mustermann für jeden Tag der Abwesenheit vom Lebensmittelpunkt Verpflegungsmehraufwendungen geltend machen.[353]

Tage der Abwesenheit vom Lebensmittelpunkt innerhalb der ersten drei Monate:

Mai:	31 Tage
Juni:	30 Tage
Juli:	31 Tage – 6 Tage Urlaub in der BRD = 25 Tage
Summe:	86 Tage

Die Höhe der anzusetzenden Verpflegungsmehraufwendungen richtet sich bei einer Auslandtätigkeit nach dem jeweiligen Land und nach der Dauer der täglichen Abwesenheit vom Lebensmittelpunkt. Das Bundesministerium der Finanzen veröffentlicht hierzu jährlich eine Übersicht, die die geltenden Pauschbeträge für die jeweiligen Länder enthält. Für die USA gilt in 2010 bei einer Abwesenheit von 24 Stunden vom Lebensmittelpunkt der Pauschbetrag in Höhe von 36 Euro.

Verpflegungsmehraufwendungen: 86 Tage x 36 € =	3.096 €

Im Rahmen der doppelten Haushaltsführung kann wöchentlich eine Fahrt zum Lebensmittel und zurück zum Beschäftigungsort (Familienheimfahrt) als Werbungskosten berücksichtigt werden. Hierfür ist die Entfernungspauschale in Höhe von 30 Cent pro vollen Kilometer anzusetzen.[354] Wird die Familienheimfahrt als Flugstrecke zurückgelegt, gilt die Entfernungspauschale nicht. Herr Mustermann kann die tatsächlich entstanden Flugkosten als Familienheimfahrten ansetzen und diese somit als Werbungskosten abziehen.[355]

---

[351] Vgl. R 9.11 Abs. 8 LStR 2008.

[352] Vgl. BFH v. 09.08.2007, BStBl 2007 II, S. 820; OFD Rheinland Nr. 34/10 v. 12.07.2010.

[353] Vgl. R 9.11 Abs. 7 LStR 2008.

[354] Vgl. § 9 Abs. 1 S. 3 Nr. 5 S. 3 f. EStG.

[355] Vgl. § 9 Abs. 1 S. 3 Nr. 5 S. 5 EStG i.V.m. § 9 Abs. 1 S. 3 Nr. 4 S. 3 EStG; BMF v. 31.08.2009 BStBl I, S. 891.

Flugkosten aus 3. (siehe 17.2.4)	4.800 €
Summe der Werbungskosten	**13.956 €**
Steuerfreie Einkünfte	**26.044 €**

Herr Mustermann hat nach DBA steuerfreie Einkünfte in Höhe von 26.044 Euro, die im Rahmen des Progressionsvorbehaltes zur Ermittlung des Steuersatzes miteinbezogen werden.

17.3.4.3   Steuersatz und festzusetzende Einkommensteuer

Im Rahmen des Progressionsvorbehalts ist bei Einkünften, die aufgrund eines DBA beim Steuerpflichtigen steuerbefreit sind, ein besonderer Steuersatz auf das zu versteuernde Einkommen anzuwenden.[356]

Der besondere Steuersatz ergibt sich daraus, dass zur Ermittlung des Steuersatzes die nach DBA steuerfreien Einkünfte dem zu versteuernden Einkommen (zvE-1) zugerechnet werden.[357] Im Falle von Herrn Mustermann werden zur Ermittlung des Steuersatzes Einkünfte in Höhe von 60.770 € (= 34.735 € + 26.044 € = zvE-2) herangezogen.

Die Eheleute werden zusammen veranlagt, daher ist gemäß § 32a Abs. 5 EStG das Splittingverfahren anzuwenden. Das gemeinsame zu versteuernde Einkommen (zvE-2) ist zu halbieren (zvE-3) und der sich daraus ergebende Steuerbetrag ist anschließend wieder zu verdoppeln.[358]

60.770 € : 2 = 30.385 € (zvE-3)

Zur Ermittlung der tariflichen Einkommensteuer ist die Formel gemäß § 32a Abs. 1 S.1 Nr. 3 und S. 4 EStG anzuwenden:

(I)   Steuerbetrag = (228,74 x z + 2.397) x z + 1.038

(II)   z = (zvE-3 – 13.469) : 10.000

             z = (30.385 – 13.469) : 10.000 = 1,6916

(II) in (I)   Steuerbetrag = (228,74 x 1,6916 + 2.397) x 1,6916 + 1.038

Löst man die Gleichung, ergibt sich ein Steuerbetrag in Höhe von 5.747 €. Der Betrag ist in Folge des Splittingverfahrens zu verdoppeln. Somit ergibt sich für die Eheleute Mustermann ein Steuerbetrag in Höhe von 11.494 €.

---

[356] Vgl. § 32b Abs. 1 S. 1 Nr. 3 EStG.

[357] Vgl. § 32b Abs. 2 EStG i.V.m. § 32a Abs.1 EStG.

[358] Vgl. § 32a Abs. 5 EStG.

Als nächstes ist hieraus der Durchschnittssteuersatz zu ermitteln, der auf das tatsächliche zu versteuernde Einkommen (zvE-1) anzuwenden ist. Dieser ergibt sich aus dem Quotient des Steuerbetrags und des zu versteuernden Einkommens (zvE-2).

Durchschnittssteuersatz = 11.494,61 € : 60.770 € = 18,9149 %

Dieser Steuersatz ist sodann auf das tatsächliche zu versteuernde Einkommen (zvE-1) anzuwenden:

18,9149 % x 34.735 € = 6.570 €

Für die Eheleute Mustermann ergibt sich eine tarifliche Einkommensteuer in Höhe von 6.570 €. Da von der tariflichen Einkommensteuer keine Abzüge nach § 2 Abs. 6 EStG (z.B. anrechenbare ausländische Steuern, Steuerermäßigungen) mehr vorzunehmen sind, handelt es sich hierbei gleichzeitig um die festzusetzende Einkommensteuer.

Von der festzusetzenden Einkommensteuer ist die bereits vom Arbeitgeber einbehaltene und an das zuständige Einnahmefinanzamt abgeführte Lohnsteuer abzuziehen.

Festzusetzende Einkommensteuer:	6.571 €
Abzug vom Lohn aus 1. (siehe 17.2.3):	- 6.309 €
Verbleiben zu zahlen	262 €

Der festzusetzende Solidaritätszuschlag ergibt sich aus Multiplikation der festzusetzenden Einkommensteuer mit einem festen Prozentsatz in Höhe von 5,5 %.[359] Da Herr und Frau Mustermann keine Kinder haben, sind Kinderfreibeträge bei der Bemessungsgrundlage nicht zu berücksichtigen.[360] Von dem festzusetzenden Solidaritätszuschlag ist der vom Arbeitgeber einbehaltene Solidaritätszuschlag abzuziehen.

Festzusetzender Solidaritätszuschlag:	
5,5 % x 6.571 € =	361,40 €
Abzug vom Lohn aus 1. (siehe 17.2.3):	- 347,00 €
Verbleiben zu zahlen	14,40 €

Insgesamt ergibt sich für die Eheleute Mustermann aus 2010 eine Steuernachzahlung in Höhe von 276,40 Euro.

---

[359] Vgl. §§ 1, 4 SolZG.

[360] Vgl. § 3 Abs. 2 SolZG.

18 Inbound - Arbeitnehmer

Besteuerung grenzüberschreitender Arbeitnehmertätigkeiten

Roman Meißner (Dr. A. Striegel)

18.1 Fall zur Besteuerung eines Inbound-Arbeitnehmers

Der österreichische Staatsangehörige Johann Buckelkrumm lebt mit seiner Frau sowie seiner kleinen Tochter in einer stilvollen Eigentumswohnung in der historischen Salzburger Altstadt. Er bezog im Kalenderjahr 2010 aus seiner nichtselbstständigen Tätigkeit für einen internationalen Konzern mit Sitz in Salzburg ein Bruttogehalt in Höhe von 150.000 Euro. Da Johann über eine außergewöhnliche Führungs- und Kommunikationskompetenz verfügt, wird er von seinen Vorgesetzten häufig zu verschiedenen ausländischen Tochtergesellschaften geschickt, um dort Großprojekte zu betreuen. Im Jahr 2010 übte er den Großteil seiner Tätigkeit bei einer neuen deutschen Tochter des Konzerns in München aus. Von seinen insgesamt 237 Arbeitstagen verbringt Johann 190 in Deutschland und nur 47 in Österreich.

Da er ein guter und fürsorglicher Vater ist, ist es Johann sehr wichtig seiner kleinen Tochter jeden Abend einen Gutenachtkuss zu geben. So entschied er sich arbeitstäglich nach Deutschland zu pendeln (rund 150 Kilometer von Salzburg nach München) und abends nach Österreich zurückzukehren.

Sein Gehalt wird trotz der anteiligen Tätigkeit in der deutschen Gesellschaft weiterhin von seinem österreichischen Arbeitgeber gezahlt. Zwischen den beiden selbstständigen Einheiten besteht eine Vereinbarung über die korrekte Abrechnung der erbrachten innerbetrieblichen Projektbetreuungsleistungen; das Gehalt von Johann Buckelkrumm ist dabei Preisbestandteil.

Während des Veranlagungszeitraums haben sich folgende Sachverhalte ergeben:

1. Insgesamt kann Johann Werbungskosten in Höhe von 50.000 Euro im Zusammenhang mit seiner nichtselbstständigen Tätigkeit nachweisen.

2. Da er in seiner barocken Wohnung in der Salzburger Altstadt einige Reparaturen durchführen lassen musste, sind Aufwendungen von 5.000 Euro für Handwerkerleistungen ohne Material angefallen. Johann hat die Überweisung pflichtbewusst gleich nach Rechnungseingang vorgenommen.

3. Aufgrund einer notwendigen Rückenoperation sind Johann Buckelkrumm Krankheitskosten in Höhe von 3.500 Euro entstanden.

Wie hoch ist sein zu versteuerndes Einkommen in Deutschland?

18.2 Einführung in die Besteuerung grenzüberschreitender Sachverhalte

Die Auseinandersetzung mit dem Problem der Besteuerung grenzüberschreitender Sachverhalte ist aktueller und wichtiger denn je. Politische Bestrebungen, den Welthandel zu liberalisieren sowie fortschreitende weltweite Verflechtungen bilden die Grundlagen für ausländische Direktinvestitionen und globale Unternehmenskooperationen. Damit wächst auch die Bedeutung für transnationale Unternehmen qualifiziertes Fachpersonal ins Ausland zu entsenden. Aber auch auf der individuellen Ebene gewinnt eine globale Orientierung durch zunehmende Freizügigkeit weiterhin an Bedeutung. So ergeben sich für Arbeitnehmer nicht selten attraktive Berufschancen abseits des heimischen Arbeitsmarktes.

Die wirtschaftlichen Vorteile können jedoch auf der steuerlichen Seite zu Problemen führen. Eine zwangsläufige Konfrontation mit unterschiedlichen Steuersystemen ist daher unvermeidbar. Fällt es schon den in Deutschland ansässigen Arbeitnehmern schwer sich im Dschungel des deutschen Einkommensteuerrechts zurechtzufinden, müssen sich nun vor allem diejenigen Gruppen, die grenzüberschreitend in Deutschland ihren Lebensunterhalt verdienen, folgende Frage stellen: In welchem Land muss ich meine Einkommensteuererklärung abgeben und Einkommensteuer zahlen?

Um dies zu beantworten, bedarf es einer Grundlagenkenntnis über die Besteuerung grenzüberschreitender Arbeitnehmertätigkeiten. Bezogen auf den Ausgangsfall vermittelt dieser Text einen Überblick über die Besteuerung einer Inbound-Arbeitnehmertätigkeit; ein Sachverhalt, bei welchem der Arbeitnehmer im Ausland ansässig ist, aber in Deutschland Einkünfte aus nichtselbstständiger Arbeit bezieht (sog. Inlandsbeziehung von Steuerausländern).

Um die Zusammenhänge besser überblicken zu können, muss jedoch zuerst über das Grundproblem bei grenzüberschreitenden Sachverhalten und die entsprechenden Gegenmaßnahmen gesprochen werden. Das entscheidende Kriterium, mit dem sich verantwortliche Politiker auseinandersetzen müssen, ist die **Vermeidung einer Doppelbesteuerung**. Der Regelfall einer Doppelbesteuerung ist das Zusammentreffen von unbeschränkter und beschränkter Steuerpflicht[361], was folglich zu einer Besteuerung desselben Steuergegenstandes (z. B. Einkünften aus nichtselbstständiger Arbeit) bei demselben Steuersubjekt (z.B. Arbeitnehmer) im Ansässigkeitsstaat und im Tätigkeitsstaat (im folgenden Quellenstaat) führt.

Indem eine doppelte Besteuerung vermieden wird, können Hindernisse für internationalen Handel und Investitionen abgebaut werden.

Abhängig vom Vorhandensein bilateraler Vereinbarungen zwischen einzelnen souveränen Staaten – sog. Doppelbesteuerungsabkommen – ergeben sich verschiedene Maßnahmen zur Vermeidung von Doppelbesteuerung. Liegt kein völkerrechtlicher Vertrag zwischen Deutschland und einem entsprechenden Saat vor, der regelt, in welchem Umfang den beiden Vertragsstaaten das Besteuerungsrecht für die auf ihrem Hoheitsgebiet erzielten Einkünfte zusteht[362], finden folgende **einseitige** Regelungen des deutschen **Außensteuerrechts**[363] Anwendung:

- ■ Ist der Arbeitnehmer unbeschränkt steuerpflichtig nach § 1 Abs. 1 EStG hat er grundsätzlich die Wahl, die der deutschen Einkommensteuer entsprechende ausländische Steuer auf die deutsche Einkommensteuerschuld **anzurechnen**, die auf die Einkünfte aus diesem Staat entfällt (§ 34c Abs. 1 EStG)[364], oder die ausländische Steuer auf Antrag als Werbungskosten bzw. Betriebsausgaben bei der Ermittlung der Einkünfte **abzuziehen** (§ 34c Abs. 2 und Abs. 3 EStG).

---

[361] Vgl. Haase, Florian (Hrsg.), Außensteuergesetz/Doppelbesteuerungsabkommen, Kommentar, 1. Aufl., Heidelberg 2009, S. 594, Rn. 35 ff.

[362] Dieses Recht der sog. Abkommen zur Vermeidung der Doppelbesteuerung oder Doppelbesteuerungsabkommen bzw. DBA wird als Abkommensrecht bezeichnet und ist ein Unterbegriff des „Internationalen Steuerrechts".

[363] Unter diesem Begriff werden allgemein alle Steuernormen zusammengefasst, die sich mit grenzüberschreitenden Sachverhalten beschäftigen und bei denen nur ein einzelner Staat Normgeber ist. Außensteuerrecht und Abkommensrecht bilden die beiden Bereiche des „Internationalen Steuerrechts".

[364] Außerdem hat die Finanzverwaltung bei Vorliegen von Einkünften aus nichtselbstständiger Tätigkeit in bestimmten Branchen (Montage, Anlagenbau, Entwicklungshilfe...) durch den sog. *Auslandstätigkeitserlass* (siehe BMF - Schreiben vom 31.10.1983, BStBl. 1983 I S. 470) bestimmt, dass die Einkünfte bei längerer Auslandsentsendung freizustellen sind (unter Progressionsvorbehalt gem. § 32b EStG). Rechtsgrundlage ist der § 34c Abs. 5 EStG.

■ Ist der Arbeitnehmer (wie in unserem Ausgangsfall) beschränkt steuerpflichtig nach
§ 1 Abs. 4 EStG, werden nur bestimmte **inländische Einkünfte** im Sinne des § 49
EStG von der deutschen Einkommensteuer erfasst. Unter bestimmten Voraussetzungen und auf Antrag werden Arbeitnehmer mit inländischen Einkünften, die im Inland weder einen Wohnsitz noch ihren gewöhnlichen Aufenthalt haben, jedoch als
unbeschränkt steuerpflichtig behandelt (siehe hierzu fiktive unbeschränkte Steuerpflicht nach § 1 Abs. 3 EStG und § 1a EStG).

Die zweite Kategorie von Gegenmaßnahmen bezieht sich auf Sachverhalte, in denen ein
Doppelbesteuerungsabkommen zwischen Deutschland und dem anderen Staat vorliegt,
welches sich in aller Regel an den Empfehlungen des Rates der Organisation für wirtschaftliche Zusammenarbeit und Entwicklung (sog. OECD-Musterabkommen kurz
OECD-MA) orientiert. Im **Abkommensrecht** werden grundsätzlich zwei Standardme-
thoden zur Vermeidung von Doppelbesteuerung angewandt:

■ Folgt ein Staat der **Freistellungsmethode** nach Art. 23 A OECD-MA, werden die
ausländischen Einkünfte im Ansässigkeitsstaat steuerfrei gestellt, also nicht in die
Bemessungsgrundlage einbezogen. Im deutschen Einkommensteuerrecht müssen jedoch der Progressionsvorbehalt nach § 32b Abs. 1 S. 1 EStG und die Ausnahme vom
Progressionsvorbehalt nach Satz 2 beachtet werden. Grundsätzlich gilt bei dieser Methode, dass das Besteuerungsrecht beim Quellenstaat liegt, also dort, wo die Einkünfte erzielt werden, folglich auch mit dem Steuersatz des Quellenstaates belastet werden.

■ Hingegen wird bei der **Anrechnungsmethode** nach Art. 23 B OECD-MA dem Anrechnungsverfahren auf die Steuerschuld entsprechend § 34c Abs. 1 EStG gefolgt,
wobei die ausländischen Einkünfte in die inländische Bemessungsgrundlage einbezogen werden. Die Besteuerung erfolgt also im Ansässigkeitsstaat und im Quellenstaat.
Die Anrechnung ist beschränkt auf die ohne Anrechnung auf diese Einkünfte entfallende inländische Steuer.

Zum 1. Januar 2010 unterhielt die Bundesrepublik Deutschland mit 89 Staaten Doppelbesteuerungsabkommen auf dem Gebiet der Steuern vom Einkommen und Vermögen,
darunter alle wichtigen Industrienationen und viele Entwicklungsländer.[365]

Da nach Art. 59 Abs. 1 GG der Bundespräsident die BRD völkerrechtlich vertritt, bedarf
es zur Wirksamkeit eines Doppelbesteuerungsabkommens seiner Zustimmung. Für die
Vertragsverhandlung und -unterzeichnung stattet er allerdings Vertreter des Bundesmi-
nisteriums der Finanzen mit einer Vollmacht aus. Die Abkommen als völkerrechtliche
Verträge werden schließlich durch Zustimmungsgesetz in anwendbares, innerstattliches
Recht überführt (Art. 59 Abs. 2 Satz 1 GG).

---

[365] Eine Übersicht über den Stand der Doppelbesteuerungsabkommen und der Doppelbesteuerungs-
verhandlungen zum 1. Januar 2010 ist auf der Internetseite des Bundesministeriums der Finanzen
unter www.bundesfinanzministerium.de abzurufen. Außerdem lassen sich weitere Einzelheiten
dem BMF - Schreiben vom 12. Januar 2010 – IV B 2 – S 1301/07/10017-01 – (2010/0013192) entnehmen.

Als aktuelles und bedeutendes Beispiel sei an dieser Stelle auf das am 27. Oktober 2010 vom Schweizer Bundesrat Hans-Rudolf Merz und Bundesfinanzminister Wolfgang Schäuble unterzeichnete revidierte Doppelbesteuerungsabkommen zwischen der Schweiz und Deutschland verwiesen. Mit ihren Unterschriften bekräftigten Merz und Schäuble den Willen beider Staaten die Zusammenarbeit in Finanz- und Steuerfragen weiter zu vertiefen und die Rechtssicherheit langfristig zu stärken.[366]

Um eine Doppelbesteuerung zu vermeiden, folgt Deutschland generell der Freistellungsmethode. Im Gegensatz dazu wenden etwa die Vereinigten Staaten von Amerika die Anrechnungsmethode an. Gezahlte ausländische Steuern werden dort bis zu einem Höchstbetrag in Form eines „foreign tax credit" direkt von der amerikanischen Einkommensteuerschuld abgezogen.

18.3   Prüfungsschritte zur Falllösung

Nach dieser kurzen Einführung in die Bedeutung und Grundlagen der Besteuerung grenzüberschreitender Sachverhalte wird nun die eigentliche Falllösung behandelt. Die Vorgehensweise richtet sich nach dem allgemeinen Prüfschema des Einkommensteuerrechts[367]:

1. Steuerpflicht (§ 1 EStG)

2. Einkunftsart (§ 2 Abs. 1 EStG)

3. Ermittlung der Einkünfte (§ 2 Abs. 2 EStG)

4. Summe der Einkünfte (§ 2 Abs. 3 EStG)

5. Gesamtbetrag der Einkünfte (§ 2 Abs. 3 EStG)

6. Einkommen (§ 2 Abs. 4 EStG)

7. zu versteuerndes Einkommen (§ 2 Abs. 5 EStG)

Zusätzlich wird im Laufe der Prüfung noch auf Sondervorschriften für beschränkt Steuerpflichtige gemäß § 50 EStG und Vorschriften des entsprechenden Doppelbesteuerungsabkommens eingegangen.

---

[366] Siehe Revisionsprotokoll zur Änderung des deutsch-schweizerischen Abkommens vom 11. August 1971 zur Vermeidung der Doppelbesteuerung auf dem Gebiet der Steuern vom Einkommen und Vermögen; www.bundesfinanzministerium.de.

[367] Vgl. Umfang der Besteuerung nach R 2. EStR 2005.

18.3.1   Steuerpflicht

18.3.1.1   Unbeschränkte oder beschränkte Steuerpflicht

Der österreichische Staatsangehörige Johann Buckelkrumm ist in Deutschland als natürliche Person **beschränkt einkommensteuerpflichtig** nach § 1 Abs. 4 Satz 1 EStG, da er weder seinen Wohnsitz (§ 8 AO) noch seinen gewöhnlichen Aufenthalt (§ 9 AO) im Inland hat, aber inländische Einkünfte i.S.d § 49 EStG erzielt.

Hätte er Wohnsitz oder gewöhnlichen Aufenthalt im Inland, wäre er gemäß § 1 Abs. 1 S. 1 EStG unbeschränkt steuerpflichtig.

Nach § 8 AO hat jemand seinen **Wohnsitz** dort, wo er eine Wohnung unterhält, die zum dauerhaften Wohnen geeignete Räumlichkeiten bietet und die eine den persönlichen und wirtschaftlichen Verhältnissen des Steuerpflichtigen entsprechende Bleibe darstellt. Außerdem muss er die Wohnung innehaben, also die tatsächliche Verfügungsmacht besitzen und einer ständigen oder regelmäßigen Nutzung nachgehen. Auf die Nutzungsdauer pro Jahr kommt es nicht an. Johann hat demnach keinen Wohnsitz in Deutschland.

Er wohnt mit seiner Frau und seiner kleinen Tochter in einer Eigentumswohnung in der Salzburger Altstadt und ist damit in Österreich ansässig.

Seinen **gewöhnlichen Aufenthalt** gemäß § 9 AO hat jemand dort, wo er sich unter Umständen körperlich aufhält, die erkennen lassen, dass er an diesem Ort oder Gebiet nicht nur vorübergehend verweilt. Eine unwiderlegliche Vermutung für den gewöhnlichen Aufenthalt ist ein zeitlich zusammenhängender Aufenthalt von mehr als sechs Monaten ohne längere Unterbrechungen, bei dem nicht ausschließlich private Zwecke verfolgt werden.

Da Johann täglich nach Salzburg zurückkehrt und damit seinen Lebensmittelpunkt in seiner Heimat Österreich begründet, hat er auch keinen gewöhnlichen Aufenthalt im deutschen Inland.

Im Rahmen der beschränkten Steuerpflicht nach § 1 Abs. 4 EStG werden Einkünfte in Deutschland nur bei Vorliegen bestimmter objektiver Anknüpfungsmerkmale besteuert.

Demnach ist Johann steuerpflichtig mit seinen in § 49 EStG beschriebenen Einkünften, die Inlandsbezug haben. Dies wird gemeinhin als **Territorialitätsprinzip für Steuerausländer**[368] bezeichnet (im Gegensatz zum Welteinkommensprinzip für Steuerinländer).

---

[368] Vgl. Brähler, Gernot, Internationales Steuerrecht – Grundlagen für Studium und Steuerberaterprüfung, 6. Aufl., Wiesbaden 2010, S. 5ff, S. 75ff ; Liebing, Patric, Beschränkte Einkommensteuerpflicht in der Europäischen Union, 1. Aufl., Berlin 2004, S. 7; Wilke, Kay-Michael, Lehrbuch Internationales Steuerrecht, 10. Aufl., Herne 2010, S. 4, Rn. 16.

18.3.1.2 Fiktive unbeschränkte Steuerpflicht

Neben der beschränkten Steuerpflicht prüfen wir auch die **fiktive unbeschränkte Steuerpflicht** nach § 1 Abs. 3 EStG und § 1a EStG. Johann könnte auf Antrag als unbeschränkt steuerpflichtig behandelt werden, wenn er

1. weder Wohnsitz noch gewöhnlichen Aufenthalt im Inland hat und

2. inländische Einkünfte im Sinne des § 49 EStG bezieht und

3. mindestens 90 Prozent der Einkünfte im Kalenderjahr der deutschen Einkommensteuer unterworfen werden oder die nicht der deutschen Einkommensteuer unterliegenden Einkünfte nicht den steuerlichen Grundfreibetrag von 8.004 € (Stand 2010) übersteigen und

4. eine Bescheinigung der österreichischen Steuerbehörde über die Höhe der nicht der deutschen Einkommensteuer unterliegenden Einkünfte vorweist.

Rechtsfolge wäre dann, dass sein Welteinkommen nach § 2 Abs. 1 EStG in Deutschland steuerbar ist. Da jedoch nur etwa 80 Prozent (190 von 237 Tagen) seiner Einkünfte im Kalenderjahr 2010 der deutschen Einkommensteuer unterliegen und der nicht der deutschen Einkommensteuer unterliegende Teil seiner Einkünfte den steuerlichen Grundfreibetrag deutlich übersteigt, kann Johann die unbeschränkte Steuerpflicht nach § 1 Abs. 3 EStG nicht beantragen.

Wir stellen fest, dass § 1 Abs. 3 EStG auf beschränkt Steuerpflichtige abzielt, die einen wesentlichen Teil ihrer Einkünfte in Deutschland erwirtschaften. Aber womit ist diese Sonderregelung im EStG zu erklären?

Ohne eine besondere steuerliche Vorschrift wären sog. „Grenzpendler"[369] gegenüber unbeschränkt Steuerpflichtigen benachteiligt. Sie versteuern den größten Teil ihrer Einkünfte im Quellenstaat und eben nicht im Ansässigkeitsstaat. Da sie aber mangels Wohnsitz im Inland nur als beschränkt Steuerpflichtige gelten, finden gem. § 50 EStG einige steuerliche Vergünstigungen keine Anwendung (Grund-Freibetrag, Kinder, Sonderausgaben, außergewöhnliche Belastungen). Dadurch verliert die Berücksichtigung der persönlichen Leistungsfähigkeit im Ansässigkeitsstaat an Wirkung. Ein solcher Sachverhalt stellte – vor Einführung des § 1 Abs. 3 EStG – einen Verstoß gegen geltendes EU-Recht dar.[370]

Folglich sind also natürliche Personen (aus Drittstaaten oder EU-Mitgliedsstaaten), welche die Voraussetzungen des § 1 Abs. 3 EStG erfüllen, unbeschränkt steuerpflichtig und haben damit Anspruch auf dieselben die Bemessungsgrundlage mindernden Vorschrif-

---

[369] Vgl. Brähler, Gernot, Internationales Steuerrecht – Grundlagen für Studium und Steuerberaterprüfung, 6. Aufl., Wiesbaden 2010, S. 76 ff.

[370] Vgl. EUGH, Urt. v. 14.02.1995, Rs C-279/93, Schumacker, DB 1995, S.407 ff.

ten wie Personen mit Wohnsitz oder gewöhnlichem Aufenthalt im Inland nach § 1 Abs. 1 EStG.

Was ist jedoch mit Bestimmungen, die nicht nur die (fiktive) unbeschränkte Steuerpflicht des Einkommenserzielers voraussetzen, sondern auch die des Ehegatten? Zu denken sei da etwa an die Zusammenveranlagung unter Anwendung des Splittingtarifs (§ 26 Abs. 1 EStG i.V.m. § 32a Abs. 5 EStG) oder an das Realsplitting (§ 10 Abs. 1 Nr. 1 EStG). Diese Regelungen setzen einen unbeschränkt steuerpflichtigen Ehegatten voraus. Da Ehegatten von „Grenzpendlern" in der Regel aber nicht unbeschränkt steuerpflichtig sind, bedarf es auch hier einer besonderen Bestimmung um eine Benachteiligung zu vermeiden. Der § 1a EStG setzt dies um, allerdings nur für Staatsangehörige von EU-Mitgliedsstaaten.

18.3.2   Einkunftsart

Unser Prüfungsvorgang bezüglich des Umfangs der Einkünfte soll im nationalen Außensteuerrecht beginnen und erst anschließend im Abkommensrecht (DBA) enden. Diese Vorgehensweise lässt sich wohl am besten damit erklären, dass das nationale Steuerrecht den Steueranspruch dem Grunde und der Höhe nach begründet und das DBA-Recht lediglich Schranken gegen dieses nationale Recht setzt, indem Besteuerungsrechte an den Einkünften und am Vermögen zugewiesen werden.[371]

Gegenüber der unbeschränkten Steuerpflicht gibt es bei der beschränkten Steuerpflicht eine doppelte Beschränkung für steuerpflichtige Einkünfte.

Diese Beschränkung bezieht sich erstens nur auf **inländische Einkünfte** und zweitens auf bestimmte, abschließend in **§ 49 Abs. 1 EStG** aufgeführte.[372] Ausländische Einkünfte werden nicht berücksichtigt (Territorialitätsprinzip).

Einkünfte sind prinzipiell dem Steuersubjekt zuzurechnen, das den objektiven Tatbestand verwirklicht, an den das Gesetz die Leistungspflicht knüpft (vgl. § 3 Abs. 1 AO). Außerdem werden Einkünfte nach dem Einkommensteuergesetz demjenigen zugerechnet, der sie „erzielt" (vgl. § 2 Abs. 1 EStG). Nach diesen Grundsätzen gehen wir also davon aus, dass die im Ausgangsfall beschriebenen Einkünfte Johann Buckelkrumm zugerechnet werden können.

In Verbindung mit § 1 Abs. 4 EStG erzielt Johann **Einkünfte aus im Inland ausgeübter oder verwerteter nichtselbständiger Arbeit gemäß § 49 Abs. 1 Nr. 4 Bst. a EStG.** Die

---

[371] Vgl. Djanani, Christiana/ Brähler, Gernot, Internationales Steuerrecht – Grundlagen für Studium und Steuerberaterprüfung, 3. Aufl., Wiesbaden 2006, S. 80 ff.

[372] Diese knüpfen an die sieben Einkunftsarten des § 2 Abs. 1 EStG an; enthalten jedoch zusätzlich einige Einschränkungen, die den Inlandsbezug konkretisieren sollen. Lässt sich ein Sachverhalt nicht in diese Tatbestände einordnen, unterliegt er auch nicht der beschränkten Steuerpflicht.

nichtselbständige Arbeit wird im Inland ausgeübt, wenn der Arbeitnehmer im Geltungsbereich des Einkommensteuergesetzes persönlich tätig wird. Sie wird im Inland verwertet, wenn der Arbeitnehmer das Ergebnis einer außerhalb des Geltungsbereichs des Einkommensteuergesetzes ausgeübten Tätigkeit im Inland seinem Arbeitgeber zuführt (R 39d. Abs. 1 Satz 1 und 2 LStR 2008).

Johann ist zwar bei einem österreichischen Unternehmen angestellt, wurde aber im Laufe des Kalenderjahres an insgesamt 190 Tagen zu einem deutschen Tochterunternehmen nach München geschickt, um dort ein neues Großprojekt zu betreuen. Damit übt er seine nichtselbstständige Tätigkeit im Inland aus.

Zu den Einkünften aus nichtselbständiger Arbeit gehören laut § 19 Abs. 1 S. 1 Nr. 1 EStG Gehälter, Löhne, Gratifikationen, Tantiemen und andere Bezüge und Vorteile für eine Beschäftigung im öffentlichen oder privaten Dienst. Es ist gleichgültig, ob es sich um laufende oder um einmalige Bezüge handelt und ob ein Rechtsanspruch auf sie besteht. Johann erhält von seinem österreichischen Arbeitgeber ein monatliches Gehalt in Höhe von 12.500 Euro.

Im Sinne des § 1 Abs. 1 LStDV ist Johann Arbeitnehmer, da er im privaten Dienst angestellt ist und aus diesem Dienstverhältnis Arbeitslohn bezieht. Ein Dienstverhältnis liegt vor, wenn der Angestellte dem Arbeitgeber (Unternehmen) seine Arbeitskraft schuldet. Dies ist der Fall, wenn die tätige Person in der Betätigung ihres geschäftlichen Willens unter der Leitung des Arbeitgebers steht oder im geschäftlichen Organismus des Arbeitgebers dessen Weisungen zu folgen verpflichtet ist (§ 1 Abs. 2 LStDV). Arbeitslohn sind alle Einnahmen, die dem Arbeitnehmer aus dem Dienstverhältnis zufließen. Es ist unerheblich, unter welcher Bezeichnung oder in welcher Form die Einnahmen gewährt werden (§ 2 Abs. 1 LStDV).

18.3.3   Ermittlung der Einkünfte

Generell können Einkünfte sowohl positiv als auch negativ sein, das ergibt sich aus dem objektiven Nettoprinzip. Demnach entsprechen der persönlichen Leistungsfähigkeit nicht nur die Bezüge, sondern auch die Aufwendungen.

Im Rahmen der Ermittlung der Höhe der Einkünfte muss zwischen Einkommenserzielung (steuerlich relevant) und Einkommensverwendung (steuerlich generell nicht relevant) unterschieden werden. **Relevant ist ausschließlich die wirtschaftliche, mit Einkunftserzielung ausgeübte Tätigkeit**. Einkünfte aus einer Anstellung als Projektleiter in einem internationalen Unternehmen sind nach § 2 Abs. 1 Satz 1 Nr. 4 EStG i.V.m. § 19 EStG steuerbar.

Einkünfte aus nichtselbständiger Arbeit sind gemäß § 2 Abs. 2 Satz 1 Nr. 2 EStG den **Überschusseinkunftsarten** zuzurechnen. Die Höhe der Einkünfte ist als Überschuss der Einnahmen über die Werbungskosten (§§ 8 bis 9a EStG) definiert. Überschusseinkünfte spielen sich im Privatvermögen des Steuerpflichtigen ab.

Einnahmen sind alle Güter, die in Geld oder Geldeswert im Rahmen einer Überschuss-einkunftsart dem Steuerpflichtigen zufließen (§ 8 Abs. 1 EStG). Johann Buckelkrumm könnte gegebenenfalls steuerfreie Einnahmen nach § 3 EStG oder nach einem Doppelbe-steuerungsabkommen erzielen.

Werbungskosten sind Aufwendungen zur Erwerbung, Sicherung und Erhaltung der Einnahmen (§ 9 Abs. 1 Satz 1 EStG). Außerdem definiert R 9.1 Abs. 1 Satz 1 LStR 2008 Werbungskosten als Aufwendungen, die durch den Beruf veranlasst sind. Diese Kriterien müssen im Einzelfall geprüft werden.

Die zeitliche Zuordnung richtet sich nach dem **Zu- und Abflussprinzip** des § 11 EStG. Den tatsächlichen Mittelzufluss in Form des Arbeitslohnes von 150.000 Euro hat Johann im Kalenderjahr 2010 erfahren, sodass die kompletten Einnahmen diesem Veranlagungs-zeitraum zuzuordnen sind. Auch die durch seinen Beruf veranlassten Werbungskosten in Höhe von 50.000 Euro sind prinzipiell für diesen Zeitraum abzusetzen, da sie von Johann im Jahr 2010 geleistet worden sind. Bevor wir nun aber die endgültige Höhe der inländi-schen Einkünfte aus nichtselbstständiger Arbeit (§ 49 Abs. 1 Nr. 4 Bst a EStG) bestimmen können, müssen wir zuerst noch einige Sonderbestimmungen für beschränkt Steuer-pflichtige betrachten.

18.3.4 Sondervorschriften für beschränkt Steuerpflichtige (§ 50 EStG)

18.3.4.1 Einschränkung von Steuerermäßigungen

Im Gegensatz zu unbeschränkt Steuerpflichtigen gelten für beschränkt Steuerpflichtige einige **Einschränkungen** bei der Steuerermittlung (§ 50 Abs. 1 EStG):

- Betriebsausgaben (§ 4 Absatz 4 bis 8 EStG) oder Werbungskosten (§ 9 EStG) dürfen nur insoweit abgezogen werden, als sie mit inländischen Einkünften in wirtschaftli-chem Zusammenhang stehen.

- Der Grundfreibetrag (§ 32a Absatz 1 Satz 2 Nummer 1 EStG) wird prinzipiell nicht berücksichtigt.

- Sonderausgaben (§ 10 EStG), zusätzliche Altersvorsorgebeiträge (§ 10a EStG) sowie der Sonderausgaben-Pauschbetrag (§ 10c EStG) sind prinzipiell nicht abzugsfähig.

- Außergewöhnliche Belastungen (§ 33, § 33a, § 33b EStG) werden grundsätzlich nicht berücksichtigt.

- Steuerermäßigungen bei Aufwendungen für haushaltsnahe Beschäftigungsverhält-nisse, haushaltsnahe Dienstleistungen und Handwerkerleistungen (§ 35a EStG) sind nicht anzuwenden.

- Der Entlastungsbetrag für Alleinerziehende (§ 24b EStG) und der Kinderfreibetrag (§ 32 Abs. 6 EStG) sind nicht anzuwenden.

Es lässt sich hier nicht nur eine klare Durchbrechung des objektiven Nettoprinzips erkennen, sondern auch eine Verletzung des subjektiven Nettoprinzips, wonach Ausnahmen vom Abzugsverbot des § 12 Nr. 1 EStG für private Vermögensverwendung zu gewähren sind (z.B. Sonderausgaben und außergewöhnliche Belastungen). Der Steuerausländer soll nach § 50 Abs. 1 EStG gewisse Aufwendungen in seinem Ansässigkeitsstaat geltend machen.

Allerdings gelten für Arbeitnehmer, die Einkünfte aus nichtselbständiger Arbeit im Sinne des § 49 Abs. 1 Nr. 4 EStG beziehen, einige Ausnahmen der obigen Einschränkungen (vgl. § 50 Abs. 1 Satz 4 EStG).

18.3.4.2 Ausnahmen von Einschränkungen

Einem beschränkt Steuerpflichtigen sind, soweit er inländische Einkünfte aus nichtselbstständiger Arbeit im Sinne des § 49 Abs. 1 Nr. 4 EStG bezieht, einige **Ausnahmen** von den Einschränkungen des § 50 Abs. 1 EStG zu gewähren. Nach § 49 Abs. 1 Nr. 4 Bst. a EStG erwachsen Einkünfte aus nichtselbständiger Arbeit (§ 19 EStG) hauptsächlich aus einer Tätigkeit, die im Inland ausgeübt oder verwertet wird bzw. worden ist. Zu den inländischen Einkünften aus nichtselbstständiger Arbeit gehören auch Vergütungen für eine Tätigkeit als Geschäftsführer, Prokurist oder Vorstandsmitglied einer Gesellschaft mit Geschäftsleitung im Inland (§ 49 Abs. 1 Nr. 4 Bst. c EStG).

Im Gegensatz zu allen anderen inländischen Einkünften eines beschränkt Steuerpflichtigen wird bei inländischen Einkünften aus nichtselbstständiger Arbeit das Existenzminimum in Form des Grundfreibetrages bei der Berechnung der tariflichen Einkommensteuer berücksichtigt (§ 50 Abs. 1 Satz 2, zweiter Halbsatz EStG). Weitere Ausnahmen für Steuerausländer mit inländischen Einkünften aus nichtselbstständiger Arbeit sind (§ 50 Abs. 1 Satz 4 EStG):

- Der Sonderausgaben – Pauschbetrag (§ 10c EStG) ist anwendbar.

- Vorsorgeaufwendungen (§ 10 Abs. 1 Nr. 2 und Nr. 3 EStG) und

- Aufwendungen für Dienstleistungen zur Kinderbetreuung (§ 9c Abs. 1 und Abs. 3 EStG) sind abziehbar.

Werbungskosten (§ 9 EStG) dürfen zwar insoweit abgezogen werden, als sie mit inländischen Einkünften in wirtschaftlichem Zusammenhang stehen. Allerdings sind gemäß § 9 Abs. 5 Satz 1 EStG für Werbungskosten zu Einkünften aus nichtselbstständiger Arbeit einige Abzugsbeschränkungen zu beachten. Demnach sind die Beschränkungen des § 4 Abs. 5 Satz 1 Nr. 1 bis 5, 6b bis 8a, 10, 12 und Abs. 6 EStG, die grundsätzlich für Betriebsausgaben gelten, auch bei den Werbungskosten zu berücksichtigen.

Durch diese Regelungen wird der Abzug von beruflich veranlassten Aufwendungen, die die Lebensführung des Steuerpflichtigen oder anderer Personen berühren, eingeschränkt. Vor Anwendung dieser Vorschriften ist stets zu prüfen, ob die als Werbungskosten geltend gemachten Aufwendungen bereits zu den nicht abziehbaren Kosten der Lebensführung im Sinne des § 12 Nr. 1 EStG gehören (vgl. hierzu R 4.10 EStR 2008).

18.3.4.3   Abgeltungswirkung von Abzugssteuern

An dieser Stelle wird kurz auf das Verfahren des Steuerabzugs bei beschränkt steuerpflichtigen Arbeitnehmern eingegangen. Zur Sicherung des deutschen Steueraufkommens wird häufig ein Steuerabzug an der Quelle vorgenommen. Bei Einkünften aus nichtselbständiger Arbeit erfolgt dies gemäß § 38 Abs. 1 Satz 1 EStG, indem die Einkommensteuer durch Abzug vom Arbeitslohn erhoben wird (sog. Lohnsteuer).

Ein Lohnsteuerabzug ist vorzunehmen, soweit der Arbeitslohn von einem inländischen Arbeitgeber gezahlt wird (vgl. R 38.1 ff. LStR 2008). Nach § 38 Abs. 1 Satz 2 EStG ist ein inländischer Arbeitgeber in den Fällen der Arbeitnehmerentsendung auch das in Deutschland ansässige aufnehmende Unternehmen, das den Arbeitslohn für die ihm geleistete Arbeit wirtschaftlich trägt. Voraussetzung hierfür ist nicht, dass das Unternehmen dem Arbeitnehmer den Arbeitslohn im eigenen Namen und für eigene Rechnung auszahlt. Der Lohnsteuerabzug muss in diesen Fällen nicht vom Arbeitgeber im arbeitsrechtlichen Sinne vorgenommen werden, sondern vom aufnehmenden Unternehmen. Für die Durchführung des Lohnsteuerabzugs werden beschränkt einkommensteuerpflichtige Arbeitnehmer in die Steuerklasse I eingereiht (§ 39d EStG).

In unserem speziellen Fall liegt jedoch keine Arbeitnehmerentsendung vor, da Johann Buckelkrumm zur Erfüllung einer Dienstleistungsverpflichtung des österreichischen Unternehmens für das deutsche Unternehmen tätig wird und sein Arbeitslohn Preisbestandteil der Dienstleistung ist.[373]

Beim Arbeitgeber von Johann handelt es sich nicht um einen inländischen Arbeitgeber. Es kann auch nicht davon gesprochen werden, dass das aufnehmende Unternehmen als wirtschaftlicher Arbeitgeber anzusehen ist. Daher muss weder bei der deutschen Tochter noch bei der österreichischen Mutter Lohnsteuer einbehalten werden.

Gemäß § 50 Abs. 2 Satz 1 EStG ist die Einkommensteuer für Einkünfte, die dem Steuerabzug vom Arbeitslohn oder vom Kapitalertrag oder dem Steuerabzug auf Grund des § 50a EStG unterliegen, für beschränkt Steuerpflichtige abgegolten. Der beschränkt Steuerpflichtige mit Einkünften aus nichtselbständiger Arbeit im Sinne des § 49 Abs. 1 Nr. 4 EStG kann allerdings eine Veranlagung zur Einkommensteuer entsprechend § 50 Abs. 2 Satz 2 Nr. 4 Bst. b EStG beantragen.

Die Steuerbelastung ist in diesen Fällen also definitiv, solange keine Veranlagung entsprechend § 50 Abs. 2 Satz 2 Nr. 4 Bst. b EStG beantragt wird. Wird die Steuerschuld im Rahmen eines Veranlagungsverfahren ermittelt, können die vollen nachgewiesenen Werbungskosten abgezogen werden und nicht nur der Werbungskosten-Pauschbetrag für Arbeitnehmer nach § 9a Satz 1 Nr. 1 Bst. a EStG.

---

[373] Vgl. Bundesministerium der Finanzen vom 9. November 2001, Grundsätze für die Prüfung der Einkunftsabgrenzung zwischen international verbundenen Unternehmen in Fällen der Arbeitnehmerentsendung (Verwaltungsgrundsätze – Arbeitnehmerentsendung).

Die Antragsveranlagung gem. § 50 Abs. 2 Satz 2 Nr. 4 Bst. b EStG ist gem. § 50 Abs. 2 S. 7 EStG jedoch nur für Staatsangehörige eines Mitgliedstaats der Europäischen Union oder eines anderen Staates, auf den das Abkommen über den Europäischen Wirtschaftsraum Anwendung findet, die im Hoheitsgebiet eines dieser Staaten ihren Wohnsitz oder gewöhnlichen Aufenthalt haben, anwendbar.

Da hier jedoch keine Lohnsteuerabzugsverpflichtung besteht, greift auch keine Abgeltungswirkung. Johann muss somit in jedem Fall eine Einkommensteuerveranlagung durchführen.

18.3.5   Ermittlung des zu versteuernden Einkommens

Was bedeuten die Sondervorschriften des § 50 EStG nun für die Lösung unseres Falles? Rufen wir uns dazu den Ausgangsfall wieder in Erinnerung: Der österreichische Staatsbürger Johann Buckelkrumm erhält ein Bruttogehalt von 150.000 Euro aus seiner Tätigkeit für ein österreichisches Unternehmen. Während des Kalenderjahres 2010 war er von insgesamt 237 Arbeitstagen 190 Tage bei einer deutschen Tochter des Konzerns tätig. Folgende Sachverhalte haben sich im Veranlagungszeitraum ergeben:

1. Insgesamt kann Johann Werbungskosten in Höhe von 50.000 Euro im Zusammenhang mit seiner nichtselbstständigen Tätigkeit nachweisen.

2. Da er in seiner barocken Wohnung in der Salzburger Altstadt einige Reparaturen durchführen lassen musste, sind Aufwendungen von 5.000 Euro für Handwerkerleistungen angefallen.

3. Aufgrund einer notwendigen Rückenoperation sind Johann Buckelkrumm Krankheitskosten in Höhe von 3.500 Euro entstanden.

Da er jedoch nur etwa 80 Prozent (190 Tage / 237 Tage x 100) seiner Tätigkeit in Deutschland nachgegangen ist, sind für die Ermittlung der Einkünfte auch nur Einnahmen in Höhe von 120.000 Euro (80 % x 150.000 Euro) anzusetzen. Nur insoweit liegen inländische Einkünfte vor, die nach § 49 EStG der beschränkten Steuerpflicht unterliegen.

1. Werbungskosten dürfen gemäß § 50 Abs. 1 Satz 1 EStG nur insoweit abgezogen werden, als sie mit inländischen Einkünften in wirtschaftlichem Zusammenhang stehen. Demnach kann Johann Werbungskosten in Höhe von 40.000 Euro
(80 % x 50.000 Euro) geltend machen.

2. Steuerermäßigung für Handwerkerleistungen werden gemäß § 50 Abs. 1 S. 3 EStG im Rahmen der Veranlagung beschränkt Steuerpflichtiger nicht gewährt. Johann kann die Aufwendungen für die Renovierung seiner Wohnung nicht von seiner tariflichen Einkommensteuer abziehen.

3. Auch die außergewöhnliche Belastung für seine Rückenoperation in Höhe von 3.500 Euro darf Johann gemäß § 50 Abs. 1 Satz 3 EStG nicht geltend machen.

Im Rahmen des Veranlagungsverfahrens ermitteln wir also inländische Einkünfte aus nichtselbstständiger Arbeit (§ 49 Abs. 1 Nr. 4 Bst. a EStG) in Höhe von 80.000 Euro. Dieser Betrag ist gleichzeitig die Summe der Einkünfte, da Johann keine weiteren inländischen Einkünfte erzielt. Die Summe der Einkünfte entspricht hier dem Gesamtbetrag der Einkünfte (§ 2 Abs. 3 EStG). Der Gesamtbetrag der Einkünfte vermindert um Sonderausgaben und außergewöhnliche Belastungen ist das Einkommen (§ 2 Abs. 4 EStG).

Vernachlässigen wir den Sonderausgaben–Pauschbetrag hat Johann damit ein Einkommen von 80.000 Euro. Auf Grund der Nichtanwendbarkeit des Kinderfreibetrages für beschränkt Steuerpflichtige ist das Einkommen gleich dem zu versteuernden Einkommen (§ 2 Abs. 5 EStG). Johanns **zu versteuerndes Einkommen in Höhe von 80.000 Euro** bildet schließlich die Bemessungsgrundlage für die tarifliche Einkommensteuer (§ 32a EStG.)[374]

Existiert mit Österreich (Ansässigkeitsstaat des Steuerausländers) jedoch ein Doppelbesteuerungsabkommen, hat dieses grundsätzlich Vorrang vor nationalen Normen. Es muss geprüft werden, ob Johanns beschränkte Steuerpflicht möglicherweise durch ein DBA begrenzt wird

18.3.6   Anwendung des Doppelbesteuerungsabkommens

Von dem Wunsch geleitet, ihre wirtschaftlichen Beziehungen durch den Abbau von steuerlichen Hindernissen zu fördern und ihre Zusammenarbeit auf steuerlichem Gebiet zu festigen, haben Deutschland und Österreich ein Doppelbesteuerungsabkommen auf dem Gebiet der Steuern vom Einkommen und vom Vermögen geschlossen.[375]

Basierend auf dem OECD-Musterabkommen definiert Art. 1 DBA Deutschland – Österreich den persönlichen Anwendungsbereich des Abkommens und nimmt damit eine Schlüsselposition ein. Unter das Abkommen fallen Personen, die in einem der beiden Vertragsstaaten (Deutschland oder Österreich) ansässig sind.

In einem Staat ansässig ist gemäß Art. 4 DBA eine Person, die nach dem Recht dieses Staates dort auf Grund ihres Wohnsitzes, ihres ständigen Aufenthalts, des Ortes ihrer Geschäftsleitung oder eines anderen ähnlichen Merkmals steuerpflichtig ist. Bezüglich der Ansässigkeitsmerkmale bezieht sich das DBA also ausdrücklich auf nationales Recht. In unserem Beispiel ist Johann zwar nicht in Deutschland ansässig, erfüllt diese Eigenschaft aber sehr wohl für Österreich und fällt damit in den Schutzbereich des Doppelbesteuerungsabkommens zwischen Deutschland und Österreich.

---

[374] Für weitere Einzelheiten zum Umfang der Besteuerung siehe R 2. EStR 2005.

[375] Siehe Bundesministerium der Finanzen, Abkommen zwischen der Bundesrepublik Deutschland und der Republik Österreich zur Vermeidung der Doppelbesteuerung auf dem Gebiet der Steuern vom Einkommen und vom Vermögen vom 24. August 2000.

Nun ist also die **Zuweisung des Besteuerungsrechts** an den verschieden Einkünften nach Abkommensrecht (Art. 6 – 21 DBA) zu prüfen („Schrankenfunktion" des DBA). Darf der Quellenstaat die Einkünfte besteuern, wird im Art. 23 DBA anschließend bestimmt, wie der Ansässigkeitsstaat eine Doppelbesteuerung auszugleichen hat (Freistellung oder Anrechnung). Deutschland und Österreich folgen beide der Freistellungsmethode.

Gemäß **Art. 15 Abs. 1 DBA** Deutschland – Österreich hat prinzipiell der Ansässigkeitsstaat das Besteuerungsrecht an Gehältern, Löhnen und ähnlichen Vergütungen aus unselbstständiger Arbeit, es sei denn, die Arbeit wird im anderen Vertragsstaat (Quellenstaat) ausgeführt. Nach diesem **„Arbeitsortprinzip"** liegt das Besteuerungsrecht beim Quellenstaat. Deutschland hat in unserem Beispiel damit das Besteuerungsrecht an Johanns Gehalt für die in Deutschland ausgeführte Tätigkeit. Die Beseitigung der Doppelbesteuerung ist im Grundsatz nun Aufgabe Österreichs und abhängig von dortiger steuerlicher Vorgehensweise, auf die an dieser Stelle nicht weiter eingegangen wird.

Das Arbeitsortprinzip kann jedoch durch die Regelung des **Art. 15 Abs. 2 DBA** zugunsten der ausschließlichen Anwendung des Ansässigkeitsstaatprinzips durchbrochen werden, wenn eine nur vorübergehende Tätigkeit im anderen Vertragsstaat unter folgende Voraussetzungen vorliegt:

- Der Aufenthalt im Tätigkeitsstaat während der entsprechenden Kalenderjahres ist nicht länger als 183 Tage.

- Die Vergütung wird von oder für einen Arbeitgeber gezahlt, der nicht im Tätigkeitsstaat ansässig ist.

- Die Vergütung wird nicht von einer Betriebsstätte des Arbeitgebers, die im Tätigkeitsstaat liegt, getragen.

Würde Johann Buckelkrumm diese Voraussetzungen erfüllen, hätte Österreich und nicht Deutschland das Besteuerungsrecht an seinen Einkünften aus nichtselbstständiger Arbeit. Deutschland müsste die Einkünfte gemäß Art. 23 DBA freistellen. Unser Steuerpflichtiger erfüllt jedoch die 183-Tage-Regel nicht – er arbeitet an 190 Tagen in Deutschland – womit weiterhin das Arbeitsortprinzip gilt.

Im Rahmen der Prüfung des Doppelbesteuerungsabkommens ist nun noch zu erwähnen, dass die Bundesrepublik Deutschland mit einigen ihrer Nachbarstaaten (Frankreich, Schweiz und Österreich) sog. **„Grenzgängerregelungen"** vereinbart hat, welche die Bestimmungen des Art. 15 Abs. 1 OECD-MA außer Kraft setzen.

Der Begriff „**Grenzgänger**" ist von dem unter Punkt 3.1.2 (fiktive unbeschränkte Steuerpflicht) beschriebenen Begriff des „Grenzpendlers" zu unterscheiden. Beide sind jedoch Arbeitnehmer, die in ihrem Ansässigkeitsstaat wohnen, im Quellenstaat arbeiten und arbeitstäglich an ihren Wohnort zurückkehren. Durch die tägliche Rückkehr wird kein gewöhnlicher Aufenthalt in Deutschland begründet. Der Unterschied besteht darin, dass ein „Grenzgänger" unter die Grenzgängerregelung des entsprechenden DBAs fällt und folglich mit seinen Einkünften grundsätzlich im Ansässigkeitsstaat besteuert wird. Das Arbeitsortprinzip wird dabei wieder durchbrochen.

Im DBA zwischen Deutschland und Österreich ist die Grenzgängerregelung[376] wie folgt ausgestaltet: Liegt entweder der Wohnort oder die Arbeitsstätte außerhalb einer Grenzzone von je 30 Kilometer auf beiden Seiten der Grenze, ist die Grenzgängerregelung nicht anzuwenden. In unserem speziellen Fall liegt zwar die Wohnung von Johann Buckelkrumm innerhalb der Grenzzone, die Arbeitsstätte in München jedoch nicht. Damit kommt die allgemeine Regelung des Doppelbesteuerungsabkommens (Art. 15 Abs. 1 DBA) zur Anwendung, wodurch das Besteuerungsrecht weiterhin beim Quellenstaat, also Deutschland, liegt.[377]

18.4   Übersicht über die Falllösung

Für Johann Buckelkrumm sind die Vorschriften für beschränkt Steuerpflichtige (§ 1 Abs. 4 EStG) anzuwenden, da er weder Wohnsitz noch gewöhnlichen Aufenthalt im Inland hat. Die Vorschriften für die Besteuerung beschränkt Steuerpflichtiger richten sich nach den §§ 49 bis 50a EStG. Zwischen Deutschland und Österreich besteht ein anwendbares Abkommen zur Vermeidung der Doppelbesteuerung, welches in unserem Fall Deutschland das Besteuerungsrecht an Johanns inländischen Einkünften aus nichtselbstständiger Arbeit (§ 49 Abs. 1 Nr. 4 Bst. a EStG) zuspricht.

Vereinfachte Übersicht über den Umfang der Besteuerung im Rahmen des Veranlagungsverfahrens (§ 2 EStG):

Einkünfte aus nichtselbstständiger Arbeit	80.000 Euro
Keine weiteren inländischen Einkünfte	
Summe der Einkünfte	= 80.000 Euro
Gesamtbetrag der Einkünfte	= 80.000 Euro
./. Sonderausgaben	*n/a*
./. Außergewöhnliche Belastungen	*n/a*
Einkommen	= 80.000 Euro
./. Kinderfreibetrag	*n/a*
z.v.E.	**= 80.000 Euro**

---

[376] Siehe Art. 15 Abs. 6 DBA Deutschland – Österreich.

[377] Für weitere Einzelheiten siehe Doppelbesteuerungsabkommen zwischen der Bundesrepublik Deutschland und der Republik Österreich vom 24. August 2000 sowie Protokoll zum Doppelbesteuerungsabkommen vom 24. August 2000.

Erinnern wir uns daran, dass der Grundfreibetrag bei der Berechnung der tariflichen Einkommensteuer für beschränkt Steuerpflichtige mit inländischen Einkünften aus nichtselbstständiger Arbeit berücksichtigt wird. Die Ermittlung des Steuerbetrages richtet sich demnach nach § 32a Abs. 1 EStG. Eine Zusammenveranlagung mit seiner Ehefrau nach Splittingtarif (§ 26 Abs. 1 EStG) scheidet für Johann als beschränkt Steuerpflichtiger aus. Setzen wir Johanns zu versteuerndes Einkommen in die Formel zur Berechnung des Einkommensteuertarifs gemäß § 32a Abs. 1 Satz 2 Nr. 4 EStG für den VZ 2010 ein, ergibt sich folgender Steuerbetrag:

$$0,42 \times 80.000 - 8.172 = 25.428 \text{ Euro}$$

Die festzusetzende Einkommensteuer ist die tarifliche Einkommensteuer, vermindert um die anzurechnenden ausländischen Steuern und die Steuerermäßigungen, vermehrt um die Steuern und Zuschläge nach § 2 Abs. 6 Satz 1 EStG. Johann Buckelkrumm kann die Steuerermäßigung für Handwerkerleistungen des § 35a EStG im Rahmen der Veranlagung beschränkt Steuerpflichtiger nicht geltend machen, so dass seine inländische Einkommensteuerschuld 25.428 Euro beträgt.

19 Inbound Immobilieninvestition

Beschränkte Steuerpflicht bei Einkünften aus unbeweglichem Vermögen

Michael Stolz (Dr. A. Striegel)

19.1 Sachverhalt

19.1.1 Allgemeine Angaben

Heinz Hubertus, geboren am 26.06.1956 ist deutscher Staatsangehöriger. Er ist vor mehr als 20 Jahren nach Wien (Österreich) ausgewandert und hat seinen inländischen Wohnsitz aufgegeben. Heinz Hubertus kaufte am 01.08.2005 eine Wohn- und Geschäftsvilla in seiner alten Heimatstadt Würzburg.

Der Kaufpreis betrug 1.000.000,- € wovon die Hälfte der Anschaffungskosten auf das Grundstück in exklusiver Lage entfielen. Heinz Hubertus nahm für einen Teil des Kaufpreises ein Darlehen auf. Der jährliche Darlehenszins belief sich 2010 auf 3.500,- €. Für den Erwerb sind weitere Kosten in Höhe von 10.000,- € angefallen. 5.000 € für die Beurkundung des Kaufvertrages durch den Notar, ebenfalls 5.000 € für die Vermittlung der Immobilie durch einen Immobilienmakler, sowie die gesetzliche Grunderwerbsteuer. Das Gebäude wurde 1990 fertiggestellt.

Heinz Hubertus vermietet die Villa an eine selbständige Architektin. Diese betreibt in den Räumen im Erdgeschoss ein Architekturbüro. Das Obergeschoss nutzt sie zu privaten Wohnzwecken. Die monatliche Miete beträgt 4.000,- €.

19.1.2   Aufgaben

1. Heinz Hubertus hält die Immobilie in seinem Privatvermögen. Im VZ 2010 mussten die Rohrleitungen saniert werden, die Kosten für den Installateur betrugen 8.000,- € und wurden komplett vom Vermieter getragen.

    1.1 Ermitteln sie die deutsche, tarifliche Einkommenssteuer für 2010 von Heinz Hubertus. Beachten Sie hierbei, dass zwischen Deutschland und Österreich ein Doppelbesteuerungsabkommen besteht.

    1.2 Welche Änderungen würden sich ergeben, wenn Heinz Hubertus seinen Wohnsitz in Rio de Janeiro (Brasilien) hätte? Zwischen Deutschland und Brasilien besteht momentan kein Doppelbesteuerungsabkommen.

2. Heinz Hubertus ist Einzelunternehmer in Österreich. Er hält die Immobilie samt Grundstück in seinem Betriebsvermögen. Die Kosten für den Installateur betragen wieder 8.000,- €. Wie hoch ist die tarifliche Einkommensteuer?

3. Alle Angaben wie in Aufgabe 2 nur verkauft diesmal Heinz Hubertus am 1.6.2010 das Gebäude samt Grundstück für einen Kaufpreis i.H.v. 1.100.000,- € an die bisherige Mieterin, die Architektin Barbara Bauhaus. Bis zum Zeitpunkt des Verkaufs war die Immobilie weiterhin vermietet und alle im Sachverhalt aufgeführten Kosten sind angefallen. Da Hubertus mit dem Verkaufserlös unter Anderem auch das Darlehen zurückzahlt, fallen ihm bis zum 31.05.2010 nur noch Darlehenszinsen in Höhe von 1.458 € an.

    Eventuelle Kosten und Steuern die mit dem Verkauf der Immobilie angefallen sind trägt der neue Eigentümer. Ermitteln Sie die Einkommensteuer von Heinz Hubertus.

4. Heinz Hubertus ist Kommanditist der Hubertus GmbH & Co. KG. Sowohl die Komplementärgesellschaft Hubertus Verwaltung GmbH, als auch die KG haben ihren Sitz in Österreich. Außerdem ist die Tochter von Heinz Hubertus, Doris Dorsch, als Kommanditistin beteiligt. Zur Geschäftsführung ist nur die Hubertus Verwaltung GmbH befugt. Doris Dorsch lebt in Würzburg. Sie erhält neben den Gewinnanteilen ihrer Beteiligung an der Hubertus GmbH & Co. KG auch noch Arbeitslohn aus der Tätigkeit in einem Vermessungsbüro i.H.v. 30.000,- €.

    Heinz Hubertus und Doris Dorsch erhalten den Gewinn aus der Hubertus GmbH & Co. KG zu gleichen Teilen. Die Immobilie wird durch die Hubertus GmbH & Co. KG vermietet. Wie hoch ist die tarifliche Einkommensteuer der Gesellschafter.

19.2 Lösung

19.2.1 Immobilie im Privatvermögen

19.2.1.1 Einkommensteuer

Im vorliegenden Fall ist es zunächst nötig die Besteuerungsgrundlagen in Deutschland zu bestimmten. Das heißt, es wird zunächst geprüft, inwiefern Heinz Hubertus steuerpflichtig in der Bundesrepublik Deutschland ist. Danach soll die Bemessungsgrundlage für die Einkommensteuer ermittelt werden. In einem dritten Schritt findet die Prüfung der rechtlichen Vermeidungsnormen für die Doppelbesteuerung statt.

Zunächst ist dies anhand zweiseitiger Maßnahmen, im konkreten Fall das Doppelbesteuerungsabkommen zwischen Deutschland und Österreich zu prüfen. Im Punkt 19.2.1.1 folgt die Beurteilung im Fall von unilateraler Vorschriften. Hierfür ist es sinnvoll, durch die folgenden Schritte, bis zur Bemessungsgrundlage, dem zu versteuernde Einkommen, zu gelangen.

I. Steuerpflicht

Heinz Hubertus hat keinen inländischen Wohnsitz im Sinne von § 8 AO. Auch sein gewöhnlicher Aufenthalt nach § 9 AO ist nicht im Inland. Daher ist er nach § 1 Abs. 1 S. 1 EStG nicht unbeschränkt einkommensteuerpflichtig. In Frage kommt deshalb nur eine beschränkte Steuerpflicht nach § 1 Abs. 4 EStG. Voraussetzung hierfür ist die Erzielung von inländischen Einkünften im Sinne des § 49 EStG.

Im § 49 Abs. 1 EStG findet sich eine abschließende Aufzählung der einzelnen Einkunftsarten. Diese orientieren sich maßgeblich an den Einkunftsarten aus § 2 Abs. 1 S. 1 EStG. Grundsatz für die Qualifizierung zu inländischen Einkünften ist die sachliche Verknüpfung zum Inland.

Die von Heinz Hubertus erzielten Mieteinkünfte sind inländische Einkünfte nach § 49 Abs. 1 Nr. 6 EStG i. V. m. § 21 Abs. 1 S.1 Nr. 1 EStG. Die sachliche Verknüpfung, ist durch die Belegenheit der Immobilie im Inland gegeben. Daher ist Heinz Hubertus nach § 1 Abs. 4 EStG i. V. m. § 49 Abs. 1 Nr. 6 EStG beschränkt einkommensteuerpflichtig.

Eine erweiterte unbeschränkte Steuerpflicht nach § 2 AStG kommt nicht in Frage. Gem. § 2 Abs. 1 S. 1 EStG besteht diese maximal 10 Jahre nach dem Ende des Kalenderjahres der Auswanderung, die bei Hubertus bereits 20 Jahre zurückliegt.

II. Einkunftsart

Heinz Hubertus hält die Immobilie im Privatvermögen. Die monatlichen Mieteinnahmen sind Einkünfte aus Vermietung und Verpachtung von unbeweglichem Vermögen nach § 21

Abs. 1 S. 1 Nr. 1 EStG.[378] Am Einkunftstatbestand ändert sich nichts, auch wenn im Mietobjekt selbst, wie hier der Fall, durch die Mieter zum Teil Einkünfte aus selbständiger Arbeit erzielt werden.

III. Ermittlung der Einkünfte

Die Einkünfte aus Vermietung und Verpachtung gehören zu den Überschusseinkunftsarten. Die Einkünfte sind daher nach § 2 Abs. 2 S. 1 Nr. 2 EStG der Überschuss der Einnahmen über die Werbungskosten.

a) Einnahmen

Einnahmen i. S. d. § 8 Abs. 1 EStG sind die monatlichen Mietzahlungen an Heinz Hubertus von 4.000,- €. Da die Immobilie im kompletten VZ 2010 vermietet war, ergeben sich Einnahmen i.H.v. 48.000,- €.

b) Werbungskosten

Der Begriff der Werbungskosten wird im § 9 Abs. 1 S. 1 EStG definiert. Demnach sind alle Aufwendungen die zur Erwerbung, Sicherung und Erhaltung der Einnahmen dienen, Werbungskosten. Es sind jedoch die Sondervorschriften des § 50 Abs. 1 S. 1 EStG zu beachten. Ein Abzug der Werbungskosten ist demnach nur dann möglich, wenn diese mit den inländischen Einkünften in wirtschaftlichem Zusammenhang stehen. Heinz Hubertus kann im VZ 2010 folgende Werbungskosten geltend machen.

ba) Darlehenszinsen

Nach § 9 Abs. 1 S. 3 Nr. 1 EStG können Schuldzinsen abgezogen werden, wenn sie mit einer Einkunftsart in wirtschaftlichem Zusammenhang stehen. Dies ist im vorliegenden Fall zu bejahen.

Darlehenszinsen   3.500,- €

bb) Absetzung für Abnutzung

Die AfA kann nach § 9 Abs. 1 S. 3 Nr. 6 EStG ebenfalls als Werbungskosten abgezogen werden. Die Höhe der AfA für Immobilien des Privatvermögens, bemisst sich nach § 7 Abs. 4 S. 1 Nr. 2 Buchst. a EStG und beträgt 2 % der Anschaffungs- oder Herstellkosten pro Jahr. Zu den Anschaffungskosten gehören auch die Anschaffungsnebenkosten, diese sind allerdings nur für den auf das Gebäude entfallenden Teil hinzuzurechnen.

Netto-Kaufpreis für Gebäude	500.000,- €
Kosten notarielle Beurkundung	+ 2.500,- €
Maklergebühren	+ 2.500,- €
Grunderwerbssteuer (3,5 %)	+ 17.500,- €
Anschaffungskosten Gebäude	522.500,- €

---

[378] vgl. Wassermeyer, IStR 2009, 238.

Berechnung der AfA nach § 7 Abs. 4 S. 1 Nr. 2 a) EStG für das Jahr 2010:

Anschaffungskosten 08/2005	522.500,- €
AfA 2010 = 522.500,- € x 2 %	10.450,- €

bc) Sonstige Werbungskosten

Die Kosten für die Sanierung der Rohrleitungen stellen Erhaltungsaufwendungen dar und zählen somit in voller Höhe zu den Werbungskosten.

Erhaltungsaufwendungen	8.000,- €

<u>Überschussrechnung:</u>

Einnahmen	48.000,- €
Darlehenszinsen	./. 3.500,- €
Absetzung für Abnutzung 2010	./. 10.450,- €
Erhaltungsaufwendungen	./. 8.000,- €
Einkünfte aus Vermietung und Verpachtung	**26.050,- €**

IV. Summe der Einkünfte

Heinz Hubertus hat neben den Einkünften aus Vermietung und Verpachtung, keine weiteren inländischen Einkünfte.

Summe der Einkünfte	**26.050,- €**

V. Gesamtbetrag der Einkünfte

Der Gesamtbetrag der Einkünfte nach § 2 Abs. 3 EStG ist die Summe der Einkünfte abzüglich der folgenden Entlastungs- bzw. Freibeträge:

a) Altersentlastungsbetrag (§ 24a EStG)

Seit der Änderung des § 50 Abs. 1 S. 3 EStG durch das JStG 2009 können auch beschränkt Steuerpflichtige den Altersentlastungsbetrag anwenden. Auf Heinz Hubertus findet der § 24a EStG keine Anwendung, da er zu Beginn des Kalenderjahres nicht das 64. Lebensjahr vollendet hatte.

b) Entlastungsbetrag für Alleinerziehende (§ 24b EStG)

Der Entlastungsbetrag für Alleinerziehende nach § 24b EStG wird bei beschränkt Steuerpflichtigen nach § 50 Abs. 1 S. 3 EStG nicht berücksichtigt.

c) Freibetrag (§ 13 Abs. 3 EStG)

Der Freibetrag nach § 13 Abs. 3 EStG ist nur bei Einkünften aus Land- und Forstwirtschaft zu berücksichtigen.

Gesamtbetrag der Einkünfte	**26.050,- €**

VI. Einkommen

Nach § 2 Abs. 4 EStG ist das Einkommen, der Gesamtbetrag der Einkünfte vermindert um die Sonderausgaben und die außergewöhnlichen Belastungen. Grundsätzlich dürfen beschränkt Steuerpflichtige nach § 50 Abs. 1 S. 3 EStG keine Sonderausgaben oder außergewöhnliche Belastungen abziehen. Ausnahme bildet der Abzug von Spenden nach § 10b EStG. Diese Regelung des § 50 Abs. 1 EStG bildet keinen Widerspruch zur Rechtsprechung des EuGH, wonach auch im Ausland ansässige Steuerpflichtige nach denselben Grundsätzen zu besteuern seien.[379] Heinz Hubertus hat im VZ 2010 keine Spenden im Sinne des § 10b EStG getätigt.

Einkommen   **26.050,- €**

VII. Zu versteuerndes Einkommen

Kinderfreibeträge nach § 32 Abs. 6 EStG werden aufgrund der Sondervorschriften für beschränkt Steuerpflichtige im § 50 Abs. 1 S. 3 EStG nicht gewährt.

Zu versteuerndes Einkommen   **26.050,- €**

DBA-Land

Doppelbesteuerungen entstehen, wenn zwei Staaten das Besteuerungsrecht ein und desselben Steuergutes für sich beanspruchen. Man unterscheidet hier regelmäßig zwischen Quellenstaat und Ansässigkeitsstaat. Als Quellenstaat wir der Staat bezeichnet, in dem eine Person ohne Wohnsitz oder gewöhnlichen Aufenthalt, Einkünfte erzielt. Aufgrund des Territorialitätsprinzips beansprucht der Quellenstaat das Besteuerungsrecht für sich.

Auf der anderen Seite steht der Ansässigkeitsstaat, in dem der Steuerpflichtige, aufgrund von Wohnsitz oder gewöhnlichem Aufenthalt unbeschränkt steuerpflichtig ist. Aus der unbeschränkten Steuerpflicht resultiert das Welteinkommensprinzip. Der Ansässigkeitsstaat wird aus diesem Grund das Besteuerungsrecht für sich beanspruchen. Aufgabe eines Doppelbesteuerungsabkommens ist es deshalb das Besteuerungsrecht der einzelnen Staaten zu regeln, und somit eine Doppelbesteuerung zu vermeiden.

Das DBA zwischen Deutschland und Österreich ist nach Art. 1 DBA BRD/A nur für Personen anwendbar, welche in einem der beiden Vertragsstaaten ansässig sind. Heinz Hubertus hat seinen Wohnsitz in Wien und ist demnach unbeschränkt steuerpflichtig und ansässig in Österreich. Er ist deshalb ansässige Person im Sinne des Art. 4 Abs. 1 DBA BRD/A. Das DBA ist somit auf Heinz Hubertus anzuwenden.

Im Art. 6 DBA BRD/A ist die Behandlung von Einkünften aus unbeweglichem Vermögen geregelt. Hierunter fallen nach Art. 6 Abs. 3 DBA BRD/A auch die Einkünfte aus Vermie-

---

[379] FG Düsseldorf, 14.05.2009 16 K 4273/07 E.

tung und Verpachtung.[380] Art. 6 Abs. 1 DBA BRD/A weißt das Besteuerungsrecht dem Staat zu, in dem das unbewegliche Vermögen belegen ist.

Mit Belegenheit von unbeweglichen Sachen ist i.S.d. Gesetzes der Ort gemeint, an dem sich eine Sache befindet.[381] Im vorliegenden Fall hat Deutschland, als Quellenstaat, das Besteuerungsrecht.

Österreich als Ansässigkeitsstaat nimmt zur Vermeidung der Doppelbesteuerung diese Einkünfte von der Besteuerung, nach Art. 23 Abs. 2 a) DBA BRD/A aus. Bei der sogenannten Freistellungsmethode werden die ausländischen Einkünfte aus der Bemessungsgrundlage ausgenommen. Österreich verzichtet demnach auf eine Besteuerung der Einkünfte aus der Immobilie in Würzburg.

Die Freistellung erfolgte früher unter dem Progressionsvorbehalt. Dieser ist zwar im österreichischen Einkommensteuergesetz nicht explizit genannt. Allerdings wurden auch hier im Zuge der gleichmäßigen Besteuerung, die freigestellten ausländischen Einkünfte, zur Ermittlung des Steuertarifs zur Bemessungsgrundlage hinzu gerechnet.[382] Ab 2008 werden Progressionsvorbehalte innerhalb der EU/EWR nicht mehr angesetzt. Die Mieteinkünfte sind somit in Österreich vollständig steuerfrei.

Heinz Hubertus hat demnach ein zu versteuerndes Einkommen i. H. v. 26.050,- €, welches der deutschen Einkommensteuer unterliegt. Das zu versteuernde Einkommen bildet die Bemessungsgrundlage zur Berechnung der tariflichen Einkommensteuer nach § 32a Abs. 1 EStG. Allerdings wird gemäß § 50 Abs. 1 S. 2 EStG das zu versteuernde Einkommen um den Grundfreibetrag des § 32a Abs. 1 S. 2 Nr. 1 EStG, 8.004,- €, erhöht.

Tarifliche Einkommensteuer VZ 2010   **6.941,- €**

Dies entspricht einem Durchschnittssteuersatz von 26,64 % im VZ 2010.[383]

Nicht-DBA-Land

An der Summe der Einkünfte von Heinz Hubertus, ändert sich im Falle seines Wohnsitzes in Brasilien nichts. Diese beträgt weiterhin 26.050,- €. Der im § 49 Abs. 1 Nr. 6 EStG geforderte Inlandsbezug ist durch die Belegenheit des Grundstücks im Inland gegeben. Daher erhebt Deutschland, als Quellenstaat, auf die damit erzielten Einkünfte eine Einkommensteuer. Die tarifliche Einkommensteuer berechnet sich nach § 32a Abs. 1 EStG i.V.m. § 50 Abs. 2 S. 2 EStG.

---

[380] Vgl. Wassermeyer, IStR 2009, 238.

[381] Wied in Blümich, 106. Aufl., Rz 206.

[382] Vgl. Richtlinie des BMF der Republik Österreich, GZ BMF-010203/0501-VI/6/2007 vom 05.12.2007.

[383] Bis VZ 2008 war noch eine Mindestbesteuerung mit 25 % in § 50 Abs. 3 S. 2 EStG geregelt. Diese wurde durch das JStG 2009 ab VZ 2009 ersatzlos gestrichen. Die alte Regelung widerspricht nach dem Urteil des EuGH vom 12.06.2003 dem EG-Vertrag.

Tarifliche Einkommensteuer VZ 2010	6.941,- €

Unterschiede zum Fall Österreich mit dem ein DBA besteht, ergeben sich somit bei Vermietungseinkünften lediglich hinsichtlich der Besteuerung im Ausland. Da Hubertus seinen Wohnsitz in Brasilien hat, wird er dort mit seinem Welteinkommen der unbeschränkten Steuerpflicht unterliegen. Da kein Doppelbesteuerungsabkommen besteht, kommt es zur Doppelbesteuerung. Unter Umständen wird die deutsche Steuer auf die brasilianische Steuer angerechnet.

19.2.2   Immobilie im Betriebsvermögen

19.2.2.1   Einkommensteuer

Wird die Immobilie im Betriebsvermögen des Heinz Hubertus gehalten, ändert sich die steuerliche Betrachtungsweise. Mit dem JStG 2009 wurde der § 49 Abs. 1 Nr. 2 Buchst. f EStG geändert. So zählen Einkünfte, welche aus der Vermietung von inländischem unbeweglichen Vermögen erzielt werden, ab dem VZ 2009 unter bestimmen Voraussetzungen zu Einkünften aus Gewerbebetrieb. Voraussetzung ist, dass die Einkünfte im Rahmen einer gewerblichen Tätigkeit erzielt werden. Mit dem inländischen Gebäude erzielt Hubertus demzufolge Einkünfte aus Gewerbebetrieb, obwohl er keine Betriebsstätte im Inland unterhält.

Demnach sind auch alle Einkünfte aus der Vermietung von unbeweglichem Vermögen durch beschränkt steuerpflichtige Kapitalgesellschaften gewerbliche Einkünfte. Gleichzeitig wurde der § 49 Abs. 1 Nr. 6 EStG durch das JStG 2009 ergänzt, so dass eindeutig ist, dass dieser hinter dem § 49 Abs. 1 Nr. 2 Buchst. f EStG zurücksteht.

Vor den Änderungen des JStG 2009 wurden aus der Vermietung der Immobilie Einkünfte aus Vermietung und Verpachtung gemäß § 21 Abs. 1 S. 1 Nr. 1 EStG erzielt, auch wenn diese im Rahmen einer gewerblichen Tätigkeit erzielt wurden. Die Veräußerung dieser Immobilie führte dagegen schon vorher zur Erzielung gewerblicher Einkünfte gem. § 49 Abs. 1 Nr. 2 Buchst. f EStG. Diese Ungleichbehandlung von Einkünften aus derselben Einkunftsquelle wurde hierdurch beseitigt. Durch die Rechtsänderung ab 01.01.2009 bezieht Hubertus ab diesem Zeitpunkt Einkünfte aus Gewerbebetrieb. Das Gebäude muss somit zu Beginn 2009 in sein Betriebsvermögen eingelegt werden.

Zunächst soll wie im obigen Beispiel, Anhand eines Schemas, das zu versteuernde Einkommen ermittelt werden.

I. Steuerpflicht

Heinz Hubertus hat keinen Wohnsitz i.S.d. § 8 AO oder seinen gewöhnlichen Aufenthalt gem. § 9 AO im Inland. Eine unbeschränkte Steuerpflicht ist deshalb zu verneinen. Es kommt deshalb nur eine beschränkte Steuerpflicht gem. § 1 Abs. 4 EStG in Frage. Voraussetzung hierfür ist, dass Heinz Hubertus inländische Einkünfte i.S.d. § 49 Abs. 1 EStG erzielt. Die laufenden Mieteinnahmen werden als Einkünfte aus Gewerbebetrieb gemäß

§ 49 Abs. 1 Nr. 2 Buchst. f EStG qualifiziert. Demnach ist Heinz Hubertus beschränkt einkommensteuerpflichtig nach § 1 Abs. 4 EStG i.V.m. § 49 Abs. 1 Nr. 2 Buchst. f EStG.

II. Einkunftsart

Heinz Hubertus hält die Immobilie im Betriebsvermögen. Die Immobilie stellt zwar keine Betriebsstätte i.S.d. § 12 AO dar, trotzdem handelt es sich bei den Mieteinnahmen um gewerbliche Einkünfte.

Nach § 49 Abs. 1 Nr. 2 Buchst. f Doppelbuchst. aa EStG erzielt Heinz Hubertus deshalb Einkünfte aus Gewerbebetrieb.

III. Ermittlung der Einkünfte

§ 49 Abs. 1 Nr. 2 Buchst. f EStG enthält keine Angaben wie die Einkünfte zu ermitteln sind, er weißt ausschließlich auf die gewerbliche Prägung der Einkünfte hin. Grundsätzlich sind die Einkünfte aus Gewerbebetrieb nach § 2 Abs. 2 S. 1 Nr. 1 EStG der Gewinn. Aufgrund mangelnder Spezialregelungen finden auch hier die Regelungen des § 4 EStG Anwendung.[384] Die Methode der Gewinnermittlung ist abhängig von der Buchführungspflicht nach deutschem Recht. Ausländische Rechtsnormen, nach welchen der Steuerpflichtige verpflichtet ist Bücher zu führen, begründen keine Buchführungspflicht nach § 140 AO. Eine Buchführungspflicht kommt deshalb nur gemäß § 141 AO in Betracht.

Fragwürdig ist, ob für beschränkt Steuerpflichtige überhaupt eine Buchführungspflicht nach § 141 AO in Frage kommt. Heinz Hubertus hat weder eine im Inland gelegene Betriebsstätte noch einen ständigen Vertreter im Inland. Diese bilden allerdings nach h. M. die Voraussetzung für eine Buchführungspflicht i.S.d. § 141 AO.[385] Voraussetzung für die Buchführungspflicht ist zudem der Hinweis der Finanzverwaltung auf die Pflicht Bücher zu führen gemäß § 141 Abs. 2 S. 1 AO.

Unter der Annahme, dass Heinz Hubertus auch freiwillig keine Bücher führt, wird der Gewinn nach § 4 Abs. 3 EStG ermittelt. Das heißt die Einkünfte aus Gewerbebetrieb sind der Überschuss der Betriebseinnahmen über die Betriebsausgaben.

a) Betriebseinnahmen

Das Einkommensteuergesetzt kennt keine Definition von Betriebseinnahmen. Allerdings werden in § 4 Abs. 4 EStG die Betriebsausgaben, als Aufwendungen definiert, die durch den Betrieb veranlasst sind. Im Umkehrschluss sind demnach Betriebseinnahmen, Einnahmen welche durch den Betrieb veranlasst sind. Die Betriebseinnahmen sind in diesem Fall die monatlichen Mietzahlungen. Durch die ganzjährige Vermietung der Immobilie ergeben sich 12 Monatsmieten mit je 4.000,- €.

Betriebseinnahmen   48.000,- €

---

[384] BFH-Urteil 5.6.2002 – I R 81/00, BStBl. II 2004 S. 344.

[385] Vgl. zur Buchführungspflicht gemäß § 141 AO für beschränkt Steuerpflichtige Tipke/Kruse § 141 AO Rz. 6; BFH I R 116/93 vom 14.9.1994, BStBl II 95, 238 und AEAO Tz. 1. zu § 141 AO.

b) Betriebsausgaben

Betriebsausgaben i.S.d. § 4 Abs. 4 EStG sind Aufwendungen, welche durch den Betrieb veranlasst sind. Allerdings ist der Betriebsausgabenabzug für beschränkt Steuerpflichtige gemäß § 50 Abs. 1 S. 1 EStG beschränkt. Es dürfen nur solche Ausgaben abgezogen werden, welche mit den inländischen Einkünften in Zusammenhang stehen.

ba) Darlehenszinsen

Darlehenszinsen sind nur dann abziehbar, wenn diese betrieblich veranlasst sind. Eine betriebliche Veranlassung liegt insbesondere dann vor, wenn das Darlehen zur Finanzierung von betrieblichen Wirtschaftsgütern aufgenommen wurde. Eine Beschränkung der Abzugsfähigkeit der Schuldzinsen durch Überentnahmen gem. § 4 Abs. 4a EStG liegt hier nicht vor.[386]

Das Darlehen wurde ausschließlich zum Kauf der Immobilie aufgenommen. Der wirtschaftliche Zusammenhang gem. § 50 Abs. 1 S. 1 EStG ist demnach gegeben.[387]

Darlehenszinsen   ./.   3.500,- €

bb) Absetzung für Abnutzung

Die AfA können als Betriebsausgaben geltend gemacht werden, und mindern den Gewinn. Durch die Betriebsvermögenseigenschaft zum 01.01.2009 ändert sich allerdings die Bemessungsgrundlage der AfA. Da die Vermietungseinkünften ab dem 01.01.2009 zu den gewerblichen Einkünften gehören, wird die Immobilie auch in das steuerliche Betriebsvermögen des Heinz Hubertus eingelegt. Nach § 7 Abs. 1 S. 5 EStG tritt anstelle der Anschaffungs- und Herstellkosten als Bemessungsgrundlage der AfA, jetzt die Anschaffungs- und Herstellkosten vermindert um die AfA bis zum Zeitpunkt der Einlage.

Die Immobilie wird zum einen zu fremdbetrieblichen Zwecken und zu fremden Wohnzwecken genutzt. Dies hat Auswirkungen auf den anzuwendenden Abschreibungssatz gem. § 7 Abs. 4 EStG. Der zu fremden Wohnzwecken genutzten Teil der Immobilie wird demnach weiterhin mit jährlich 2 % abgeschrieben, während das zu fremdbetrieblichen Zwecken genutzte Erdgeschoss ab dem 01.01.2009 mit jährlich 3 % abgeschrieben werden kann.[388]

---

[386] Überentnahmen liegen regelmäßig dann vor, wenn in einem Wirtschaftsjahr die Entnahmen höher sind als die Summe aus Gewinn und Einlagen, vgl. hierzu BMF-Schreiben vom 22. Mai 2000 (BStBl I 2000, S. 588).

[387] Zur Anwendung der Zinsschrankenregelung bei beschränkt Steuerpflichtigen siehe Bron, IStR 2008, S. 14; Frotscher, EStG-Kommentar, § 4h EStG, Rdn. 25. Da die Voraussetzungen des § 4h Abs. 2 S. 1 EStG nicht erfüllt werden, soll auf eine weitere Darstellung der Problematik zur Anwendung der Zinsschranke verzichtet werden.

[388] Vgl. Mensching, DStR 2009, S. 96.

<u>Bemessungsgrundlage = AK ./. Afa bis zur Einlage</u>

Anschaffungskosten Gebäude 01.08.2005	522.500,- €
AfA VZ 2005 (522.500 x 2 % x 5/12)	- 4.354,- €
<u>Jährliche AfA VZ 2006 – 2008 (522.500 x 2 % x 3 Jahre)</u>	- 31.350,- €
AfA-BMG seit 2009 gem. § 7 Abs. 1 S. 5 EStG	486.796 €

Berechnung der AfA nach § 7 Abs. 4 S. 1 Nr. 2 Buchst. a EStG für den Teil der Immobilie, welcher zu fremden Wohnzwecken genutzt wird für das Jahr 2010:

50 % der BMG für Wohnzwecke	243.398,- €
AfA 2010 (243.398,- € x 2 %)	4.868,- €

Berechnung der AfA für den fremdbetrieblich genutzten Teil der Immobilie mit einem Abschreibungssatz von 3 % gem. § 7 Abs. 4 S. 1 Nr. 1 EStG:

50 % der BMG für fremdbetriebliche Zwecke	243.398,- €
AfA 2010 (243.398 x 3 %)	7.302,- €

Neben dem erhöhten Abschreibungssatz ist ab dem 01.01.2009 bei dauerhafter Wertminderung eine Teilwertabschreibung möglich. Dies war im Rahmen der Erzielung von Überschusseinkünften bislang nicht zulässig.[389]

bc) Installateurkosten

Die Kosten für den Installateur gehören ebenfalls zu den Betriebsausgaben. Sie stehen in direktem wirtschaftlichem Zusammenhang mit den Einkünften. Sie mindern deshalb den Gewinn.

Aufwendungen für Installateur	8.000,- €

c) Gewinn

Der Gewinn ermittelt sich nach § 4 Abs. 3 EStG als Überschuss der Betriebseinnahmen über die Betriebsausgaben.

Betriebseinnahmen		48.000,- €
Darlehenszinsen	./.	3.500,- €
AfA 2010 für Wohnzwecke	./.	4.868,- €
AfA 2010 für fremdbetriebliche Zwecke	./.	7.302,- €
<u>Aufwendungen für Installateur</u>	<u>./.</u>	<u>8.000,- €</u>
Gewinn nach § 4 Abs. 3 EStG in 2010		**24.330,- €**

---

[389] BFH-Urteil vom 21.6.2006 – XI R 49/05, BStBl. II 2004, S. 344.

IV. Zu versteuerndes Einkommen

Heinz Hubertus hat neben den Einkünften aus Vermietung und Verpachtung keine weiteren inländischen Einkünfte. Außerdem können keine Entlastungs- und Freibeträge geltend gemacht werden. Auch ein Abzug von Sonderausgaben und außergewöhnlichen Belastungen ist nicht zu berücksichtigen. Daher entspricht die Summe der Einkünfte auch dem zu versteuernden Einkommen.

Zu versteuerndes Einkommen   **24.330,- €**

V. Einkommensteuer

Das DBA zwischen Deutschland und Österreich enthält keine explizite Regelung für gewerbliche Einkünfte. Art. 7 DBA BRD/A nennt stattdessen den Begriff Unternehmensgewinne. Nach Art. 7 Abs. 1 DBA BRD/A gehören zu den Unternehmensgewinnen nur solche Einkünfte, welche in einer im Vertragsstaat belegenen Betriebsstätte erzielt werden. Da die Immobilie nicht die Voraussetzungen des Art. 5 DBA BRD/A erfüllt, ist hier nicht von einer Betriebsstätte auszugehen.

Demnach sind die Einkünfte auch nicht als Unternehmensgewinn zu qualifizieren. Obwohl es sich nach deutschem Recht um Einkünfte aus Gewerbebetrieb handelt, sind die Vermietungseinkünfte Einkünfte aus unbeweglichem Vermögen i.S.d. Art. 6 DBA BRD/A.

Nach Art. 6 Abs. 1 DBA BRD/A hat der Vertragsstaat das Besteuerungsrecht, in welchem das unbewegliche Vermögen liegt. Demnach hat Deutschland das uneingeschränkte Besteuerungsrecht. Heinz Hubertus ist demnach mit seinem zu versteuernden Einkommen i.H.v 24.330,- € in Deutschland steuerpflichtig. Die Einkommensteuer bemisst sich gem. § 32a Abs. 1 EStG. Die Bemessungsgrundlage bildet das zu versteuernde Einkommen. Das zu versteuernde Einkommen muss gem. § 50 Abs. 1 S. 2 EStG um den Grundfreibetrag des § 32a Abs. 1 S. 2 Nr. 1 EStG erhöht werden.

Tarifliche Einkommensteuer VZ 2010   **6.373,- €**

Dies entspricht einer durchschnittlichen Steuerbelastung von 26,19 % im VZ 2010.

19.2.2.2   Gewerbesteuer

Gewerbesteuerpflicht knüpft nach § 2 Abs. 1 S. 1 GewStG an einen im Inland betriebenen Gewerbebetrieb. Die von Heinz Hubertus vermietete Immobilie erfüllt nicht die Voraussetzungen für eine Betriebsstätte nach § 12 AO. Es mangelt hier also an einer Betriebsstätte, deswegen unterliegen die Mieteinkünfte von Heinz Hubertus nicht der Gewerbesteuer, obwohl es sich um gewerbliche Einkünfte i.S.d. § 15 EStG handelt.

19.2.3   Verkauf der Immobilie

I. Steuerpflicht

Natürliche Personen sind in Deutschland gem. § 1 Abs. 1 S. 1 EStG unbeschränkt steuerpflichtig, wenn sie entweder einen Wohnsitz i.S.d. § 8 AO oder ihren gewöhnlichen Aufenthalt (§ 9 AO) im Inland haben. Beide Voraussetzungen erfüllt Heinz Hubertus nicht. Deshalb kommt für ihn nur eine beschränkte Einkommensteuerpflicht gem. § 1 Abs. 4 EStG in Frage. Hierfür müsste Heinz Hubertus Einkünfte i.S.d. § 49 EStG erzielen. Ist dies der Fall, unterliegen diese Einkünfte in Deutschland der beschränkten Steuerpflicht.

II. Einkunftsart

a) Einkünfte aus Vermietung der Immobilie

Da die Immobilie im Betriebsvermögen des Heinz Hubertus gehalten wird, zählen die aus der Immobilie erzielten Vermietungseinkünfte gem. § 49 Abs. 1 Nr. 2 Buchst. f Doppelbuchst. aa EStG zu den Einkünften aus Gewerbebetrieb.

b) Einkünfte aus Veräußerung der Immobilie

Die Einkünfte aus der Veräußerung der Immobilie aus dem Betriebsvermögen zählen gem. § 49 Abs. 1 Nr. 2 Buchst. f Doppelbuchst. bb EStG zu den gewerblichen Einkünften.

III. Ermittlung der Einkünfte

Es handelt sich bei beiden Besteuerungstatbeständen um gewerbliche Einkünfte. Die Einkünfte aus Gewerbebetrieb sind der Gewinn. Dieser lässt sich nach den Vorschriften des § 4 Abs. 1 EStG (ggf. i.V.m. § 5 EStG) durch einen Betriebsvermögensvergleich, oder nach § 4 Abs. 3 EStG durch eine Einnahmen-Überschuss-Rechnung ermitteln. Die Wahl der Methode ist abhängig von der Buchführungspflicht. Deshalb ist zunächst zu prüfen, inwiefern Heinz Hubertus nach deutschem Recht buchführungspflichtig ist. Eine Buchführungspflicht nach ausländischem Gesetz kann nicht zu einer Verpflichtung zur Buchführung nach § 140 AO führen.[390] Auch sind die Bestimmungen zur Buchführungspflicht des HGB für Heinz Hubertus mangels einer inländischen Betriebsstätte nicht anzuwenden.[391] Deshalb kommt nur eine Buchführungspflicht gem. § 141 AO in Frage. Überschreitet Heinz Hubertus die Buchführungsgrenzen für Gewinn und Umsatz resultiert hieraus eine Buchführungspflicht. Hier ist allerdings nur auf die inländischen Umsätze, bzw. inländischen Gewinne abzustellen. Gewinne oder Umsätze aus einer ausländischen Geschäftstätigkeit bleiben hierbei unbeachtet.[392] Auch wenn Heinz Hubertus die Buch-

---

[390] Dumke, in Schwarze, § 140 AO, Rdn. 2f.

[391] Mensching, DStR 2009, 96.

[392] BFH 17.12.1997, I R 95/96 BStBl II 1998, 260.

führungsgrenzen überschreiten würde, ist er gem. § 141 Abs. 2 S. 1 AO erst nach einem Hinweis der Finanzverwaltung im folgenden Jahr zur Buchführung verpflichtet.

Heinz Hubertus ist demnach im VZ 2010 nicht zur Buchführung verpflichtet und kann weiterhin seinen Gewinn durch eine Einnahmen-Überschuss-Rechnung ermitteln. Allerdings muss er den Gewinn für die Vermietungseinkünfte und den Einkünften aus der Veräußerung der Immobilie, im Gegensatz zu deutschen Steuerpflichtigen mit Einkünften aus Gewerbebetrieb, getrennt ermitteln. Dies geht aus der differenzierten Ermittlung der Einkünfte des § 49 Abs. 1 Nr. 2 Buchst. f EStG hervor.[393] Ob eine solche getrennte Gewinnermittlung aus europarechtlichen Gesichtspunkten haltbar ist wird in der Literatur bezweifelt.[394]

Einkünfte aus Vermietung der Immobilie

a) Betriebseinnahmen

Betriebseinnahmen sind die monatlichen Mietzahlungen der Mieterin Barbara Bauhaus an Heinz Hubertus. Barbara Bauhaus bezahlte bis zum 31.05.2010 Miete.

Mieteinnahmen (4.000- € x 5 Monate)   20.000,- €

b) Betriebsausgaben

ba) Darlehenszinsen

Darlehenszinsen gem. § 50 Abs. 1 S. 1 EStG sind nur dann als Betriebsausgaben abzugsfähig, wenn sie in einem wirtschaftlichen Zusammenhang mit den inländischen Einkünften stehen. Da das Darlehen zur Finanzierung der Immobilie aufgenommen wurde, ist dies in diesem Fall gegeben.

Darlehenszinsen   1.458,- €

bb) Absetzung für Abnutzung

Die AfA wird wieder in einen fremdbetrieblichen Teil und in einen Teil zu fremden Wohnzwecken aufgeteilt. Sie darf allerdings nur bis zum Datum des Verkaufs geltend gemacht werden.

AfA 2010 für fremde Wohnzwecke[395] (4.868 x 5/12)   2.029,- €

AfA 2010 für fremdbetriebliche Zwecke[396] (7.302 x 5/12)   3.043,- €

---

[393] Töben, Lohbeck, Fischer, FR 2009, 152.

[394] Mensching, IStR 2009, 238.

[395] Zur Ermittlung der AfA-Beträge siehe 2.2.1 II Buchst. b Doppelbuchst. bb.

[396] Zur Ermittlung der AfA-Beträge siehe 2.2.1 II Buchst. b Doppelbuchst. bb.

bc) Installateurkosten

Ebenfalls gewinnmindernd abzuziehen sind die Installateurkosten. Sie erfüllen ebenfalls die Voraussetzung für abzugsfähige Betriebsausgaben von beschränkt Steuerpflichtigen des § 50 Abs. 1 S. 1 EStG.

Installateurkosten	8.000,- €

c) Gewinn

Der Gewinn ermittelt sich nach § 4 Abs. 3 EStG als Überschuss der Betriebseinnahmen über die Betriebsausgaben.

Betriebseinnahmen		20.000,- €
Darlehenszinsen	./.	1.458,- €
AfA 2010 für Wohnzwecke	./.	2.029,- €
AfA 2010 für fremdbetriebliche Zwecke	./.	3.043,- €
Aufwendungen für Installateur	./.	8.000,- €
Gewinn aus Vermietung der Immobilie VZ 2010		5.470,- €

Einkünfte aus Veräußerung der Immobilie

Der Veräußerungsgewinn ermittelt sich als Differenz aus dem Verkaufserlös und den, um die in Anspruch genommene AfA geminderten, Anschaffungskosten.[397]

Anschaffungskosten Gebäude 01.08.2005		522.500,- €
AfA 2005 (522.500 x 2 % x 5/12)	./.	4.354,- €
AfA 2006 – 2008 (522.500 x 2 % x 3 Jahre)	./.	31.350,- €
AfA 2009 für Wohnzwecke (243.398,- € x 2 %)	./.	4.868,- €
AfA 2009 für fremdberufliche Zwecke (243.398 x 3 %)	./.	7.302,- €
AfA 2010 für Wohnzwecke (4.868 x 5/12)	./.	2.029,- €
AfA 2010 für fremdbetriebliche Zwecke (7.302 x 5/12)	./.	3.043,- €
Restbuchwert des Gebäudes zum 31.05.2010[398]		469.554,- €

---

[397] BMF Schreiben, 15.12.1994 IV B 4-S 2300-18/94, BStBl I 1994.

[398] Die Einlage ins Betriebsvermögen zum 01.01.2009 erfolgt mit dem Teilwert gem. § 6 Abs.1 Nr. 5 S. 1 EStG, da das Gebäude nicht innerhalb von 3 Jahren nach Anschaffung eingelegt wurde. Hier wird aus Vereinfachung davon ausgegangen, dass der Teilwert des Gebäudes genau den fortgeführten Anschaffungskosten entsprach. Der Teilwert des Grundstücks entsprach den Anschaffungskosten.

Da es sich bei dem Grundstück um ein nichtabnutzbares Wirtschaftsgut handelt entspricht der Buchwert den Anschaffungskosten (bzw. dem Einlagewert zum 01.01.2009). Die Anschaffungskosten sind ebenfalls wie die des Gebäudes um anteilige Anschaffungsnebenkosten zu erhöhen.

Veräußerungsgewinn

Verkaufspreis	1.100.000,- €
./. RBW Gebäude zum 31.05.2010	./. 469.554,- €
./. RBW Grundstück zum 31.05.2010	./. 522.500,- €
Gewinn aus Veräußerung der Immobilie	107.946,- €

Die Einkünfte aus Gewerbebetrieb des Heinz Hubertus ergeben sich aus der Summe der Gewinne der beiden Sachverhalte:

Gewinn aus der Vermietung der Immobilie	5.470,- €
Gewinn aus Veräußerung der Immobilie	+ 107.946,- €
Einkünfte aus Gewerbebetrieb	113.416,- €

IV. Summe der Einkünfte

Heinz Hubertus erzielt außer den Einkünften aus Gewerbebetrieb keine weiteren inländischen Einkünfte.

Summe der Einkünfte	**113.416,- €**

V. Zu versteuerndes Einkommen

Wie oben bereits dargelegt stehen Heinz Hubertus keine Entlastungs- oder Freibeträge zu, so dass man direkt zu dem zu versteuernden Einkommen kommen kann.

Zu versteuerndes Einkommen	**113.416,- €**

V. Steuern

Die Einkünfte aus unbeweglichem Vermögen dürfen nach Art. 6 Abs. 1 DBA BRD/A in dem Staat besteuert werden, in welchem sich das unbewegliche Vermögen befindet. Demnach hat Deutschland als Belegenheitsstaat das Besteuerungsrecht. Heinz Hubertus muss seine Einkommen i.H.v. 113.416,- € in Deutschland versteuern. Die Einkommensteuer bemisst sich gem. § 32a Abs. 1 EStG. Die Bemessungsgrundlage bildet das zu versteuernde Einkommen. Das zu versteuernde Einkommen muss gem. § 50 Abs. 1 S. 2 EStG um den Grund-Freibetrag des § 32a Abs. 1 S. 2 Nr. 1 EStG erhöht werden.

Tarifliche Einkommensteuer VZ 2010	**42.824,- €**

Dies entspricht einer durchschnittlichen Steuerbelastung von 37,76 % im VZ 2010.

19.2.4   Hubertus GmbH & Co. KG

Abbildung 19.1: schematische Sachverhaltsdarstellung

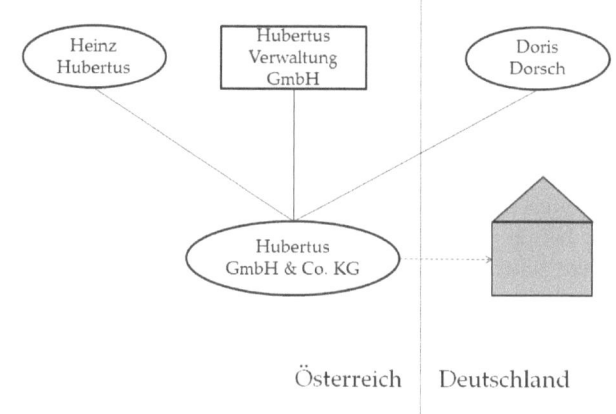

I. Steuerpflicht

a) Heinz Hubertus

Da Heinz Hubertus weder seinen Wohnsitz gem. § 8 AO noch seinen gewöhnlichen Aufenthalt i.S.d. § 9 AO hat, ist er nach § 1 Abs. 4 EStG beschränkt steuerpflichtig, wenn er inländische Einkünfte gem. § 49 EStG hat.

b) Doris Dorsch

Doris Dorsch hat einen Wohnsitz i.S.d. § 8 AO im Inland und ist demnach gem. § 1 Abs. 1 S. 1 EStG unbeschränkt steuerpflichtig. Sie unterliegt mit ihrem gesamten Welteinkommen der deutschen Einkommensteuer.

c) Hubertus Verwaltung GmbH

Die Hubertus Verwaltung GmbH ist keine natürliche Person und ist deshalb nicht einkommensteuerpflichtig. Eine unbeschränkte, bzw. beschränkte Körperschaftsteuerpflicht soll hier nicht weiter thematisiert werden.[399]

---

[399] Siehe hierzu Dötsch/Franzen/Sädtler/Sell/Zenthöfer, Körperschaftsteuer, 15. Aufl., 2009, S. 31.

d) Hubertus GmbH & Co. KG

Die GmbH & Co. KG ist eine Personengesellschaft. Personengesellschaften sind nach deutschem Steuerrecht gem. § 1 Abs. 1 S. 1 EStG nicht einkommensteuerpflichtig, da diese nur auf natürliche Personen abstellt. Die Besteuerung der Gewinne findet auf Gesellschafterebene statt. Hierzu werden die Gewinnanteile nach § 15 Abs. 1 S. 1 Nr. 2 EStG den Gesellschaftern zugerechnet. Die Kommanditisten Heinz Hubertus und Doris Dorsch sind beide einkommensteuerpflichtig.

II. Einkunftsart

Bei der Hubertus GmbH & Co. KG ist als einzig persönlich haftender Gesellschafter die Hubertus Verwaltung GmbH bestimmt. Zudem ist nur die Komplementär GmbH zur Geschäftsführung befugt. Die gesetzlichen Regelungen über die gewerblich geprägte Personengesellschaft finden grundsätzlich auch auf ausländische Gesellschaften Anwendung. Voraussetzung ist, dass ein Rechtstypenvergleich der ausländischen Gesellschaft, mit der deutschen Gesellschaft zu einer Vergleichbarkeit führt.[400] Dies ist im Fall einer österreichischen GmbH zu bejahen.

Deshalb handelt es sich bei der GmbH & Co. KG nach § 15 Abs. 3 Nr. 2 EStG um eine gewerblich geprägte Personengesellschaft.[401] Vor den Änderungen des JStG 2009 konnten auch Gesellschafter von gewerblich geprägten Personengesellschaften Einkünfte aus Vermietung und Verpachtung erzielen.[402] Die Hubertus GmbH & Co. KG unterhält nämlich keine inländische Betriebsstätte i.S.d. § 12 AO.

Die inländischen Einkünfte aus der Vermietung gelten gem. § 49 Abs. 1 Nr. 2 Buchst. f Doppelbuchst. aa EStG als inländische Einkünfte aus Gewerbebetrieb. Sie unterliegen der beschränkten Einkommensteuerpflicht.[403] Das Besteuerungsrecht dieser Einkünfte liegt gem. Art. 6 Abs. 4 DBA BRD/A bei dem Staat, in welchem das unbewegliche Vermögen belegen ist.

a) Heinz Hubertus

Heinz Hubertus erzielt gewerbliche Einkünfte i.S.d. § 49 Abs. 1 Nr. 2 Buchst. f Doppelbuchst. aa EStG.

b) Doris Dorsch

Für Doris Dorsch stellt sich die Frage, ob sie eine im Inland ansässige Unternehmerin ist, welche in Österreich gewerbliche Einkünfte aus einer Betriebsstätte erzielt. Da sie in

---

[400] Levedag, MHdG, 2009, Rn 474.

[401] zur gewerblichen Prägung einer Personengesellschaft siehe auch EStR 15.8 Abs. 6.

[402] OFD Münster 24.7.2008 S 1300 – 169 - St 45-32.

[403] Vgl. BMF 16.4.2010 IV B 2 – S 1300/09/10003, BStBl. S. 354.

Deutschland unbeschränkt Einkommensteuerpflichtig ist, findet das Welteinkommensprinzip Anwendung. Das DBA BRD/A spricht das Besteuerungsrecht für Einkünfte aus unbeweglichem Vermögen gem. Art. 6 DBA BRD/A, dem Vertragsstaat zu, in dem sich das unbewegliche Vermögen befindet. Das deutsche Besteuerungsrecht wird nach dem DBA BRD/A aufrecht erhalten, so werden die in Deutschland steuerpflichtig Einkünfte als Einkünfte aus Gewerbebetrieb gem. § 15 Abs. 3 Nr. 2 EStG qualifiziert.[404] Doris Dorsch erzielt demnach gewerbliche Einkünfte. Außerdem bezieht sie aus ihrem Arbeitsverhältnis Einkünfte aus nicht selbständiger Arbeit gem. § 19 Abs. 1 S. 1 Nr. 1 EStG.

III. Ermittlung der Einkünfte

a) gewerbliche Einkünfte

Die Einkünfte aus Gewerbebetrieb sind gem. § 2 Abs. 2 S. 1 Nr. 1 EStG der Gewinn. Der Gewinn ermittelt sich, bei zur Buchführung verpflichteten Steuerpflichtigen, gem. § 4 Abs. 1 S. 1 EStG durch einen Betriebsvermögensvergleich. Ist der Steuerpflichtige nicht zur Führung von Büchern verpflichtet, kann der Gewinn alternativ gem. § 4 Abs. 3 EStG als Überschuss der Betriebseinnahmen über die Betriebsausgaben ermittelt werden.

Für die Wahl der Methode der Gewinnermittlung ist somit die Pflicht Bücher zu führen maßgeblich. Eine Buchführungspflicht für ausländische Gesellschaften welche ihre Einkünfte durch gewerbliche Vermietung erzielen ergibt sich im Regelfall nur aus § 141 AO. Übersteigen die inländischen Umsätze bzw. Gewinne die Grenzen des § 141 AO nicht, so ist eine Buchführungspflicht nach deutschem Recht zu verneinen.[405] Der Gewinn wird demnach gem. § 4 Abs. 3 EStG durch Einnahmen-Überschuss-Rechnung bestimmt.

Betriebseinnahmen		48.000,- €
Darlehenszinsen	./.	3.500,- €
AfA 2010 für Wohnzwecke	./.	4.868,- €
AfA 2010 für fremdbetriebliche Zwecke	./.	7.302,- €
Aufwendungen für Installateur	./.	8.000,- €
Gewinn nach § 4 Abs. 3 EStG in 2010		**24.330,- €**

aa) Heinz Hubertus

Heinz Hubertus erhält als Kommanditist laut Gesellschaftsvertrag die Hälfte der Gewinne der Hubertus GmbH & Co. KG.

Gewinnanteil VZ 2010   12.165,- €

ab) Doris Dorsch

Wie ihr Vater erhält auch Doris Dorsch die Hälfte des Gewinns der Hubertus GmbH & Co. KG.

Gewinnanteil VZ 2010   12.165,- €

---

[404] Levedag, MHdG Band 2, 3. Aufl., 2009, Rn 476.

[405] Ege, Beschränkte Steuerpflicht – Systematik und aktuelle Entwicklungen, DStR 2010, 1205.

b) Einkünfte aus nichtselbständiger Arbeit

Doris Dorsch erhält neben den Gewinnanteilen aus der Hubertus GmbH & Co. KG noch ein Gehalt aus einem Arbeitsverhältnis. Das Gehalt stellt Einkünfte aus nichtselbständiger Arbeit i.S.d. § 19 Abs. 1 Nr. 1 EStG dar. Die Einkünfte aus nichtselbständiger Arbeit sind gem. § 2 Abs. 2 S. 1 Nr. 1 EStG der Überschuss der Einnahmen über die Werbungskosten. Einnahmen sind gem. § 8 Abs. 1 EStG alle Güter, die dem Steuerpflichtigen in Geld oder Geldeswert zufließen. Die Werbungskosten sind in § 9 Abs. 1 S. 1 EStG genauer definiert. Da im Sachverhalt keine höheren Werbungskosten nachgewiesen werden, wird der Arbeitnehmerpauschbetrag nach § 9a S. 1 Nr. 1 Buchst. a EStG angewendet.

Einnahmen VZ 2010	30.000,- €
Arbeitnehmer-Pauschbetrag	./. 920,- €
Einkünfte aus nichtselbständiger Arbeit VZ 2010	29.080,- €

IV. Summe der Einkünfte

Tabelle 19.1:   Summe der Einkünfte

	Heinz Hubertus	Doris Dorsch
Einkünfte aus Gewerbebetrieb	12.165,- €	12.165,- €
+ Einkünfte aus nichtselbständiger Arbeit	0,- €	+ 29.080,- €
Summe der Einkünfte	12.165,- €	41.245,- €

V. Gesamtbetrag der Einkünfte

Die in § 2 Abs. 3 EStG genannten Entlastungsbeträge und Freibeträge finden weder bei Heinz Hubertus, noch bei seiner Tochter Doris Dorsch Anwendung, deshalb entspricht die jeweilige Summe der Einkünfte dem Gesamtbetrag der Einkünfte.

VI. Einkommen

Der Sachverhalt gibt keine Hinweise welche einen Abzug von Sonderausgaben i.S.d. §§ 10 ff. EStG rechtfertigen. Daher Entspricht der Gesamtbetrag der Einkünfte dem Einkommen.[406]

VII. Zu versteuerndes Einkommen

Kinderfreibeträge gem. § 32 Abs. 6 EStG kommen nicht zur Anwendung. Demnach ist das zu versteuernde Einkommen i.S.d. § 2 Abs. 5 S. 1 EStG gleich dem Einkommen.

---

[406] Bei Doris Dorsch könnte der Sonderausgabenpauschbetrag nach § 10c EStG in Abzug gebracht werden. Darauf wird hier aber aus Geringfügigkeit verzichtet.

Tabelle 19.2:   zu versteuerndes Einkommen

	Heinz Hubertus	Doris Dorsch
Einkommen § 2 Abs. 4 EStG	12.165,- €	41.245,- €
Zu versteuerndes Einkomme § 2 Abs. 5 EStG	12.165,- €	41.245,- €

VII. Einkommensteuer

a) Heinz Hubertus

Nach dem Art. 6 Abs. 3 DBA BRD/A wird das Besteuerungsrecht dem Quellenstaat zu-geordnet. Hier hat also Deutschland das Besteuerungsrecht. Heinz Hubertus ist demnach mit seinem zu versteuernden Einkommen i.H.v 12.165,- € in Deutschland steuerpflichtig. Die Einkommensteuer bemisst sich gem. § 32a Abs. 1 EStG. Die Bemessungsgrundlage bildet das zu versteuernde Einkommen. Das zu versteuernde Einkommen muss gem. § 50 Abs. 1 S. 2 EStG um den Grund-Freibetrag des § 32a Abs. 1 S. 2 Nr. 1 EStG erhöht werden.

Tarifliche Einkommensteuer VZ 2010   2.764,- €

Dies entspricht einer durchschnittlichen Steuerbelastung von 22,72 % im VZ 2010.

b) Doris Dorsch

Die Bemessungsgrundlage für die tarifliche Einkommensteuer ist gem. § 32a Abs. 1 S. 1 EStG das zu versteuernde Einkommen. Die Einkommensteuer wird nach den Vorschrif-ten des § 32a Abs. 1 S. 2 Nr. 3 EStG ermittelt.

Tarifliche Einkommensteuer VZ 2010   9.460,- €

Dies entspricht einer durchschnittlichen Steuerbelastung von 22,94 % im VZ 2010.

20 Unbewegliches Vermögen im Ausland

Outbound Immobilieninvestition mit und ohne Doppelbesteuerungsabkommen

Bianca Werner (Prof. Dr. E. Reinöhl)

20.1 Aufgabenstellung

Maximilian Kastner ist mit Melanie verheiratet und lebt in Würzburg.

Er hat im Jahre 2000 in Brasilien ein Haus gebaut. Die Anschaffungskosten für den Grund und Boden betrugen 100.000 BRL[407]. Seinem Anwalt musste er für die Beratung beim Kaufvertrag einen Betrag von 10.000 BRL bezahlen. Die Notarkosten für die Grundbuch-eintragung und die Eintragung selbst ergaben insgesamt 1.000 BRL, die Maklerkosten für das Grundstück beliefen sich auf 1,5 % des Kaufpreises.

Für den Hausbau hat Rudi 1.000.000 BRL aufgewendet. Weiterhin hat Rudi dem zunächst beauftragten Generalunternehmer eine Anzahlung von 100.000 BRL geleistet. Diesem Betrag standen keine Gegenleistungen gegenüber, da der Generalunternehmer insolvent wurde.

---

[407] BRL = Brasilianischer Real (R$) – Es wird hier mit den offiziellen durchschnittlichen Euro-Referenzkursen der deutschen Bundesbank gearbeitet. Diese sind zu finden unter
http://www.bundesbank.de/statistik/statistik_zeitreihen.php?lang=de&open=devisen&func=row&tr=WJ5667.

Herr Kastner musste den Kauf des Grundstücks und den Bau teilweise durch ein Darlehen finanzieren. Er hat in 2000 ein Darlehen in Höhe von 50.000 € bei seiner deutschen Bank aufgenommen. Als Damnum wurden 2 % vertraglich festgehalten. Der Zinssatz für das Darlehen beträgt jährlich 10 %. Das Darlehen wird nach 20 Jahren komplett zur Rückzahlung fällig.

Das Gebäude wurde nach Fertigstellung sofort an eine brasilianische Familie zu Wohnwecken vermietet.

In 2004 wurde nachträglich in eine Gartenanlage investiert, die 25.000 BRL gekostet hat.

Ab 2007 zieht der deutsche Auswanderer Herr Fischer als neuer Mieter in das Haus ein. Herr Fischer will sich als Inhaber eines Kleidungsgeschäfts selbständig machen. Dazu will er im Erdgeschoss des Gebäudes einige Änderungen vornehmen. Im oberen Stockwerk will er wohnen.

Er ist nur unter der Bedingung eingezogen, dass Herr Kastner in seinem Haus eine Schaufensteranlage einbaut, in der Herr Fischer seine Ware zur Schau stellen kann. Dieses Schaufenster kostete Herrn Rohr 30.000 BRL.

Das Gebäude hat eine Gesamtfläche von 450 qm. Von diesem Anteil fallen 200 qm auf die Wohnung im 1. Stock und der Rest fällt auf das Kleidungsgeschäft im Erdgeschoss und im Keller.

Im Jahr 2010 beträgt die monatliche Miete für das gesamte Gebäude 5.200 BRL.

Die laufenden Ausgaben in Verbindung mit dem Gebäude betragen in 2010 insgesamt 2.000 BRL.

Die restlichen Einkünfte der Ehegatten Kastner in Deutschland betragen 100.000 €. Die Ehegatten hatten abzugsfähige Sonderausgaben in Höhe von 5.000 €.

Berechnen Sie die festzusetzende Einkommensteuer der Eheleute Kastner für den Veranlagungszeitraum 2010. Gehen Sie davon aus, dass stets die höchstmöglichen Abschreibungsmöglichkeiten genutzt wurden.

Gehen Sie dabei von einer Einkommensteuerbelastung in Brasilien in Höhe von 15 % der Einkünfte aus.[408] Aus Vereinfachung soll der brasilianischen Steuer die nach deutschen Vorschriften ermittelten Einkünfte aus Vermietung und Verpachtung zugrunde gelegt werden.

---

[408] Die Einkommenssteuer in Brasilien (IRPF - Imposto de Renda de Pessoa Fisica) für natürliche Personen folgt einem relativ einfachen Mechanismus auf Basis einer dreistufigen progressiven Einkommenstabelle. Sehr niedrige Jahreseinkünfte bis umgerechnet etwa EUR 5.500,00 sind von der Einkommensteuer befreit. Darüber liegende Einkünfte bis umgerechnet etwa EUR 11.000,00 werden mit 15 % besteuert. Wer höhere Einkünfte bezieht, wird bereits nach dem Spitzensteuersatz von 27,5 % besteuert.

<u>Variante 1:</u>

Das Vermietungsobjekt befindet sich nun in den USA. Alle anderen Angaben ändern sich nicht. Aus Vereinfachung sind die gleichen Einkünfte wie im Ausgangsfall zugrunde zu legen.

Berechnen Sie die tarifliche Einkommensteuer für den Veranlagungszeitraum 2010.

20.2   Lösung

20.2.1   Allgemeine Angaben

Maximilian und Melanie Kastner sind beide unbeschränkt einkommensteuerpflichtig gem. § 1 Abs. 1 EStG, da es sich um natürliche Personen mit Wohnsitz gem. § 8 AO im Inland handelt. Der unbeschränkten Einkommensteuerpflicht unterliegen sämtliche Einkünfte der Person, unabhängig vom Land in dem die Einkünfte bezogen werden (sog. Welteinkommensprinzip).

Einkünfte in Verbindung mit unbeweglichem Vermögen, wie dem Gebäude in Brasilien, werden immer dort erzielt, wo sich das Vermögen befindet. In diesem Fall werden die Vermietungseinkünfte in Brasilien erzielt. Aufgrund der Quellenbesteuerung unterliegen die Vermietungseinkünfte ebenfalls im Rahmen einer beschränkten Steuerpflicht der Einkommensteuer in Brasilien. Es kommt zu einer Doppelbesteuerung.

Eine Doppelbesteuerung liegt vor, wenn derselbe steuerliche Sachverhalt auf nationaler Ebene zweimal besteuert wird. Die Staaten versuchen eine grenzüberschreitende Doppelbesteuerung im Sinne eines möglichst wenig verzerrenden Steuerrechts zu vermeiden, da durch eine Doppelbesteuerung Investitionsentscheidungen beeinflusst werden könnten.

Beim internationalen Steuerrecht unterscheidet man zwischen Außensteuerrecht und Abkommensrecht. Im deutschen Einkommensteuergesetz ist eine Abmilderung der Doppelbesteuerung durch Anrechnung § 34c Abs. 1 EStG bzw. Abzug § 34 Abs. 2 EStG der ausländischen Einkommensteuer vorgesehen (Außensteuerrecht). Diese gelten aber gem. § 34c Abs. 6 EStG nur, wenn kein sog. Doppelbesteuerungsabkommen mit dem jeweiligen Staat geschlossen wurde.

Ein Doppelbesteuerungsabkommen ist ein bilaterales Abkommen zwischen zwei Staaten, die durch Zuweisung des Besteuerungsrechtes in bestimmten Fällen eine Doppelbesteuerung vermeiden. Doppelbesteuerungsabkommen gehen gem. § 2 AO dem nationalen Steuerrecht vor. Da mit Brasilien aktuell kein Doppelbesteuerungsabkommen besteht, müssen die brasilianischen Mieteinkünfte in Deutschland voll versteuert werden. Im Gegenzug kann die brasilianische Einkommensteuer auf die deutsche Steuerschuld angerechnet werden.

Da die Ehegatten nicht dauernd getrennt leben, kommt eine Ehegattenveranlagung gem. § 26 Abs. 1 EStG in Betracht. Wenn keine Wahl einer Veranlagungsform gewählt wird, kommt gem. § 26 Abs. 2 EStG die Zusammenveranlagung nach § 26b EStG zum Tragen. Die Einkünfte der Ehegatten werden dabei zunächst einzeln ermittelt und dann zusammengerechnet. Von da an werden die Ehegatten wie ein Steuerpflichtiger behandelt.

Es kommt zur Anwendung des Splittingtarifs gem. § 32a Abs. 5 EStG.

20.2.2 Vermietungseinkünfte

Bei den Einnahmen aus der Vermietung des Gebäudes handelt es sich um Einkünfte aus Vermietung und Verpachtung gem. § 21 Abs. 1 Nr. 1 EStG i.V.m. § 2 Abs. 1 Nr. 6 EStG. Die Einkünfte sind gem. § 2 Abs. 2 Nr. 2 EStG der Überschuss der Einnahmen § 8 EStG über die Werbungskosten §§ 9 und 9a EStG. Bei den Überschusseinkünften werden die Einnahmen und Ausgaben grundsätzlich im Zeitpunkt der Zahlung berücksichtigt gem. § 11 EStG.

20.2.2.1 Einnahmen § 8 EStG

Einnahmen sind alle Güter in Geld oder Geldeswert die dem Steuerpflichtigen im Rahmen einer Einkunftsart zufließen. Hier ist die gesamte Miete 2010 als Einnahme anzusetzen.

Mieteinnahmen 5.200 BRL x 12 Monate : 2,3314[409] =   26.765 €

20.2.2.2 Werbungskosten §§ 9 f. EStG

Werbungskosten sind die Kosten zur Erwerbung, Erhaltung und Sicherung der Einkünfte.

Herstellungskosten des Gebäudes

Nach § 9 Abs. 1 Satz 3 Nr. 7 EStG gehören zu den Werbungskosten für Überschusseinkünfte auch die Absetzung für Abnutzung (Afa) und für Substanzverringerung, sowie erhöhte Absetzung. Dabei sind abnutzbare Wirtschaftsgüter von den Wirtschaftsgütern, die nicht abnutzbar sind, zu unterscheiden. Da sich die Nutzung von abnutzbaren Wirtschaftsgütern über mehrere Jahre erstreckt, müssen auch die Aufwendungen auf die betriebsgewöhnliche Nutzungsdauer verteilt werden. Diese Aufwendungen mindern dann jährlich die Überschusseinkünfte.

Eine Afa darf allerdings nur berücksichtigt werden, wenn das Wirtschaftsgut oder das Gebäude zur Erzielung von Einkünften genutzt wird. Sie steht demjenigen zu, dem das Gebäude bürgerlich-rechtlich gehört oder der wirtschaftlicher Eigentümer ist. Wirtschaftlicher Eigentümer ist derjenige, der die tatsächliche Herrschaft über ein Wirtschaftsgut hat und den Eigentümer von der Nutzung des Wirtschaftsgutes ausschließen kann.

---

[409] Durchschnittskurs 2010 der Deutschen Bundesbank: 1 Euro = 2,3314 BRL.

Für die Berechnung der Höhe der Afa, müssen die Anschaffungs- und Herstellkosten der Wirtschaftsgüter ermittelt werden. Dabei sind die Aufwendungen für den Grund und Boden auszuschließen, da dieser ein nichtabnutzbares Wirtschaftsgut darstellt, und deshalb nicht abgeschrieben wird.

Der Begriff der Anschaffungskosten und Herstellkosten leiten sich aus dem § 255 Abs. 1 und 2 HGB ab. Im Steuergesetz finden sich die Anschaffungskosten und Herstellkosten im § 6 EStG.

Da das Gebäude selbst hergestellt wurde, sind die Herstellungskosten des § 255 Abs. 2 HGB die Bemessungsgrundlage für die Abschreibung.

Zu den Herstellkosten gehören die 1.000.000 BRL, die für den Hausbau nötig waren. Die Anwaltskosten für die Beratung in Zusammenhang mit dem Grundstückskaufvertrag in Höhe von 10.000 BRL, gehören zu den Anschaffungskosten des Grund und Bodens. Ebenso die Notarkosten für die Grundbucheintragung und die Eintragung selbst in Höhe von 1.000 BRL. Die Aufwendungen der Maklerkosten in Höhe von 1.500 BRL (100.000 x 1,5 %) gehören auch zu den Anschaffungskosten des Grund und Bodens.

Die Anzahlung in Höhe von 100.000 BRL an den Bauunternehmer, der im kommenden Jahr in Insolvenz gegangen ist, ist nicht bei den Herstellkosten des Gebäudes zu berücksichtigen. Die Aufwendungen müssen für Güter und Dienste tatsächlich entstanden, d.h. die Güter verbraucht und die Dienste geleistet sein. Voraus- und Anzahlungen auf ausstehende herstellungsbezogene Leistungen sind Forderungen und noch keine Herstellungskosten.[410] Die Folge ist, dass ihr Verlust z.B. durch Insolvenz oder auch Unterschlagung nicht die Herstellungskosten erhöht. Solche vergebliche Zahlungen sind sofort als Werbungskosten abzugsfähig. Die 100.000 BRL haben somit bereits die Einkünfte in 2000 gemindert.

Somit betragen die Herstellungskosten des Gebäudes 1.000.000 BRL.

Da das Gebäude aufgrund eines nach dem 31.12.1995 und vor dem 01.01.2004 gestellten Bauantrags hergestellt wurde und es zu Wohnzwecken diente, kommt grundsätzlich die degressive Abschreibungsmethode nach § 7 Abs. 5 Nr. 3 Buchst. b) EStG in Betracht. Gem. § 7 Abs. 5 S. 1 EStG kommt die degressive Abschreibung aber nur für im Inland belegene Gebäude zur Anwendung. Es wird deshalb die lineare Abschreibungsmethode nach § 7 Abs. 4 Nr. 2 Buchst. a) EStG von 2 % angewendet.

Auch für den Teil des Gebäudes, der für fremdbetriebliche Zwecke genutzt wird, kommt nicht der erhöhte lineare Abschreibungssatz in Höhe von 3 % zur Anwendung gem. § 7 Abs. 4 Nr. 1 EStG, da sich das Gebäude nicht in einem Betriebsvermögen von Herrn Kastner sondern in dessen Privatvermögen befindet.

---

[410] BFH v. 8.9.1998, IX R 75/95, BStBl II 1999, 20; v. 4.7.1990, GrS 1/89, BSBl II 1990, 830; v. 30.8.1994, IX R 23/92, BStBl II 1995, 306; v. 15.11.1985, III R 110/80, BStBl II 1986, 367; v. 9.9.1980, VIII R 44/78, BStBl II 1981, 418.

Herstellungskosten 1.000.000 BRL : 1,6821[411] = 594.495 €

Afa 2010 somit 594.495 € x 2 % = 11.890 €

Gartenanlage in 2004

Bei dem nachträglichen Bau der Gartenanlage handelt es sich um ein selbständiges Wirtschaftsgut. Lt. BFH-Urteil handelt es sich bei der zu einem Wohngebäude gehörenden Gartenanlage um ein selbständiges Wirtschaftsgut, das sowohl von dem Grund und Boden als auch von dem Gebäude zu trennen ist.[412] Die betriebsgewöhnliche Nutzungsdauer beträgt 15 Jahre.[413]

Da es sich um ein unbewegliches Wirtschaftsgut handelt, kommt die degressive Abschreibung nach § 7 Abs. 2 EStG nicht zum Tragen. Die Gartenanlage ist deshalb linear auf die Nutzungsdauer zu verteilen.

Herstellungskosten 25.000 BRL : 3,6362[414] = 6.875 €

Afa 2010 somit 6.875 € : 15 Jahre = 458 €

Einbau Schaufensteranlage 2007

Die Schaufensteranlage steht nicht mit dem Gebäude in einem einheitlichen Nutzungs- und Funktionszusammenhang. Demgemäß handelt es sich um ein selbständiges unbewegliches Wirtschaftsgut, das gesondert vom Gebäude abgeschrieben werden kann.

Auch die Schaufensteranlage wird linear nach § 7 Abs. 1 Satz 1 bis 3 EStG abgeschrieben. Die betriebsgewöhnliche Nutzungsdauer einer Schaufensteranlage beträgt 8 Jahre.[415]

Anschaffungskosten 30.000 BRL : 2,6633[416] = 11.265 €

Afa 2010 somit 11.265 € : 8 Jahre = 1.408 €

Finanzierungskosten

Die Aufwendungen die notwendig sind um den Bau des Hauses zu finanzieren, stellen keine Herstellungskosten dar. Diese Aufwendungen sind Finanzierungskosten des Hau-

---

[411] Durchschnittskurs 2000 der Deutschen Bundesbank: 1 Euro = 1,6821 BRL.

[412] BFH-Urteil vom 30.01.1996, IX R 18/91, BStBl II 1997, 25.

[413] Lt. „AfA-Tabelle für die allgemein verwendbaren Anlagegüter" des BMF ab 31.12.2000 „2.8 Grünanlage'.

[414] Durchschnittskurs 2004 der Deutschen Bundesbank: 1 Euro = 3,6362 BRL.

[415] Lt. „AfA-Tabelle für die allgemein verwendbaren Anlagegüter" des BMF ab 31.12.2000, ‚3.7 Schaufensteranlage'.

[416] Durchschnittskurs 2007 der Deutschen Bundesbank: 1 Euro = 2,6633 BRL.

ses. Auch Finanzierungskosten während der Bauphase stellen lt. BFH sofort abzugsfähige Werbungskosten dar.[417]

Zu diesen Finanzierungsaufwendungen gehört auch das Damnum von 2 %. Aufgrund der Vereinnahmung und Verausgabung des § 11 EStG ist das Damnum allerdings im Jahr der verminderten Darlehensauszahlung sofort abziehbar.

Im Jahr 2010 hat Herr Kastner somit nur die laufenden Zinsen in Höhe von 10 % getragen.

Finanzierungskosten 50.000 € x 10 % Zinsen =	5.000 €

Laufende Aufwendungen

Auch bei den laufenden Aufwendungen in Verbindung mit dem Gebäude handelt es sich um Werbungskosten.

Laufende Aufwendungen 2.000 BRL : 2,3314[418] =	858 €

Berechnung der Einkünfte aus Vermietung für 2010

Einnahmen		26.765 €
./. Werbungskosten		
Abschreibung Gebäude	- 11.890 €	
Abschreibung Gartenanlage	- 458 €	
Abschreibung Schaufensteranlage	- 1.408 €	
Finanzierungskosten	- 5.000 €	
Laufende Aufwendungen	- 858 €	
Summe der Werbungskosten		- 19.614 €
Einkünfte § 21 EStG		**7.151 €**

---

[417] BFH v. 7.11.1989, IX R 190/85, BStBl II 1990, 460, 461 m. w. N.; Stuhrmann in Blümich, § 21 EStG Rz. 189 (Mai 2007).

[418] Durchschnittskurs 2010 der Deutschen Bundesbank: 1 Euro = 2,3314 BRL.

20.2.3   Zu versteuerndes Einkommen 2010

Einkünfte aus Vermietung und Verpachtung	7.151 €
+ Inländische Einkünfte	+ 100.000 €
= Summe der Einkünfte	107.151 €
./. Altersentlastungsbetrag § 24a EStG	
./. Entlastungsbetrag für Alleinerziehende § 24b EStG	
./. Abzug nach § 13 Abs. 3 EStG	
= Gesamtbetrag der Einkünfte § 2 Abs. 3 EStG	107.151 €
./. Sonderausgaben	- 5.000 €
./. außergewöhnliche Belastungen §§ 33 bis 33b EStG	
= Einkommen § 2 Abs. 4 EStG	102.151 €
./. Kinderfreibeträge § 32 Abs. 6 EStG	
= Zu versteuerndes Einkommen § 2 Abs. 5 EStG	**102.151 €**

Tarifliche Einkommensteuer nach Splittingverfahren gem. § 32 Abs. 5 EStG =	26.574 €

Gem. § 34c Abs. 1 EStG ist die brasilianische Einkommensteuer auf die deutsche Steuerschuld anrechenbar.

Brasilianische Einkommensteuer: 7.151 € x 15 % (lt. Angabe)	- 1.073 €

Der Anrechnungsbetrag ist allerdings auf die Einkommensteuer begrenzt, die anteilig auf die ausländischen Einkünfte entfällt.

26.574 € x 7.151 € : 107.151 € =	1.774 €

Es kommt somit im Beispiel zur vollständigen Anrechnung der brasilianischen Einkommensteuer in Deutschland.

= Festzusetzende Einkommensteuer § 2 Abs. 6 EStG	**25.501 €**

20.3   Lösung Variante 1: Gebäude in den USA

In der Abwandlung des Sachverhalts befindet sich nun das vermietete Objekt in den USA, anstatt in Brasilien.

Der Unterschied zum Grundfall besteht darin, dass die Bundesrepublik mit den USA ein Doppelbesteuerungsabkommen geschlossen hat. Gem. Artikel 1 dieses Abkommens ist es auf alle Personen anzuwenden, die in einem oder beiden Vertragsstaaten ansässig sind. In einem Vertragsstaat ansässig sind Personen, die aufgrund ihres Wohnsitzes in diesem Staat steuerpflichtig sind (Art. 4 DBA Dt./USA). Da Herr Kastner in Würzburg seinen ständigen Wohnsitz hat, ist er in Deutschland ansässig. Das DBA ist somit anwendbar.

Nach Artikel 6 des DBA zwischen Deutschland und den USA, werden Einkünfte aus unbeweglichem Vermögen in dem Staat besteuert, in dem das Vermögen liegt. In Deutschland wird bei diesen Einkünften die Freistellungsmethode nach Art. 23 III a DBA angewendet. Das bedeutet, die Einkünfte aus Vermietung und Verpachtung aus den USA, unterliegen in Deutschland nicht der Besteuerung.

Die ausländischen Einkünfte sind zwar steuerfrei, sie unterliegen gem. § 32b Abs. 1 S. 1 Nr. 3 EStG aber dem Progressionsvorbehalt. D.h. sie erhöhen den Steuersatz auf die anderen, steuerpflichtigen Einkünfte. Die Ausnahme des Progressionsvorbehalts gem. § 32b Abs. 1 S. 2 Nr. 3 EStG greift nicht, da es sich bei den USA um einen Drittstaat handelt. D.h. im Umkehrschluss, dass Vermietungseinkünfte aus einem EU-Staat die gem. DBA steuerfrei gestellt werden nicht dem Progressionsvorbehalt unterliegen.

Die ausländische Steuer ist im Fall einer Freistellung lt. Doppelbesteuerungsabkommen gem. § 34c Abs. 6 EStG auch nicht auf die deutsche Einkommensteuer anrechenbar.

Inländische Einkünfte	100.000 €
= Summe der Einkünfte	100.000 €
./. Altersentlastungsbetrag § 24a EStG	
./. Entlastungsbetrag für Alleinerziehende § 24b EStG	
./. Abzug nach § 13 Abs. 3 EStG	
= Gesamtbetrag der Einkünfte § 2 Abs. 3 EStG	100.000 €
./. Sonderausgaben	- 5.000 €
./. außergewöhnliche Belastungen §§ 33 bis 33b EStG	
= Einkommen § 2 Abs. 4 EStG	95.000 €
./. Kinderfreibeträge § 32 Abs. 6 EStG	
= Zu versteuerndes Einkommen § 2 Abs. 5 EStG	**95.000 €**

Zu beachten ist allerdings, dass die ausländischen Einkünfte gem. § 32b EStG wie oben beschrieben dem Progressionsvorbehalt unterliegen.

Beim Progressionsvorbehalt wird auf das zu versteuernde Einkommen der Steuersatz angewendet, der sich unter Berücksichtigung der steuerfreien Einkünfte ergeben würde.

Anwendung des Progressionsvorbehalts § 32b EStG

Zu versteuerndes Einkommen	95.000 €
+ Einkünfte mit Progressionsvorbehalt	+ 7.151 €
Maßgebliches Einkommen	102.151 €
= Fiktive tarifliche Einkommensteuer	26.574 €
dies entspricht einem durchschnittlichem Steuersatz von	**26,01 %**
Zu versteuerndes Einkommen	95.000 €
x maßgeblicher Steuersatz	26,01 %
= Tarifliche Einkommensteuer	24.709 €
./. Einkommensteuer der USA nichtabzugsfähig § 34c Abs. 6 EStG	0 €
= festzusetzende Einkommensteuer	**24.709 €**

Im Vergleich zur festzusetzenden Einkommensteuer im Ausgangsfall in Höhe von 25.501 € ergibt sich somit durch das Doppelbesteuerungsabkommen eine Ersparnis für den Steuerpflichtigen in Höhe von immerhin 792 €.

21 Rechtstypenvergleich

Einordnung eines ausländischen Rechtsgebildes nach deutschen steuerlichen Gesichtspunkten

Philipp Bedenk (Prof. Dr. U. Voß)

21.1 Sachverhalt

Abbildung 21.1: Aufbau der Gesellschaft

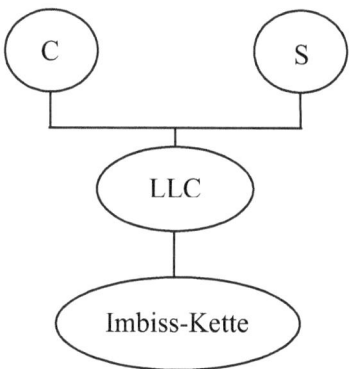

Die in Stuttgart wohnenden Cleverle und Schlaule betreiben gemeinsam in den USA eine kleine Kette von Imbisslokalen, in denen deutsche Spezialitäten verkauft werden.

Aufgrund eines Tipps des Nachbarn von Cleverle haben sie hierfür die Limited Liability Company[419] (LLC) als Rechtform gewählt.

Nun würden die Beiden aber gerne wissen, welche steuerlichen Folgen die Wahl der LLC für sie in Deutschland denn eigentlich haben wird.

21.2   Lösung Rechtstypenvergleich

21.2.1   Allgemeines

Cleverle und Schlaule sind natürliche Personen, die ihren Wohnsitz gem. § 8 AO in Stuttgart, also im Inland haben. Sie sind demnach unbeschränkt einkommensteuerpflichtig gem. § 1 Abs. 1 EStG. Dabei gilt das Welteinkommensprinzip, d.h. unbeschränkt Steuerpflichtige unterliegen mit sämtlichen Einkünften der Einkommensteuerpflicht, unabhängig davon, wo die Einkünfte erzielt werden.

Um die Frage nach den steuerlichen Folgen in Deutschland für die beiden Gesellschafter beantworten zu können, muss man sich zunächst mit der gewählten Rechtsform auseinandersetzen. Die LLC ist ein ausländisches Rechtsgebilde, das so in Deutschland nicht existiert. Eine klare Aussage, ob es sich hierbei also um eine Personen- oder Kapitalgesellschaft handelt, ist nicht allgemein möglich. Genau dies aber ist für die Zwecke der deutschen Besteuerung unabdingbar.

Zur Klärung dieser Problemstellung hat sich in Deutschland durch die Rechtsprechung des RFH und BFH der sog. Rechtstypenvergleich herausgebildet und etabliert. Dieser wird in der hier dargestellten Form grundsätzlich auf alle ausländischen Gesellschaftsarten angewendet.

21.2.2   Rechtstypenvergleich

21.2.2.1   Rechtsgrundlage

Die Grundlage des Rechtstypenvergleiches bildet ein Urteil des Reichsfinanzhofes vom 12.02.1930, welches als „Venezuela-Entscheidung" in die deutsche Rechtssprechung einging.[420] Im konkreten Fall ging es um das Problem der Einordnung einer venezolanischen OHG und einer venezolanischen KG. Beide entsprechen dem Leitbild nach einer deutschen Personengesellschaft. Nach venezolanischem Recht werden sie hingegen als juristische Personen behandelt. Für den RFH stellte sich somit die Frage, anhand welcher

---

[419] Übersetzt: Gesellschaft mit beschränkter Haftung.

[420] Vgl. RFH v. 12. 2. 1930, VI A 899/27, RStBl 1930, 444 ff.

Kriterien die Übereinstimmung eines ausländischen Rechtsgebildes mit dem jeweiligen deutschen Rechtsgebilde geprüft wird.

In seinem Urteil führt der RFH aus, dass „... die Entscheidung über die einkommensteuerrechtliche Behandlung einer ausländischen juristischen Person bzw. ihrer Gesellschafter [...] im Einzelfalle nach den leitenden Gedanken des Einkommensteuer- und Körperschaftsteuergesetzes zu treffen [ist]. Man wird dabei in erster Linie zu untersuchen haben, ob die betreffende ausländische Gesellschaft sich mit einer Gesellschaft des deutschen Rechts vergleichen lässt ..."

Ferner heißt es dort: „... Man wird bei einem solchen Vergleich insbesondere darauf abstellen müssen, ob sich die betreffende ausländische Gesellschaft mehr dem Typ der Personengesellschaft oder der Kapitalgesellschaft nähert, als deren Exponenten man einerseits die deutsche offene Handelsgesellschaft, andererseits die deutsche Aktiengesellschaft ansehen kann."

Darüber hinaus legte der RFH in seinem Urteil Leitlinien zur Einordnung ausländischer Rechtsgebilde fest:

Bei einer Personengesellschaft:

- steht die Person der Gesellschafter im Vordergrund

- führen die Gesellschafter die Geschäfte in der Regel selbst

- haften die Gesellschafter persönlich

- können die Anteile nicht frei auf Dritte übertragen werden

Bei einer Kapitalgesellschaft:

- gründet sich die Stellung der Gesellschafter weniger auf die innere Verbundenheit mit den Mitgesellschaftern als auf dem Bestreben Kapital nutzbringend anzulegen

- fehlt es an einer persönlichen Haftung der Gesellschafter gegenüber Gläubigern

- sind die Anteile frei auf Dritte übertragbar

- sind die Geschäftsführer in der Regel nicht an der Gesellschaft beteiligt

Aus der „Venezuela-Entscheidung" hat sich eine bis heute gültige Vorgehensweise zur Qualifikation ausländischer Rechtsgebilde entwickelt, welche alleine auf Richterrecht basiert und nicht kodifiziert ist. Sowohl der BFH, die Finanzverwaltung als auch die herrschende Meinung im Schrifttum haben sich in der Folgezeit der Argumentation dieses Urteils angeschlossen.[421]

---

[421] Vgl. Fox, T. „Unternehmensteuerreformgesetz, S. 8.

21.2.2.2   Vorgehensweise

Prüfungsmaßstab

Bei einem Rechtstypenvergleich wird grundsätzlich der **Idealtypus** einer deutschen Körperschaft oder Personengesellschaft mit dem **Realtypus** des konkreten ausländischen Rechtsgebildes verglichen. Dies bedeutet, dass das ausländische Gebilde anhand der Ausgestaltung seines Gesellschaftsvertrages rechtlich eingeordnet wird. Auf im jeweiligen Land besonders verbreitete gesellschaftsrechtliche Rechtsnormen wird somit i.d.R. nicht abgestellt.[422]

Vergleich mit deutschen Rechtsformen

Ein ausländisches Rechtsgebilde kann grundsätzlich nur mit solchen deutschen Rechtsformen verglichen werden, die auch eine vergleichbare wirtschaftliche Funktion wahrnehmen.[423] Dies bedeutet, dass man die ausländischen Erwerbsgesellschaften auch mit typischen deutschen Erwerbsgesellschaften vergleicht. Darunter versteht man zum einen die beiden Personengesellschaften OHG und KG sowie Kapitalgesellschaften nach § 1 Abs. 1 Nr. 1 KStG. Nicht verglichen werden ausländische Erwerbsgesellschaften mit den in § 1 Abs. 1 Nr. 2-6 u. Abs. 3 KStG genannten Rechtsformen. Der Vergleich soll dementsprechend auch hier nur zwischen der US-LLC und den deutschen Rechtsformen der OHG, KG, GmbH und AG erfolgen.

Maßgebliche Vergleichskriterien

Um das ausländisches Rechtsgebilde korrekt qualifizieren und einzuordnen zu können, muss zunächst ein Katalog mit hierfür maßgeblichen Kriterien erstellt werden. Aus der Rechtsprechung zum Rechtstypenvergleich lassen sich folgende, für den Vergleich maßgebende Kriterien ableiten, die nach deutschem Recht eine Abgrenzung von Personen- und Kapitalgesellschaften ermöglichen[424]:

Kriterien	Personengesellschaft	Kapitalgesellschaft
1. Zentralisierte Geschäftsführung und Vertretung	Nein	Ja
2. Persönliche Haftung der Gesellschafter	Ja	Nein

---

[422] Vgl. Schnittker, H./Oenings, C., S. 54.

[423] Vgl. BMF v. 19.03.2044, S. 4.

[424] In Anlehnung an Schnittker, H./Oenings, C. (LLP), S. 55 f.

Kriterien	Personengesellschaft	Kapitalgesellschaft
3. Übertragbarkeit der Anteile	Nein	Ja
4. Gewinnzuteilung erforderlich	Nein	Ja
5. Kapitalaufbringung	Nein	Ja
6. Lebensdauer begrenzt	Ja	Nein
7. Gewinnverteilung nach Kapital-anteilen	Nein	Ja
8. Besondere Gründungsvorausset-zungen, Registerzwang	Nein	Ja

Zu 1. Geschäftsführung[425]:

Als körperschaftliches Merkmal gilt die Zentralisierung von Geschäftsführung und Vertretung. Sie liegt vor, wenn eine Person (oder mehrere Personen) – jedoch nicht alle Gesellschafter – auf Dauer ausschließlich befugt sind, die zur Durchführung des Gesellschaftszweckes erforderlichen Entscheidungen ohne Zustimmung aller – ggf. der übrigen – Gesellschafter zu treffen.

Dies ist dann gegeben, wenn die Befugnisse zu Geschäftsführung und Außenvertretung von fremden Dritten oder durch ein eigenständiges Gremium (Board of Managers) wahrgenommen wird. Diesem Gremium können sowohl Gesellschafter wie auch Nicht-Gesellschafter angehören.

Eine Zentralisierung liegt hingegen nicht vor, wenn Gesellschafter die Geschäfte der Gesellschaft selbst führen und alleine vertretungsberechtigt sind. Dies spräche dann für die Einordnung als Personengesellschaft. Auch wenn ein oder mehrere Gesellschafter in der Rechtsform einer Körperschaft zur Geschäftsführung (und Vertretung) berufen sind, wird regelmäßig von einer Zentralisierung ausgegangen.

Da dieses Merkmal für die Qualifizierung eines ausländischen Rechtsgebildes sehr bedeutend ist, empfiehlt sich bei seiner Prüfung folgendes Schema:

Erster Schritt: Sind nur Gesellschafter oder auch Nicht-Gesellschafter zur Geschäftsführung und Vertretung befugt?

Zweiter Schritt: Sind alle Gesellschafter oder nur einzelne Gesellschafter zur Geschäftsführung und Vertretung befugt?

---

[425] Für die Ausführungen der Kriterien vgl. Schnittker, H./Oenings, C. (LLP), S. 57 -66.

Dritter Schritt: Ist eine Körperschaft zur Geschäftsführung und Vertretung befugt?

Zu 2. Beschränkte Haftung:

Die Beschränkung der Haftung im körperschaftlichen Sinne ist dann gegeben, wenn kein an der Gesellschaft beteiligter Gesellschafter für Schulden der Gesellschaft oder andere gegen sie gerichtete Ansprüche persönlich und uneingeschränkt haftet. Für die Einordnung im Zuge des Rechtstypenvergleiches spielt es keine Rolle, ob sich ein Gesellschafter freiwillig zur Übernahme von Schulden oder anderen Verpflichtungen erklärt hat.

Es ist hingegen ein klares Indiz für das Vorliegen einer Personengesellschaft, wenn mindestens ein beteiligter Gesellschafter der vollen Haftung unterliegt, insbesondere wenn es sich hierbei um eine natürliche Person handelt.

Zu 3. Übertragbarkeit der Anteile:

Eine typische Eigenschaft einer Kapitalgesellschaft stellt die ungehinderte Übertragbarkeit von Anteilen an der Gesellschaft auf Nichtgesellschafter dar.[426] Diese freie Übertragbarkeit liegt dann vor, wenn die Anteile ohne Zustimmung anderer Gesellschafter oder der Gesellschaft an Dritte übertragen werden können. Bei Personengesellschaften hingegen ist die freie Übertragbarkeit von Anteilen in der Regel ausgeschlossen oder nur eingeschränkt, z.B. mit Zustimmung der anderen Gesellschafter, möglich.

Zu 4. Gewinnzuteilung:

Der Unterschied zwischen Personen- und Kapitalgesellschaften im Bezug auf das Kriterium der Gewinnzuteilung liegt grundsätzlich darin, dass bei einer Körperschaft die Zuteilung eines Gewinnanteils an einen Gesellschafter von einem jährlich zu fassenden Beschluss der Gesellschafterversammlung abhängt. Bei Personengesellschaften ist dies grundsätzlich nicht der Fall, kann aber in Ausnahmefällen auch von einem Gesellschafterbeschluss abhängen.

Zu 5. Kapitalaufbringung:

Bei Kapitalgesellschaften besteht grundsätzlich der Zwang zur Aufbringung eines bestimmten Mindestkapitals.[427] Bei Personengesellschaften gibt es hingegen kein gesetzlich gefordertes Mindestkapital. Dennoch kann auch bei Personengesellschaften eine Einlage im Gesellschaftsvertrag festgelegt sein. Diese kann auch, im Gegensatz zur Kapitalgesellschaft[428], in Form von Dienstleistungen erfolgen.

---

[426] Geregelt u.a. in § 15 GmbHG u. § 68 AktG.

[427] Bei der AG ist dies das Grundkapital i.H.v. mindestens 50.000 € nach § 7 AktG, bei der GmbH das Stammkapital i.H.v. mindestens 25.000 € nach § 5 GmbHG. Zur Unternehmergesellschaft (UG) haftungsbeschränkt, s. § 5a GmbHG.

[428] S. § 27 Abs. 2 AktG.

Zu 6. Unbegrenzte Lebensdauer:

Grundsätzlich besteht ein wesentliches körperschaftliches Merkmal darin, dass die Lebensdauer der Gesellschaft unbegrenzt und unabhängig vom Gesellschafterbestand ist. Da seit dem Handelsrechtsreformgesetz vom 22.06.1998[429] auch bei einer Personenhandelsgesellschaft der Tod, die Kündigung oder die Insolvenz eines Gesellschafters nicht mehr zur Auflösung der Gesellschaft führt[430], sondern nur zum Ausscheiden des jeweiligen Gesellschafters, hat dieses Kriterium an Relevanz für die Qualifizierung im Zuge des Rechtstypenvergleiches verloren. Nur wenn die Lebensdauer bei der ausländischen Rechtsform entweder nach dortigem Recht oder aufgrund einer Regelung im Gesellschaftsvertrag begrenzt ist, weist dies auf eine Personengesellschaft hin.

Zu 7. Gewinnverteilung:

Der Anteil eines Gesellschafters am Gewinn einer Kapitalgesellschaft bemisst sich nach dessen Beteilungsverhältnis. Bei der AG wird hierzu auf das Grund- und bei der GmbH auf das Stammkapital abgestellt.[431] Es steht also die Stellung des Gesellschafters als Kapitalgeber im Vordergrund. Bei Personengesellschaften ist gesetzlich eine Verteilung nach der Höhe der Einlage sowie nach Köpfen geregelt.[432] Gleichwohl besteht zur Abgeltung des persönlichen Einsatzes eines Gesellschafters für die Gesellschaft die Möglichkeit, abweichende Regelungen im Gesellschaftsvertrag zu treffen.

Zu 8. Formale Gründungsvoraussetzungen:

Die Gründung einer Kapitalgesellschaft erfordert zwingend die Eintragung ins Handelsregister. Hierfür muss aber zunächst der Gesellschaftsvertrag durch eine „öffentliche Instanz" auf Ordnungsmäßigkeit und Durchführbarkeit hin überprüft werden. Erst bei einem positiven Urteil erfolgt die Eintragung und somit rechtswirksame Gründung.[433]

Bei Personen(handels)gesellschaften genügt bereits der Abschluss eines Gesellschaftsvertrages. Die Eintragung ins Handelsregister hat keine konstitutive Bedeutung für eine wirksame Gründung.

Sonstige Kriterien:

Zusätzlich zu den bereits genannten Kriterien, können noch weitere heran gezogen werden, wenn dies zur Klärung notwendig sein sollte. Wichtig sind in diesem Zusammenhang zwei Urteile der höchsten deutschen Finanzgerichte.[434] Darin wird festgelegt, dass

---

[429] Vgl. BGBl. I S. 1474.

[430] S. § 131 HGB.

[431] S. § 60 Abs. 1 AktG u. § 29 Abs. 3 GmbHG.

[432] S. §§ 121, 168 HGB.

[433] Vgl. BFH vom 23.06.1992, BStBl II S. 972.

[434] Vgl. RFH vom 12.02.1930, RStBl S. 444; BFH vom 03.02.1988, BStBl II S. 588.

sich zum einen die vorhandene oder fehlende Rechtsfähigkeit des ausländischen Gebildes im Ausland sowie die Anzahl der Gesellschafter nicht für eine Unterscheidung zwischen Personen- und Kapitalgesellschaft eignen.

21.2.2.3   Prüfung der maßgeblichen Vergleichskriterien

Das ausländische Rechtsgebilde, in unserem Fall die US-LLC, ist nun auf die o.g. Kriterien hin zu überprüfen, um es dann im nächsten Schritt entweder als Personen- oder als Kapitalgesellschaft einordnen zu können. Im Rahmen dieser Ausführungen wurde bewusst auf ein Beispiel anhand eines konkret ausformulierten Gesellschaftsvertrages verzichtet. Aufgrund der großen Vielzahl von Rechtsformen und der sich darauf ergebenden Ausgestaltungsmöglichkeiten, soll vielmehr ein allgemeiner Überblick über den formalen Ablauf des Rechtstypenvergleichs gegeben werden.

Wie oben erwähnt erfolgt in diesem Schritt nun die Betrachtung der konkreten Regelungen der LLC. Gleichzeitig wird eine Gewichtung der Kriterien durchgeführt, da nicht alle Kriterien dieselbe Bedeutung für die endgültige Einordnung haben. Dies kann mit Hilfe einer Tabelle geschehen[435]:

Kriterien	LLC	Bedeutung[436]
1. Zentralisierte Geschäftsführung und Vertretung	Grds. gemeinsame Geschäftsführung aller Gesellschafter; abweichende Regelung möglich; → **PersG**	+
2. Persönliche Haftung der Gesellschafter	Grds. keine persönliche Haftung der Gesellschafter ggü. Dritten; abweichende Regelung möglich; → **KapG**	+
3. Übertragbarkeit der Anteile	Grds. nur mit Zustimmung der anderen Gesellschafter; abweichende Regelung möglich; → **PersG**	Ø
4. Gewinnzuteilung erforderlich	Grds. nein; abweichende Regelung möglich; → **PersG**	Ø

---

[435] In Anlehnung an Schnittker, H./Oenings, C. (LLP), S. 67 f.

[436] + = Wichtiges Kriterium; Ø = Durchschnittliche Bedeutung; - = Weniger wichtiges Kriterium.

Kriterien	LLC	Bedeutung[436]
5. Kapitalaufbringung	Kein gesetzl. Mindestkapital; abweichende Regelung möglich, dann auch in Form von Sachein-lagen; → **PersG**	+
6. Lebensdauer begrenzt	Keine gesetzl. Befristung der Lebensdauer; vertragliche Ver-einbarung möglich; → **PersG/KapG**	-
7. Gewinnverteilung nach Kapi-talanteilen	Grds. Freiheit zur Regelung im Gesellschaftsvertrag, bei fehlen-der Regelung nach Höhe der Einlagen → **PersG**	Ø
8. Besondere Gründungsvoraus-setzungen, Registerzwang	Ja, Registrierung bei den Behör-den des Gründungsstaates durch Abgabe einer Satzung; → **KapG**	Ø

21.2.2.4   Einordnungsverfahren

Wie zu Anfang dieses Kapitels erwähnt, soll beim Rechtstypenvergleich immer auf den Realtyp des ausländisches Rechtsgebildes abgestellt werden. Dies gilt besonders für die LLC, da die weitreichenden Wahlmöglichkeiten für ihre Ausgestaltung kaum eine gene-relle Aussauge ermöglichen.

Aus der obigen Tabelle wird ersichtlich, dass es kein klares Bild hinsichtlich der Einord-nung der LLC gibt, selbst wenn diese voll dem gesetzlichen Leitbild entspricht. Gleich-wohl ergibt sich aus deutscher Sicht eine Tendenz zur Personengesellschaft, aufgrund der Merkmalsmehrheit. Dass dies aber keine allgemeine Aussage sein kann, wurde bereits erläutert. Lediglich bei der hier gewählten generell-abstrakten Betrachtungsweise kommt man zur Einordnung als Personengesellschaft. Bei anderer Ausgestaltung des Gesell-schaftsvertrages kann dies bei individuell-konkreter Betrachtungsweise zu einem ande-ren Ergebnis führen.

21.2.3   Steuerliche Folgen der Einordnung einer LLC

Kommt man zum Ergebnis der Einordnung der LLC als Körperschaft, so sind die Ein-künfte der Gesellschaft zuzurechnen. Dies hätte für unsere beiden Gesellschafter zur Folge, dass sie mit den von der LLC erhaltenen Gewinnausschüttungen in Form von Dividenden gem. § 20 Abs. 1 Nr. 1 EStG der deutschen Besteuerung unterliegen. Die

Einordnung als Personengesellschaft würde bedeuten, dass der Gewinn der LLC den beiden Gesellschaftern anteilig zugerechnet wird und regelmäßig als Einkünfte aus Gewerbebetrieb (§ 15 EStG) zu qualifizieren ist.

21.2.4   Folgen einer unterschiedlichen Einordnung in Deutschland und in den USA

Die Limited Liability Company ist eine der am häufigsten in den USA genutzten Rechtsformen. Dies ist vor allem durch die hohe Flexibilität bei der Gestaltung des Gesellschaftsvertrages sowie durch die beschränkte Haftung der Gesellschafter zu erklären. Zudem kann die LLC regelmäßig durch Option als Personengesellschaft behandelt werden, was in den USA im Vergleich zur Behandlung als Körperschaft steuerliche Vorteile mit sich bringt. Besonders bei kleinen und mittleren Unternehmen wird die LLC eingesetzt, in zunehmendem Maße aber auch von Großunternehmen. Beschränkungen zur Nutzung dieser Rechtsform ergeben sich lediglich für bestimmte Geschäftszweige, z.B. dem Bank- und Versicherungsgeschäft.

Ein großer Unterschied zu Deutschland besteht auch darin, dass alle 50 US-Bundesstaaten sowie der District of Columbia über eigene LLC-Gesetze verfügen. Zwar orientieren sich diese sämtlich an den beiden Mustergesetzen (Uniform Limited Liability Company Act ULLCA und ABA Prototype LLC Act), sie sind aber dennoch nicht vollständig identisch bzw. vereinheitlicht. Es bestehen somit vielfältige Möglichkeiten der Ausgestaltung einer LLC. Daraus folgt, dass es nicht möglich ist ein starres und gesetzlich festgelegtes Leitbild einer LLC abzuleiten.

Seit 1997 haben die Gesellschafter die Möglichkeit entweder zur steuerlichen Behandlung als Personen- oder Kapitalgesellschaft zu optieren (sog. Check-the-Box-Verfahren). An die getroffene Wahl sind die Gesellschafter für einen Zeitraum von fünf Jahren gebunden. Erfolgt keine ausdrückliche Wahl der Behandlung als Personengesellschaft, gilt die LLC automatisch steuerlich als Körperschaft. Ein Sonderfall ergibt sich, wenn die Gesellschaft nur einen Gesellschafter hat. Dann nämlich wird sie als Einzelunternehmen des Inhabers angesehen. Ist dieser zudem noch Steuerausländer, so wird die LLC als dessen unselbständige Niederlassung (branch) behandelt.

Diese nach amerikanischem Recht zulässige Wahlmöglichkeit kann zur für Deutschland paradox wirkenden Situation führen, dass eine LLC zwar steuerlich als Personengesellschaft behandelt wird, aber von außen betrachtet wie eine Kapitalgesellschaft wirkt.[437]

Es ist daher durchaus möglich, dass eine LLC in den USA als Kapitalgesellschaft, gleichzeitig aber in Deutschland als Personengesellschaft angesehen wird. Diese mögliche unterschiedliche Einordnung kann auch eine unterschiedliche abkommensrechtliche

---

[437] Vgl. BMF-Schreiben vom 19.03.2004, S. 7.

Qualifikation von Einkünften zur Folge haben. Denn gem. Artikel 3 Abs. DBA kann jeder Vertragsstaat Einkünfte grundsätzlich nach eigenem Recht einordnen.

a) Einstufung als Körperschaft in den USA und als Personengesellschaft in Deutschland:

Die im Inland ansässigen Gesellschafter beziehen in diesem Fall gewerbliche Einkünfte i.S.d. Artikels 7 DBA (Unternehmensgewinne). Gemäß Artikel 23 Abs. 2 Buchstabe a DBA sind sie dann von der Bemessungsgrundlage auszunehmen, soweit sie einer in den USA gelegenen Betriebsstätte der LLC zuzurechnen sind. Die USA hingegen besteuern den Gewinn der LLC und erheben im Ausschüttungsfall eine Quellensteuer nach Artikel 10 Abs. 2 DBA.[438]

b) Einstufung als Personengesellschaft in den USA und als Körperschaft in Deutschland:

Dies führt in den USA zur Besteuerung der Gesellschafter mit ihrem Anteil am Gewinn der LLC. In Deutschland werden die Gesellschafter hingegen nur mit den Ausschüttungen der LLC besteuert, welche abkommensrechtlich Einkünfte i.S.d. Artikels 21 Abs. 1 DBA sind, da die LLC keine in den USA ansässige Gesellschaft ist (Artikel 4 Abs. 1, 10 Abs. 1 DBA). Da nach amerikanischem Recht die Verteilung des Gewinns kein Steuertatbestand ist, fällt auch keine Quellensteuer an.[439]

---

[438] Vgl. BMF v. 19.03.2004, S. 9.
[439] Vgl. BMF v. 19.03.2004, S. 9.

22 Einkünfte aus dem Ausland

Matthias Brust (Dr. A. Striegel)

22.1   Sachverhalt

Professor Dr. Gerd Bach (geb. 17.11.1959) und seine Ehefrau Gisella Bach (geb. 10.04.1960) wohnen seit Jahren im schönen Würzburg in einem alten Haus oben in den Weinbergen, welches sie liebevoll wieder hergerichtet haben. Die Eheleute haben keine Kinder und gehören keiner Religionsgemeinschaft an.

Professor Dr. Gerd Bach ist ein erfahrener und anerkannter Sportmediziner und auch ein begeisterter Profisportler im Triathlon, indem er schon zahlreiche Erfolge einstreichen konnte. Nebenbei betreibt er ein kleines Sportartikelgeschäft (Stammhaus) mit seinem eigenen Label "Bach" in der Innenstadt von Würzburg und unterhält eine Betriebsstätte im Ausland (kein Drittstaat), wo die hochwertigen Artikel produziert sowie auch vertrieben werden.

Die Betriebsstätte erzielt durch Verkauf vor Ort Betriebseinnahmen von 100.000,00 €. Aus dem Stammhaus in Würzburg versendet er Waren ins Ausland und erzielt Betriebseinnahmen in Höhe von 40.000,00 €. Die Ausgaben der Miete für das Büro im Ausland betragen 10.000,00 €. Der Steuersatz im Ausland beträgt 50 %. Es sind 65.000,00 € Steuern an das ausländische Finanzamt abzuführen.

Zudem hält Professor Dr. Bach in seinem Betriebsvermögen eine Beteiligung (60 %) an einer ausländischen Kapitalgesellschaft namens "Wunderheilung" (kein Drittstaat), die eine Rundumbetreuung für verletzte Profisportler anbietet. Es wird eine Dividende i.H.v. 100.000,00 € ausgeschüttet, worauf 25.000,00 € Quellensteuer einbehalten werden. Die Beteiligung ist für den Betrieb von Prof. Bach von großer Bedeutung und Grundlage für die Hoffnung auf eine künftige ertragreiche Geschäftsbeziehung.

Der Steuerpflichtige hat Einkünfte aus selbstständiger Arbeit i.H.v. 200.000,00 €.

Der Hebesatz der Gewerbesteuer in Würzburg beträgt 420 %.

Wie hoch ist die tarifliche ESt und die Gesamtsteuerbelastung des Steuerpflichtigen im Inland im Falle eines Nicht-DBA-Landes und eines DBA-Landes (OECD-Musterabkommen 2008 zur Vermeidung der Doppelbesteuerung auf dem Gebiet der Steuern vom Einkommen und vom Vermögen) für den Veranlagungszeitraum 2010?

22.2   Lösung Einkünfte aus dem Ausland

22.2.1   Allgemeine Angaben

22.2.1.1   Veranlagung

Professor Gerd Bach und seine Ehefrau Gisella sind beide unbeschränkt einkommensteuerpflichtig gem. § 1 Abs. 1 EStG, da beide ihren Wohnsitz gem. § 8 AO in Würzburg, also im Inland haben.

Da die Ehegatten nicht dauernd getrennt leben und beide unbeschränkt steuerpflichtig sind, kommt für sie gem. § 26 Abs. 1 EStG die Ehegattenveranlagung in Betracht.

Laut Sachverhalt haben sie keine Wahl der Veranlagungsform getroffen, und somit werden sie gem. § 26 Abs. 3 EStG zusammen zur Einkommensteuer veranlagt (Splitting-Verfahren).

Die Einkommensteuer ist eine Jahressteuer. Nach § 2 Abs. 7 EStG sind die Grundlagen für ihre Festsetzung für das Kalenderjahr, in diesem Fall 2010, zu ermitteln.

22.2.1.2   Ausländische Einkünfte

Der Begriff der ausländischen Einkünfte definiert § 34d EStG im Zusammenhang mit § 34c EStG. Dieser entscheidet, ob etwaige ausländische Einkünfte nach § 34c EStG vorliegen und ob sie angerechnet oder abgezogen werden können.[440]

Die Höhe der Einkünfte richtet sich immer nach deutschem Steuerrecht. Es bestimmt sich also nach inländischem Recht, ob und in welcher Höhe Betriebsausgaben oder Werbungskosten von den Einnahmen abzusetzen sind.

Das gilt auch, wenn ein Doppelbesteuerungsabkommen besteht; die Doppelbesteuerungsabkommen enthalten keine Bestimmungen zur Ermittlung der Einkünfte, sondern überlassen diese Regelungen dem nationalen Recht. Sollten aber die Doppelbesteuerungsabkommen Regelungen zur Ermittlung enthalten, so gehen diese vor.

---

[440] Vgl. Geurts, § 34c Ausländische Einkünfte; HaufeIndex: 1001167, 2009, Seite 1 ff.

22.2.1.3 Steuerermäßigung bei ausländischen Einkünften

Bezieht ein unbeschränkt Steuerpflichtiger Einkünfte aus dem Ausland, besteht regelmäßig eine Kollision mit dem Besteuerungsrecht des Staates der ausländischen Quelle, weil die unbeschränkte ESt-Pflicht auch Einkünfte aus ausländischer Quelle erfasst (Welteinkommensprinzip). Eine doppelte Belastung kann auf dieselben Einkünfte erfolgen, wenn auch der Quellenstaat auf diese Einkünfte eine Steuer erhebt.[441]

Wirtschaftspolitisch sinnvoll ist eine solch drohende Doppelbesteuerung ausländischer Einkünfte nicht, weil sie eine Behinderung für den internationalen Wirtschaftsverkehr darstellt. Aus dem Ausland stammende Einkünfte würden dadurch höher belastet als inländische, ohne dass es hierfür einen anderen Grund gäbe als die Kollision der Besteuerungsansprüche zweier Staaten. Es liegt ein Verstoß gegen den Grundsatz der Besteuerung nach der wirtschaftlichen Leistungsfähigkeit vor.

Bei unbeschränkt Steuerpflichtigen erstreckt sich die Steuerpflicht im Inland auf das Welteinkommen, d.h. auf alle sieben Einkunftsarten, unabhängig davon, ob die Quellen dieser Einkünfte im Inland oder im Ausland liegen gem. § 2 Abs. 1 S.1 EStG (Welteinkommensprinzip).

Das Welteinkommensprinzip wird nicht uneingeschränkt verfolgt; im Rahmen der Abkommen zur Vermeidung der Doppelbesteuerung werden große Teile der aus dem Ausland stammenden Einkünfte im Inland steuerfrei gestellt (Freistellungsmethode). Der Gesetzgeber möchte diese Ausnahme vom Welteinkommensprinzip jedoch auf die Fälle beschränken, in denen Kapitalflucht oder Standortverlagerung aus rein steuerlichen Gründen nicht anzunehmen ist.

Es stellt sich nun die Frage, welcher Staat eine Korrektur der Steuerbelastung vorzunehmen hat.

Dies kann in zweierlei Weise erfolgen:

- ◼ durch multilaterale Vereinbarung, insb. durch DBA
- ◼ durch unilaterale/nationale Regelungen.[442]

Vermeidung der Doppelbesteuerung durch völkerrechtliche Verträge

Ein Doppelbesteuerungsabkommen (DBA) – korrekte Bezeichnung: Abkommen zur Vermeidung der Doppelbesteuerung – ist ein völkerrechtlicher Vertrag zwischen zwei Staaten, in dem geregelt wird, in welchem Umfang den Vertragsstaaten das Besteue-

---

[441] Vgl. Dr. Geurts, § 34c Steuerermäßigung bei ausländischen Einkünften, HaufeIndex: 1001135, 2008, Seite 1.

[442] Vgl. Dr. Geurts, § 34c Steuerermäßigung bei ausländischen Einkünften, HaufeIndex: 1001135, 2008, Seite 1.

rungsrecht für die in ihrem Hoheitsgebiet erzielten Einkünfte zusteht. Ein DBA soll vermeiden, dass natürliche und juristische Personen, die in beiden Staaten Einkünfte erzielen, in beiden Staaten – also doppelt – besteuert werden.

Nach § 2 AO haben völkerrechtliche Regelungen Vorrang, sodass die Kollision des jeweiligen Besteuerungsrechts unter Heranziehung des DBA zu lösen ist.[443]

Zwei Möglichkeiten sieht Art. 23 OECD-MA zur Vermeidung der Doppelbesteuerung vor:

■ Freistellungsmethode (Art. 23 A OECD-MA),

■ Anrechnungsmethode (Art. 23 B OECD-MA).

Relevant bleibt das Welteinkommensprinzip für einen Steuerinländer selbst dann, wenn Teile des Welteinkommensprinzips nach einem Doppelbesteuerungsabkommen oder aus anderen Gründen steuerfrei sind, weil sich das EStG vorbehält, den steuerpflichtigen Rest des Welteinkommens mit dem Steuersatz zu belegen, der das gesamte Welteinkommen des Steuerpflichtigen in diesem Jahr der angemessene Steuersatz wäre (§ 32b Abs. 1 Nr. 3 EStG Progressionsorbehalt).[444]

Soweit kein DBA besteht, sind die ausländischen Einkünfte im Inland also nicht steuerfrei; daher entfällt der Progressionsvorbehalt.

Vermeidung der Doppelbesteuerung durch nationales Recht

Liegen keine Doppelbesteuerungsabkommen vor bzw. enthält das Doppelbesteuerungsabkommen keine Regelung zur Vermeidung der Doppelbelastung, ist § 34c Abs 1 EStG eine Entlastung im Wesentlichen im Wege der Anrechnung der Steuer aus dem Quellenstaat, aber keine Freistellung der Einkünfte wie im Art. 23 A OECD-MA.[445]

§ 34c EStG hat eine doppelte Funktion:

■ § 34c Abs. 6 S. 2 EStG regelt die Methode der Anrechnung, wenn das DBA nicht die Freistellung der aus ausländischen Quellen stammenden Einkünften von der inländischen Steuer, sondern nur die Anrechnung der ausländischen auf die inländische Steuer vorsieht und selbst aber keine näheren Regelungen enthält.

■ § 34c EStG schließt aber vorallem die Lücke, wenn überhaupt kein Doppelbesteuerungsabkommen mit dem jeweiligen Land besteht.

---

[443] Vgl. Dr. Geurts, § 34c Steuerermäßigung bei ausländischen Einkünften, HaufeIndex: 1001135, 2008, Seite 1 ff.

[444] Vgl. Dr. Geurts, § 34c Steuerermäßigung bei ausländischen Einkünften, HaufeIndex: 1001135, 2008, Seite 6.

[445] Vgl. Dr. Geurts, § 34c Steuerermäßigung bei ausländischen Einkünften, HaufeIndex: 1001135, 2008, Seite 2.

Somit stellt § 34c EStG zwei Methoden zur Verfügung:

- Anrechnung der ausländischen Steuer auf die inländische Steuer
  (§ 34c Abs. 1 EStG),

- Auf Antrag Abzug der ausländischen Steuer von der Bemessungsgrundlage
  (§ 34c Abs. 2 EStG).

Es werden nur unbeschränkte Steuerpflichtige durch die Anrechnung ausländischer Steuer nach § 34c EStG begünstigt. Dies sind Personen, die nach § 1 Abs. 1 EStG unbeschränkt steuerpflichtig sind, sowie Personen, die nach § 1 Abs. 2 und 3 EStG als unbeschränkt steuerpflichtig behandelt werden.

Tatbestandselemente der Anrechnung

Es müssen folgende Voraussetzungen erfüllt sein, damit ein unbeschränkt Steuerpflichtiger sich die ausländischen Steuern anrechnen lassen kann:

- Die Steuer muss in dem Staat erhoben werden, aus dem die Einkünfte stammen.

- Die Steuer muss auf die im Veranlagungszeitraum bezogenen Einkünfte entfallen.

- Die Steuer muss der deutschen ESt entsprechen.

- Die Steuer muss festgesetzt sowie gezahlt sein und ein entstandener Ermäßigungsanspruch muss berücksichtigt werden.[446]

Es ist also zum Zweck der Anrechnung der ausländischen Steuer zu ermitteln, welcher Betrag der deutschen ESt auf den ausländischen Einkünften aus dem betreffenden Staat beruht. Es wird nach § 34c Abs. 1 S. 2 EStG die deutsche ESt aufgeteilt nach dem Verhältnis der ausländischen Einkünfte zur Summe der Einkünfte.

22.2.1.4 Betriebsstätte

Betriebsstätte ist jede feste Geschäftseinrichtung oder Anlage, die der Tätigkeit eines Unternehmens dient (§ 12 S. 1 AO). Als Betriebsstätten sind insbesondere anzusehen die Stätte der Geschäftsleitung, Zweigniederlassungen, Geschäftsstellen usw. (§ 12 S. 2 AO).

Betreibt ein ausländisches Unternehmen eine Betriebsstätte im Inland oder ein inländisches Unternehmen eine Betriebsstätte im Ausland, bestimmen Doppelbesteuerungsabkommen in der Regel, dass Erträge und Vermögen bezüglich der Betriebsstätte steuerlich vom Betriebsstättenstaat erfasst werden.[447] Meist wird der Begriff der Betriebsstätte im Doppelbesteuerungsabkommen definiert, der aber nicht in allen Punkten mit dem des § 12 AO übereinstimmt.

---

[446] Vgl. Dr. Geurts, § 34c Steuerermäßigung bei ausländischen Einkünften, HaufeIndex: 1001135, 2008, Seite 8.

[447] Vgl. Gürsching, Betriebsstätte im In- und Ausland, HaufIndex: 1633123.

Viele Doppelbesteuerungsabkommen übernehmen die Definition für den Begriff der Betriebsstätte aus Art. 5 des Musterabkommens (MA) der OECD.

Danach bedeutet "Betriebsstätte" generell eine feste Geschäftseinrichtung, durch die die Tätigkeit eines Unternehmens ganz oder teilweise ausgeübt wird (Art. 5 Abs. 1 MA-OECD).

Es besteht somit Deckungsgleichheit jedenfalls im Kernbereich mit § 12 S. 1 AO. Aber es gibt zahlreiche Abweichungen, die diesen Begriff einengen (s. Art. 5 Abs. 2-7 MA-OECD) wie z.B. der zeitliche Moment, wo eine Bauausführung oder Montage erst nach zwölf Monaten zur Betriebsstätte (Art. 5 Abs. 3 MA-OECD) wird.

22.2.1.5   Ermittlung der Einkommensteuer im Falle eines Nicht-DBA-Landes

Die Ermittlung der ausländischen Einkünfte erfolgt gemäß § 2 Abs. 1 Satz 1 EStG immer nach deutschem Steuerrecht. Somit ist es möglich, dass sich eine unterschiedliche Höhe der Einkünfte ergeben, als diejenigen, die nach ausländischem Recht besteuert werden.

Einkünfte aus Gewerbebetrieb

Mit seinem Sportartikelgeschäft erzielt Prof. Bach Einkünfte aus Gewerbebetrieb gem. § 2 Abs. 1 Nr. 2 i.V.m. § 15 Abs. 1 Nr. 1 EStG, da er eine gem. § 15 Abs. 2 EStG selbständige nachhaltige Betätigung, die mit der Absicht Gewinn zu erzielen unternommen wird, sich als Beteiligung am allgemeinen wirtschaftlichen Verkehr darstellt, ausübt und die Betätigung weder als Ausübung von Land- und Forstwirtschaft, eines freien Berufs, einer anderen selbstständige Tätigkeit oder als Vermögensverwaltung anzusehen ist (R 15. 7 Abs. 1 EStR).

Einkünfte durch Verkauf vor Ort der Betriebsstätte	100.000,00 €
+ Einkünfte durch Verkauf im Inland	40.000,00 €
- Miete für das Büro im Ausland	10.000,00 €
Steuerpflichtige Einkünfte § 15 EStG	130.000,00 €

Einkünfte aus Kapitalvermögen

Unter Einkünfte aus Kapitalvermögen fallen alle in § 20 EStG aufgezählten Tatbestände, insbesondere Zinsen und Gewinnausschüttungen. Es liegen Einkünfte aus Dividenden und ähnlichen Gewinnausschüttungen vor, wenn die ausschüttende ausländische Gesellschaft nach deutschem Steuerrecht als Kapitalgesellschaft zu qualifizieren ist.

In unserem Fall sind die Anteile (60 %) an der „Wunderheilung" im Betriebsvermögen vom Prof. Gerd Bach zu erfassen, weil sie dem Betrieb zu dienen bestimmt sind (notwendiges Betriebsvermögen). Die Gewinnausschüttungen in Höhe von 100.000,00 € sind somit vorrangig den Einkünften aus Gewerbebetrieb gem. § 20 Abs. 8 i.V.m. § 15 EStG zuzuordnen.

Als Betriebseinnahmen werden die Bruttobeträge angesetzt.

Das sog. Teileinkünfteverfahren nach § 3 Nr. 40 EStG, stellt 40 % der Einkünfte aus Dividenden oder Ausschüttungen steuerfrei, kommt nach § 3 Nr. 40 lit.d EStG seit 2009 nur noch in Betracht, wenn es sich um Kapitaleinkünfte im betrieblichen Bereich (Einkünfte aus Gewerbebetrieb) handelt, oder die Abgeltungssteuer nach § 32d EStG nicht zur Anwendung kommt.

Die Einkünfte aus der Dividendengutschrift an der Kapitalgesellschaft sind wie oben beschrieben gem. § 15 EStG den Einkünften aus Gewerbebetrieb zuzurechnen.

Einkünfte aus Gewerbetrieb nach § 15 EStG	100.000,00 €
- 40 % Steuerbefreiung nach § 3 Nr. 40 lit.d EStG	40.000,00 €
Steuerpflichtige Einkünfte § 15 EStG	60.000,00 €

Ermittlung der Summe der Einkünfte

Die jeweilige Summe der Einkünfte der Eheleute wird bei Zusammenveranlagung zusammengerechnet und bei der restlichen Berechnung werden die Ehegatten wie ein Steuerpflichtiger behandelt.

Einkünfte aus Gewerbebetrieb § 15 EStG	190.000,00 €
- Einkünfte aus selbstständiger Arbeit § 18 EStG	200.000,00 €
Summe der Einkünfte	390.000,00 €

Ermittlung des zu versteuernden Einkommens

Gemeinsame Summe der Einkünfte	390.000,00 €

Da die Anwendung des Freibetrags für Land- und Forstwirte, sowie ein Entlastungsbetrag für Alleinerziehende nicht in Betracht kommt, stellt die Summe der Einkünfte auch den Gesamtbetrag der Einkünfte dar (§ 2 Abs. 3 EStG).

Gesamtbetrag der Einkünfte	390.000,00 €

Gem. § 2 Abs. 4 EStG ergibt der Gesamtbetrag der Einkünfte vermindert um die Sonderausgaben §§ 10 ff. EStG und außergewöhnliche Belastungen §§ 3 ff. EStG das Einkommen.

In unserem Fall sind uns weder Sonderausgaben noch außergewöhnliche Belastungen bekannt. Auf den Abzug des Pauschbetrages nach § 10c EStG wird aus Gründen der Übersichtlichkeit verzichtet.

Da keine Kinderfreibeträge nach § 32 Abs. 6 EStG in Betracht kommen, stellt der Gesamtbetrag der Einkünfte gleichzeitig das zu versteuernde Einkommen dar gem. § 2 Abs. 5 EStG.

= zu versteuerndes Einkommen	**390.000,00 €**

Ermittlung der Einkommensteuer

Das zu versteuernde Einkommen bildet die Bemessungsgrundlage für die tarifliche Einkommensteuer (§ 32a Abs. 1 EStG). Da die Ehegatten Bach zusammen zur Einkommensteuer veranlagt werden, kommt es zur Anwendung des Splittingtarifs nach § 32a Abs. 5 EStG.

Tarifliche Einkommensteuer   147.456,00 €

Festzusetzende Einkommensteuer und Einkommensteuerschuld

Anzurechnende ausländische Steuer

Der zuzurechnende Gewinn der Betriebsstätte ist steuerlich von der durch die Tätigkeit des Stammhauses erzielten Gewinns abzugrenzen.

Prof. Bach unterhält eine Betriebsstätte im Ausland gem. § 12 AO, weil eine feste Geschäftseinrichtung oder Anlage, die der Tätigkeit eines Unternehmens vorliegt. Nach § 34d Nr. 2 lit. a EStG liegen ausländische Einkünfte im Sinne § 34c Abs. 1 EStG vor, die durch eine im ausländischen Staat belegene Betriebsstätte entstanden sind.

Bei den gesamten Einkünften aus Gewerbebetrieb (190.000,00 €) sind 42 % (§ 32a Abs. 1 Nr. 4 EStG) auf 90.000,00 € an Steuern anrechenbar gem. § 34c Abs. 1 S.1 zweiter Halbsatz EStG, da nur in dieser Höhe eine deutsche Einkommensteuer auf die Einkünfte der ausländischen Betriebsstätte anfällt.

Die Einkünfte aus Gewerbetrieb, die auf die ausländische Betriebsstätte i.H.v. 90.000,00 € fallen, ergeben sich durch den Verkauf vor Ort der Betriebsstätte (100.000,00 €) abzgl. der Miete für das Büro im Ausland (10.000,00 €). Dagegen sind die Einkünfte in Höhe von 40.000,00 €, die Prof. Bach durch Versand aus dem Stammhaus in den Betriebsstättenstaat erzielt, keine ausländischen Einkünfte. Die Betriebsstätte hat diese Einkünfte nicht erzielt, so dass eine Zurechnung des Geschäfts zur Betriebsstätte ausscheidet.

Somit ergibt sich eine anzurechnende ausländische Steuer in Höhe von 37.800,00 € (42 % aus 90.000,00 €) bei den Einkünften aus Gewerbebetrieb der Betriebsstätte.

Die ausländische Quellensteuer auf die Dividende ist ebenfalls in Höhe der deutschen Einkommensteuer anrechenbar, die auf die Dividende entfallen. Auf die steuerpflichtige Dividende von 60.000 € fallen 42 % und somit 25.200 € Einkommensteuer. Damit kann die volle Quellensteuer mit 25.000 € angerechnet werden.

Laut § 2 Abs. 6 EStG ist zur Ermittlung der festzusetzenden Einkommensteuer die tarifliche Einkommensteuer um die anzurechnende ausländische Steuer und Steuerermäßigung zu kürzen.

Somit ergeben sich für Prof. Bach anzurechnende ausländische Steuern in Höhe von 62.800,00 € (25.000,00 € + 37.800,00 €).

Gewerbesteuerberechnung

Grundlage zur Berechnung der Gewerbesteuer ist der Gewerbeertrag der gem. § 7 Abs. 1 GewStG der nach den Vorschriften des Einkommensteuergesetzes ermittelte Gewinn ist.

Gewerbeertrag	190.000,00 €

Kürzungen § 9 GewStG

Die Summe des Gewinns und der Hinzurechnungen wird gekürzt um die Gewinne aus der Beteiligung an der nicht steuerbefreiten ausländischen Kapitalgesellschaft „Wunderheilung", weil die Beteiligung zu Beginn des Erhebungszeitraums mindestens 15 % des Grund- oder Stammkapitals beträgt und die Gewinnanteile bei Ermittlung des Gewinns (§ 7 GewStG) angesetzt worden sind gem. § 9 Nr. 7 GewStG. Die übrigen Tatbestandsvoraussetzungen des § 9 Nr. 7 GewStG sind gegeben.

	60.000,00 €
Maßgeblicher Gewerbeertrag	130.000,00 €

Nach § 9 Nr. 3 GewStG ist der Gewerbeertrag weiter um die Gewinne zu kürzen, die auf eine ausländische Betriebsstätte entfällt. Nur der inländische Gewerbebetrieb soll nach § 2 GewStG besteuert werden.

Kürzung

	- 90.000,00 €
- Freibetrag gem. § 11 Abs. 1 S. 3 Nr. 1 GewStG	24.500,00 €
Grundlage zur Berechnung des Gewerbesteuermessbetrags	15.500,00 €

Multipliziert mit der Steuermesszahl 3,5 % (§ 11 Abs. 2 GewStG) ergibt das den Gewerbesteuermessbetrag (§ 11 Abs. 1 S. 1 GewStG)

15.500,00 € x 3,5 % =	542,50 €

Gem. § 16 Abs. 1 GewStG wird die Gewerbesteuer durch Anwendung des Hebesatzes der Gemeinde auf den Steuermessbetrag ermittelt.

542,50 € x 420 % =	2.278,50 €
Tarifliche Einkommensteuer	147.456,00 €
./. Steuerermäßigung für gewerbliche Einkünfte § 35 EStG Messbetrag 542,50 € x 3,8	2.061,50 €
./. Steuerermäßigung für anzurechnende ausländische Steuern	62.800,00 €
Festzusetzende Einkommensteuer (§ 2 Abs. 6 EStG)	82.594,50 €
Einkommensteuerbelastung	**82.594,50 €**

Solidaritätszuschlag

Festzusetzende Einkommensteuer 82.594,50 € x 5,5 %=	4.542,69 €
Solidaritätszuschlagbelastung	4.542,69 €

Gesamtsteuerbelastung

Einkommensteuerbelastung	82.594,50 €
Gewerbesteuerbelastung	2.278,50 €
Solidaritätszuschlag	4.542,69 €
Ausländische Steuer	90.000,00 €
Summe der Steuerbelastung	**204.415,69 €**

22.2.1.6   Ermittlung der Einkommensteuer im Falle eines DBA-Landes

Deutschland hat in diesem Beispiel ein Doppelbesteuerungsabkommen mit dem jeweiligen Land abgeschlossen.

In unserem Fall kommt die Freistellungsmethode nach Art. 23 A MA-OECD zur Anwendung. Somit befreit der deutsche Fiskus die Einkünfte von der Besteuerung, so dass der ausländische Staat das Besteuerungsrecht in vollem Umfang hat. Der Staat, der auf das Besteuerungsrecht verzichtet, kann aber die Einkünfte bei der Berechnung des Steuersatzes erfassen (§ 32 b Abs. 1 Nr. 3 EStG Progressionsvorbehalt).[448]

Einkünfte aus Gewerbebetrieb

Wie im Fall 22.2.1.5 (Nicht-DBA-Land) schon beschrieben erzielt Prof. Bach Einkünfte aus Gewerbebetrieb gem. § 2 Abs. 1 Nr. 2 i.V.m. § 15 Abs. 1 Nr. 1 EStG, da er eine gem.

§ 15 Abs. 2 EStG selbstständige nachhaltige Betätigung, die mit der Absicht Gewinn zu erzielen unternommen wird, sich als Beteiligung am allgemeinen wirtschaftlichen Verkehr darstellt, ausübt und die Betätigung weder als Ausübung von Land- und Forstwirtschaft, eines freien Berufs, einer anderen selbstständige Tätigkeit oder Vermögensverwaltung anzusehen ist (R 15. 7 Abs. 1 EStR).

Prof. Bach betreibt eine Betriebsstätte im Ausland nach Art. 5 Abs. 1 und 2 OECD-MA, weil eine feste Geschäftseinrichtung, durch die die Tätigkeit eines Unternehmens ganz oder teilweise ausgeübt wird.

Gem. Art 7 Abs. 1 OECD-MA können die Gewinne eines Unternehmens eines Vertragsstaates nur in diesem Staat besteuert werden, es sei denn, das Unternehmen übt seine Geschäftstätigkeit im anderen Vertragsstaat durch eine dort gelegene Betriebsstätte aus.

---

[448] Vgl. Dr. Geurts, § 34c Steuerermäßigung bei ausländischen Einkünften, HaufeIndex 1001135, 2008, Seite 6.

Übt das Unternehmen seine Geschäftätigkeit auf diese Weise aus, so können die Gewinne des Unternehmens im anderen Staat besteuert werden, jedoch nur insoweit, als sie dieser Betriebsstätte zugerechnet werden können.

Einkünfte durch Verkauf vor Ort der Betriebsstätte	100.000,00 €
+ Einkünfte durch Verkauf im Ausland	40.000,00 €
- Miete für das Büro im Ausland	10.000,00 €
Summe der Einkünfte	130.000,00 €
- Steuerbefreiung Art. 23 A Abs. 1 i.V.m. Art. 7 Abs. 1 OECD-MA	90.000,00 €
Einkünfte aus Gewerbebetrieb nach § 15 EStG	40.000,00 €

Es werden 90.000,00 € bei den Einkünften aus Gewerbebetrieb freigestellt, weil nur diese der Betriebsstätte im Ausland zugerechnet werden können. Diese ergeben sich aus dem Verkauf vor Ort (100.000,00 €) abzgl. der Miete für das Büro im Ausland (€ 10.000,00 €).

Einkünfte aus Kapitalvermögen

In diesem Fall liegen die Anteile (60 %) an der ausländischen Kapitalgesellschaft im Betriebsvermögen von Prof. Bach und somit entsprechen die Gewinnausschüttungen in Höhe von 100.000,00 € Einkünfte aus Gewerbebetrieb gem. § 20 Abs. 8 i.V.m. § 15 EStG.

Auch hier kommt das Teileinkünfteverfahren wieder zur Anwendung.

Die Einkünfte aus der Dividendengutschrift an der Kapitalgesellschaft sind wie oben beschrieben gem. § 15 EStG den Einkünften aus Gewerbebetrieb zuzurechnen.

Einkünfte aus Gewerbebetrieb nach § 15 EStG	100.000,00 €
- 40 % Steuerbefreiung nach § 3 Nr. 40 lit. d EStG	40.000,00 €
Steuerpflichtige Einkünfte	60.000,00 €

Bei dem Doppelbesteuerungsabkommen gem. Art. 10 Abs. 1 OECD-MA können die Dividenden, die eine im Vertragsstaat ansässige Gesellschaft an eine im anderen Vertragsstaat ansässige Person zahlt, im anderen Staat besteuert werden.

Aber nach Art. 10 Abs 2 OECD-MA können die Dividenden auch in dem Vertragsstaat, indem die Dividenden zahlende Gesellschaft ansässig ist, nach dem Recht dieses Staates besteuert werden. Die Steuer darf aber, wenn der Nutzungsberechtigte der Dividenden eine in dem anderen Vertragsstaat ansässige Person ist 15 von Hundert des Bruttobetrags der Dividenden nicht übersteigen.

Der Quellenstaat kann nach Art. 10 Abs. 2 OECD-MA nur 15 von Hundert des Bruttobetrags der Dividenden besteuern.

Nach § 34c EStG können maximal die nach Art. 10 Abs. 2 OECD-MA geschuldeten 15 % Quellensteuer aus 100.000,00 € angerechnet werden.

Um sich den Betrag in Höhe von 10.000,00 € wieder erstatten zu lassen, muss Prof. Bach einen Antrag beim ausländischen Finanzamt stellen. Dieser Betrag ergibt sich aus den einbehaltenen Quellensteuern in Höhe von 25.000,00 € und die 15.000,00 € nach Art. 10 Abs. 2 OECD-MA.

Somit hat er insgesamt eine Gesamtsteuerbelastung von 25.200,00 € (42 % von 60.000,00 €) bei den Einkünften aus der Dividende, die den Einkünften aus Gewerbebetrieb zuzuordnen sind.

Ermittlung der Summe der Einkünfte

Die jeweilige Summe der Einkünfte der Eheleute wird bei Zusammenveranlagung zusammengerechnet und bei der restlichen Berechnung werden die Ehegatten wie ein Steuerpflichtiger behandelt.

Einkünfte aus Gewerbebetrieb § 15 EStG	100.000,00 €
Einkünfte aus selbstständiger Arbeit § 18 EStG	200.000,00 €
Summe der Einkünfte	300.000,00 €

Ermittlung des zu versteuernden Einkommens

Gemeinsame Summe der Einkünfte	300.000,00 €

Da die Anwendung des Freibetrags für Land- und Forstwirte, sowie ein Entlastungsbetrag für Alleinerziehende nicht in Betracht kommt, stellt die Summe der Einkünfte auch den Gesamtbetrag der Einkünfte dar (§ 2 Abs. 3 EStG).

Gesamtbetrag der Einkünfte	300.000,00 €

Gem. § 2 Abs. 4 EStG ergibt der Gesamtbetrag der Einkünfte vermindert um die Sonderausgaben §§ 10 ff. EStG und außergewöhnliche Belastungen §§ 3 ff. EStG das Einkommen.

In unserem Fall sind uns weder Sonderausgaben noch außergewöhnliche Belastungen bekannt. Der Sonderausgabenpauschbetrag nach § 32c EStG wird aus Vereinfachungsgründen nicht angesetzt.

Da keine Kinderfreibeträge nach § 32 Abs. 6 EStG in Betracht kommen, stellt der Gesamtbetrag der Einkünfte gleichzeitig das zu versteuernde Einkommen dar gem. § 2 Abs. 5 EStG.

= zu versteuerndes Einkommen	**300.000,00 €**

Ermittlung der Einkommensteuer

Das zu versteuernde Einkommen bildet die Bemessungsgrundlage für die tarifliche Einkommensteuer (§ 32a Abs. 1 EStG). Da die Ehegatten Bach zusammen zur Einkommensteuer veranlagt werden, kommt es zur Anwendung des Splittingtarifs nach § 32a Abs. 5 EStG.

Wenn Einkünfte, die nach einem Abkommen zur Vermeidung der Doppelbesteuerung steuerfrei sind, kommt nach § 32b Abs. 1 Nr. 3 EStG der Progressionsvorbehalt in Erwägung.

Lt. Gesetzestext werden die Einkünfte aus Gewerbebetrieb (§ 15 EStG) in Höhe von 90.000,00 € für die Ermittlung des Steuersatzes wieder hinzugerechnet.

Aber § 32b Abs. 1 Nr. 3 gilt nicht für Einkünfte aus einer anderen als in einem Drittstaat belegenen gewerblichen Betriebsstätte, die nicht die Voraussetzungen des § 2a Abs. 2 S.1 EStG erfüllt (vgl. § 32b Abs. 1 S.2 Nr. 2 EStG).

Das zu versteuernde Einkommen mit Progressionsvorbehalt beträgt 300.000,00 €. Dies wirkt sich allerdings bei unserem Splitting-Verfahren auf den Spitzensteuersatz nicht aus.

Tarifliche Einkommensteuer   126.000,00 €

Gewerbesteuerberechnung

Grundlage zur Berechnung der Gewerbesteuer ist der Gewerbeertrag der gem. § 7 Abs. 1 GewStG der nach den Vorschriften des Einkommensteuergesetzes ermittelte Gewinn ist.

Gewerbeertrag   100.000,00 €

Kürzungen § 9 GewStG

Die Summe des Gewinns und der Hinzurechnungen wird gekürzt um die Gewinne aus der Beteiligung an der nicht steuerbefreiten ausländischen Kapitalgesellschaft „Wunderheilung", weil die Beteiligung zu Beginn des Erhebungszeitraums mindestens 15 % des Grund- oder Stammkapitals beträgt und die Gewinnanteile bei Ermittlung des Gewinns (§ 7 GewStG) angesetzt worden sind.

Die anderen Tatbestandsvoraussetzungen des § 9 Nr. 7 GewStG sind erfüllt, so dass die Dividende vollständig aus dem steuerpflichtigen Gewerbeertrag zu kürzen ist.

	- 60.000,00 €
Maßgeblicher Gewerbeertrag	40.000,00 €
- Freibetrag gem. § 11 Abs. 1 S. 3 Nr. 1 GewStG	24.500,00 €
Grundlage zur Berechnung des Gewerbesteuermessbetrags	15.500,00 €

Multipliziert mit der Steuermesszahl 3,5 % (§ 11 Abs. 2 GewStG) ergibt das den Gewerbesteuermessbetrag (§ 11 Abs. 1 S. 1 GewStG) 15.500,00 € x 3,5 % =   542,50 €

Gem. § 16 Abs. 1 GewStG wird die Gewerbesteuer durch Anwendung des Hebesatzes der Gemeinde auf den Steuermessbetrag ermittelt.

542,50 € x 420 % =		2.278,50 €
Tarifliche Einkommensteuer		126.000,00 €
./.	Steuerermäßigung für gewerbliche Einkünfte § 35 EStG Messbetrag 542,50 € x 3,8	2.061,50 €
./.	Steuerermäßigung für anzurechnende ausländische Steuern nach Art. 10 Abs. 2 OECD-MA	15.000,00 €
Festzusetzende Einkommensteuer		108.938,50 €

Solidaritätszuschlag

Festzusetzende Einkommensteuer 108.938,50 € x 5,5 % =	5,991,61 €

Gesamtsteuerbelastung

Einkommensteuerbelastung	108.938,50 €
Gewerbesteuerbelastung	2.424,50 €
Solidaritätszuschlag	5,991,61 €
Ausländische Steuer	80.000,00 €
Summe der Steuerbelastung	**197.355,61 €**

23 Einkünfte aus Vermietung und Verpachtung und Umsatzsteuer

Annika Hahn (Prof. Dr. E. Reinöhl)

Die 49-jährige ledige Donna Wetter hat am 01.01.2010 ihr Gebäude in Stralsund fertiggestellt und hierfür 1.000.000 € + 190.000 € Ust vom Bauunternehmer Fuchs am 02.01.2010 in Rechnung gestellt bekommen. Die Anschaffungskosten des Grund und Bodens haben 30.000 € betragen.

Das Haus, bei dem alle Einheiten gleich groß und gleichwertig sind, wird ab dem 01.01.2010 wie folgt genutzt:

a. Erdgeschoss: wird vermietet an den Schuhhandel S für monatlich 1.000 € + 19 % Umsatzsteuer.

b. 1. Obergeschoss: wird an den Arzt A für 1.000 € vermietet, der dort seine Praxis hat.

c. 2. Obergeschoss: wird vermietet an Prof. Vau, der auch 1.000 € bezahlt. Die Dezembermiete überweist er erst am 07.01.2011 da er im Urlaub war.

d. 3. Obergeschoss: wird vermietet an die 30-jährige Tochter Lena für 400 € monatlich (ortsüblicher Mietpreis ist 1.000 €).

e. 4. Obergeschoss: selbst genutzt

f. Dachgeschoss: ist als Ferienwohnung eingerichtet (Kosten: 20.000 € + 19 % Ust in Rechnung von Bauunternehmer Fuchs enthalten) und wird an wechselnde Feriengäste zum günstigen Preis von 250 € pro Woche (ortsüblich) vermietet. Aufgrund des Preises ist die Wohnung auch ganzjährig vermietet gewesen.

Aufwendungen im Zusammenhang mit dem Gebäude in 2010:

■ Schornsteinfeger im Januar: 300 € zzgl. 19 % Ust.

■ Reparatur eines Fensters der Ferienwohnung, das ein Gast kaputt gemacht hatte. Die Rechnung lautet über 200 € zzgl. 19 % Ust. Die Haftpflichtversicherung des Gastes übernimmt am 10.12.2010 den Schaden in Höhe von 200 €.

■ Schuldzinsen für das Baudarlehen ab 01.01.2010 monatlich 700 €, Damnum 3.000 (marktüblich)

■ Grundsteuer, Straßenreinigung, Abfallentsorgung 1.200 €

- Gas, Strom, Wasser im November 2.500 € (Gas und Strom 1.680,67 € + 19 % USt, Wasser 467,29 + 7 % USt)

- Hausversicherungen 600 €

- sonstige Werbungskosten im Januar 900 € zzgl. 19 % Ust.

- im Oktober lässt Frau Wetter Hecken als Umzäunung des Grundstücks anpflanzen. Die Rechnung über 2.500 € brutto bezahlt Sie am 12. November 2010.

- die Abschreibung ist höchstmöglich vorzunehmen.

23.1   Aufgaben

1. Ermitteln Sie die tarifliche Einkommensteuer für das Kalenderjahr 2010.

2. Ermitteln Sie die Zahllast für die Umsatzsteuervoranmeldung Januar 2010.

3. Nach 12 Monaten vermietet Frau Wetter auch das 2. Obergeschoss an den Schuhhandel S für 1.000 € + 19 % Umsatzsteuer, der die Etage als Lager nutzt.

4. Ermitteln Sie die Zahllast für die Umsatzsteuervoranmeldung Januar 2011. Gehen Sie davon aus, dass die sonstigen Werbungskosten und die Kosten für den Schornsteinfeger wie im Vorjahr im Januar gezahlt wurden und betraglich gleich geblieben sind.

23.2   Lösung

Steuerpflicht

Frau Wetter ist unbeschränkt einkommensteuerpflichtig, weil Sie einen Wohnsitz im Inland hat (§ 1 Abs. 1 EStG).

Veranlagungsart

Frau Wetter wird einzeln zur Einkommensteuer veranlagt (§ 25 EStG), weil sie nicht verheiratet ist.

Ermittlung der Einkünfte

Einkünfte aus Vermietung und Verpachtung § 19 EStG

Einnahmen:

Erdgeschoss:	1.190 € x 12 =	14.280,00 €
1. OG:	1.000 € x 12 =	12.000,00 €
2. OG:	1.000 € x 12 =	12.000,00 €
3. OG:	400 € x 12 =	4.800,00 €
4. OG:	---	0 €
Dachgeschoss:	250 € x 52=	13.000,00 €
Versicherungsentschädigung:		200,00 €
Umsatzsteuer-Erstattung :		63.100,00 €
	Summe:	**119.380,00 €**

Berechnung der Umsatzsteuer-Erstattung 2010:

Mieteinnahmen	
EG: 190 € x 12 =	2.280,00 €
Ferienwohnung: 16,36 € x 52	850,72 €
Summe Umsatzsteuer	3.130,72 €
Rechnung Gebäudeerstellung abzügl. 3.800 € Vost für Fewo	186.200,00 €
Schornsteinfeger	57,00 €
Gas, Strom, Wasser	352,04 €
Sonstige Werbungskosten	171,00 €
Umzäunung	399,16 €
Summe	187.179,20 €
x 1/3	62.393,05 €
+ Vorsteuer Ferienwohnung	3.800,00 €
+ Vorsteuer Fensterscheibe	38,00 €
= Summe Vorsteuer	**66.231,05 €**

Umsatzsteuer:	3.130,72 €	
Vorsteuer:	- 66.231,05 €	
Differenz:	**- 63.100,33 €**	= Einnahme

Bei einer auf Dauer angelegten Vermietung ist grundsätzlich davon auszugehen, dass eine Überschusserzielungsabsicht besteht. Auch bei Ferienwohnungen geht man davon aus, dass Überschüsse erzielt werden sollen, soweit nicht die ortsübliche Vermietungszeit um mehr als 25 % unterschritten wird (BFH v. 26.10.2004 – IX R 57/02).

Bei der verbilligten Vermietung an Angehörige ist bei einer Miete von weniger als 75 % und mehr als 56 % des ortsüblichen Mietpreises die Überschusserzielungsabsicht zu überprüfen. Ist das Ergebnis der Überprüfung negativ, so ist wie bei der Vermietung zu weniger als 56 % der ortsüblichen Miete die Vermietung in einen entgeltlichen und einen unentgeltlichen Teil aufzuteilen. Die Werbungskosten sind dann analog dem unentgeltlichen Teil nicht abzugsfähig. Die Miete beträgt hier nur 40 % des ortsüblichen Preises, die Kosten sind also entsprechend aufzuteilen. Es sind 1/6 für das selbstgenutzte 4. Obergeschoss und 60 % von 1/6 für das verbilligt vermietete 3. OG privat veranlasst und daher nicht als Werbungskosten abzugsfähig (26,66 %). Die Umsatzsteuer ist jeweils mit der Rechnung zu bezahlen, die gezahlte Vorsteuer fließt also in voller Höhe ab und gehört daher einkommensteuerrechtlich zu den Werbungskosten.

Ausgaben:

Die Umsatzsteuer aus der Rechnung des Bauunternehmers, die nicht abzugsfähig und somit Anschaffungs- bzw. Herstellungskosten ist, ist nicht als sofortabzugsfähige Werbungkosten zu berücksichtigen, sondern sie wird im Wege der Abschreibung ergebniswirksam (vgl. BFH vom 29.06.1982 BStBl II 1982, 755).

Die als Werbungskosten abzugsfähige Vorsteuer beträgt

	€ 186.200,00	Gebäudeerstellung
+	€ 399,16	Umzäunung
=	€ 186.599,16	
x 1/3 =	€ 62.199,72	
+	€ 3.800,00	Ferienwohnung
=	**€ 65.999,72**	**Summe**

Aufzuteilende Kosten	Gesamt	davon abzugsfähig: 73,34 %
Abschreibung:	22.131 €	16.231 €
Abschreibung Ferienwohnung:		2.500 €
Schornsteinfeger:	357 €	262 €
Schuldzinsen:	8.400 €	6.161 €
Damnum:	3.000 €	2.201 €
Grundsteuer, Straßenreinig., Abfall:	1.200 €	881 €
Gas, Strom, Wasser:	2.500 €	1.834 €
Hausversicherungen:	600 €	441 €
Sonstige Werbungskosten:	1.071 €	786 €
Vorsteuer:		65.999,72 €
Fensterschaden:		200,00 €
Summe:	**39.653 €**	**97.496,72 €**

Die Bemessungsgrundlage für die **Abschreibung** beträgt 980.000 € zzgl. 2.100,84 € (Nettobetrag aus der Rechnung für die Heckenumzäunung) und 124.399,44 € (2/3 x (186.200 + 399,16)) = 1.106.500,28 €. Der Kaufpreis für den Grund und Boden wird nicht in die Bemessungsgrundlage einbezogen, da er nicht abnutzbar ist. Der AfA-Satz beträgt lt. § 7 Abs. 4 EStG 2 % der Anschaffungs- bzw. Herstellungskosten = 22.130,01 €.

Die Einrichtung für die Ferienwohnung wird gesondert abgeschrieben. Hier wird aufgrund des häufigen Mieterwechsels von einer Nutzungsdauer von acht Jahren ausgegangen. Demnach beträgt die Jahresabschreibung 20.000 € : 8 Jahre = 2.500 €.

Die Kosten für die **Fensterreparatur** in Höhe von 200 € zzgl. 19 % USt (= 38 €) sind als Ausgabe anzusetzen, die Ersatzleistung durch die Haftpflichtversicherung in Höhe von 200 € zzgl. der Vorsteuer als Einnahme, sodass sich keine Gewinnauswirkung ergibt.

Die Kosten für den **Schornsteinfeger** (nur Arbeitskosten – keine Materialkosten) die privat veranlasst sind (26,66 %), können nach § 35a Abs. 3 EStG, einschließlich des hierauf entfallenden Umsatzsteuerbetrags, als Steuerermäßigung von der tariflichen Einkommensteuer abgezogen werden.

Das **Damnum** ist im Jahr der Einbehaltung in voller Höhe als Werbungskosten abzugsfähig, da es marktüblich ist § 11 Abs. 2 Satz 4 EStG. Die Finanzverwaltung geht von der Marktüblichkeit aus, wenn für ein Darlehen mit einem Zinsfestschreibungszeitraum von mindestens 5 Jahren ein Damnum in Höhe von maximal 5 % vereinbart worden ist. Ansonsten ist es nach § 11 Abs. 2 Satz 3 EStG auf die Laufzeit zu verteilen.

Die **Umzäunung** zählt lt. H 6.4 EStH zu den Herstellungskosten des Gebäudes und fließt somit in die AfA-Bemessungsgrundlage ein. Nachträgliche Herstellungskosten sind so zu berücksichtigen als seien sie zu Beginn des Jahres aufgewendet worden (R 7.4 Abs. 9 EStR 2008).

Die Einkünfte aus Vermietung und Verpachtung betragen:

Einnahmen:	119.380,00 €
Werbungskosten:	97.496,75 €
Einkünfte aus V+V:	21.883,25 €

Da von Frau Wetter in 2010 keine weiteren Einkünfte erzielt wurden, entsprechen die Einkünfte aus Vermietung und Verpachtung der **Summe der Einkünfte** und auch dem **Gesamtbetrag der Einkünfte**, da ein Altersentlastungsbetrag nach § 24a EStG, ein Entlastungsbetrag für Alleinerziehende nach § 24b EStG und ein Freibetrag für Land- und Forstwirte nach § 13 Abs. 3 EStG nicht in Betracht kommen.

Der Gesamtbetrag der Einkünfte abzüglich Sonderausgaben – werden keine höheren als 36 € nachgewiesen wird der Sonderausgabenpauschbetrag in Höhe von 36 € nach § 10c EStG angesetzt- und der außergewöhnlichen Belastungen ergibt das **Einkommen** = 21.847 €.

Das Einkommen ist in diesem Fall auch gleich dem **zu versteuernden Einkommen**, da Kinderfreibeträge nach § 32 Abs. 6 EStG und der Härteausgleich nach § 46 Abs. 3 EStG nicht zum Tragen kommen.

Das zu versteuernde Einkommen bildet die Bemessungsgrundlage für die tarifliche Einkommensteuer nach § 32a Abs. 1 EStG. Die **tarifliche Einkommensteuer** für Frau Wetter beträgt lt. der Grundtabelle **3.206 €,** zzgl. Solidaritätszuschlag: 176,33 € und Kirchensteuer: 288,54 € . Das entspricht einem Durchschnittssteuersatz von 16,8030 %.

2.

Umsatzsteuerlich stellt die Vermietung eine sonstige Leistung nach § 3 Abs. 9 Satz 1 UStG dar. Der Ort der sonstigen Leistung ist der Belegenheitsort des Grundstücks, also Stralsund. Die Vermietung ist gemäß § 1 Abs. 1 Nr. 1 steuerbar und aufgrund § 4 Nr. 12a UStG grundsätzlich steuerfrei.

Bei den steuerfreien Vermietungseinheiten kann Frau Wetter auf die Steuerfreiheit verzichten und die Einnahmen als steuerpflichtig behandeln, soweit die Vermietung an Unternehmer erfolgt, die die Räume für ihre unternehmerische Tätigkeit, die nicht vom Vorsteuerabzug ausgeschlossen ist, nutzen oder zu nutzen beabsichtigen (§ 9 UStG). Diese Umsätze werden dann als steuerpflichtig behandelt, im Gegenzug sind die mit diesen Umsätzen einhergehenden Vorsteuerbeträge abzugsfähig.

Frau Wetter hat für das **Erdgeschoss** zur Umsatzsteuer optiert, indem sie die Umsatzsteuer berechnet und die Umsätze in der monatlichen Voranmeldung als steuerpflichtig erklärt. Die Ausübung des Verzichts auf Steuerbefreiung ist an keine besondere Frist oder Form gebunden (UStR 2008 R 148 (3)). Eine Option ist so lange möglich, wie die Steuerfestsetzung noch vorgenommen oder geändert werden kann und noch nicht unabänderbar geworden ist (BFH Urteil v. 2.4.1998 VR 34/97). Die Bemessungsgrundlage ist nach 10 Abs. 1 UStG das Entgelt: 1.000 €.

Für das **1. Obergeschoss** ist keine Option möglich, da Ärzte nach § 4 Nr. 14 a UStG steuerfreie Leistungen ausführen.

Für das **2. bis 4. Obergeschoss** ist ebenfalls keine Option möglich, da diese ausschließlich privat genutzt werden.

Nach dem EuGH Urteil vom 8. 5. 2003 – Rs. C-269/00 (Wolfgang **Seeling**) ist bei einem gemischt genutzten Grundstück die private Nutzung eines Teils dieses Grundstücks als unentgeltliche Wertabgabe der USt zu unterwerfen ist.

Der BFH entschied mit Urteil vom 24. 7. 2003 – V R 39/99 daraufhin, dass ein Unternehmer, der ein Gebäude errichtet, das er teilweise unternehmerisch und teilweise nicht unternehmerisch (zu eigenen Wohnzwecken) nutzt, dieses Gebäude insgesamt seinem Unternehmen zuordnen darf. Die auf das gesamte Gebäude, einschließlich des nicht unternehmerisch genutzten Teils entfallenden Vorsteuerbeträge dürfen nach § 15 Abs. 1 UStG abgezogen werden. Die (teilweise) Verwendung des dem Unternehmen zugeordneten Gebäudes für den privaten Bedarf des Unternehmers ist keine steuerfreie Grundstücksvermietung i. S. des § 4 Nr. 12 Satz 1 Buchst. a UStG und schließt deshalb den Vorsteuerabzug gem. § 15 Abs. 2 Nr. 1 UStG nicht aus. Die nicht unternehmerische Verwendung des Gebäudes unterliegt dann als steuerpflichtiger Eigenverbrauch der USt. Da dies letztmalig im Kalenderjahr 2010 möglich ist, wird das Wahlrecht in diesem Fall nicht ausgeübt.

Die Vermietung der **Ferienwohnung** ist nicht nach § 4 Nr. 12 Satz 2 UStG steuerfrei, da sie der kurzfristigen Beherbergung dient. Der Steuersatz beträgt ab dem 1.1.2010 gem. § 12 Abs. 2 Nr. 11 UStG für die Vermietung von Wohnräumen, die ein Unternehmer zur kurzfristigen Beherbergung (unter 6 Monaten) von Fremden bereithält 7 %. Die Bemessungsgrundlage ist nach § 10 Abs. 1 UStG das Entgelt: 250 € : 1,07 = 233,64 € x 4 = 934,56 €.

Die Zahlung der Versicherung für das Fenster in der Ferienwohnung stellt nicht steuerbaren Schadenersatz dar, da die Vermieterin keine Leistung ausgeführt hat (Abschn. 3 Abs. 1 Satz 1 und 3 UStR).

Die Umsatzsteuer beträgt nach § 12 Abs. 1 UStG 19 % der Bemessungsgrundlage und entsteht nach § 13 Abs. 1 Nr. 1b UStG mit Ablauf des Voranmeldungszeitraums, in dem die Entgelte vereinnahmt worden sind, da Frau Wetter die Ist-Versteuerung gemäß § 20 UStG gewählt hat

Umsatzsteuerberechnung:

	Entgelt:	USt:
Vermietung EG:	1.000,00 €	190,00 €
Vermietung Ferienwohnung:	934,00 €	65,38 €
Summe	**1.934,00 €**	**255,38 €**

Vorsteuer ist nach § 15 Abs. 1 Nr. 1 UStG abzugsfähig, soweit eine Lieferung oder sonstige Leistung von einem anderen Unternehmer für das eigene Unternehmen ausgeführt wurde und eine Rechnung i. S. des § 14 UStG vorliegt. Die Vorsteuer aus Leistungen aus Folgemonaten (z.B. Umzäunung), ist nicht im Januar, sondern erst nach Eingang der Leistung und der dazugehörigen Rechnung abzugsfähig und kann insoweit erst in den Umsatzsteuervoranmeldungen der Folgemonate berücksichtigt werden.

Die Vorsteuerbeträge die Aufwendungen betreffen, die für das gesamte Gebäude anfallen, sind nach § 15 Abs. 2 Nr. 1 UStG nur abzugsfähig, soweit die Leistungen nicht für steuerfreie Ausschlussumsätze verwendet werden. Da das Gebäude sowohl für steuerpflichtige als auch für steuerfreie Umsätze verwendet wird, ist die Vorsteuer nach § 15 Abs. 4 Satz 1 UStG durch sachgerechte Schätzung (§ 15 Abs. 4 Satz 2 UStG) aufzuteilen. Bei Gebäuden erfolgt die Aufteilung nach der Nutzungsfläche (Abschn. 208 Abs. 2 Satz 8 UStR). Demnach ist die Vorsteuer zu 2/6 abzugsfähig (Erdgeschoss und Ferienwohnung). Die Vorsteuer aus der Rechnung von Bauunternehmer Fuchs für die Einrichtung der

Ferienwohnung (3.800 €) ist in voller Höhe abzugsfähig, da sie direkt der steuerpflichtigen Vermietung zugeordnet werden kann.

Da der Vorsteuerbetrag für die Einrichtung der Ferienwohnung berechnet werden kann, ist für die Herstellung des Erdgeschosses und der Ferienwohnung noch 2/6 des Restbetrags anzusetzen:

Rechnung Gebäudeerstellung abzügl. 3.800 € Vost für Fewo	186.200,00 €
Schornsteinfeger	57,00 €
Sonstige Werbungskosten	171,00 €
Summe	186.428,00 €
x 1/3	62.142,67 €
+ Vorsteuer Ferienwohnung	3.800,00 €
= Summe Vorsteuer	**65.942,67 €**

Umsatzsteuer	255,38 €
abzgl. Vorsteuer	65.942,67 €
= Umsatzsteuer-Erstattung Januar 2010	**65.687,92 €**

3.

Da das 2. Obergeschoss zunächst für ein Jahr aufgrund der Vermietung an eine Privatperson für steuerfreie Ausschlussumsätze, für die keine Option möglich ist, verwendet wurde, konnte aus der Rechnung des Bauunternehmers im Vorjahr keine Vorsteuer geltend gemacht werden. Durch die Nutzungsänderung ist nun eine Option möglich und die Vorsteuer kann schrittweise jeweils zu 1/10 für jedes Jahr der Änderung berichtigt werden (§ 15 a Abs. 1 UStG). Die Korrektur erfolgt monatlich zu 1/12 in der Umsatzsteuer-Voranmeldung.

Monatlicher Berichtigungsbetrag:

186.200,00 €	Rechnung Bauunternehmer
+ 2.100,84 €	Umzäunung
188.300,84 €	Gesamt
31.383,47 €	x 1/6 Anteil am Haus
3.138,35 €	x 1/10 (10- Jahres- Zeitraum)
261,53 €	**x 1/12 pro Monat**

Berechnung der Umsatzsteuer:

	Entgelt:	USt:
Vermietung EG:	1.000	190,00 €
Vermietung 2. OG:	€1.000,00 €	190,00 €
Vermietung Ferienwohnung:	934,00 €	65,38 €
Summe	**2.934,00 €**	**445,38 €**

Berechnung der Vorsteuer:

Die Vorsteuer aus den laufenden Werbungskosten ist jetzt zu 3/6 abzugsfähig:

Schornsteinfeger Januar 2011:	171 €		
Sonstige Werbungskosten 2011:	57 €		
Summe:	228 €	x ½ =	**114 €**

Umsatzsteuer Januar 2011:	445,38 €
- Vorsteuer Januar 2011:	114,00 €
- Berichtigungsbetrag Januar 2011:	261,53 €
Umsatzsteuervorauszahlung Januar 2011	**69,85 €**

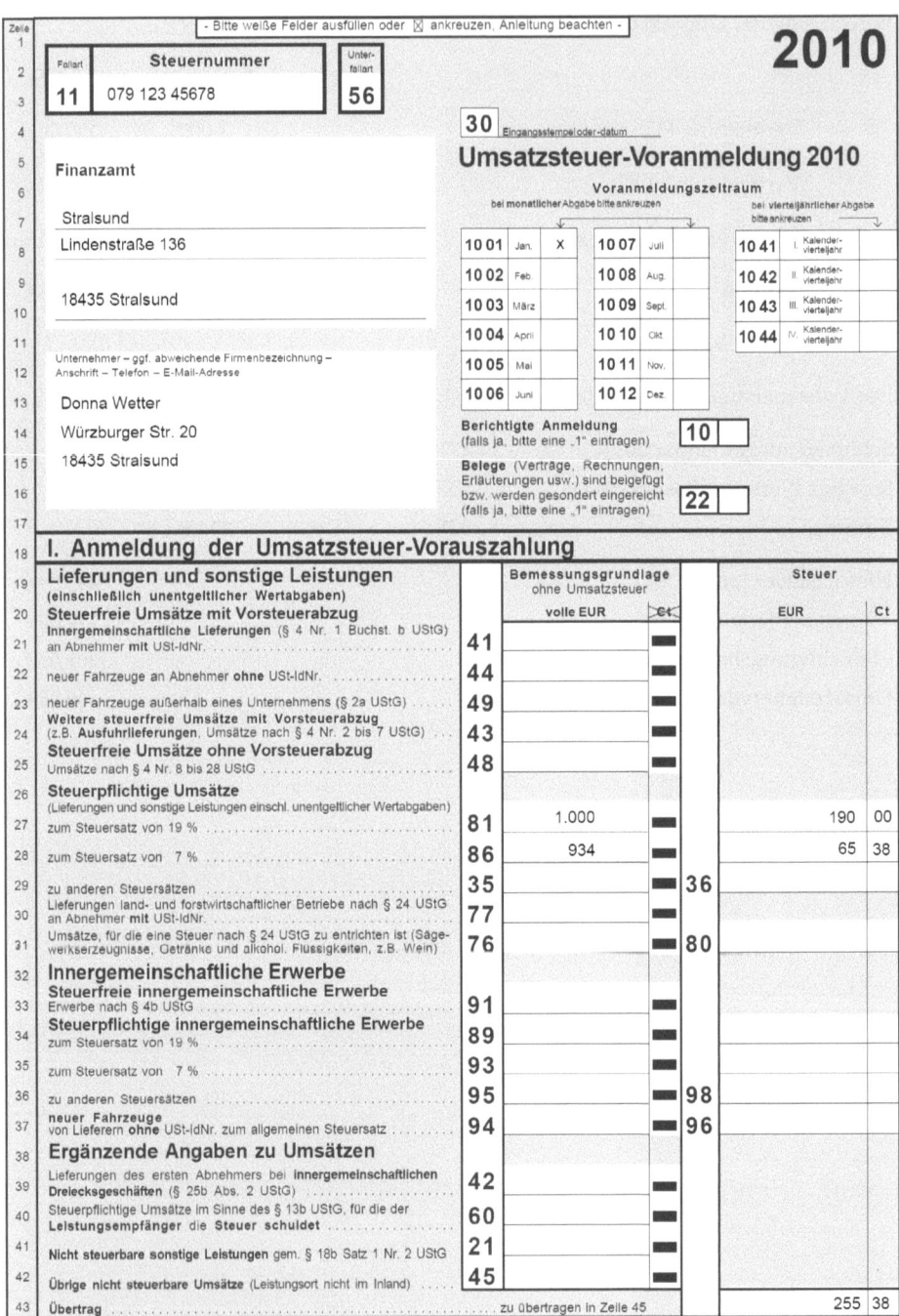

– 2 –

			EUR	Ct
44	Steuernummer: 079 123 45678			
45	Übertrag		255	38

		Bemessungsgrundlage ohne Umsatzsteuer volle EUR		

Umsätze, für die als Leistungsempfänger die Steuer nach § 13b Abs. 2 UStG geschuldet wird

48	Im Inland steuerpflichtige sonstige Leistungen von im übrigen Gemeinschaftsgebiet ansässigen Unternehmern	**46**	▬ **47**
49	Andere Leistungen eines im Ausland ansässigen Unternehmers (§ 13b Abs. 1 Satz 1 Nr. 1 und 5 UStG)	**52**	▬ **53**
50	Lieferungen sicherungsübereigneter Gegenstände und Umsätze, die unter das GrEStG fallen (§ 13b Abs. 1 Satz 1 Nr. 2 und 3 UStG) .	**73**	▬ **74**
51	Bauleistungen eines im Inland ansässigen Unternehmers (§ 13b Abs. 1 Satz 1 Nr. 4 UStG)	**84**	▬ **85**

52	Steuer infolge Wechsels der Besteuerungsform sowie Nachsteuer auf versteuerte Anzahlungen u. ä. wegen Steuersatzänderung	**65**		
53	Umsatzsteuer		255	38

Abziehbare Vorsteuerbeträge

55	Vorsteuerbeträge aus Rechnungen von anderen Unternehmern (§ 15 Abs. 1 Satz 1 Nr. 1 UStG), aus Leistungen im Sinne des § 13a Abs. 1 Nr. 6 UStG (§ 15 Abs. 1 Satz 1 Nr. 5 UStG) und aus innergemeinschaftlichen Dreiecksgeschäften (§ 25b Abs. 5 UStG)	**66**	65.942	67
56	Vorsteuerbeträge aus dem innergemeinschaftlichen Erwerb von Gegenständen (§ 15 Abs. 1 Satz 1 Nr. 3 UStG)	**61**		
57	Entrichtete Einfuhrumsatzsteuer (§ 15 Abs. 1 Satz 1 Nr. 2 UStG)	**62**		
58	Vorsteuerbeträge aus Leistungen im Sinne des § 13b UStG (§ 15 Abs. 1 Satz 1 Nr. 4 UStG)	**67**		
59	Vorsteuerbeträge, die nach allgemeinen Durchschnittssätzen berechnet sind (§§ 23 und 23a UStG)	**63**		
60	Berichtigung des Vorsteuerabzugs (§ 15a UStG)	**64**		
61	Vorsteuerabzug für innergemeinschaftliche Lieferungen neuer Fahrzeuge außerhalb eines Unternehmens (§ 2a UStG) sowie von Kleinunternehmern im Sinne des § 19 Abs. 1 UStG (§ 15 Abs. 4a UStG)	**59**		
62	Verbleibender Betrag		- 65.687	29

Andere Steuerbeträge

64	In Rechnungen unrichtig oder unberechtigt ausgewiesene Steuerbeträge (§ 14c UStG) sowie Steuerbeträge, die nach § 4 Nr. 4a Satz 1 Buchst. a Satz 2, § 6a Abs. 4 Satz 2, § 17 Abs. 1 Satz 6 oder § 25b Abs. 2 UStG geschuldet werden ...	**69**		
65	Umsatzsteuer-Vorauszahlung/Überschuss		-65.687	29
66	Anrechnung (Abzug) der festgesetzten Sondervorauszahlung für Dauerfristverlängerung (nur auszufüllen in der letzten Voranmeldung des Besteuerungszeitraums, in der Regel Dezember)	**39**		
67	Verbleibende Umsatzsteuer-Vorauszahlung .... (bitte in jedem Fall ausfüllen)	**83**	-65.687	29
68	Verbleibender Überschuss - bitte dem Betrag ein Minuszeichen voranstellen -			

II. Sonstige Angaben und Unterschrift

70	Ein Erstattungsbetrag wird auf das dem Finanzamt benannte Konto überwiesen, soweit der Betrag nicht mit Steuerschulden verrechnet wird.		
72	**Verrechnung des Erstattungsbetrags erwünscht / Erstattungsbetrag ist abgetreten** (falls ja, bitte eine „1" eintragen)	**29**	
73	Geben Sie bitte die Verrechnungswünsche auf einem besonderen Blatt an oder auf dem beim Finanzamt erhältlichen Vordruck „Verrechnungsantrag".		
74	Die **Einzugsermächtigung** wird ausnahmsweise (z.B. wegen Verrechnungswünschen) für diesen Voranmeldungszeitraum **widerrufen** (falls ja, bitte eine „1" eintragen)	**26**	
75	Ein ggf. verbleibender Restbetrag ist gesondert zu entrichten.		

Hinweis nach den Vorschriften der Datenschutzgesetze:
Die mit der Steueranmeldung angeforderten Daten werden auf Grund der §§ 149 ff. der Abgabenordnung und der §§ 18, 18b des Umsatzsteuergesetzes erhoben.
Die Angabe der Telefonnummer und der E-Mail-Adressen ist freiwillig.

Bei der Anfertigung dieser Steueranmeldung hat mitgewirkt:
(Name, Anschrift, Telefon, E-Mail-Adresse)

- nur vom Finanzamt auszufüllen -

11		**19**	
		12	

Bearbeitungshinweis
1. Die aufgeführten Daten sind mit Hilfe des geprüften und genehmigten Programms sowie ggf. unter Berücksichtigung der gespeicherten Daten maschinell zu verarbeiten.
2. Die weitere Bearbeitung richtet sich nach den Ergebnissen der maschinellen Verarbeitung.

Datum, Namenszeichen

Kontrollzahl und/oder Datenerfassungsvermerk

09.02.2010

Datum, Unterschrift

Zeile			

- Bitte weiße Felder ausfüllen oder ☒ ankreuzen, Anleitung beachten -

2011

Fallart	Steuernummer	Unterfallart
11	079 123 45678	**56**

30 Eingangsstempel oder -datum

Umsatzsteuer-Voranmeldung 2011

Finanzamt

Stralsund

Lindenstraße 136

18435 Stralsund

Voranmeldungszeitraum

bei monatlicher Abgabe bitte ankreuzen

bei vierteljährlicher Abgabe bitte ankreuzen

11 01 Jan.	x	**11 07** Juli		**11 41** I. Kalendervierteljahr	
11 02 Feb.		**11 08** Aug.		**11 42** II. Kalendervierteljahr	
11 03 März		**11 09** Sept.		**11 43** III. Kalendervierteljahr	
11 04 April		**11 10** Okt.		**11 44** IV. Kalendervierteljahr	
11 05 Mai		**11 11** Nov.			
11 06 Juni		**11 12** Dez.			

Unternehmer – ggf. abweichende Firmenbezeichnung –
Anschrift – Telefon – E-Mail-Adresse

Donna Wetter

Würzburger Str. 20

18435 Stralsund

Berichtigte Anmeldung
(falls ja, bitte eine „1" eintragen) **10**

Belege (Verträge, Rechnungen, Erläuterungen usw.) sind beigefügt bzw. werden gesondert eingereicht (falls ja, bitte eine „1" eintragen) **22**

I. Anmeldung der Umsatzsteuer-Vorauszahlung

		Kz	Bemessungsgrundlage ohne Umsatzsteuer		Kz	Steuer	
			volle EUR	Ct		EUR	Ct
Lieferungen und sonstige Leistungen (einschließlich unentgeltlicher Wertabgaben)							
Steuerfreie Umsätze mit Vorsteuerabzug							
Innergemeinschaftliche Lieferungen (§ 4 Nr. 1 Buchst. b UStG) an Abnehmer mit USt-IdNr.		41		▬			
neuer Fahrzeuge an Abnehmer ohne USt-IdNr.		44		▬			
neuer Fahrzeuge außerhalb eines Unternehmens (§ 2a UStG)		49		▬			
Weitere steuerfreie Umsätze mit Vorsteuerabzug (z.B. Ausfuhrlieferungen, Umsätze nach § 4 Nr. 2 bis 7 UStG)		43		▬			
Steuerfreie Umsätze ohne Vorsteuerabzug							
Umsätze nach § 4 Nr. 8 bis 28 UStG		48		▬			
Steuerpflichtige Umsätze (Lieferungen und sonstige Leistungen einschl. unentgeltlicher Wertabgaben)							
zum Steuersatz von 19 %		81	2.000	▬		380	00
zum Steuersatz von 7 %		86	934	▬		65	38
zu anderen Steuersätzen		35		▬	36		
Lieferungen land- und forstwirtschaftlicher Betriebe nach § 24 UStG an Abnehmer mit USt-IdNr.		77		▬			
Umsätze, für die eine Steuer nach § 24 UStG zu entrichten ist (Sägewerkserzeugnisse, Getränke und alkohol. Flüssigkeiten, z.B. Wein)		76		▬	80		
Innergemeinschaftliche Erwerbe							
Steuerfreie innergemeinschaftliche Erwerbe							
Erwerbe nach § 4b UStG		91		▬			
Steuerpflichtige innergemeinschaftliche Erwerbe							
zum Steuersatz von 19 %		89		▬			
zum Steuersatz von 7 %		93		▬			
zu anderen Steuersätzen		95		▬	98		
neuer Fahrzeuge von Lieferem ohne USt-IdNr. zum allgemeinen Steuersatz		94		▬	96		
Ergänzende Angaben zu Umsätzen							
Lieferungen des ersten Abnehmers bei innergemeinschaftlichen Dreiecksgeschäften (§ 25b Abs. 2 UStG)		42		▬			
Steuerpflichtige Umsätze, für die der Leistungsempfänger die Steuer nach § 13b Abs. 5 UStG schuldet		60		▬			
Nicht steuerbare sonstige Leistungen gem. § 18b Satz 1 Nr. 2 UStG		21		▬			
Übrige nicht steuerbare Umsätze (Leistungsort nicht im Inland)		45		▬			
Übertrag zu übertragen in Zeile 45						445	38

USt 1 A – Umsatzsteuer-Voranmeldung 2011 –

– 2 –

			Kz	Steuer EUR	Ct
44	**Steuernummer:** 079 123 45678				
45	Übertrag			445	38

		Kz	Bemessungsgrundlage ohne Umsatzsteuer volle EUR / Ct	Kz	Steuer EUR	Ct
46 47	**Leistungsempfänger als Steuerschuldner (§ 13b UStG)**					
48	Im Inland steuerpflichtige sonstige Leistungen von im übrigen Gemeinschaftsgebiet ansässigen Unternehmern (§13b Abs. 1 UStG) .	46		47		
49	Andere Leistungen eines im Ausland ansässigen Unternehmers (§ 13b Abs. 2 Nr. 1 und 5 UStG)	52		53		
50	Lieferungen sicherungsübereigneter Gegenstände und Umsätze, die unter das GrEStG fallen (§ 13b Abs. 2 Nr. 2 und 3 UStG)	73		74		
51	Andere Umsätze eines im Inland ansässigen Unternehmers (§ 13b Abs. 2 Nr. 4, 6 bis 9 UStG)	84		85		
52	Steuer infolge Wechsels der Besteuerungsform sowie Nachsteuer auf versteuerte Anzahlungen u. a. wegen Steuersatzänderung			65		
53	Umsatzsteuer				445	38
54	**Abziehbare Vorsteuerbeträge**					
55	Vorsteuerbeträge aus Rechnungen von anderen Unternehmern (§ 15 Abs. 1 Satz 1 Nr. 1 UStG), aus Leistungen im Sinne des § 13a Abs. 1 Nr. 6 UStG (§ 15 Abs. 1 Satz 1 Nr. 5 UStG) und aus innergemeinschaftlichen Dreiecksgeschäften (§ 25b Abs. 5 UStG)			66	114	00
56	Vorsteuerbeträge aus dem innergemeinschaftlichen Erwerb von Gegenständen (§ 15 Abs. 1 Satz 1 Nr. 3 UStG)			61		
57	Entrichtete Einfuhrumsatzsteuer (§ 15 Abs. 1 Satz 1 Nr. 2 UStG)			62		
58	Vorsteuerbeträge aus Leistungen im Sinne des § 13b UStG (§ 15 Abs. 1 Satz 1 Nr. 4 UStG)			67		
59	Vorsteuerbeträge, die nach allgemeinen Durchschnittssätzen berechnet sind (§§ 23 und 23a UStG)			63		
60	Berichtigung des Vorsteuerabzugs (§ 15a UStG)			64	261	53
61	Vorsteuerabzug für innergemeinschaftliche Lieferungen neuer Fahrzeuge außerhalb eines Unternehmens (§ 2a UStG) sowie von Kleinunternehmern im Sinne des § 19 Abs. 1 UStG (§ 15 Abs. 4a UStG)			59		
62	Verbleibender Betrag				69	85
63	**Andere Steuerbeträge**					
64	In Rechnungen unrichtig oder unberechtigt ausgewiesene Steuerbeträge (§ 14c UStG) sowie Steuerbeträge, die nach § 4 Nr. 4a Satz 1 Buchst. a Satz 2, § 6a Abs. 4 Satz 2, § 17 Abs. 1 Satz 6 oder § 25b Abs. 2 UStG geschuldet werden			69		
65	Umsatzsteuer-Vorauszahlung/Überschuss				69	85
66	Anrechnung (Abzug) der festgesetzten **Sondervorauszahlung** für Dauerfristverlängerung (nur auszufüllen in der letzten Voranmeldung des Besteuerungszeitraums, in der Regel Dezember)			39		
67	**Verbleibende Umsatzsteuer-Vorauszahlung** .... (bitte in jedem Fall ausfüllen!)			83	69	85
68	**Verbleibender Überschuss** - bitte dem Betrag ein Minuszeichen voranstellen -					

II. Sonstige Angaben und Unterschrift

70	Ein Erstattungsbetrag wird auf das dem Finanzamt benannte Konto überwiesen, soweit der Betrag nicht mit Steuerschulden verrechnet wird.		
71 72	**Verrechnung des Erstattungsbetrags erwünscht / Erstattungsbetrag ist abgetreten** (falls ja, bitte eine „1" eintragen) ...	29	
72	Geben Sie bitte die Verrechnungswünsche auf einem besonderen Blatt an oder auf dem beim Finanzamt erhältlichen Vordruck „Verrechnungsantrag".		
73 74	Die **Einzugsermächtigung** wird ausnahmsweise (z.B. wegen Verrechnungswünschen) für diesen Voranmeldungszeitraum **widerrufen** (falls ja, bitte eine „1" eintragen)	26	
74	Ein ggf. verbleibender Restbetrag ist gesondert zu entrichten:		

	Hinweis nach den Vorschriften der Datenschutzgesetze:	- nur vom Finanzamt auszufüllen -
75 76 77	Die mit der Steueranmeldung angeforderten Daten werden auf Grund der §§ 149 ff. der Abgabenordnung und der §§ 18, 18b des Umsatzsteuergesetzes erhoben. Die Angabe der Telefonnummern und der E-Mail-Adressen ist freiwillig.	11 19
78 79	Bei der Anfertigung dieser Steueranmeldung hat mitgewirkt: (Name, Anschrift, Telefon, E-Mail-Adresse)	12
80 81 82		**Bearbeitungshinweis** 1. Die aufgeführten Daten sind mit Hilfe des geprüften und genehmigten Programms sowie ggf. unter Berücksichtigung der gespeicherten Daten maschinell zu verarbeiten. 2. Die weitere Bearbeitung richtet sich nach den Ergebnissen der maschinellen Verarbeitung.
83 84		_____ Datum, Namenszeichen
85 86	08.02.2011 **Datum, Unterschrift**	Kontrollzahl und/oder Datenerfassungsvermerk

Herausgeber und betreuende Lehrkräfte

Prof. Dr. jur. Ulrich Voß	Prof. an der Hochschule für angewandte Wissenschaften, Fachhochschule Würzburg-Schweinfurt, Fakultät Wirtschaftswissenschaften und Rechtsanwalt in Würzburg
Dr. Andreas Striegel LL.M. (Miami)	Rechtsanwalt und Steuerberater in Frankfurt, Attorney at Law (New York) und Lehrbeauftragter an der Hochschule für angewandte Wissenschaften, Fachhochschule Würzburg-Schweinfurt, Fakultät Wirtschaftswissenschaften
Prof. Dr. Rainer Buchholz	Prof. an der Hochschule für angewandte Wissenschaften, Fachhochschule Würzburg-Schweinfurt, Fakultät Wirtschaftswissenschaften und Steuerberater in Würzburg
Prof. Thomas Reich	Notar in Ludwigsstadt und Lehrbeauftragter an der Hochschule für angewandte Wissenschaften, Fachhochschule Würzburg-Schweinfurt, Fakultät Wirtschaftswissenschaften sowie an der Universität Freiburg
Prof. Dr. Eberhard Reinöhl	Prof. an der Hochschule für angewandte Wissenschaften, Fachhochschule Würzburg-Schweinfurt, Fakultät Wirtschaftswissenschaften sowie Wirtschaftsprüfer und Steuerberater in Würzburg
Dr. jur. Michael Szczesny	Rechtsanwalt in Bad Mergentheim (Fachanwalt für Steuerrecht) und Lehrbeauftragter an der Hochschule für angewandte Wissenschaften, Fachhochschule Würzburg-Schweinfurt, Fakultät Wirtschaftswissenschaften

Studentische Autoren

Bedenk, Philipp	Verluste von Kommanditisten, Rechtstypenvergleich
Brust, Matthias	Einkünfte aus dem Ausland
Büchler, Sven	Betriebsaufgabe und Betriebsübergabe
Graf, Silvia	Entnahme, Einlage und Anwachsung
Hahn, Annika	Einkünfte aus Vermietung und Verpachtung und Umsatzsteuer
Henn, Michael	Verkauf von OHG Anteilen
Hense, Julia	Realteilung
Hollich, Sebastian	Besteuerung von Kapitaleinkünften
Kampf, Dominik	Personengesellschaften im Einkommensteuerrecht
Klenner, Simon	Gewerblich geprägte Personengesellschaft
Leitsch, Sebastian	Einkommensteuer pur 2, Betriebsaufspaltung
Meißner, Roman	Inbound – Arbeitnehmer
Rasthofer, Kerstin	Ermäßigte Besteuerung von Personengesellschaften
Scheiner, Katharina	Gewinnermittlung nach § 4 Abs. 3 EStG
Schuster, Petra	Einkommensteuer pur 1
Schmalz, Monika	Personengesellschaft und Finanzierung
Seitz, Ulrich	Personengesellschaft und Betriebsaufspaltung
Stöhr, Cornelia	Arbeiten im Ausland
Stolz, Michael	Inbound Immobilieninvestition
Weihprecht, Anne	Schuldzinsabzug bei Überentnahmen
Werner, Bianca	Unbewegliches Vermögen im Ausland